U0928699

国家“十一五”出版规划重点图书

衣俊卿 主编

国外马克思主义研究论丛

现代性焦虑与文化批判

衣俊卿 著

黑龍江大學出版社
HEILONGJIANG UNIVERSITY PRESS

图书在版编目（CIP）数据

现代性焦虑与文化批判 / 衣俊卿著．-- 哈尔滨 ：黑龙江大学出版社 ，2007.12（2021.9 重印）
（国外马克思主义研究论丛 / 衣俊卿主编）
ISBN 978-7-81129-001-1

Ⅰ．现… Ⅱ．衣… Ⅲ．西方马克思主义—研究 Ⅳ．B089.1

中国版本图书馆 CIP 数据核字（2007）第 2018016 号

现代性焦虑与文化批判
XIANDAIXING JIAOLÜ YU WENH PIPAN
衣俊卿　著

责任编辑　付洪泉
出版发行　黑龙江大学出版社
地　　址　哈尔滨市南岗区学府三道街 36 号
印　　刷　三河市春园印刷有限公司
开　　本　787 毫米 ×1092 毫米　1/16
印　　张　26.75
字　　数　370 千
版　　次　2007 年 12 月第 1 版
印　　次　2022 年 1 月第 2 次印刷
书　　号　ISBN 978-7-81129-001-1
定　　价　66.00 元

本书如有印装错误请与本社联系更换。

目 录

第二编 西方马克思主义的文化批判理论

第三编 东欧新马克思主义的人道主义诉求

第四编 文化哲学视野中的现代性问题

总 序

1848年《共产党宣言》正式发表，标志着马克思主义的诞生，人类社会历史进程因此而改变。回顾马克思主义一百多年的历史，有两条大致清晰的线索：一是马克思主义从理论变为现实，推动社会主义在实践中获得巨大发展，同时也极大地影响了资本主义的发展；二是马克思主义作为一种学说，一直受到世界思想界的关注和重视。一百多年来，人类社会经历了两次世界大战的浩劫，经历了资本主义和社会主义跌宕起伏的发展历程，经历了科学技术日新月异的进步。无论世界经历了怎样的变化，无论面临着什么样的理论挑战和实践修正，马克思主义始终是世界思想界难以回避的强大"磁场"。回顾20世纪的历史，不难看出，对于马克思主义全方位的研究，已经成为贯穿整个世纪的现象，并由此形成众多的新马克思主义流派。

从20世纪20年代到60年代，面临着无产阶级暴力革命观的受挫、当代资本主义的社会结构变化，特别是发达工业社会全方位的文化危机，一批有影响的西方马克思主义流派应运而生：以卢卡奇、柯尔施、葛兰西、布洛赫为代表的早期西方马克思主义，以霍克海默、阿多诺、马尔库塞、弗洛姆、哈贝马斯等为代表的法兰克福学派，列斐伏尔的日常生活批判理论，萨特的存在主义马克思主义，赖希等人的弗洛伊德主义马克思主义，德拉·沃尔佩和科莱蒂的实证主义马克思主义，阿尔都塞的结构主义马克思主义，等等。差不多与此同时，在20世纪五六十年代，以社会主义的改革实验为背景，涌现出许多重要的东欧新马克思主义流派：以彼得洛维奇、马尔科维奇、弗兰尼茨基等人为代表的南斯拉夫实践派，以赫勒、费赫尔、马尔库什等人为代表的匈牙利布达佩斯学派，以沙夫、科拉科夫斯基等人为代表的波兰意识形态批判流派，以科西克和斯维塔克等人为代表的捷克人本主义流派等。

马克思的批判的和实践的学说具有任何其他理论都难以比拟的开放性和历史穿透力。20世纪七八十年代，随着西方马克思主义众多代表人物进入迟暮之年，特别是随着卢卡奇、布洛赫、霍克海默、阿多诺、马尔库塞、弗洛姆、萨特等著名西方马克思主义代表人物相继谢世，人们原本以为西方马克思主义作为一种理论批判运动即将成为"告一段落"的历史。然而，历史的进程给我们提供了世界马克思主义研究的一种新图景：不仅经典西方马克思主义和东欧新马克思主义中的一些代表人物，如哈贝马斯、施密特、沙夫、科拉科夫斯基、赫勒、马尔科维奇、弗兰尼茨基、斯托扬诺维奇等人一直活跃到世纪之交，而且在信息化和全球化的背景中，一些新兴的马克思主义流派从更加多维的视角批判现存社会，出现了分析的马克思主义、生态学马克思主义、女权主义马克思主义、发展理论的马克思主义、文化的马克思主义、后马克思主义、解放神学的马克思主义等许多新马克思主义流派，形成了世界马克思主义研究更为多样化的格局。

20世纪末，东欧剧变、苏联解体等重大历史变化又一次对马克思主义的命运提出了挑战。一些偏激的人士，如弗朗西斯·福山，基于这些变化，断言社会主义和马克思主义的终结，他认为，西方国家实行的自由民主制度也许是"人类意识形态发展的终点"和"人类最后一种统治形式"，并因此成为"历史的终结"。然而，历史进程又一次坚定地展开着自身的逻辑，马克思在西方世界的影响力并没有因为苏东剧变而减弱，反而有增无减。从1995年到2004年，在巴黎举行了四届"国际马克思大会"，在纽约、伦敦、图宾根、加利福尼亚等地，也相继召开关于马克思主义的国际学术会议，参加会议的人数从数百人到数千人不等。1999年和2005年，英国广播公司(BBC)在国际互联网上评选"千年最伟大的思想家"和"全世界有史以来最伟大的哲学家"，马克思都名列榜首。世纪之交，不仅20世纪70年代以来兴起的多样化的新马克思主义流派依旧活跃，而且，德里达、杰姆逊等一些重要的思想家也纷纷"走近马克思"，从不同方面阐释马克思学说的当代价值。德里达在《马克思的幽灵》中作出的“不能没有马克思”和我们“都是马克思和马克思主义的继承人”的断言从一个侧面反映了马克思学说特有的影响力。

我一直以为,马克思的实践哲学真正体现了哲学的开放性和批判性本质,他的学说从根本上超越了传统哲学的基本理念,而是以对人之生存的本质性的、批判的文化精神的自觉为根基的。马克思学说的内容十分丰富,马克思一生关注的焦点问题也不断变化。然而,无论是其关于经济和政治的分析,还是关于哲学的思考;无论是其关于暴力革命、政党策略、欧洲革命、东方社会特征的分析,还是关于现实经济运行机制的揭示;无论是其关于唯物史观原理的阐释,还是关于从抽象到具体等方法论的探讨,在深层次上都服从于一个最根本的理论关切:推翻和扬弃“使人成为受屈辱、被奴役、被遗弃和被蔑视的东西的一切关系”,实现人的自由、全面发展和“自由人的联合体”。马克思把体现哲学本性的这种文化批判精神奠基在人的实践内在地具有的不断超越、不断扬弃异化的批判本性之上。这正是马克思学说的巨大生命力的根源所在。正因为如此,马克思为包括海德格尔、萨特、德里达等在内的许多当代思想家所敬重,他的学说的价值绝不会为我们的时代所穷尽。

显而易见,20 世纪以来,在人类实践的各种转折和变化中,众多的理论流派一次又一次地“回到马克思”,这正源自马克思学说的这种实践本性和批判精神。我们看到,无论这些国外马克思主义流派在主题、问题域、范式等方面存在多大差异,无论它们在重新阐释和张扬马克思的思想时存在多少误读和偏差,它们都有一个共同的特点:像马克思一样,这些新马克思主义流派首要关切的不是理性的逻辑,而是人类的命运;它们继承和发扬了马克思学说基于实践之超越本性的历史性和实践性的文化批判精神,在 20 世纪的特殊历史条件下针对发达资本主义社会的社会变化和文化境遇,探寻新的革命变革的思路,以深刻的方式切入 20 世纪人类生存的焦点问题,开拓出马克思主义社会批判的新视野。

正因为如此,对国外马克思主义的研究,有着特殊的实践意义和指向。中国的国外马克思主义研究,特别是西方马克思主义研究,从表面看,涉及许多重要的理论问题和研究方法论问题,也涉及在多维视野中对于这些理论观点的评价问题，但是，从更深层次来看，中国学术界对于西方马克思主义和其他国外马克思主义流派的关注热情更多地是这些理论的现实“所指”。我们是以折射的方式来理解和把握发达工业社会的发展状况和所面临的问题。实际上，在某种意义上，西方马克思主义的社会批判理论或文化批判理论是对发达工业社会的文化危机的直接的理论反思。因此，当代许多中国学者，包括专业人士往往是通过这些新马克思主义流派来深刻理解20世纪发达工业社会条件下人类所面临的重大的理论问题和现实问题的，他们对于发达工业社会的许多重大问题，例如，大众文化、技术理性、意识形态、物化和异化、国家和领导权、性格结构、消费社会、文化逻辑、交往机制、生活世界、现代性和后现代性、信息化、全球化等的认识都不同程度地积淀了国外马克思主义以及各种左翼激进思潮的理论资源。

在这种意义上，对于置身于全球化背景中的中国而言，全面了解和深入研究各种国外马克思主义流派，就不仅具有一般的理论意义，而且具有重大的现实意义。马克思恩格斯在《共产党宣言》中曾指出，资本主义工业化运动结束了各个孤立的、彼此分离的民族历史，而开辟了“世界历史进程”。工业化与现代性的不断扩展、信息化和全球化进程的强有力推进，使世界任何地方的本土问题总是在不同程度上同全球问题和世界问题紧密交织在一起。因此，在中国特色、中国风格、中国气派的马克思主义哲学研究的视野中，中国问题和世界问题一定是同一个问题不可分割的两个方面。具体说来，在全球化背景中，封闭地探讨中国问题、孤立地描述世界问题、绝对地用世界问题来剪裁中国问题、绝对地强调中国问题的独特性等做法都是十分有害的。中国的马克思主义哲学研究毫无疑问必须把“中国问题”作为我们的落脚点和聚焦点，但是，决不能孤立地就中国问题而研究中国问题，必须学会从中国的视野去透视世界问题，进而从世界的眼光和全球化的视角去审视中国问题。

在这种意义上，我们无论如何不应该与国外马克思主义流派这些20世纪重要的思想理论资源擦肩而过。毫无疑问，在面对国外马克思主义的众多理论流派时，忽视它们的局限性、失误和理论错误，肯定是错误的理论倾向；然而，不去认真研究国外马克思主义流派所提供的重要启示，同样是不能容许的褊狭和封闭。令我们十分高兴的是,中共中央政治局在2005年11月25日举行的第26次集体学习,以“世界马克思主义研究与中国马克思主义理论研究和建设工程”为题,专门了解了20世纪国外马克思主义研究的情况,其中对西方马克思主义研究的情况给予了特别的关注,因为,“在西方国家中,西方马克思主义是影响最大的马克思主义当代流派”。胡锦涛同志明确指出,要瞄准当今世界的学术前沿,着力用马克思主义指导哲学社会科学,提高学术创新能力,努力形成贯穿马克思主义立场观点方法、体现中国特色社会主义事业发展要求、吸收当代人类文明有益成果的哲学社会科学的学科体系和学术体系,不断增强马克思主义的吸引力和感召力。

中国学术界对国外马克思主义,特别是西方马克思主义的研究,已经有二十多年的历史了,陆续推出了一系列翻译成果和理论研究成果。随着马克思主义理论学科的单独设立,特别是国外马克思主义研究学科的建立,国外马克思主义研究正在成为学术界越来越引人瞩目的学术领域和理论热点。站在新世纪的起点上,回顾过去二十多年中国学术界关于国外马克思主义研究的理论进展,具有承上启下的意义。因此,在为政治局第26次集体学习就世界马克思主义研究的状况作了讲解之后,我一直考虑以某种方式来推进这种回顾和总结。我们在这里提供给读者的这套国外马克思主义研究论丛,是几位中青年学者过去十几年研究国外马克思主义的心得。在一定意义上这些成果可以比较全面地展示中国学术界国外马克思主义研究的状况。当然,我们清楚地意识到,目前中国的国外马克思主义研究还处于起步阶段,在研究范式、理论评价、推陈出新等方面还存在许多薄弱环节,存在很多局限性,甚至存在某些理论失误。正因如此,适时地对中国的国外马克思主义研究作出清醒的、全面的回顾和总结具有特别的意义,将有助于这一领域研究的深化。我们有理由期待,在同国外各种马克思主义流派的对话中,我们可以收获更多的理论成果和思想精华。

衣俊卿

2007年11月15日

序 言

迄今为止,国外马克思主义研究,具体地说,西方马克思主义和东欧新马克思主义研究,一直是构成我的学术历程的中轴线。过去十几年间,我先后承担了有关日常生活批判和文化哲学等多项课题的研究。表面看来,这些课题是在从事几个不同领域的研究,而实质上,马克思的实践哲学和国外马克思主义的文化批判理论一直是我从事这些研究的重要思想理论资源。

我对西方马克思主义和东欧新马克思主义的兴趣源自于在北京大学的学习。在某种意义上,现代人的文化底蕴已打上日益浓厚的大学的印迹。我在纪念中国恢复高考30年时的一篇随笔《曾经一九七七》中这样写道:"曾经七七、七八"给我们这一代人的生存方式打上特有的底色,而"曾经北大"则构筑了我们人文精神的核心与圆点。北京大学的"思想自由、兼容并包"的胸怀和开放的文化批判精神,使我形成了对哲学的特有理解。

我曾这样描述我的哲学观。每一时代真正的哲学都是人的生存意义的自我澄明。因此,哲学不可能固守不变的问题域和不变的定位,而是与人的生存一同自觉地扩展和显现存在的意义。哲学总在途中,那是一条永远走不尽的生存之路。具体说来,在人类文明史中一直与人类共存的哲学,并不是一种给定的、静止的、抽象的、僵死的理论体系或人们可以一劳永逸地发现和套用的公式及原理,而是内在于人类历史和人的生存之中的一种生生不息地涌动的理性反思和文化批判。真正能够代表每一时代的哲学更多地表现为理性的反思、理性的批判、文化精神的生成和重建,表现为对原有的哲学体系和教条的不断超越。在这种意义上,哲学理性和哲学反思应当是最活跃的生命之流,它不断地批判人类业已生成的文化构造,不断捕捉、预见、引导新文化精神的生成,为人的存在提供新的安身立命的精神支撑和精神启蒙;不断地通过现实的文化批判而成为社会运行的内在的自我批判精神和清醒的自我意识。

正是这样的哲学视野使我义无反顾地坚持马克思的实践哲学构想。也正是这样的哲学理解,使我在北京大学哲学系开设的系列学术讲座中对西方马克思主义和南斯拉夫实践派产生了特殊的兴趣,为我后来的学术生涯埋下了伏笔。1983 年,时为黑龙江大学哲学系助教的我以较高的分数通过了 EPT 考试(总分 160 分,我获得了 132 分),取得了国家教委公派进修访学的资格。按照这一分数,我可以选择去美国、英国等英语国家留学,然而,当去南斯拉夫贝尔格莱德大学的机会摆在面前时,我毫不犹豫地选择了这一机遇。

1984—1986 年间,我作为国家教委选送的进修生,在南斯拉夫贝尔格莱德大学进修哲学。出于对实践哲学的关注,我选择了实践派哲学作为自己研究的对象。在通过塞尔维亚语语言关之后,我有幸同彼得洛维奇(Gajo Petrović)、马尔科维奇(Mihajlo Marković)、弗兰尼茨基(Pledrag Vranicki)、斯托扬诺维奇(Svetozar Stojanović)、坎格尔加(Milan Kangrga)、考拉奇(Veljko Korać)、日沃基奇(Miladin Životić)、波什尼雅克(Branko Bošnjak)、哥鲁波维奇(Zagorka Golubović)等十几位实践派哲学家结识,在他们的热情帮助下,特别是在导师穆尼什奇(Zdravko Munišić)的精心指导下,我用了不到两年时间,完成了博士论文《二战后南斯拉夫哲学家建立人道主义马克思主义的尝试》,并于 1987 年 1 月 23 日顺利通过了答辩,获得哲学博士学位。

回国后,我开始对国外马克思主义的系统研究。一方面,我把关于实践派的研究扩展到关于东欧新马克思主义的研究,逐步开始对沙夫(Adam Schaff)、科拉克夫斯基(Leszak Kolakowski)、科西克(Karel Kosik)等人的研究,并有幸同移居纽约的赫勒教授(Agnes Heller)建立了通信联系,得到她真诚的帮助与指导,并翻译出版了她的《日常生活》一书;另一方面,我开始了对西方马克思主义主要流派的学术研究和研究生教学。从20世纪80年代末,我先后承担了国家哲学社会科学基金项目"东欧的新马克思主义"、"西方马克思主义的文化批判理论及其启示"、"现代性的维度及其当代命运"等有关国外马克思主义的研究项目,出版了《实践派的探索与实践哲学的述评》、《东欧的新马克思主义》、《20世纪的新马克思主义》、《20世纪的文化批判——西方马克思主义的深层解读》等学术著作,并发表了几十篇关于西方马克思主义和东欧新马克思主义的学术论文。

研究国外马克思主义流派的宗旨并不是简单地介绍这些流派,而是为了加深我们对20世纪历史进程的本质认识。应当看到,20世纪人类历史呈现出十分复杂的内涵,一方面,以科学技术进步为背景,人类向大自然显示了前所未有的力量,也在前所未有的程度上改善了自己的生存条件,从而使人的自由、创造性、人的本质力量不断增强,但是,另一方面,人的异化也在普遍强化,人被自己的造物所困扰,从生产到消费、从工作到私人生活,人几乎在一切领域都受着无形的异己力量的摆布。当代马克思主义流派在20世纪文化和历史背景下所进行的政治批判、意识形态批判、技术理性批判、大众文化批判、心理机制和性格结构批判等,从不同侧面所揭示的正是20世纪人类所面临的普遍的文化历史困境。对于人及其世界所作的这种文化批判,有助于我们把握人类历史和人类精神的基本走向,唤醒人类内在的批判意识,促使现代人反抗异化、超越物化,向自由自觉的创造性的存在层面跃升,这是人类进步的重要机制和内涵,也是实践哲学的具体展开。因此,我对西方马克思主义、特别是东欧新马克思主义的研究,主要是为了深刻理解20世纪的人类文化历史困境,把握人类所面临的重大的理论问题和现实问题,而这也正是我近年来所从事的文化哲学研究的重要主题之一。

我在选择编排本文集时主要突出文化批判这一主题,以期显现自己在国外马克思主义研究领域的主要理论关注和理论特色。本文集由四部分组成:第一编是关于马克思哲学思想的研究。我把马克思学说在本质上理解为基于人之实践的超越本性的历史性和实践性的文化批判精神,认为正是这种文化批判精神使马克思主义具有穿越不同时代的当代性。可以断言,20 世纪大多数新马克思主义者在多变的历史条件和文化场景中,能够义无反顾地把自己界定为马克思的传人,在相当的程度上正源于对马克思学说的这种文化批判精神的固守。第二编是关于西方马克思主义基本理论定位的总体把握。我认为,置身于文化焦虑时代的西方马克思主义,在哲学研究范式上实现了重要的"文化转向",并通过意识形态批判、技术理性批判、大众文化批判、现代国家批判、心理机制和性格结构批判等现代文化批判的主题,对发达资本主义社会进行了全方位的批判,对由现代性引发的一系列重大的理论问题和现实问题做了独特的解答。第三编是我在国外马克思主义研究领域中具有特色的研究方向,即关于东欧新马克思主义的研究。我认为,东欧新马克思主义基于对以高度集中的计划经济体制为特征的传统社会主义模式,以及发达社会的技术异化的批判为基础,提出了以人的自由和主体性为核心,以人道主义为导向的文化批判理论。其中既包括关于社会主义理论和实践的反思,也包括对于发达资本主义的文化批判。第四编是关于现代性问题的反思。我认为,20 世纪西方马克思主义、东欧新马克思主义,以及其他文化批判理论所环绕的焦点性问题是现代性的命运问题。现代性不可避免地包含内在的冲突和风险性后果,但是,人类历史迄今为止的演进状况和发展趋势尚未展示出现代性完全终结的迹象,现代性依旧是人类社会运行的主要支撑力和前行的动力,而且,对于现代性的各种批判或修正都来自于现代性内在的超越性和反思性,所谓"后现代性"不是现代性的自我否定,而是它的自我完善。

衣俊卿

2007 年 11 月 5 日

第一编

马克思学说的文化批判精神

“哲学的终结”与马克思主义哲学的实质

马克思和恩格斯在创立新世界观的进程中，曾宣告传统哲学的“终结”。从普列汉诺夫和列宁开始形成的辩证唯物主义（和历史唯物主义）体系在相当长的时期（或直至今天）成了正统马克思主义哲学的代名词。然而，这一体系从一开始就受到非正统的或西方的马克思主义的挑战，而且从20世纪中叶起，对这一体系的改革在把它奉为正统马克思主义哲学的社会主义国家中也成为普遍要求和现实任务。

为了真正理解马克思恩格斯哲学变革的深刻含义，为了有效地改革现行哲学体系以便充分展示和突出马克思主义哲学的实质和革命精神，有必要回顾一下人们常常提到但又未予以足够重视的“哲学的终结”的思想。

一、“哲学的终结”的含义

19世纪70年代至80年代，恩格斯在对自然科学成就的研究中和同杜林的论战中，宣布“以往所理解的哲学”的终结；然后又以此为基础，阐述了他的“现代唯物主义”的许多重要思想。他所说的终结的或被扬弃的哲学是指以黑格尔哲学为典型代表和最高成果的传统哲学。一方面,黑格尔建立关于世界总体的“科学之科学”或“知识总汇”,其目的是要穷尽绝对真理。而这实际上是要求一个哲学家完成只有全人类在其前进的发展中才能完成的事情,因而是做不到的。另一方面,黑格尔的绝对真理体系用“头脑中想出”的联系强加给自然和历史过程。而现代自然科学和历史科学之发展已越来越揭示出自然和历史进程的内在联系和辩证特征,因而关于总联系的任何特殊科学都是多余的。在这种意义上,恩格斯断言“哲学在黑格尔那里完成了”①。由此,恩格斯宣布:“在以往的全部哲学中还仍然独立存在的,就只有关于思维及其规律的学说——形式逻辑和辩证法。”②然而,恩格斯并未循着这个方向,把哲学建立为“关于思维及其规律的学说”,相反,在进一步论述中,他赋予辩证法远远超出思维及其规律的宽泛的领域:“辩证法不过是关于自然、人类社会和思维的运动和发展的普遍规律的科学。”③也就是说,哲学在某种意义上仍然是关于世界整体或整个世界的学说。

应当说,恩格斯对哲学的两个限定是不一致的。第一个定义将哲学限定为关于思维及其规律的学说,即逻辑和辩证法,这里辩证法是思维及其规律的组成部分;而第二个定义把辩证法(即哲学)归结为关于自然、社会和思维的普遍规律的科学,思维及其规律又成为辩证法的内容。恩格斯并未对二者的关系加以说明。就其本人的主要倾向看,他实际上并没有把“思维及其规律”以外的领域都归到“关于自然和历史的实证科学”中去,而是试图揭示上述三个领域的共同的普遍的规律。

这样一来,恩格斯的“现代唯物主义”同已经“终结”的传统哲学均以世界总体(自然、社会和思维)为对象,所不同的是前者不再凌驾于实证科学之上,把自己当做绝对真理的化身,以外在的主观臆想的联系代替世界自身运动的内在联系,而是利用实证科学揭示出的世界之本来面目,“决心在理解现实世界(自然界和历史)时按照它本身在每一个

---

① 《马克思恩格斯选集》第4卷,人民出版社1995年版,第220页。
② 《马克思恩格斯选集》第3卷,人民出版社1995年版,第364页。
③ 《马克思恩格斯选集》第3卷,人民出版社1995年版,第484页。

不以先入为主的唯心主义怪想来对待它的人面前所呈现的那样来理解”①。

现行辩证唯物主义和历史唯物主义体系正是按上述精神建立起来的。恩格斯关于自然辩证法、主观辩证法和客观辩证法，关于哲学基本问题和认识论问题的理解是这一体系的主要内容和依据，它的历史观是依据同样的客观性原则阐发的。长期以来，人们从各方面揭示这一体系的缺陷，最主要之点有二：第一，它没有突出作为认识主体和历史活动主体的人及其实践活动的地位；第二，与此相关，它把人同外部世界的关联当成给定的，哲学的任务只是“发现”或“指出”那业已存在的自然和历史规律。这样一来，尽管从辩证唯物主义体系中可以推导出一些革命性的原则，也可以将能动性原则纳入这个体系，但这一体系的本质特征是对世界是什么的阐述，是一个说明和解释世界的体系。

另外，辩证唯物主义是否是马克思和恩格斯所完成的哲学变革的唯一可能的结果？它能否直接地或充分地反映马克思恩格斯新世界观的实质？对这一问题的回答，我们有必要回到马克思关于“哲学的终结”的思想。

比恩格斯早三十年，马克思已多次阐述了这一思想。在其哲学生涯的初始，作为青年黑格尔派的一个分支，马克思也抛弃了黑格尔的绝对理念。他强调自我意识和自由理性，强调行动与实践。在《博士论文》中，马克思就强调自我意识的批判不应囿于自身，而应超出自身，进入世界，实现“世界的哲学化”和“哲学的世界化”。

马克思在《〈黑格尔法哲学批判〉导言》中将这一思想表述为“消灭哲学”和“实现哲学”。他指出，当认识到“人创造了宗教，而不是宗教创造了人”的时候，对天国的批判就应变成对尘世的批判。但是，在德国对现实的批判首先表现为对哲学的批判，因为德意志人是“在思想中、哲学中经历了自己的未来的历史”的，而哲学的批判不是自身的目的，其实质在于“哲学的否定”；而否定哲学和消灭哲学，其根本在于“在现实中实现哲学”。哲学实现（终结，扬弃）的实质则在于人的解

---

① 《马克思恩格斯选集》第4卷，人民出版社1995年版，第242页。

放。"**德国人的解放**就是**人的解放**。这个解放的**头脑**是**哲学**,它的**心脏**是**无产阶级**。哲学不消灭无产阶级,就不能成为现实;无产阶级不把哲学变成现实,就不可能消灭自身。"①

这样一来,"哲学的世界化"就是哲学之"否定"和"消灭";而"消灭哲学"的实质是在现实的革命中"实现哲学"。显然,这里很大程度上是针对黑格尔哲学而言的。马克思的根本思想是:历史不应只在哲学中以观念的形式展开,而哲学也不应保持独立的理论外观而游离于现实之上,它应成为历史的现实运动的有机组成部分。可见,马克思要求"消灭哲学"和"实现哲学",其宗旨在于强调哲学不应满足于对世界是什么的解释与说明,而应致力于现存的世界,即人的世界的革命化,也就是世界为了人的生成与改变。在《关于费尔巴哈的提纲》中,马克思高度概括了"哲学的终结"的思想:"哲学家们只是用不同的方式**解释**世界,问题在于**改变**世界。"②

问题在于,马克思这种革命地改变现存世界的观点是不是哲学?它本身就是一种哲学立场,还是一种需要附加哲学基础的政治理论?如果它本身是一种哲学立场,它如何反映马克思主义哲学乃至马克思主义全部学说的本质?而它同从恩格斯"哲学的终结"的理解中产生的辩证唯物主义体系又是一种什么关系?

二、马克思的实践哲学构想

从上述分析可见,无论马克思还是恩格斯都没有否定哲学本身,他们所宣布的只是传统哲学、特别是黑格尔哲学的终结。因而,他们并没有否定黑格尔之后哲学存在和发展的可能性。但是,在以什么取代传统哲学的问题上,马克思和恩格斯却预示了不同的方向和途径。实际上,恩格斯的现代唯物主义同传统哲学的研究对象是一致的,所不同的是现代唯物主义试图对传统哲学的对象加以科学的研究,对它们提出的问题给予科学的回答。而马克思强调的是在现实中"实现哲学"和

① 《马克思恩格斯选集》第1卷,人民出版社1995年版,第7页、第16页。
② 《马克思恩格斯选集》第1卷,人民出版社1995年版,第57页。

"改变世界"。但在许多人看来,这已不是哲学了。第二国际理论家把马克思的思想归结为以经济主义或经济决定论为特征的经济学说或政治革命理论。因此,根据恩格斯的精神建立起的辩证唯物主义就成了唯一可能的马克思主义哲学体系。

实际上,这并不是一个已完全解决并取得不可辩驳的定论的问题。首先,马克思所说的"问题在于改变世界",并不是指对世界或对象的日常生活意义上、实证科学意义上或其他一般意义上的改造,而是对人的世界的最深刻的革命变革。整个《关于费尔巴哈的提纲》都贯穿了这一思想。其次,马克思所理解的"革命的实践"不同于一般意义上推翻政权,以一种社会形态代替另一种社会形态的政治革命或社会变革,而是对现存世界、人的存在方式和一切社会关系的最根本的改变,是对一切阻碍人的自由和全面发展的东西的扬弃。这样的革命是人之本质活动,即实践活动的最高形式,是其本质特征的最深刻的反映。就是说,马克思在"革命的实践"的意义上理解"改变世界",又在人的实践和存在方式的意义上理解革命。

从上述观点出发,我们才会理解,为什么马克思在《〈黑格尔法哲学批判〉导言》中宣布了"消灭哲学",即在现实中"实现哲学"之后,紧接着在《1844 年经济学哲学手稿》中和后来的《关于费尔巴哈的提纲》、《德意志意识形态》等著作中致力于揭示人的本质活动的根本特征和基本结构。他充分肯定了人与动物都是自然的组成部分,二者的本质区别在于活动方式的不同:动物只是按其所属的那个物种的尺度和需要进行塑造,因而它"只生产自己本身",它同自然界是直接的同一;人的实践活动则不同,其根本特征是对对象的给定性的扬弃,人懂得"按照任何物种的尺度进行生产",这样他不仅生产自身,也生产自然界。这种通过人的实践活动,通过工业而生成的自然界,才是"真正的、人类学的自然界"①。而"这种活动、这种连续不断的感性劳动和创造、这种生产,正是整个现存的感性世界的基础"②。正是在这一基础上,才有"人

① 马克思:《1844 年经济学哲学手稿》,人民出版社 2000 年版,第 89 页。

② 《马克思恩格斯选集》第 1 卷,人民出版社 1995 年版,第 77 页。

同自然界的完成了的本质的统一”和“关于人的科学”与“自然科学”的统一[①]。

这样，马克思为自己的新世界观，为自己的全部理论研究确立了一个与传统哲学根本不同的出发点和基础，这就是现实的人及其实践活动，“是现实的、从事活动的人们，他们受自己的生产力和与之相适应的交往的一定发展——直到交往的最遥远的形态——所制约”。由此，马克思概括道：“在思辨终止的地方，在现实生活面前，正是描述人们的实践活动和实际发展过程的真正的实证科学开始的地方。”[②]由此可见，马克思学说的出发点和基础既不同于旧唯物主义的“物质”和唯心主义的“观念”或“自我意识”，也不同于费尔巴哈的抽象的“人”，而是现实的人及其实践活动。马克思关于现存感性世界的全部分析，他的全部学说都是建立在这一基础之上的。

首先，马克思揭示了人的现实活动，或社会活动，或社会基本结构的五个最基本的要素：人的物质需要和满足这些需要的生产；新的需要和物质资料的再生产；人自身的生产，即增殖；现实的生产活动中所形成的自然关系和社会关系；最后是意识或精神[③]。在马克思看来，这五个要素构成“最初的历史的关系”，同时也是迄今为止的社会活动的最基本要素。它们不是社会活动的几个不同方面或不同阶段，而是同一现实过程，即人的实践活动的不同方面，它们构成了现实的人的实践活动。正是在这种活动中，才有“人与自然的统一性”，才有人与人之间的“一定的社会关系和政治关系”。在一定的历史条件下，由于劳动分工和社会分化，才导致了构成现实的人的实践活动的不同要素的矛盾、分化和相对独立，构成了限制人的全面发展的社会结构。

其次，人的感性的实践活动不但是全部现存感性世界的基础，也是意识、精神和人的认识活动的现实基础。在马克思看来，人的意识“并非一开始就是‘纯粹的’意识”，相反，“思想、观念、意识的生产最初是直接与人们的物质活动，与人们的物质交往，与现实生活的语言交织在

① 马克思：《1844年经济学哲学手稿》，人民出版社2000年版，第83页、第90页。
② 《马克思恩格斯选集》第1卷，人民出版社1995年版，第72页、第73页。
③ 《马克思恩格斯选集》第1卷，人民出版社1995年版，第78～82页。

一起的。人们的想象、思维、精神交往在这里还是人们物质行动的直接产物"①。这里,马克思的注意力虽然主要集中于意识形态的生产,即狭义的精神生产,但也包含了对人的认识和思维问题的一般看法。马克思把认识和意识看做现实实践活动,特别是现实物质生产过程的内在要素和环节,而不是一个独立的过程。只有在一定历史条件下,由于社会分工导致了精神生产和物质生产的分离,道德、宗教、形而上学和其他意识形态才具有相对独立的外观,认识活动也表现为相对独立的过程。

从这样一种理解出发,我们对于马克思关于认识(理论)与实践关系的论述就应予以更深刻的含义。马克思断言,理论对立的解决"绝对不只是认识的任务,而是现实的生活的任务,而哲学未能解决这个任务,正是因为哲学把这仅仅看做理论的任务"②。这里谈的不是简单的真理标准问题。马克思不是把认识与实践当做两个相对独立的过程,把从一个过程中得出的结论拿到另一个过程中去验证。相反,认识和实践本质上是同一个过程,认识只是实践的一个要素和环节,无论是一般的认识活动,还是形成独立的意识形态的精神生产,本质上都应是现实的物质生产、社会活动,即人的实践活动的组成部分。只有这样,才能从本质上区别于传统认识论。一方面,在这里,主体和客体都不再是给定的,人在现实的改造对象的活动中同时为自己确立认识的对象,这就充分反映了认识与实践活动共有的创造本质;另一方面,认识活动与现实的感性活动,精神生产与物质生产,以及精神生产者与物质生产者的分离与对立不再具有永恒的意义,它们只是特定历史条件下的产物。传统认识论正是建立在主体与客体的给定性,以及认识与实践(精神生产与物质生产)的分离与对立的基础之上的。这样,我们就可以看出,尽管传统马克思主义者也尽一切可能强调实践是认识的基础、源泉和动力,等等,赋予实践以很重要的认识论意义,但是由于没有真正扬弃主体与客体的给定性,没有把认识从本质上当做实践活动的内在要素

① 《马克思恩格斯选集》第1卷,人民出版社1995年版,第81页、第72页。

② 马克思:《1844年经济学哲学手稿》,人民出版社2000年版,第88页。

和环节,结果实践总是被当做认识之外的东西引入认识领域,无法深刻揭示认识的本质。

最后,既然人之感性的实践活动是人的感性世界和人的认识的基础,那么,它同时也就是理解这一感性世界分裂的基础。在一定的历史条件下,随着社会分工(劳动分工)的发展,统一的人的活动也会走向分裂。迄今为止的社会形态大多建立在这一分裂的人之感性活动的基础之上。马克思在《1844 年经济学哲学手稿》中分析了劳动的异化,即人的本质异化以及这一异化带来的自然界与人、人与人、自然科学与人的科学的分裂等等,在《德意志意识形态》中,马克思以分工为基础,进一步展开了这一分析。一方面,分工和私有制是同义语,一个是就活动而言,一个是就活动的产品而言。因而,私有制、阶级、国家等上层建筑随着分工的发展而产生。另一方面,"分工只是从物质劳动和精神劳动分离的时候起才真正成为分工"。这样一来,私有制、阶级、国家、各种上层建筑、宗教、哲学、道德等意识形态相继从统一的现实的人的活动中产生和游离出来,不但取得了独立的外观,而且成为异己的、使人愈来愈片面的统治力量。"这些力量本来是由人们的相互作用产生的,但是迄今为止对他们来说都作为完全异己的力量威慑和驾驭着他们。"[①]迄今为止的全部阶级社会就是在这种分裂中运动的。

因此,在马克思看来,以往的一切理论之谜和历史之谜不应只在理论中理解,而应在现实的实践活动中解答。问题不在于对整个世界或人的感性世界作出描述和解释,更不在于使现存世界永恒化,而在于彻底变革现存的人的感性世界,扬弃一切异己的社会力量,使人的现实活动成为统一的、人之全面发展的基础的活动。在这种意义上,马克思强调,在未来的社会发展中,通过消灭旧式分工而彻底扬弃私有制,使国家和一切异己的社会力量消亡,使精神生产与物质生产的主体及活动通过人的自由和全面发展而达到新的统一。因此,马克思十分清楚地概括了自己学说的实质:"对**实践的**唯物主义者即**共产主义者**来说,全

---

① 《马克思恩格斯选集》第 1 卷,人民出版社 1995 年版,第 82 页、第 90 页。

部问题都在于使现存世界革命化，实际地反对并改变现存的事物。”[①]这正是马克思的哲学思想以及全部学说的实质和核心所在。以此可以理解，马克思在《1844 年经济学哲学手稿》和《德意志意识形态》中是如何把对政治经济学的批判、对共产主义的阐述和对旧哲学的批判改造当做同一个问题加以阐述。同时从另一个角度可看到，只能在有限的和相对的意义上把马克思的学说分为哲学、政治经济学和科学社会主义三个组成部分。实际上，它们构成一个不可分割的整体。一方面，《资本论》并不是以一种经济学代替另一种经济学（国民经济学），而首先是一种政治经济学批判的立场。其宗旨主要不是对资本主义生产过程的客观描述，更不是为之论证与辩护，而在于揭示以资本主义为代表的旧的社会形态，即“人类社会的史前时期”的必然解体。另一方面，马克思关于共产主义的论述同样不是以一种社会理论模式同现存社会简单对立，因而不能用单一的经济或政治尺度来衡量共产主义。它不是对资本主义经济形态的简单否定，而是对“人类社会的史前时期”，对人的存在方式的根本变革，是对一切异化的奴役人的现存关系的扬弃，因而它本质上是实践的人道主义运动。“共产主义对我们说来不是应当确立的**状况**，不是现实应当与之相适应的**理想**。我们所称为共产主义的是那种消灭现存状况的**现实的**运动。”[②]这样，马克思关于人的实践的哲学思想、关于共产主义的设想与政治经济学批判本质上是同一个理论。

由此可见，这种以人为核心，以对人的现存结构，即实践活动的深刻理解和对人的现状的分析批判为基础的使现存世界革命化，从而逐步实现人的自由和全面发展的思想，构成马克思的全部学说，也就是他的哲学的实质与核心。这样一种哲学的确是“改变世界”的哲学，它不需要附加更具体的中介，其本身已经是革命实践的革命思想，是现实历史运动的内在组成部分。

三、马克思主义哲学的实质

要发展马克思的这一哲学立场，应坚持历史与逻辑相统一的原则。

---

① 《马克思恩格斯选集》第 1 卷，人民出版社 1995 年版，第 75 页。

② 《马克思恩格斯选集》第 1 卷，人民出版社 1995 年版，第 87 页。

首先，应当深刻揭示人的本质活动和存在方式即实践的辩证结构，从而阐发人的自由同决定论，人的创造性、主体性同规律性的统一，以及认识同现实活动的统一，从而把实践作为理解人之存在、发展、人之世界和认识本质的基础。其次，要把人的实践活动在历史进程中的展开加以逻辑地再现，分析在特定历史条件下，由于人的实践活动的分化与分裂而带来的异化；与劳动分工和社会分化相适应的私有制、阶级、国家及其各种上层建筑的形成、社会力量的异己化；意识同现实生产的分离、精神生产及其结果，即哲学等意识形态的独立化；特别是由此造成的人的异化和片面发展等非人道的后果。最后，依据对人的实践的历史的和逻辑的认识，依据从中揭示出的基本的历史发展趋势，深刻揭示当代社会的各种否定现象，揭示科学技术和自动化的性质，揭示社会主义的人道主义实质及各种可能的途径，从而使现存世界的革命化成为现实运动和历史进程。显然，上述分析并不是从抽象的人或人性出发，而是基于现实的人的实践活动。

对这样一条途径很多人提出疑问，其一是：我们是否有理由把某一哲学的对象限定为人的感性世界，而不是世界总体？回答是肯定的。马克思在强调以实践活动为基础的人的感性世界时，丝毫不否认“先于人类历史而存在的那个自然界”或“外部自然界”的“优先地位”[①]，问题在于，这一事实并不妨碍我们把人的感性世界作为哲学的对象，也不会由此而有致命的局限性。从世界本身来说，世界整体任何时候都没有也不会成为某一具体哲学的现实的和直接的对象，每一哲学宣称为世界总体的东西都与那一时代人们的科学与实践的范围相关。真正无限的世界总体只是古往今来一切哲学抽象意义上的对象。人们借助实证科学从时空上所论证的无限的世界在每一时期都是有限的。相反，人的感性世界在形式上是有限的，但实质上则具有无限的意义。因为人们对无限的反思正根植于人的存在方式——实践活动的本性。在人的感性世界中，人的认识对象和实际活动的对象是人创立的，人的实践活动的本性是扬弃对象的给定性，对它进行塑造与再塑造。在这里，人以

① 《马克思恩格斯选集》第1卷，人民出版社1995年版，第77页。

多种方式，感性的——实践的、理性的——思维的、情感的——伦理的等等把握对象，人作为全面的多种规定性统一的主体而从事活动。因而，即使有一天人们从时空上证明了外部世界的有限性，它对人的实践活动来说仍然具有无限的意义。

而从哲学本身来说，一方面，我们不能期待特定历史条件下的特定哲学，尤其不能期待在世界中实现自身的马克思主义哲学对以往哲学和实证科学提出的一切问题都给予解答，即使是可能的，也并不总是有意义的；另一方面，马克思主义既不是“科学之科学”，也不是“知识总汇”，并不是以往哲学中所有正确的合理的原则都一定要纳入马克思主义哲学的体系之中。

第二个问题是：这样突出人的实践的地位，会不会导致否定历史规律，把历史当做人之随心所欲的产物的唯意志论？回答是否定的。首先，马克思并不是把人的实践活动和使现存世界革命化的革命实践同历史过程的规律性相对立，相反，真正的革命实践最深刻地体现了历史的必然性，而真正意义上的人的实践活动正在于顺应历史潮流，变革现存世界。其次，强调人的实践活动是为了反对机械决定论的历史观。历史过程具有决定性因素和基本的发展趋势，但这些规律并不是预先给定的、单向的和一成不变的，而是在人的实践活动中生成和展开的。人的任务并不是去寻找历史进程中现成的、一经发现就将一劳永逸地解答一切历史之谜和理论之谜的一成不变的规律。相反，在任何情况下，人的存在的意义都不能仅仅归结为“发现”，总是存在着人们能动地选择和创造的余地。因而，在人的感性世界中，虽然在不同层次不同意义上存在着物理的、化学的、生理的各种自然规律，但对人的存在和人类发展来说，直接相关的规律性则是实践活动本身的规律。人的活动的意义不仅在于扬弃旧的，也在于创造新的。只有在这种意义上，人才真正成为历史的主体，成为认识和实际活动的主体，而不是历史必然过程的旁观者和追随者；也只有如此，每一时代的人们才真正担负起历史使命和责任，才不会把历史的功过都推给必然性的东西。

尽管这样的马克思主义哲学的表述还没有建立起来，但可以断言，它比现行哲学体系能更充分地反映马克思主义及其哲学的实质。辩证唯物主义不是马克思主义哲学的唯一可能的形式,也不是最能反映其实质的体系。

当作出上述结论时,应当注意:首先,马克思与恩格斯之间并不存在一些西方学者所断言的“对立”,否则二人不可能长期共同合作。承认二人在研究领域和发展途径上的差别,并不会导致高扬一个,而否定另一个。相反,只有从这一“差别”的前提出发,我们才有理由将二人并列为马克思主义的创始人,才有理由谈论二人各自的贡献,在某种意义上,这一“差别”并不是消极的,因为它在更广阔的维度上开拓了哲学的视野。其次,当我们断言马克思关于人的实践和人的感性世界的理解更能反映马克思主义的实质,并不否认辩证唯物主义的价值。相反,它作为传统哲学的继续,试图对以往哲学和科学提出的问题给予科学的解答,有其一定的存在和发展的根据。马克思并不以“改革世界”同“解释世界”相对立,实际上改变世界也必然包含解释世界,只是应当在革命的意义上加以解释。不仅如此,从这一立场出发,并不断言马克思关于人的革命实践的哲学是唯一可能的哲学。强调“改变世界”并不否认相对独立地“解释世界”的可能性,也不否认对传统哲学提出的问题作出科学回答这种尝试的价值。当对世界从不同方面和不同角度出于不同需要加以限定时,对它的解释也就可以是多样的了。

由此,处理马克思关于人的实践和革命的哲学同辩证唯物主义的关系的可能途径不止一个。其一是试图使二者相结合。但是,不能按传统方式把马克思的有关论述简单地纳入现行辩证唯物主义体系。也就是说,人的实践不仅仅具有认识论的意义,它对人的感性世界也具有存在的意义。只有在这种意义上重建辩证唯物主义才能突出马克思主义的实质。另一条途径,也可以承认马克思主义哲学表述的多样化。一方面,充分阐发和建立马克思关于人的实践和革命的哲学;另一方面,让辩证唯物主义以某种更合理的方式存在。实际上,当从不同的角度把自然界、历史过程、思维、语言等等当做相对独立的对象时,相应地就有了自然哲学、历史哲学、思维哲学、技术哲学、语言哲学、法哲学、宗教哲学,等等。这类哲学在黑格尔和马克思之后并没有丧失存在的根据。辩证唯物主义的内容在某种意义上与这些不同的哲学分支有关。

因此，除了建立最能反映马克思主义的革命实质的体系外，可以考虑建立马克思主义的自然哲学、历史哲学、思想哲学、技术哲学等等。

总而言之，这里只是提出了问题，不能要求在这里把一切有关问题都予以解决。但无论如何改革或重建马克思主义哲学，都不应忘记努力突出其使现存世界革命化的实质。这也应成为“哲学的终结”的思想最合乎逻辑的成果。

马克思主义哲学演化的内在机制研究

一般说来,目前的中国化的马克思主义哲学形态,经历了比较长的演化过程:从19世纪上半叶马克思的实践哲学构想,经过19世纪下半叶恩格斯的《反杜林论》等著作对马克思主义哲学的第一次体系化,再经过20世纪上半叶前苏联的辩证唯物主义和历史唯物主义教科书对马克思主义哲学的第二次体系化,最后形成了中国化的马克思主义哲学形态。这个演化过程,一方面丰富了马克思主义哲学的形态,另一方面也带来了许多争议的问题。以前苏联教科书为基本精神的中国化的马克思主义哲学形态对于中国的哲学研究产生了重大的影响,也引起了很多理论争论。特别是20世纪80年代以来,中国哲学界对这一理论形态的一些命题和观点提出了许多质疑和修改。这些哲学理论争论和探讨无疑具有重要的价值,但是,似乎不够深入,它们更多地关注具体哲学主题的改变,而没有真正触动哲学的基本范式。我认为,有必要在哲学范式的意义上深刻揭示马克思主义哲学演化的内在机制,以探寻新时期发扬马克思哲学精神的适宜的途径。

哲学范式不是指某种具体的哲学分析方法,而是指哲学的总体性的活动方式，它涉及哲学理性活动的各个基本方面，是指哲学理性分析、反思和批判活动的最基本的方式和路数。在很多时候，对于哲学研究而言，重要的不仅在于研究什么，更在于如何研究。我们发现，在马克思主义哲学的演化过程中，一直存在着不同哲学范式的争论和分歧，而这些又与哲学史上的不同范式的影响直接相关。

一、西方哲学史上两种不同的哲学范式

对于发端于希腊的西方哲学史，人们或者按照编年史的方式区分为古代哲学、中古哲学、近代哲学和现代哲学的演进过程，或者按照哲学研究对象的特征概括为本体论（宇宙论）、认识论、语言学等各阶段依次递进的过程。但是，如果从哲学演化的内在机制来看，我们可以说，在西方哲学史上一直存在着两种不同的哲学范式：一种是追求普遍性知识的、思辨的理论哲学或意识哲学范式；一种是关注生命的价值和意义的实践哲学或文化哲学范式。

这两种哲学范式的形成可以追溯到西方哲学的源头。按照文德尔班的说法，哲学在古希腊初次出现时是以追求智慧为宗旨，其理论意义同德语中的“科学”（Wissenschaft）是一致的，在这种意义上，“哲学”一词的理论意义主要指向理性逻辑、真理和知识体系。文德尔班指出，“按照这个涵义，一般哲学指的是我们认识‘现存’事物的井井有条的思想工作”①。这是古希腊的主导性哲学范式，但是，这并不是“哲学”一词唯一的理论意义，实际上，从古希腊起，哲学还有另外一种涵义和另一种范式。当原始宗教意识和伦理意识进入分崩离析时，“有关人的天职和使命问题变得愈来愈有必要作科学的调查研究……而且使有关正当的生活行为的教导成为首要目标，最终成为哲学或科学的主要内容。因此，希腊化时期的哲学便获得了**基于科学原则的生活艺术的实践意义**”②。文德尔班认为，后一种意义的哲学范式主要是由苏格拉底和智者派开辟的。他还从问题域的角度区分了上述两种哲学范式：前

① 文德尔班：《哲学史教程》上卷，罗达仁译，商务印书馆1987年版，第8页。
② 文德尔班：《哲学史教程》上卷，罗达仁译，商务印书馆1987年版，第8～9页。

一种是围绕着理论问题展开的哲学,即围绕着"那些一部分属于对现实世界的认识问题,一部分属于对认知过程本身的研究问题"而展开的哲学,主要表现为形而上学和认识论;后一种是围绕着实践问题展开的哲学,即围绕着"在研究被目的所决定的人类活动时所产生的问题"而展开的哲学,主要表现为伦理学或道德哲学、社会哲学、美学、宗教哲学等①。

尽管从哲学的起点上,价值与文化的问题已经进入了哲学的视野,但是,在相当长的历史时期,这些问题并没有成为哲学关注的中心。正如文德尔班所考察的那样,"可以认为,从一开始,也许除了少数例外(苏格拉底),人们都在关着门的学院里钻研科学"②。换言之,从古希腊开始,这种追求普遍性知识的、思辨的理论哲学或意识哲学范式就占据着主导地位。这种状况的出现与希腊理性科学的特别发达密切相关。吴国盛先生曾分析了希腊人文精神的特征。他认为,在古希腊,人文与科学是统一的,希腊的最高人文理念是自由,但是,在希腊人看来,只有学习一门叫做"科学"的知识,才能进入自由的境界。希腊科学的第一形态就是数学,唯有通过数学的方式,人们才可以领悟到那个最高的人文理念,即自由,因为,数学的对象根本不存在于现实生活中,而是一个超越此岸世界的完善的理念世界。这样一来,关于这一理念世界的认识也就是哲学,在希腊,哲学和科学是一回事,早期的希腊学问家,既是哲学家,也是数学家。"希腊人认为,那个最真实的世界是纯粹的,是绝对的,因而是内在的。在此基础上发展出来的知识,就是哲学。这里所说的哲学,其实也是理性科学的一种形态,是成熟得最早的一种典型的科学形态。"③

随着近代自然科学,特别是实验科学的发展,这种追求理性逻辑、绝对真理、普遍规律的形而上学和认识论的哲学范式进一步同现代自然科学的理论范式统一起来,几乎占据了人类精神世界的全部领域,完全否认了关于人类生活意义和价值问题的历史哲学和实践哲学的特殊

---

① 文德尔班:《哲学史教程》上卷,罗达仁译,商务印书馆 1987 年版,第 31 页、第 32 页。
② 文德尔班:《哲学史教程》上卷,罗达仁译,商务印书馆 1987 年版,第 14 页。
③ 吴国盛:《反思科学》,新世界出版社 2004 年版,第 8 页。

性和独特地位。文德尔班指出:“十七世纪的形而上学和以后十八世纪的启蒙运动主要受到**自然科学思想**的支配。关于现实世界普遍符合规律的观点,对于宇宙变化最简单因素和形式的探索,对于整个变化基础中的不变的必然性的洞察——所有这些因素决定了理论研究。”[①]由于这种自然科学范式的形而上学忽略了关于人生的意义和价值问题,所以导致了自然科学和历史科学的严重分裂和对立。“自然科学思想以囊括一切的强大力量向前突飞猛进”[②],否认人的存在的价值问题和文化问题的特殊性。

在近代自然科学的发展过程中,笛卡儿和伽利略等人的努力对于自然科学和哲学的发展都产生了深刻的影响。按照胡塞尔的分析,从笛卡儿起,一种新的观念支配了整个哲学运动的发展,这就是基于数学的普遍化而形成的一种无限的、大一统的理性化的世界图景。而后通过伽利略对自然的数学化和理念化,一种基于纯几何学的完美观念的大一统的、一元的、必然的、普遍的数学宇宙理念形成了。通过自然的数学化和无限的理性世界图景的建立,生活世界和人的存在的特殊性都被消解了。胡塞尔指出:“伽利略在从几何的观点和从感性可见的和可数学化的东西的观点出发考虑世界的时候,抽象掉了作为过着人的生活的人的主体,抽象掉了一切精神的东西,一切在人的实践中物所附有的文化特性。这种抽象的结果使事物成为纯粹的物体,这些物体被当做具体的实在的对象,它们的总体被认为就是世界,它们成为研究的题材。人们可以说,作为实在的自我封闭的物体世界的自然观是通过伽利略才第一次宣告产生的。随着数学化很快被视为理所当然,自我封闭的自然的因果关系的观念相应而生。在此,一切事件被认为都可一义性地和预先地加以规定。”[③]

意识哲学或理论哲学范式在近代自然的数学化和理念化过程中的进一步强化,对哲学发展的影响是多方面的和深刻的。第一,自然科学

---

① 文德尔班:《哲学史教程》下卷,罗达仁译,商务印书馆1993年版,第859页。

② 文德尔班:《哲学史教程》下卷,罗达仁译,商务印书馆1993年版,第895页。

③ 埃德蒙德·胡塞尔:《欧洲科学危机和超验现象学》,张庆熊译,上海译文出版社1988年版,第71页。

所揭示的因果现象、必然性、线性决定特征、还原性、可计算性、普遍性等被放大为统一的、一元的、无限的世界的普遍规律，由此建立起以理性逻辑、绝对真理、普遍规律为核心的形而上学和认识论体系。第二，生活世界、伦理道德世界、人的生存领域等虽然没有完全淡出哲学理性的视野，但是却剥夺了特殊性和个别性，成为数学化和理念化的无限世界图景中的一个案例。从哲学史的编排也可以看出这一点，关于社会、历史、道德、伦理、价值的思考在相当长的历史中一直作为思辨哲学体系的一种同质的附属品，以致哲学家们竟然能够得出"人是机器"的可怕的、冰冷的结论。第三，在这种意识哲学或思辨哲学范式中，希腊理性科学所内含的最高人文理念"自由"实际上已失落，个别性和特殊性在哲学体系中已找不到落脚点，相应地，意义和价值也完全被冷冰冰的外在规律性所取代。黑格尔对这种普遍的理性主义哲学范式做了清楚的描述，他说："在我们现在生活着的这一个时代里，精神的普遍性已经大大地加强，个别性已理所当然地变得无关紧要，而且普遍性还在坚持着并要求占有它的整个范围和既成财富，因而精神的全部事业中属于个人活动范围的那一部分，只能是微不足道的。"①

经过近代欧洲大陆和英国对理性主义哲学的普遍发展，到黑格尔的绝对理念体系中我们已经看到了这种意识哲学或思辨哲学范式的限度和所建立起的普遍的决定论的理性主义哲学体系的严重缺陷，而正是在这里，一直蛰伏在西方哲学深处的另一种哲学范式，即关注生存的价值和意义的实践哲学和价值哲学范式开始发出自己的挑战。正因为如此，哲学在黑格尔身后经历着重大的范式转换，而很多哲学派别都从颠覆黑格尔的泛逻辑化的理性哲学体系开始自己的哲学革命。文德尔班认为，19 世纪哲学发展的重大转变表现为关于价值和意义问题的思考重新成为哲学关注的中心问题。"我们时代的高度民主的文化意识使得所有关于社会历史对于个人生活的价值问题活跃起来，生气勃勃。"②在哲学领域中，对于实践问题的关注程度开始超过对于理论问题

① 黑格尔：《精神现象学》上卷，贺麟、王玖兴译，商务印书馆 1979 年版，第 50 页。

② 文德尔班：《哲学史教程》下卷，罗达仁译，商务印书馆 1993 年版，第 860 页。

的关注，例如心理学、自然哲学、人类学、历史哲学、法哲学和宗教哲学等实践哲学学科开始得到发展。文德尔班特别介绍了叔本华、尼采、哈特曼、施蒂纳等人的努力。而他本人则明确地把哲学的对象确定为"文化价值的普遍有效性"。他明确无误地区分历史科学和自然科学，要求哲学从自然科学的范式中摆脱出来。"哲学既没有雄心根据自己的观点对特殊科学进行再认识，也没有编撰的兴趣去修补从特殊学科的'普遍成果'中得出的最一般的结构。哲学有自己的领域，有自己关于永恒的、本身有效的那些价值问题，那些价值是一切文化职能和一切特殊生活价值的组织原则。"[①]这样一来，文德尔班明确地为文化哲学的发展划定了领域，这就是人的存在的历史领域。文化科学或历史科学的研究重心是价值问题，而这同时也就是人的问题。人的存在的根据不再是自然规律，而在于历史本身。

在新康德主义的弗赖堡学派中，文德尔班的学生李凯尔特更加明确无误地突出了文化哲学的地位。他不同于同时代人用历史科学或精神科学来概括价值问题的习惯做法，明确提出，应当使用文化科学来与自然科学相区别[②]。李凯尔特认为，自然现象具有直接给予性。自然之物由于不存在截然的界限和突发的飞跃而呈现出连续性；又由于相互之间的不完全等同而具有非连续性和差异性。因此，自然世界的存在状态呈现为"连续的差异性"或"异质的连续性"。自然科学的方法是一种普遍化的方法，它排斥特殊性和个别性，而强调自然之物中的普遍性和同质性，寻找规律性。"我们把每个现实中的异质的连续性，或者改造为**同质的连续性**，或者改造为**异质的间断性**。只要这一点**能够做到**，也就可以把现实称为**理性的**。"[③]这种普遍化的方法是普遍的理性和概念凌驾于个别性之上。显而易见，近代的理性主义形而上学和知识论正是体现了这种排斥差异性和个别性的自然科学研究范式。

李凯尔特认为，传统哲学的问题在于用自然科学的普遍化方法去

---

① 文德尔班：《哲学史教程》下卷，罗达仁译，商务印书馆1993年版，第927页。

② 参见李凯尔特：《文化科学和自然科学》，涂纪亮译，商务印书馆1986年版，第5页、第16～17页。

③ 李凯尔特：《文化科学和自然科学》，涂纪亮译，商务印书馆1986年版，第32页。

构造自己的哲学体系。而这实际上是不适用的，因为文化现象与自然现象相比具有很大的独特性。与自然现象的给定性和客观性不同，文化作为人为的现象的突出特征是其价值内涵。“在一切文化现象中都体现出某种为人所承认的价值。”衡量价值的根本标准不是其客观性问题，而是它的意义内涵。“关于价值，我们不能说它们实际上存在着或不存在，而只能说它们是有意义的，还是无意义的。”①这样一来，文化科学的方法不能是普遍化的方法，而应当是个别化的历史方法，它尊重文化的个别性和价值内涵。李凯尔特断言：“随着相关的文化价值愈益独特地联结于某一事件的个别形态，这一事件的文化意义也往往相应地愈益增长。因此，只要涉及文化事件对于文化价值的意义，那么只有个别化的历史研究方法才是适用于文化事件的方法。”②

在这种意义上，从 19 世纪下半叶开始，随着西方理性文化模式及其思辨哲学表述的危机特征越来越明显，西方许多哲学流派和思潮的理性批判，在深层次上都可以看做是对这种追求普遍性知识的、思辨的理论哲学或意识哲学范式的反抗和对关注生命的价值和意义的实践哲学或文化哲学范式的回归。例如，柏格森等人代表的生命哲学、叔本华和尼采的唯意志论哲学、胡塞尔的现象学生活世界理论、舍勒的哲学人类学转向、弗洛伊德的精神分析学、海德格尔和萨特的存在主义、卢卡奇等人的西方马克思主义等，在反思和批判西方理性文化危机的过程中，从不同侧面推动着西方哲学主流范式的转变，形成了回归人的存在领域、回归生活世界的导向。

必须指出，不应将这种回归生活世界的哲学转折的意义简单地归结为哲学研究对象从外部世界向人的生活世界的转变，而应看到其哲学主导性范式的深层转变。一方面，上述哲学流派从不同方面，在不同层次上限定自然科学所揭示的因果关系、线性决定等决定性因素的作用范围，打破基于数学化的自然运动的大一统的世界图景及其普遍理性的统治，为人的存在和生活世界保留特殊的可能性空间。另一方面，

① 李凯尔特：《文化科学和自然科学》，涂纪亮译，商务印书馆 1986 年版，第 21 页。

② 李凯尔特：《文化科学和自然科学》，涂纪亮译，商务印书馆 1986 年版，第 72 页。

这些哲学流派对于人的存在和生活世界的探讨，不再服从那种强调普遍知识和普遍逻辑的意识哲学或思辨哲学范式，而是立足于把生活世界当做人的生存的意义结构和价值根基来加以展示与重建，在社会行为的互动和主体间的交往中确立人的自由和个性的生成空间。

二、马克思主义哲学演进过程中的范式变换

我们用了比较长的篇幅来展示西方哲学的两种基本范式的演变，其宗旨不只是为了探讨西方哲学演化的内在机制，而是要为马克思主义哲学的形态演化提供一种重要的坐标。我们发现，马克思主义哲学在其一个半世纪的历史进程中所经历的各种转变和形态变化以及思想理论状况，不仅与每一时期它所关注的主题和问题域相关，更与内在的哲学范式密切相关。而且，在其中相互交织、相互影响地起主导作用的基本哲学范式，在某种意义上也正是我们所探讨的西方哲学史上的两种基本的哲学范式。

我们可以这样来概括马克思主义哲学演化的范式变化轨迹：马克思所实现的哲学变革通过彻底的批判精神明确无误地展示出实践哲学或社会哲学的范式；尔后，马克思主义哲学在其体系化和科学化过程中明显转向了理论哲学或意识哲学的范式；20 世纪在中外马克思主义的哲学探讨中，发生了多次回归马克思的实践哲学和回归生活世界的尝试，但是，由于没有完全超越纯粹的意识哲学范式，这些可贵的哲学尝试并没有与马克思的实践哲学在文化精神上达成真正的"视界融合"；新时期富有创造力的中国化的马克思主义哲学形态的建构从根本上将依赖马克思实践哲学范式的真正回归。

1. 马克思的实践哲学范式

众所周知，马克思在 19 世纪 40 年代通过对黑格尔、费尔巴哈、青年黑格尔派等哲学流派的批判，以及通过对异化的批判、对共产主义的阐释、对社会历史运行机制的探讨等，为我们提供了丰富的哲学思想，我们可以从不同方面加以总结和继承。应当说，关于马克思的哲学变革及其哲学思想的概括一直存在着许多争议，但是，马克思哲学思想对于实践的突出强调和对于现实的无情批判的特征往往是人们公认的，

而且研究者们据此建立起各种实践哲学、实践理论、实践唯物主义的体系。这无疑是马克思哲学变革的立足点和出发点。

然而,关于马克思的实践哲学的构想,我们还是要作更为深入的探讨。需要提出的一个问题是:实践范畴在马克思理论中的首要价值是一个具有决定论意义的独特的对象和实体,还是一个具有文化意义的根本性的哲学视角和哲学范式?我认为,两者的含义均不能排除,但是,相比之下,实践范畴在马克思学说中更重要的作用还是体现在哲学范式上。换言之,马克思的兴奋点不是像纯粹意识哲学和思辨哲学范式那样,按照科学的理性推理的办法概括出人的实践活动的一些普遍的特征和必然性,然后以此来说明现存世界结构是如何服从这些必然规律的;相反,马克思更多的是把实践作为现存社会历史结构在其中得以生成的意义结构和得以变革的现实基础。实际上,马克思说得很清楚:"全部社会生活在本质上是**实践**的。凡是把理论引向神秘主义的神秘东西,都能在人的实践中以及对这个实践的理解中得到合理的解决。"①对此,我们可以从以下几个方面略加论述。

首先,马克思从自己的哲学生涯伊始,就对思辨哲学范式的体系化特征深恶痛绝,反复强调哲学要以其内在的批判的自我意识冲破体系的束缚,在现实的社会历史中而不是在纯粹的理性王国中开展批判。人们常常引用马克思在《〈科隆日报〉第179号的社论》中的那句"哲学不是世界之外的遐想"的断言。马克思在批判德国哲学时多次直指它的思辨意识哲学范式的弊端。"哲学,尤其是德国哲学,爱好宁静孤寂,追求体系的完满……就像一个巫师,煞有介事地念着咒语,谁也不懂得他在念叨什么。"②德国哲学对于理论体系的强调不只是一种民族性格的偏好,在深层次上实际上是强调普遍理性的意识哲学范式的极端表现。马克思指出,"德国只是用抽象的思维活动伴随现代各国的发展,而没有积极参加这种发展的实际斗争"。结果,"我们德国人在思想中、在**哲学**中经历了自己的未来的历史。我们是当代的**哲学**的同时代人,

① 《马克思恩格斯选集》第1卷,人民出版社1995年版,第56页。

② 《马克思恩格斯全集》第1卷,人民出版社1995年版,第219页。

而不是当代的**历史**同时代人"①。

基于上述分析，青年马克思反复强调"消灭哲学"，从而"使哲学成为现实"。在他看来，自我意识绝不是自我完成、自身完善的。它在其完善的过程中，必然要与现实发生矛盾，因而要转出自身，在实现世界的哲学化的同时完善自身。"这些个别的自我意识始终具有**一个双刃的要求**：其中一面针对着世界，另一面针对着哲学本身……这些自我意识把世界从非哲学中解放出来，同时也就是把它们自己从作为一定的体系束缚它们的哲学中解放出来。"这样一来，"本来是内在之光的东西，变成转向外部的吞噬一切的火焰。于是，得出这样的结论：世界的哲学化同时也就是哲学的世界化，哲学的实现同时也就是它的丧失"②。马克思还强调，真正的哲学都是自己时代的精神上的精华，是文化的活的灵魂，是一种批判的和战斗的思想，"哲学思想冲破了令人费解的、正规的体系外壳，以世界公民的姿态出现在世界上"③。在这里，我们看到了青年马克思对思辨的意识哲学和理论哲学范式的毫不留情的颠覆。

其次，正如马克思对思辨的意识哲学范式的批判是彻底的，他对实践哲学范式的确定也是坚定不移的。马克思无数次表达出把哲学建立在现实的实践，即现实的人的活动基础之上的愿望："德国哲学从天国降到人间；和它完全相反，这里我们是从人间升到天国。这就是说，我们不是从人们所说的、所设想的、所想象的东西出发，也不是从口头说的、思考出来的、设想出来的人出发，去理解有血有肉的人。我们的出发点是从事实际活动的人，而且从他们的现实生活过程中还可以描绘出这一生活过程在意识形态上的反射和反响的发展。"④

当然，仅仅论述至此，并不能保证对于思辨意识哲学范式的超越。我们发现，马克思的独特之处在于，他在强调人的实践活动的自由本性和创造本性时，并没有简单地把实践当做人的世界的决定力量，而是深刻分析了在人的活动中生成的社会结构及其异化力量对于人的活动的

① 《马克思恩格斯选集》第1卷，人民出版社1995年版，第11页、第7页。
② 《马克思恩格斯全集》第1卷，人民出版社1995年版，第75～76页。
③ 《马克思恩格斯全集》第1卷，人民出版社1995年版，第220页。
④ 《马克思恩格斯选集》第1卷，人民出版社1995年版，第73页。

制约,他在《德意志意识形态》中全面揭示了所有制形式、生产力和交往方式、分工和商品交换、国家和意识形态的发生和影响。进而,马克思的独特之处还在于,他没有把这些社会运动对人的制约作用上升为像自然规律那样的普遍的必然性。实际上,无论是对生产力和交往关系的论述,还是对异化的社会关系和社会结构的分析,如果屈从于思辨的意识哲学的范式,都可能抽象出悬于历史之上的普遍的世界理性和绝对的历史规律。但是,马克思没有这样做,他强调,这些社会运动和社会结构的生成和发展,既是"迄今为止历史发展的主要因素之一",也是异化的历史,即"我们本身的产物聚合为一种统治我们、不受我们控制、使我们的愿望不能实现并使我们的打算落空的物质力量"的历史①。不仅国家上层建筑是异化的力量,而且在人们的心目中最具革命性的生产力也是如此,"生产力在其发展的过程中达到这样的阶段,在这个阶段上产生出来的生产力和交往手段在现存关系下只能造成灾难,这种生产力已经不是生产的力量,而是破坏的力量(机器和货币)"②。因此,"消灭劳动"、"消灭分工"也就像消灭国家一样,一直占据着马克思的注意力。

概而言之,马克思比西方哲学史上的其他哲学家都更彻底地发展了实践哲学的范式,不仅是因为他把自己的研究对象始终锁定在人的实践活动及其在实践活动中展开的社会结构和历史结构,更为重要的是,他始终没有屈从于思辨理论哲学或意识哲学范式关于普遍知识和绝对真理的诱惑,始终没有把实践和历史本身的运动机制从现实的历史和实践中抽象出来,提升为外在于历史、高悬于历史之上的普遍逻辑和必然性,而是一直着眼于实践和历史的内在运动机理。这样一来,马克思既不同于那些沉醉于数学化的无限世界图景中的形而上学家,也有别于那些其"历史总是遵照在它之外的某种尺度来编写",并把历史的东西变成"某种处于世界之外和超乎世界之上的东西"的历史学家③。

---

① 《马克思恩格斯选集》第1卷,人民出版社1995年版,第85页。

② 《马克思恩格斯选集》第1卷,人民出版社1995年版,第90页。

③ 《马克思恩格斯选集》第1卷,人民出版社1995年版,第93页。

2. 体系化过程中的意识哲学或理论哲学范式

进入19世纪50年代后，马克思的注意力更多地集中于现存资本主义社会的经济运动和政治运动的危机本性，专注于《资本论》的写作。马克思在具体探讨现代社会的经济运行机制的同时，还在《政治经济学批判》序言中对自己研究政治经济学的“总的结果”所作的概括，提炼出生产力和生产关系，经济基础和上层建筑的矛盾运动的思想，作出了关于唯物史观的“经典概括”。然而，即使如此，马克思在这里并没有把这些思想上升为超越具体历史条件，“放之四海而皆准”的普遍性的知识。相反，他一方面充分肯定这些经济必然性对于人的存在的严格的制约作用，另一方面则强调这种历史存在状况的异化特征。在马克思看来，人不可能摆脱这些带有盲目特征的经济必然性的存在和制约作用，但是，人的自由自觉的实践本质又体现在对于盲目的经济必然性的驾驭和控制，在于通过消灭“劳动”、消灭分工、扬弃异化，“使现存世界革命化”。显而易见，这依旧是典型的实践哲学范式。在这种意义上，马克思在《资本论》中毫不含糊地将“自由王国”同社会经济形态的“必然王国”对立起来：“自由王国只是在由必需和外在目的规定要做的劳动终止的地方才开始；因而按照事物的本性来说，它存在于真正物质生产领域的彼岸。”①

然而，此后马克思主义哲学的发展出现了新的情况，这就是它的体系化和科学化的趋势。半是由于批判杜林哲学体系的需要，半是由于自然科学研究的兴趣，恩格斯在进行马克思哲学的体系化的过程中，逐步推动哲学范式从实践哲学向意识哲学或理论哲学转变，他的兴奋点逐步从马克思视野中与现存社会历史条件密切关联的人的实践活动和社会运动的内在机制，转向不受具体历史条件局限的普遍规律。例如，恩格斯强调：“辩证法不过是关于自然、人类社会和思维的运动和发展的普遍规律的科学。”②也就是说，哲学在某种意义上是关于世界整体或整个世界的普遍性的理性科学体系。恩格斯特别重视自然科学的价值，他的“现代唯物主义”要利用实证科学揭示出的世界之本来面目，“决心在理解现实世界

---

① 《马克思恩格斯全集》第46卷，人民出版社2003年版，第928页。

② 《马克思恩格斯选集》第3卷，人民出版社1995年版，第484页。

(自然界和历史)时按照它本身在每一个不以先入为主的唯心主义怪想来对待它的人面前所呈现的那样来理解"[①]。当然,恩格斯作为马克思主义哲学的创始人之一,作为马克思的亲密合作者,他在马克思主义哲学的体系化和意识哲学范式方面走得并不远。例如,恩格斯反对黑格尔"凌驾于一切专门科学之上并把它们包罗在内的科学的科学"的、知识总汇类型的哲学。他断言"哲学在黑格尔那里完成了"[②],此后不可能再有这种包罗万象的哲学体系了。由此,恩格斯宣布,现代唯物主义"不再需要任何凌驾于其他科学之上的哲学了……于是,在以往的全部哲学中仍然独立存在的,就只有关于思维及其规律的学说——形式逻辑和辩证法。其他一切都归到关于自然和历史的实证科学中去了"[③]。

然而,在马克思和恩格斯身后,经过列宁的《唯物主义和经验批判主义》和斯大林的《论辩证唯物主义和历史唯物主义》,马克思主义哲学体系化过程中的纯粹意识哲学或思辨理论哲学的范式逐步取代了马克思的实践哲学范式,已经被恩格斯宣布"归到关于自然和历史的实证科学中去"的关于自然的理性化的普遍知识又被放在哲学体系之中,而且是置于决定社会历史运动的普遍规律的地位上。其直接的和集中的理论成果就是前苏联的哲学教科书,而中国化的马克思主义哲学基本上是按照这一教科书的精神展开的。同马克思的实践哲学相比,这一体系化和科学化的马克思主义哲学虽然依旧关心社会历史运动和革命变革,但是,它已经在纯粹意识哲学范式的引导下使哲学的基本精神发生了很大的变化。第一,它在分析社会结构和经济基础时,隐去了社会结构和社会关系的实践根源和它们在现实历史条件下的异化特征,从而使它们从马克思视野中那种人既在客观上受其制约又通过实践活动的自由本性而加以扬弃的具体历史存在变成了普遍性的、凌驾于历史和人的活动之上的客观必然性。第二,它又运用自然科学的普遍视野,隐去了社会历史存在不同于自然存在的特殊性,把社会领域中的客观制约性也上升为与自然运动的规律完全同质的普遍理性必然性。第三,它把历史运动和人类解放的内在驱动

① 《马克思恩格斯选集》第4卷,人民出版社1995年版,第242页。
② 《马克思恩格斯选集》第4卷,人民出版社1995年版,第220页。
③ 《马克思恩格斯选集》第3卷,人民出版社1995年版,第364页。

力从马克思哲学视野中发自人的实践活动的自由自觉的批判本性和超越本性转变为凌驾于历史之上的普遍的规律，在历史进程之外寻找历史的原因。这样一来，体系化的马克思主义哲学就基本上回到了纯粹意识哲学或思辨理论哲学的范式，相应地，它呈现出忽略实践的主体性，满足于外在的普遍的方法论指导，从历史之外去解释历史等缺陷就不难理解了。

3.新时期马克思主义哲学的范式选择

通过上述分析，我们可以看到，哲学形态的演变在很多时候并不只是表现为哲学研究主题和问题域的改变，而是深层哲学范式的转变。20 世纪西方马克思主义和东欧新马克思主义的出现在某种意义上是对前苏联哲学教科书的马克思主义哲学范式的挑战。卢卡奇、葛兰西、法兰克福学派，南斯拉夫实践派等对于发达工业社会的物化结构和理性文化的批判、关于文化革命的构想、关于主客体统一的辩证法的强调等，都表明了一种实践哲学范式的复兴。而到了 20 世纪 80 年代至 90 年代中国哲学终于重新恢复了马克思学说的本质性批判精神，由此推动新的思想解放和观念更新，开辟了一系列新的研究领域和新的生长点，如发展哲学、交往理论、新儒学、后现代主义、文化哲学、人学、政治哲学、历史哲学、“回到马克思的经济学语境”等。其中，实践理性的复兴、主体意识的成熟、发展观念的更新、文化精神的重建等成为新时期哲学发展的突出成就。而这些变化中的共同趋势是哲学理性定位的下移：向生活世界回归。哲学不再冷落生活或远离生活，不再是纯粹的思辨，而是现实生活世界的文化精神的自觉显现与自我发展。

实践哲学的复兴和回归生活世界的导向，无疑是新时期马克思主义哲学发展的正确路向。然而，我们也发现，目前中国哲学界关于实践唯物主义、实践哲学、生活世界理论的研究虽然获得很大的影响，但是，并没有使新时期的马克思主义哲学理论形态展示出马克思的实践哲学构想所具有的那种感染力和理论深度，大多数理论表述依旧呈现为关于实践、人的生存、生活世界等等的一般特征的抽象概括和理论描述。究其原因，我们目前的实践哲学和生活世界理论还没有彻底实现从纯粹意识哲学范式向马克思的实践哲学范式的回归。结果，我们没有把生活世界当做人的实践活动在其中得以展开，人的社会结构在其中得以生成的意义结构和文化结构,没有像马克思那样,在现实的实践活动和历史进程中揭示人的存在的客观制约性和自由超越性,而是把实践和生活世界的具体的历史文化内涵抽象掉,概括出某些普遍的特征、功能和决定性的要素。结果,我们在这里看到的不是马克思实践哲学范式所呈现出的那种内在于社会历史进程的文化批判精神,而依旧是意识哲学或理论哲学所追求的几条抽掉具体历史文化内涵的,名曰普遍使用,实则可有可无的外在的方法论指导原则。因此,我认为,新时期马克思主义哲学的研究不仅要从主题上和命题上回归生活世界,而且必须完成自觉的哲学范式的重新选择,即回归真正的实践哲学和文化哲学范式。

第一,必须首先划定马克思主义哲学的理论边界。马克思的学说作为一种深刻的、批判性的社会历史理论,其宗旨不是描述包括自然界和人类社会在内的无限的世界图景的一般特征和普遍规律,而是揭示人的自由自觉的实践本性在现实的生活世界中得以生成和现存世界的物化结构得以"革命化"的现实机制。在这种意义上,我们应当认同20世纪初西方哲学中的实践哲学和社会哲学导向,从数学化和理性化的自然世界图景中摆脱出来,承认和坚持人的生活世界和社会历史生活的特殊性,避免用自然科学的范式去同化社会历史运动。

第二,应当建立一种以文化哲学为基本形态的实践哲学范式。从数学化和形式化的自然科学世界图景中解放出来的哲学,按近现代哲学的表达方式应当是文化科学或文化哲学。其主要特征在于,无论是主客体统一的实践活动、主体间交往的生活世界,还是现实的社会历史运动,都不是意识哲学范式中的普遍的规律和外在的必然性的新的载体和形式,而是人的自由自觉的类本性在其中得以生成,人的社会历史结构在其中得以建立和变革的文化意义结构,是人在其中接受各种先前的社会特质、生产方式基础和文化传统储备的客观制约性,又通过超越性和反思性的社会行动而创造价值的现实历史平台和开放的可能性空间。文化哲学和实践哲学范式不是用普遍的理性观念去解释每一时代的精神特质和社会机制,而是在历史进程和现实生活世界中挖掘作为人和历史存在的价值基础的文化意义结构。

第三,作为文化哲学的实践哲学范式的核心是在新时期把马克思的文化批判精神建构成现实生活世界的内在的精神维度。马克思学说的最本质的内容是以人的实践的超越本性为核心的，自觉的历史性、实践性和批判性文化精神。它超越传统哲学所建立的各种“实体形而上学”，不再从人的存在之外寻找人的生存的根据；不再把历史看做是“神律”或“他律”的自然进程，而是看做人的存在活动的展开与生成，一种开放的价值生成活动，一种展示和创造生存的意义和价值的开放的过程。马克思学说的当代意义和生命力在于：它不是一种外在的理论工具，而已经作为一种关于人的生存的本质性的文化精神内化到现实的历史进程之中。显然，这种批判性的文化精神是人的生存和历史演进永远不可或缺的本质性维度，是人的生存得以继续、价值和意义得以不断生成的根据。这必须是我们进行哲学范式选择的基点。

人之存在与哲学本体论范式

——兼论马克思哲学的本体论意蕴

本体论问题在20世纪80年代中后期曾经是中国哲学界许多热点争论所环绕的焦点。此后，哲学界对它的兴趣一直不减，近年似乎又有高涨的迹象[①]。这一研究将对我国的哲学研究产生总体性的影响。

笔者从20世纪80年代末就参与哲学界关于本体论问题的争论[②]，至今依旧保持着关于本体论的思索。但是，今天重新谈论这一问题却似乎有一些茫然。其中，最主要的困惑是：面对两千多年的哲学成果和中国哲学界几十年的探讨争论，**关于本体论问题我们还能说些什么**？

对于这一提问，我们可以略加展开。其一，我们不想再回到本体论与非本体论（或反本体论）的争论，因为，抛开深层次的理由，本体论在两千多年哲学争论中的地位已经使我们无法否认本体论存在的理由和根据；其二，我们不想一般地停留于关于物质本体论（自然本体论）、实践本体论、社会存在本体论、历史本体论、人学本体论、生存本体论等等的争论，

---

① 从中国期刊网1994年—2001年文库检索，此间以本体论为论题的文章近300篇，而牵涉到本体论问题的论文多达九千余篇次。

② 参见拙作：《重建马克思主义哲学的本体论》，载《求是学刊》1988年第4期。

因为关于这些理论所能论证的，人们已经说了许多，而且，哲学的本性决定，在一些重大哲学问题上，我们永远不要期待得到唯一的、不可辩驳的解；其三，我们不能一般地谈论马克思的本体论思想，因为，他从未在严格的哲学推论的层面上直接探讨本体论问题，但如果转换一下本体论范式，则可以断言，马克思哲学具有深刻的、富有启迪性的本体论意蕴。

在上述限定的基础上，我们今天关于本体论问题的讨论就不应当局限于具体的本体论形态的争论，而应当回到本体论本身；而这必然要回到哲学的本性问题；而哲学的本性实际上体现的是人的生存本性。这样一来，我们就在人的存在的根基上同马克思学说会面，建构起立根于人的生存之上的新的本体论范式。因此，我们的探讨首先从这样的问题开始：**什么是本体论**？换言之，**为什么哲学要苦苦追问本体论**？

一、人之存在的本体论诉求

讨论本体论问题，我们首先想表述的一个基本命题是：本体论不只是哲学的具体论题或论域，**它首先是哲学的本性**，是任何哲学都以直接的或隐性的方式所内在地包含的不可或缺的维度或本质精神。换言之，任何哲学都无法在彻底消解本体论或形而上学维度的前提下取得存在的理由和根据。

本体论（Ontology）的最基本含义通常被界定为“关于存在的学说”、“关于存在的一般理论”、“关于存在之为存在的学说”。在这种意义上它同亚里士多德所称的“第一哲学”，即研究终极原因和原则或研究“作为存在的存在”的形而上学（Metaphysics）是同义语。应当说，这些界定的确构成哲学的根本规定性，而传统哲学大多自觉地包含着本体论或形而上学的维度。

但是，在本体论问题上，我们仅仅断言本体论是哲学的本性还远远不够，尚未触及事情的实质。我们还必须提出另外一个重要命题：**哲学的本体论或形而上学维度实际上是人的生存本性及其本质精神的自觉显现，是人之生存所内在的本体论诉求和终极关怀的理性表达或自觉澄明**。在这种意义上，我们应当更深刻地理解哲学本体论和哲学人本学的关系：不能笼统地断言人本学离不开本体论的根基，而应当看到哲学本体论具有深刻的人本学基础。

当我们断言本体论或形而上学是人之存在内在的、本质性的维度时，是在强调这样一个要点：哲学本体论对于存在之为存在的本性和根据的探求决不能离开人的生存本性而自足地开展，否则就会陷入传统哲学的理性本体论、自然本体论、物质本体论、神学本体论等实体形而上学或实体本体论的误区，成为海德格尔所批评的“无根的本体论”，成为抽象的、远离人的生活世界的理论范畴体系。应当说，哲学与人的存在的关联是内在的和本质性的。任何哲学都不是自足的、超然的、与人的存在无涉的范畴演绎体系，而是人之存在的本质性文化精神的显现。因此，哲学本体论的根基不在哲学理性本身，而在人之存在的本体论维度。

对此我们可以通过揭示人特有的生存结构和生存方式来加以理解。关于人的特殊的、充满矛盾和张力、同时又具有超越性和创造性的生存方式，哲学人类学、存在主义等学说作过各种探讨。我们在这里可以用比较独特的语言和方式，通过揭示人在宇宙中独特的地位来加以阐释。我曾经把人这一特殊主体的存在位置定位于自然性和神性之间。①

自然性亦即自在性和给定性，它以绝对的必然性和偶然性作为存在的基本方式。假如自在自然不从自身分裂出人类这一对立面，那么它无疑整个地带有绝对的自然性，即是说，它的所有组成部分均处于一种未分化的自在的同一之中，整个自然的运动以必然性和偶然性为自身开辟道路。神性则是与自然性迥然不同的另一极，它是绝对的自由、创造性和目的性的化身，是扬弃了有限定在的绝对完满与统一。诚然，所谓的神性从根本上说不过是理想化的人性的对外投射，是人对永恒与完善的内在渴望的外化。然而，神性并不由于缺乏可感性而丧失自身的价值与意义。实质上，它对人的存在而言，像自然性一样具有实在性，而且在迄今为止的人类历史演进中，一直起着不可忽视的重要作用。

这样，自然性和神性从两极提供了人之主体性的参照系，决定了人在宇宙中的位置；同时也规定了人的命运和人在其演化中自我设定和设定世界的基本方向。一方面，人的主体性同自然性和神性相对立。从发生

① 参见拙作：《历史与乌托邦》，黑龙江教育出版社 1995 年版。

学的意义上说,人是自然的一部分,是自然的产物。但是,人之为人又正在于对自然的超越,对自然性的否定。而从神性的角度来看,人通过自己的自由自觉的对象化活动实现对自然的超越仍是有限的,它同神的创造活动迥然不同,人无法通过自己有限的活动而达到神性。另一方面,人的主体性又不是同自然性和神性完全离异、截然对立的;相反,它分沾了自然性和神性的特征,同时在自身中包含了对立的两极。从自然性的角度来看,人的活动是自由的、有目的的和创造的,具有类神的特征;而从神性的角度来看,人在尘世的活动中永远是有限的,永远处于物的束缚,即自然性的束缚之中。

人在宇宙存在链条上介乎于自然性与神性之间的特殊位置决定了他的特殊命运。每个人命定是有限的,有限性与不完善性构成人之存在根基的内在要素,但其内在的渴望却总是指向无限;人类总体在每一特定历史阶段上都是不完善的,但其社会理想和目标总是指向完满、完善与永恒。在对立的两极中,无论是自然性还是神性中的存在,都不包含自我分裂:前者是自在的未分化的同一,后者是自在自为的完满与统一、绝对的永恒与完善。而人则总处于自我分裂之中,他不能满足于同自然的自在的同一,因为人之为人正在于对自然性、给定性的超越;但是他又无法完全摆脱自然或者完全含自然于自身,成为万有一体的化身。诚如弗洛姆所言:人的"命运是悲剧性的:既是自然的一部分,又要超越自然"①。

这样,在人之存在的有限与无限之间、完善与不完善之间、短暂与永恒之间、现实思考与终极关怀之间,就展开了人之生存的本体论维度或形而上学维度。人作为自由自觉的,同时又命定是不完善的和有限的存在,展示出与其他自在存在全然不同的存在结构和存在方式:超越性的指向是他的基本的生存样态。他不仅在实践上要不断超越现有的生存境遇,而且必须在理性上探寻存在之为存在的理由;这一理由不是与人无涉的和中立的,而是注定呈现出人本化的特征,表现为关于人之存在的价值、意义、根据、追求、理想、完满的求索。这样一种关注人之安身立命的依据的文化精神、一种关于人的存在的终极关怀,构成了人之存在结构中本质

① E. 弗洛姆:《逃避自由》,北方文艺出版社 1987 年版,第 10 页。

性固有的本体论诉求或本体论指向，构成人之存在的形而上的本质维度。同时，也构成了哲学本体论自觉或不自觉的内核或根基。

二、体现不同生存向度的两种本体论范式

从上述论述可以断言，哲学意义上的本体论或形而上学并不具有本真和原创的意义。甚至我们可以说，即使我们尚未形成自觉的哲学本体论范式，以自由和超越性为本质特征地展开的人之生存也会以自在的、稳定的、深层的文化样态展开本体论或形而上学维度。这一维度包含着人之生存的丰富性：向世界永恒开放、不断超越给定性、不断指向未来的可能性国度的实践活动；为人之有限的和短暂的生存提供安身立命的价值和意义等精神性支柱的、具有终极关怀指向的文化模式，等等。

如果我们在这种意义上解读本体论的深层内蕴，则必须检讨我们关于本体论的现有理解，无论对于肯定还是否定哲学本体论或形而上学的观点，以及对于现有的各种具体的本体论理论构想，都应当重新加以审视。在这里，我们至少应当澄清这样几点：其一，在人之生存的意义上，本体论的主要关切并不是外部世界的客观性和物质性的问题，各种本体论的深层意蕴都自觉不自觉地与人之生存的超越性和终极关怀密切相关，因此，哲学家在构想本体论时，并不一定涉及肯定还是否定外部世界的客观存在问题，这一问题实际上是一种朴素经验视界的问题。而且，抛开人的存在而去一般揭示作为外部自在存在的整体，注定是没有结果的独断奢望，其根本原因与是否承认外部自在存在的客观性无关，而是人特有的生存结构和生存方式使然，这也正是胡塞尔所发现的“人的主观性悖论”和海德格尔所批评的“无根的本体论”从另一个角度告诉我们的道理。其二，哲学本体论作为关于存在之为存在的思索主要是关于人的生存的展开的问题，因此，它并不必然去探寻某种实体性的、决定论意义上的本原或本体，而完全可以是，也完全应该是为人的生存追求和拓展生存的价值和意义，去开辟基于人之超越性的创建活动而不断生成的和开放性的“本体”（生存维度）。换言之，对人的存在而言，真正的“本体”并非是给定的实体，而是开放的和生成的。在这种意义上，人们关于传统实体本体论或实体形而上学的指责和颠覆实际上是对具体的、远离人之生存的抽

象本体论的拒斥，不可能导致对本体论或形而上学本身的彻底解构。

基于上述分析，可以断言，本体论不是唯一的，可以存在着多种哲学本体论范式。从大的方面着眼，就其内在所蕴涵的人之存在的向度而言，我们认为，在哲学的演变中，存在着两种基本的本体论范式：其一是**以过去为定向的、还原式的、决定论的本体论范式**；其二是**以未来为定向的、开放式的、生成论的本体论范式**①。概而言之，前者往往指传统哲学所构造的各种实体本体论，如理性本体论、自然本体论、物质本体论、神学本体论等等。其本质特征是相信哲学理性可以在人的存在之外或者在不考虑人的存在的因素的前提下彻底地建构关于一般存在之整体的知识，彻底揭示外在地、先定地决定万事万物以及人之存在的先验的或经验的、绝对的、终极的、实体性的本体。而后者主要指现代哲学中各种环绕着人的生存境遇、生存方式、生活世界、文化模式而形成的关于人的形而上学维度或本体论结构的理论探索，如海德格尔的基本本体论、布洛赫的尚未存在本体论或希望本体论，以及实践哲学、生存哲学和文化哲学中的本体论范式。其本质特征在于，它从人在宇宙中的特殊地位和人之主体性的自我相关性出发，放弃了传统哲学企图超越人的生存而揭示一般存在与人无涉的本质或原则的奢望，而以发自人之活动本性的批判的和反思的文化精神专心致志地探寻与呵护由人的自由、超越性和终极关怀所形成的生存的本体论维度，维护和拓展人之生存的开放的可能性国度。因此，我们在这两种基本的哲学本体论范式之间，看到了“以过去为定向”和“以未来为定向”的生存向度的差别、封闭的决定论和开放的生成论的差别、非批判性与批判性的差别、实体性与非实体性的差别、远离人的生存和回归生活世界的价值取向的差别。

在这种意义上探讨本体论问题，不仅对于人的生存至关重要（其本身就构成人的生存的内在维度），而且有助于哲学的自我检讨和自我批判，有助于哲学理性的发展与完善。本体论范式在哲学的演进中占据核心地位。例如，上述两种哲学本体论范式代表了哲学迥然不同的自我定位：当

---

①　一些学者把本体论区分为实体性和非实体性本体论，其中包含许多合理的思想，但是，如果我们从人的生存向度的角度来划分不同的哲学本体论范式，或许能够得到更深刻的启示。

哲学把自己当做凌驾于人的生存之上的、颁布给定的绝对真理和绝对命令的独立的理性王国时，它倾向于以过去为定向的、还原式的、决定论的本体论范式；而当哲学回归现实的生活世界，把自己当做人之生存的本质性文化精神的自觉显现和澄明时，它倾向于以未来为定向的、开放式的、生成论的本体论范式。简要回顾一下不同历史时期哲学定位的变化，就会发现，我们关于哲学本体论范式的上述区分，有重要的意义。

通常人们习惯于体系化的、抽象化的哲学范畴体系。不可否认，哲学思想的表述和阐发总是需要一定的理论逻辑和框架，需要一定的体系。但是，如果把哲学理论变成各种理论教条和理论原理的强制性逻辑结构和具有话语霸权的理论体系，则出现体系化的问题，其要害是，哲学固有的创造本性和批判本性往往被强制性的理论原理和体系所消解。实际上，哲学从本性上讲是一个“动词”，而不是一个名词，其真正的价值在于关于人的文化存在的反思、批判和对话活动，而不在于可以到处套用的理论教条和原理。这在希腊哲学那里可以清楚地看到。虽然哲学在希腊发端时就已经规定了自身的理性和思辨的本性，但是，作为闲暇阶层的爱智活动，哲学在古希腊更多地表现为文化批判层面上的对话、反思活动，表现为思想智慧的涌流，而较少具有后来传统哲学的体系化、抽象化、独断化和远离生活世界的特征。这从古希腊智者和哲人的“哲学”样式可以清楚地看出，如苏格拉底的辩术和对话方式，柏拉图的灵魂回忆和哲学学院（academy），亚里士多德的逍遥学派等。只是在后来的演进过程中，体系化、抽象化和教条化的话语霸权逐渐扼杀了哲学的这些原创精神。

传统哲学的基本理念从总体上具有体系化、政治化、贵族化、独断化等特征。哲学研究本身表现为超越人的生存和社会生活的抽象的、思辨的理性活动。由于定位于社会结构的最顶端的抽象的和思辨的理性王国，哲学往往成为真理和理性的垄断者，它虽然也关心人的行为的善恶是非，但其着眼点不是人的生存的觉醒与展开，而往往是对人的行为和社会活动的理性统治与约束，以及寻找某种决定人的活动的给定的实体或本体。在这种意义上，传统哲学偏重于体系和理性教条；传统哲学往往没有把历史理解为人的生存活动的展开与生成，而是视做非人本的、无主体的“神律”或“他律”的自然进程，由此构造了以绝对物质、绝对精神、绝对理性、绝对神性等为核心的"实体形而上学"。

从19世纪中叶起,随着马克思的实践哲学观念的确立,同时伴随着实证主义的"拒斥形而上学"和唯意志论非理性主义对黑格尔哲学的挑战,各种现代哲学流派以不同方式冲击着体系化、政治化、贵族化、独断化的传统哲学理念。在胡塞尔的现象学、维特根斯坦的日常语言学、舍勒的哲学人类学、柏格森的生命哲学、海德格尔和萨特的存在主义、卢卡奇的西方马克思主义哲学中开始突破传统哲学的阈限,自觉地向生活世界回归。尤其在全球化的背景下,哲学不再满足于"高处不胜寒"的思辨的理性"阴影王国"的定位,而是把目光专注于人在其中现实地交往与生存、现实地创造价值和意义的生活世界;哲学不再以外在的和超越性的理性实体的化身自居,而是向人的生存的本质性文化精神回归;哲学不再是少数独断的权威哲学家关于绝对真理的"独白",而是丰富多彩、充满个性的哲学理性活动的"对话";哲学不再热衷于颁布最终的体系和普遍适用的教条,而是回归到本真的哲学形态,即反思的、批判性的理性活动和文化精神。

三、马克思哲学的本体论意蕴及其在现代的展开

当我们不再囿于以过去为定向的、还原式的、决定论的传统本体论范式(即实体本体论)的狭隘眼界去争论本体论问题时,就可以理直气壮地断言,马克思的哲学思想包含着深刻的本体论意蕴:他的实践哲学是迄今为止最自觉地体现人的自由和超越本性的哲学,是人之存在的本质性文化精神的自觉显现;他的哲学通过对现代哲学的深刻影响,在超越以过去为定向的、还原式的、决定论的传统本体论范式和确立以未来为定向的、开放式的、生成论的本体论范式的哲学转折中起到了决定性的作用。这也正是我们坚持实践哲学的本体论意义的根据所在①。我们可以从以下几个方面展开马克思哲学的深刻的本体论意蕴。

第一,马克思从来不谈论与人的生存无关的抽象的精神和自在的物质,他毕生所关注的是人的生存境遇和人的解放。在这种意义上,马克思

① 参见拙作:《重建马克思主义哲学的本体论》,载《求是学刊》1988年第4期。

明确地拒斥和批判以“解释世界”为特征的纯理论形态的、体系化的、抽象化的传统哲学，把自己的哲学理解成以“改变世界”、“使现存世界革命化”为己任的实践性的、批判性的、行动性的理论精神，其宗旨是人的解放和人的自由，是建立“自由人的联合体”。如前所述，这应当是本真意义上的哲学。

马克思的哲学能够充分发挥和体现哲学的本性，其根本原因是他把哲学的批判和超越精神奠定在人的实践的本性之上。他用实践哲学的构想深刻地揭示了人之生存的本性和哲学的本性。马克思从人的活动本身来确定人的本质和历史的内涵，把“自由自觉的活动”，即对象化的实践视野作为人与动物的根本区别。实践是一种活动，但它不是一般意义上的活动，而是规定着“人的类特性”，即规定着人的本质的活动，是“自由的有意识的活动”，是“通过实践创造对象世界，改造无机界”，进而创造人本身的活动①。实践是一种存在方式，是人所特有的存在方式，自由的存在方式；它以自身的存在（活动）赋予自然界其他一切存在方式以意义。作为存在方式，实践构成人之存在的本体论结构，为人的活动提供了框架。作为人的本质活动和存在方式的实践的本质特征就在于对给定性（自然和自身的）的否定和扬弃，在于对人自身和人的世界的创造与再创造。

第二，马克思的实践哲学把人的自由自觉的和超越性的实践活动理解为人的生存和生活世界的基础。由此，它超越传统哲学所建立的各种“实体形而上学”，不再从人的存在之外寻找人的生存的根据；不再把历史看做是“神律”或“他律”的自然进程，而是人的存在活动的展开与生成，一种开放的价值生成活动；取代社会和历史的“实体”或“本体”的是人的对象化的实践，是人的批判性的和超越性的生存活动，一种展示和创造生存的意义和价值的开放的过程。

马克思明确指出：“这种活动、这种连续不断的感性劳动和创造、这种生产，是整个现存的感性世界的基础。”②在马克思的视野中，历史并不是

① 马克思：《1844 年经济学哲学手稿》，人民出版社 2000 年版，第 57 页。

② 《马克思恩格斯选集》第 1 卷，人民出版社 1995 年版，第 77 页。

由某种外在的、超人的力量支配的自在和自律的自然进程，而是人之生存活动，即实践活动的展开和价值、意义的生成过程。在人的历史进程中，不存在着表现为绝对精神、绝对物质、绝对神性、绝对理性等超人的实体或本体。人的生存活动和生活世界是通过人的实践活动而展开和生成的，在这里，存在着人与外部自然、人与社会分裂和统一的基础。正是由于人特有的超越性的实践活动，人才最终从自在的存在链条中凸现出来，通过作为“第二自然”的文化的创造而开始人的生存；同时通过对象化的实践活动而向外部自在的客观世界开放，在主客体统一的意义上重建人与自然的统一。同样，社会也不是作为给定的、现成的结构强加于人的生存。“以一定的方式进行生产活动的一定的个人，发生一定的社会关系和政治关系……社会结构和国家总是从一定个人的生活过程中产生的。”[①] 不仅如此，人与自然的统一和人与社会的统一本质上是一致的。人与人之间并非赤裸裸地建立关系，而是通过占有和建构手边的物，即自然提供的质料而彼此关联；而自然的属人本质也只有对社会的人而言才是存在的，只有在社会中，自然界对人说来才是人与人之间联系的纽带。因而，“社会是人同自然界的完成了的本质的统一，是自然界的真正复活，是人的实现了的自然主义和自然界的实现了的人道主义”[②]。由此不难看出马克思哲学的本体论意蕴。

第三，人的实践不是被决定的、完成的、封闭的体系，而是永远开放的进程。因此，作为人的实践，即人的生存的本质性文化精神的实践哲学最深刻地体现了实践的开放性和批判性，永远指向未来的开放的可能性国度。这是任何以过去为定向的、还原式的、决定论的传统本体论范式所不具备的哲学本性。

自由自觉的实践所具有的超越本性不是人的活动可有可无的特征，而是人的存在的永恒的、不可或缺的本质维度，因为，人的存在和人的历史是一个开放的过程，在这一不断生成的过程中，人不仅要用自己的对象化活动扬弃自然存在物的给定性，而且要不断超越和扬弃人的造物及人

① 《马克思恩格斯选集》第1卷，人民出版社1995年版，第71页。

② 马克思：《1844年经济学哲学手稿》，人民出版社2000年版，第83页。

的活动的异化。用马克思的话来说，他的理论的核心和宗旨非常明确，既"**必须推翻**那些使人成为被侮辱、被奴役、被遗弃和被蔑视的东西的**一切关系**"①。

正是基于上述理解，马克思完成了"消灭哲学"和"实现哲学"的深刻的哲学革命，他的实践哲学（包括异化理论）在实质上不是一种关于某种超人的实体或本体的抽象理论范畴体系，而是基于实践之超越本性的历史性的、实践性的、批判性的文化精神。实践不是一种给定的实体或本体，而是人之本质活动的展开与生成。这一哲学革命中所包含的本体论或形而上学范式正是现代哲学中正在生成的以未来为定向的、开放式的、生成论的、非实体性的本体论范式。我们看到，20 世纪哲学在本体论维度上和其他方面所发生的深刻变革与马克思哲学思想的深刻影响密切相关。

众所周知，海德格尔在批判以过去为定向的、还原式的、决定论的、实体性的传统本体论范式方面对现代哲学产生了重大影响。他认为，亚里士多德所提出的"存在之为存在的意义是什么"的重要问题应当是人的生存问题，但是，亚里士多德本人同传统哲学家们一道，把这一问题的解决引向了用实体及其附属于实体的性质来定义存在的"无根的本体论"的迷途。其根本原因，他们错误地从给定的存在物（在者）入手去揭示一般存在的意义。海德格尔认为，真正能够揭示存在意义的本体论，即基本本体论，是从此在（即人的存在）入手来把握一般存在。此在是其他存在物的存在的基础，但不是给定的存在物，其存在（生存、生成）本身就是存在的意义的自我展开和自我澄明。虽然我们对海德格尔的思想可以提出各种疑问，但是不能否认其中的深刻思想。特别需要指出的是，海德格尔本人明确地承认马克思思想对他的重大影响。他指出："马克思在体会到异化的时候深入到历史的本质性的一度中去了，所以马克思主义关于历史的观点比其余的历史学优越。"②

马克思的实践哲学对于20 世纪的新马克思主义的影响更为直接。

---

① 《马克思恩格斯选集》，第 1 卷，人民出版社 1995 年版，第 10 页。

② 孙周兴选编：《海德格尔选集》上卷，上海三联书店 1996 年版，第 383 页。

卢卡奇的主客体统一的辩证法、葛兰西的实践一元论、萨特的现象学本体论、实践派的实践哲学、科西克的具体辩证法等等，都在20世纪的历史背景中以某种方式发扬了马克思的实践哲学及其以未来为定向的、开放式的、生成论的、非实体性的本体论范式。在这里，我们特别要提及在新马克思主义中占据独特而重要地位的布洛赫，他以独特的术语，深刻地、甚至极端地发挥了马克思的上述思想。

布洛赫哲学中的核心范畴是乌托邦精神和希望。他用乌托邦精神和希望来表征历史运动内在的、本质性的维度，即不断否定和超越现存，不断指向未来的维度。在这种意义上，深刻体现乌托邦精神的"尚未"范畴成为布洛赫的乌托邦精神论或希望哲学的核心范畴。"尚未"的德文形式是noch nicht，而它的英文翻译形式为not yet，其直接含义为"尚不是"、"还没有"、"还不是"，等等。从布洛赫的思想来看，所谓"尚未（存在）"并不表示纯粹的"无"或简单的"没有"，而是指目前尚未存在或尚未生成，但面向未来正在生成、可能存在或应该存在的东西，一种开放性的过程。布洛赫用独特的"尚未"范畴来表达他关于人及其世界的独特的人本主义视野。在他看来，这种"尚未"深刻地揭示了人和世界的本质。从这样的视角出发，无论是人的存在还是人的世界都不再是一个给定的存在或集合，而是一个不断超越和正在生成的存在。换言之，按照布洛赫的"尚未存在"本体论，世界不是一个封闭的、已经完成的，或按某种超人的力量或规律可以一次性完成的过程，而是依据人的超越性的、对象化的活动而正在生成的过程，这是一个向未来开放、向各种可能性开放的超越性过程。布洛赫反复强调尚未作为人的本体论结构的重要性："一个时代愈是怀疑地抛弃或教条地远离这一尚未，它往往愈要求助于这一尚未。无论如何，缺少这一未来的维度，这一我们可以想象的恰当的未来的维度，任何经验的存在都不可能长久持续。"①

从上述分析不难看出，中国哲学界自20世纪80年代开始的关于本体论的讨论具有重要的意义，尤其应当充分肯定在讨论中对于传统哲学的实体本体论或实体形而上学的挑战和解构。而在超越以过去为定向

---

① Ernst Bloch, *A Philosophy of the Future*, New York: Herder and Herder, 1970, p. 92.

的、还原式的、决定论的传统本体论范式和确立以未来为定向的、开放式的、生成论的本体论范式的哲学转折中，实践本体论、生存论本体论等构想起到了积极的推动作用。这些哲学探索共同的本质特征是坚持马克思的实践哲学构想，把哲学从远离生活世界和人之存在的、抽象的理性范畴体系重新转变为人类生存的自觉的批判意识和文化精神，反对任何抽象的和绝对的实体或力量对人的自由和超越性的压抑，处处呵护人的实践活动的超越本性和自由本性，为人之生存的开放的可能性王国提供终极关怀和安身立命的文化精神。同时，这一导向对于处于从传统文明向现代文明转型之中的中国民众的文化启蒙，对于现代社会的新文化精神的生成都具有重要的意义。

当然，必须明确地指出，我们如此肯定地评价实践本体论、生存本体论等理论探索，以及对海德格尔和布洛赫等人的本体论思想的积极评价，并不意味着关于本体论的问题已经完满地解决。实际上，哲学本体论是一个永远开放的问题，因为它的根基在于人的实践、人之生存的内在的超越性维度。在这里，不允许任何造物重新成为超人的实体，不允许对外在的“实体”的任何形式的崇拜(即实体形而上学)，包括理性、实践、人的主体性在内。因为，对于实践和存在的非批判性的、实体性的理解同样会导致人的生存的超越本性和哲学的批判本性的中止，导致人的生存的被束缚和被奴役。因此，任何具体的本体论形态都不具有绝对的意义，我们可以断言：**本体论总在途中，总在人向未来的可能性国度的开放和自由生成之中**。哲学本体论的使命应当是以批判的精神保持以未来为定向的、开放式的、生成论的本体论范式在人的开放性生存中的不竭活力。

马克思思想：人之存在的文化精神

马克思学说产生于19世纪，但它的意义却远未被19世纪的理论发展和社会实践所穷尽，马克思成为20世纪当之无愧的“世纪伟人”。回首百年，马克思的学说和思想总是置身于20世纪重大理论争论和社会变革的焦点之中。能够不断同现代理论与实践展开对话与碰撞，不断产生新的理论流派和新的实践模式，不断引发重大的理论和实践争论，这本身就表明了马克思学说特有的生命力和现代意义。而且，从马克思学说的本质特点来看，马克思学说的强大生命力和意义也绝不会为20世纪人类的理论与实践所穷尽。萨特曾断言：“马克思主义非但没有衰竭，而且还十分年轻，几乎是处于童年时代；它才刚刚开始发展。因此，它仍然是我们时代的哲学：它是不可超越的，因为产生它的情势还没有被超越。”①

因此，问题不在于讨论马克思学说是否有当代意义，这已经是一个不争的事实，问题在于如何合理地阐发马克思学说的现代意义，如何发挥马

① 让－保罗·萨特：《辩证理性批判》上卷，林骧华、徐和瑾、陈伟丰译，安徽文艺出版社1998年版，第28页。

克思思想的强大生命力。对于马克思学说应当如何解读，是停留于具体结论还是深入本质精神？这是问题的关键所在。从表面看，在这一问题上人们似乎已经达成共识，没有分歧，实际上远非如此。

一、关于马克思学说的深层结构的解读

虽然人们常常强调要把握马克思主义的精神实质，而不要停留于经典作家的具体结论，但是，在现实中，要做到这一点并不是很容易的事情。在中国的国情中，这一问题的解决尤其困难。长期生活在自然经济和计划经济体制下的人们，在行动上倾向于经验主义的文化模式，而在理论上则倾向于教条主义的思维方式。我们发现，无论在我们的新民主主义革命中还是在社会主义建设中，固守马克思主义现成结论的教条主义都是一种很常见的现象，这种以“坚持”马克思主义面目出现的“左”的倾向还往往被冠以“革命”的称号，因此，更容易被人们原谅和认可。“宁左勿右”的思维倾向在理论界和政治界都常常导致机械地固守马克思主义的具体结论，而忽视或偏离其精神实质的倾向。这种思维方式和倾向使我们的哲学也常常习惯于从马克思主义经典著作中找现成答案的理论研究方式。而这种停留于马克思主义具体结论的研究方式常常引出关于马克思学说的各种相互矛盾、彼此争论的解读，人们从不同的著作和不同的观点，得出不同的、甚至相互矛盾和相互冲突的结论。

显而易见，要把握马克思学说的精神实质，就要从表面结论深入到深层的理论逻辑，而为了揭示马克思学说的内在理论逻辑，我们首先要对马克思学说做一下总体上的把握和定位。毫无疑问，马克思的学说是一个博大精深的思想库。人们习惯于把马克思学说划分为哲学、政治经济学和科学社会主义三个组成部分。在20世纪的理论讨论中，社会主义国家的理论家又逐步建立起马克思主义文艺理论、美学理论、史学理论、法学理论等。这些探索无疑是有意义的，但它们只是人们对马克思学说阐发和应用的结果，而不是马克思学说本身。

具体说来，马克思的理论研究的确涉猎哲学、政治经济学、社会历史理论等领域，但是，马克思从事理论研究的宗旨不是纯理论性的，他本人并未试图建立传统分类学意义上的具体的哲学、政治经济学和社会历史

理论，相反，马克思明确地把自己的各种理论探索称之为哲学批判、政治经济学批判、社会历史批判等。马克思从事这些批判的目的并不是要建立某种新的哲学、政治经济学或社会主义理论去取代传统的理论体系，而是根本超越建立在传统分工基础之上，以"解释世界"为特征的纯理论形态的学说，形成一种实践性的、批判性的、行动性的理论精神，其宗旨是人的解放和人的自由，是建立"自由人的联合体"。因此，马克思所有的理论批判和理论研究实际上构成了一种以人的劳动、现实的生产活动，即人的实践为现实基础而说明人类社会的生成与分裂，以及扬弃这些分裂和对立，使人类获得解放的一体化的革命的和批判的学说。这种一体化的学说从总体上属于哲学，但它不是由给定的理论范畴和命题构成的抽象的哲学理论体系，而是一种立根于人的实践活动的超越本性之上的理性批判与反思活动，一种现实的文化批判精神。这应当是本真意义上的哲学。

如果我们忽略了马克思学说的这种一体化特征和实践性本质，按照传统分类学把它划分为几种具体的理论，就会割裂或遮蔽了马克思学说的深层本质精神，把它变成具体的、替现状辩护的非批判的实证性理论。这种做法本身就加剧了马克思主义发展过程中的教条主义倾向，例如，第二国际理论家把马克思学说归结为"经济决定论"或"经济唯物主义"，就是这种把马克思学说"实证化"的理论恶果。因此，要揭示马克思学说的深层本质精神，必须从马克思的各种理论批判所形成的一体化的实践理论和批判理论这一本质特征和基本定位出发。在这一问题上，我们虽然不能接受阿尔都塞关于马克思思想进程中的"认识论断裂"的结论，但的确可以在某种意义上借用他的结构主义的本文解读法，即"依据症候的阅读法"，对马克思学说作出共时性的和历时性的双重结构分析。

首先是共时性的结构分析。依据历史尺度和抽象程度的不同，我们可以由表及里，把马克思的思想内容和理论观点粗略地划分为三个基本的层面。(1)构成马克思思想表层的是关于具体历史事件的具体分析结论、关于具体历史进程的预见、具体的革命措施、实践设想等具有操作性的实践理论结论。在马克思学说中，这一类论述是大量的，其中包括马克思关于 1848 年欧洲革命、巴黎公社等重大历史事件的分析；关于武装斗争、暴力革命、无产阶级政党的特定策略的设想;关于西方议会制、市民社会、意识形态、具体的经济范畴、经济危机、东方的亚细亚生产方式等社会历史现象的分析;关于特定哲学家、经济学家、社会思想家的理论观点的分析和批判,等等。(2)构成马克思思想中层结构的主要是以经典唯物史观为表述形态的社会历史理论。其中,主要是关于人类社会的政治经济运行机制和模式的设计,特别是关于社会变革的内在规律和机制的探索,具体表现在以生产力和生产关系、经济基础与上层建筑的矛盾运动为基本内涵的社会经济形态理论,以及与此密切相关的从原始社会到共产主义社会演进的人类历史模式的设计。(3)构成马克思思想深层结构的是关于人的存在方式和人的发展的基本理论,主要表现在马克思关于实践哲学的构想、关于资本主义社会条件下人的异化的生存状态的批判,以及关于人的自由、全面发展和“自由人的联合体”的理论设想。

其次是历时性的结构分析。我们很难把马克思的思想历程区分为几个界限分明的阶段,以及相应的明确的理论或思想转折。但是,从马克思的关注中心来看,他的思想历程有一个基本的走向,大体上与我们上述揭示的马克思思想的结构层次有一种特殊的,由深层结构向表层结构移动的对应关系,即从关于人的生存结构和人的发展的哲学反思,经过社会历史理论的建构,到具体的实践性理论的设计这样一个演进过程。从写博士论文到 1845 年前后,马克思的关注中心聚焦于人的生存结构、人的存在状态和人的解放与发展。关于自我意识和自由理性的强调、关于人的对象化实践本质的阐发、关于人化自然的思想、关于人的异化的生存状态的批判、关于人的全面发展和“自由人的联合体”的设想等,从不同层面建构一种关于人的存在的深刻的哲学理解。从 1845—1846 年《德意志意识形态》到 1848 年《共产党宣言》前后,马克思通过政治经济学批判、传统社会主义理论批判等,把关于人的存在的哲学理解转换成一种实践性较强的关于社会运行机制和社会变革模式的社会历史理论,即以生产力和生产关系、经济基础和上层建筑的矛盾运动为内涵的经典唯物史观。而从 19 世纪 50 年代起,马克思关于欧洲革命和巴黎公社等重大历史事件的分析、关于资本主义经济运行机制的揭示、关于原始社会的研究、关于东方社会结构的分析,等等,其目的是根据不同的历史条件把自己关于人的存在的理解和社会历史理论具体化为可操作的实践性理论。在这一思想历程中，早期的思想和理论内容逐渐积淀在他的学说和理论的底层，成为他的思想的深层结构和隐性理论。

最后是关于马克思思想层次结构的价值学分析。现在，当我们把上述关于马克思思想的共时性结构分析和历时性结构分析结合起来，加以总体把握时，我们马上就遇到一个带有根本性的问题：如何评价马克思思想的不同层次结构？尤其重要的是，如何评价马克思思想的深层结构，即他早期关于人和实践的哲学理解？关于这一问题的解答直接关系到我们对待马克思学说的态度问题，尤其关系到如何揭示马克思学说的当代意义的大问题。实际上，过去一百多年关于马克思主义的许多争论都与这一问题有密切关系。

在马克思主义的演进过程中，常见的观点是只承认马克思思想的前两个层次，即各种表层的具体结论和中层的社会历史理论，而否定马克思思想的深层结构即关于人的存在的实践哲学构想，这种观点有时通过对马克思早期思想的否定而表现出来。一个特殊的历史事实在某种程度上加剧了这一倾向。这就是，在马克思主义问世后的大半个世纪中，马克思的《1844 年经济学哲学手稿》、《关于费尔巴哈的提纲》以及他同恩格斯合写的《德意志意识形态》这三本最能代表马克思关于人和实践的基本理解的著作长期不为世人所知。在这种背景中，否定马克思关于人的存在的实践哲学构想的理论倾向有几种不同的表现形式：一是第二国际理论家干脆忽略马克思的哲学见解，把他的学说归结为经济决定论或“经济唯物主义”；二是社会主义国家的正统马克思主义把马克思关于人的存在的学说视做早期不成熟的观点，断言后来成熟的马克思抛弃和批判了早期的观点；三是以阿尔都塞为代表的结构主义马克思主义断言在马克思的思想演进过程中(1845 年前后)经历了一个“认识论断裂”，此后的科学的马克思主义否定了早期以人道主义为特征的意识形态立场。

我认为，上述断言值得商榷，它把马克思学说简单化了，在某种意义上偏离或遮蔽了马克思思想的精神实质。从今天的角度来看，我们可以断言，马克思思想的三个基本层次结构之间并不存在断裂，马克思思想的演进历程并不是表现为后期否定前期的过程，而是一个典型的“从抽象到具体”的思想进程。具体说来，一方面，对于现实历史进程和无产阶级革命的关注使马克思后来越来越集中于具体和实践性的理论，而逐步遮蔽了深层理论，使深层理论变成隐性理论；但是，另一方面，后期并没有放弃或否定早期关于人的存在的实践哲学思想，即关于以自由自觉的实践活动为基础建立“自由人的联合体”，使人真正成为历史的自觉主体的追求，而是把早期形成的关于人和世界的最基本的见解和关怀当做内在的“价值内核”和基本的文化精神贯穿于后来的各种理论探讨和表述之中，在各种具体的实践性的理论构想中把这些“价值内核”当做给定的理论前提和价值目标。否则的话，我们无法想象，卢卡奇在没有见到马克思的《1844 年经济学哲学手稿》的情况下，如何能够通过《资本论》的阅读发现了隐藏在马克思思想深处的异化理论（物化理论）和主客体统一的辩证法。

基于上述分析，我们应当在坚持马克思学说的大前提下，对于马克思不同时期不同层次的思想和论述作出具体的分析，在新的历史条件下发展和重建马克思学说，发挥其基于内在的本质精神和强大的生命力。我们认为，应当依据以下原则重新解读马克思的思想。

第一，不应固守马克思思想的“表层”，即他关于具体历史事件的具体分析结论、关于具体历史进程的预见、具体的革命措施、实践设想等具有操作性的实践理论结论。考虑到中国传统文化模式中的教条主义倾向，强调这一点尤为重要。否则，如果马克思学说给我们提供的只是这些受历史条件限制的具体结论，那么它真的变成“过时”的理论遗产了。这些实践性理论分析和结论可以作为我们进行社会历史分析的案例，但绝不能作为我们行动的依据。

第二，对于马克思思想的“中层”，即以经典唯物史观为表现形态的社会历史理论，我们不能孤立地、僵化地坚持。这里所说的并不单纯是理论联系实际的问题，而是如何为这些社会历史理论定位。正确的方法是借用阿尔都塞的“依据症候阅读法”，揭示这些理论背后被隐藏、遗漏、遮蔽的深层理论精神，重新限定社会历史理论的适用范围和内涵。

具体说来，我们必须承认，以生产力与生产关系、经济基础和上层建筑的矛盾运动为基本内涵的唯物史观是马克思学说最基本的内涵之一，但是，不能把它视做马克思社会历史理论的全部。在这一方面，我们要汲取第二国际理论家“经济决定论”的历史教训，同时要反对前苏联哲学教科书体系用唯物史观否定马克思早期关于人的存在的重要思想的做法。深入分析，我们可以发现，在马克思的思想中，一方面，生产力和生产关系、经济基础和上层建筑的矛盾运动不是历史的终极目标本身，而是实现人的自由和全面发展以及“自由人的联合体”的手段；另一方面，在人类历史进程中，生产力与生产关系的矛盾运动不会总是表现为自律的和盲目的运动，而将逐步受人的自由自觉的实践活动所支配，“社会化的人，联合起来的生产者，将合理地调节他们和自然之间的物质交换，把它置于他们的共同控制之下，而不让它作为一种盲目的力量统治自己”[①]。正是在这种意义上，马克思把人完全受制于自律的和盲目的经济必然性的社会称之为“社会经济形态”，并把“经济的社会形态的发展理解为一种自然史的过程”[②]，是一种自律的“必然王国”。但是，在马克思看来，社会经济形态的运动并不代表人类社会的永恒状态，而是代表到资本主义为止的“人类社会的史前时期”[③]。而未来的社会应当是控制了经济必然性的“自由王国”，马克思在《资本论》中明确断言：“自由王国只是在必要性和外在目的规定要做的劳动终止的地方才开始；因而按照事物的本性来说，它存在于真正物质生产领域的彼岸。”[④]限于篇幅，我们在这里不去进一步展开这些观点，但是从中我们可以得到一个十分重要的结论：必须把经典唯物史观同马克思关于人的存在的实践观点结合起来加以理解，否则，我们会失去马克思学说的本质精神，而陷入“经济决定论”的错误；关于人的存在的深刻的文化精神是马克思学说区别于各种旧唯物主义的关键点，舍此，马克思学说不会有新意。

第三，在新的历史条件下发挥马克思学说的生命力和当代意义的关键在于发掘马克思学说的深层内涵，即关于人的存在的本质性的文化精神，它将在新的历史条件下从隐性的思想变为显性的文化精神，并成为当

---

① 《马克思恩格斯全集》第 46 卷，人民出版社 2003 年版，第 928 页。
② 《马克思恩格斯选集》第 2 卷，人民出版社 1995 年版，第 101 ~ 102 页。
③ 《马克思恩格斯选集》第 2 卷，人民出版社 1995 年版，第 33 页。
④ 《马克思恩格斯全集》第 46 卷，人民出版社 2003 年版，第 928 页。

代人的生存和社会运动的本质内涵。

实际上，人类活动的超越本性清楚地表明，在较大历史尺度上保持生命力，并不断获得新的理论创新的思想或理论，决不会是具体的、给定的理论体系和结论，而只能是深刻的文化精神和开放性的理性反思和批判活动，包括不断的自我批判与自我超越的本性。在这一点上，卢卡奇关于"什么是正统马克思主义"有一段很深刻的论述。他指出，即使最近的研究证明马克思的每一个个别的命题都是错误的，我们仍然可以毫不犹豫地坚持马克思主义的正统性。"正统的马克思主义并不意味着不加批判地接受马克思的一些研究成果。它不是对这个或那个命题的'信奉'，也不是对'圣书'的解释。与此相反，正统的马克思主义指的只是方法。"①

二、作为人之生存的本质性文化精神的马克思思想

在对马克思的学说作了共时性和历时性的解读，从马克思思想的表层的具体结论回到深层的本质精神，从晚期具体的实践性理论返回到早期关于人的存在的理论阐述之后，眼下最重要的事情是深刻揭示马克思学说中所包含的关于人的存在的文化精神的深刻内涵。我们承认，马克思早期关于自我意识、自由理性、主体性、实践、异化等问题的论述有一些不成熟的地方，马克思在思想的演进过程中也在不断地修正自己的一些表述方式和具体的观点，但是，必须看到，马克思在这一时期，尤其在关于实践的哲学理解和关于异化的理论批判中所包含的关于人的存在的基本理解一直构成马克思学说的本质内核，也成为他的全部学说的价值追求。我们可以从以下几个主要方面阐释作为人之存在的本质性文化精神的马克思思想。

1. 马克思学说的实质：基于实践之超越本性的历史性和实践性的文化精神

在人类精神生产领域中，虽说每一自然学科或人文学科都以某种特殊的方式阐释着人类生活的某一方面，但是唯有哲学从本质上或总体上解读着人的存在本身，或者说，每一时代真正的哲学都是人的生存的意义

---

① 卢卡奇：《历史和阶级意识》，重庆出版社 1989 年版，第 2 页。

的自我澄明。因此，哲学不可能固守不变的域界和不变的定位，而是与人的生存一同自觉地扩展和显现存在的意义。能在较大历史尺度上保持旺盛的生命力并积极影响历史进程的理论，一定与人的存在密不可分，应当是人的生存的本质精神的体现。

与其他动物相比，人的本质的最突出的特征是其生成性和开放性。然而，在人类思想史上，受人的存在状态和发展程度的限制，不同的哲学家或思想家往往把人的本质归结为某一给定的特征，他们或是把人的本质归结为人区别于其他动物和自然存在物的某一突出特征，如理性、意志、直觉、符号、本能等；或是把人的本质归结为人的存在方式或活动方式的某一方面，如政治、经济、自然活动、制造工具等。这里始终没有揭示出人从总体上如何区别于其他一切存在物，即没有揭示出人的存在的总体性的本质结构。与此相应，传统哲学往往表现为某种形式的"实体形而上学"，即把人的存在或人的活动领域的某种要素夸大，当做决定性的因素，形成物质本体论、自然本体论、理性本体论、神学本体论等，从而否定了人在历史进程中的主体地位和人的存在的超越本性。

马克思对哲学所作的最深刻的变革在于他依据现代工业文明条件下人的发展状况，从人的活动本身来确定人的本质和历史的内涵，把"自由自觉的活动"，即对象化的实践视野作为人与动物的根本区别。他指出："动物只是按照它所属的那个种的尺度和需要来建造，而人懂得按照任何一个种的尺度来进行生产，并且懂得处处都把内在的尺度运用于对象；因此，人也按照美的规律来构造。"①马克思认为，这种超越性的、开放性的、自由自觉的实践活动不仅是人的存在的本质特征，而且是人生活于其中的世界、人类社会和人类历史的现实基础，他指出："这种活动、这种连续不断的感性劳动和创造、这种生产，正是整个现存的感性世界的基础。"②

自由自觉的实践所具有的超越本性不是人的活动可有可无的特征，而是人的存在的永恒的、不可或缺的本质维度，因为，人的存在和人的历史是一个开放的过程，在这一不断生成的过程中，人不仅要用自己的对象

① 《马克思恩格斯选集》第1卷，人民出版社1995年版，第47页。
② 《马克思恩格斯选集》第1卷，人民出版社1995年版，第77页。

化活动扬弃自然存在物的给定性,而且要不断超越和扬弃人的造物及人的活动的异化。正因为如此,真正的哲学,作为人的生存意义之自我澄明和自觉展示,必然以人的实践的超越本性为基础,必然表现为人的实践的超越本性的自觉展现,及人的存在的本质性文化精神的自觉表达。在这种意义上,阿多尔诺关于哲学的"反体系"和"拒斥综合"特征的断言是深刻的。从本质上讲,哲学是关于人的存在的自觉的批判性和超越性的文化精神,它的宗旨不是一种给定的理论形态或理想的社会状态,而是人的存在的展开、价值的丰富、人的全面发展。因此,哲学从根本上说是人的生命活动本身,是批判的、反思的、分析的、反省的、检讨的、自我批判的理性活动。在这种意义上,马克思关于实践哲学的构想对人的实践的超越本性和哲学的这种定位有十分自觉的认识,他从不刻意建构体系,而是把哲学的历史使命定位于"对现存的一切进行无情的批判",即对一切束缚和妨碍人的自由和全面发展的自然的和异化的力量和存在都要展开超越性的分析和批判;要实现"哲学的世界化"和"世界的哲学化",并通过"消灭哲学"而"实现哲学"。

马克思学说的最本质的内容是以人的实践的超越本性为核心的,自觉的历史性、实践性和批判性文化精神。它超越传统哲学所建立的各种"实体形而上学",不再从人的存在之外寻找人的生存的根据;不再把历史看做是"神律"或"他律"的自然进程,而是人的存在活动的展开与生成,一种开放的价值生成活动;取代社会和历史的"实体"的是人的对象化的实践,是人的批判性的和超越性的生存活动,一种展示和创造生存的意义和价值的开放的过程。哲学所代表的文化批判精神指向一切既有的和将要生成的东西,它的最主要的批判维度有三:(1)指向尚未生成的可能性的疆域;(2)指向现有的造物(包括自然存在物和人的造物)的自在性和异己性;(3)指向主体自身,进行理论和实践的自我批判和自我觉醒。显然,这种批判性的文化精神是人的生存和历史演进永远不可或缺的本质性维度,是人的生存得以继续、价值和意义得以不断生成的根据。

2. 马克思学说的定位:与人类发展的同时代性

显而易见,正因为在马克思学说的具体结论和具体理论原则的深处包含着这种与人的实践的超越本性直接相关的历史性的和实践性的文化批判精神,它才能具有来自人的存在本身的强大的生命力,才能对于不同时代人的生存都具有重要的意义。由于人的生存本身就是一个不断展开、不断超越的过程,因此,马克思学说与不同时代的关联性或它的指向还是有所侧重的,其实践性理论层面会随着时代的变化而不断改变。但是,它的理论核心和宗旨是一致的,既“**必须推翻**那些使人成为被侮辱、被奴役、被遗弃和被蔑视的东西的**一切关系**”①。由于人类历史是一个不断超越、不断发展、不断创造新的价值的开放过程,是一个不断超越给定的存在的自在性、异己性,不断扬弃异化和物化的过程,是一个永远不会一劳永逸地、一次性达到完善完满的境地,因此,马克思思想所自觉地体现的关于人的存在的批判性文化精神是人类历史进程不可或缺的内涵。我们可以简要地揭示马克思学说的深刻的文化批判精神同迄今为止的人类发展的不同关联以及它同我们时代的内在联系。

第一,马克思学说的批判锋芒从根本上或首先是指向前现代的人类自在自发的生存状态和自然主义文化精神。我们从《共产党宣言》等著作中不难看到马克思对传统农业文明条件下的专制主义、世袭制、封建割据、非理性关系、宗教、宗法血缘关系、封闭落后等社会关系和文化观念的无情批判。在这种意义上可以说,马克思学说与农业文明的文化精神是截然对立的。

第二,在某种意义上,马克思的思想体现了现代工业文明的理性主义精神,这从他对传统农业文明的社会关系和文化模式的批判、对资产阶级在历史上的革命作用的充分肯定、关于大工业和科学是“人的本质力量的公开展示”的断言等中不难看出。但是,我们又不能断言马克思学说完全等同于工业文明的理性主义文化精神。实际上,马克思的思想同时包含着对工业文明的社会机制和理性精神的深刻批判,如关于资本主义“社会经济形态”的盲目的运动所导致的经济危机的分析、关于劳动的异化的批判等,使他的思想成为20世纪的新马克思主义、存在主义等文化批判思潮的重要理论依据,同时也对20世纪现代工业文明的自我批判和自我修正产生了深刻的影响。连存在主义大师海德格尔也明确承认这一点,他

① 《马克思恩格斯选集》,第1卷,人民出版社1995年版,第10页。

断言:“马克思在体会到异化的时候深入到历史的本质性的一度中去了,所以马克思主义关于历史的观点比其余的历史学优越。”①

第三,正因为马克思学说既产生于现代工业文明,又不为现代工业文明的理性精神所穷尽,所以,它的文化批判精神在修正现代工业文明的局限性的同时,也内化为信息时代的重要的文化精神。在某种意义上,正如某些学者断言的那样,马克思学说同后现代主义有某种共通性,主要表现在彻底的批判精神上:不容许任何东西走向独断与专制,成为束缚人、统治人的异化力量,包括理性和人的主体性在内。但是,必须看到,马克思学说的批判精神更为全面和深刻。这是因为,信息时代的文化精神并不是工业文明理性精神的根本否定,而是它的自我完善,二者之间不存在本质性的断裂;人类历史上最深刻的精神革命是从传统农业文明进入工业文明,理性精神在未来人类生存中依旧是不可或缺的本质性文化精神,问题是要不断地消解它的专断性,不允许任何造物重新成为超人的实体,不允许对外在的“实体”(包括理性和主体性)的任何形式的崇拜(即实体形而上学)。在这种意义上,马克思的实践性和历史性文化批判精神既能与后现代主义一道批判现代理性主义文化精神的弊端,又能修正后现代主义批判精神的极端性和片面性,从而为全球化和信息化时代的平等化、平民化、多元化的理性文化精神的生成提供内在的依据。同时,对于中国这样同时面临着理性化(工业化)和信息化双重历史使命的发展中社会,这种自觉的批判性文化精神无论对于我们扬弃传统社会的经验主义文化模式以及相应的社会机制因素对人的存在和发展的束缚与统治,还是避免在理性化和现代化过程中出现理性的专制和个体主体性的专断等新形式的“实体形而上学”,都具有十分重要的意义。

因此可以说,马克思学说的当代意义和生命力在于:它不是一种外在的理论工具,而已经作为一种关于人的生存的本质性的文化精神内化到现实的历史进程之中,不仅对19世纪以来人类历史进程产生了不可估量的影响,而且一直影响并将继续深刻影响人类的精神状况,这从它对存在主义、新马克思主义、后现代主义等理论思潮的影响中可以清楚地看到。

① 孙周兴选编:《海德格尔选集》上卷,上海三联书店1996年版,第383页。

正如后现代主义重要代表人物德里达在《马克思的幽灵》中指出的那样："不去阅读且反复阅读和讨论马克思——可以说也包括其他一些人——而且是超越学者式的'阅读'和'讨论'，将永远都是一个错误……不能没有马克思，没有马克思，没有对马克思的记忆，没有马克思的遗产，也就没有将来：无论如何得有某个马克思，得有他的才华，至少得有他的某种精神。"①

显然，我们真的应当反复阅读马克思，不再把他关于人的存在的重要思想（实践哲学构想和异化理论）连同其早期不成熟的语言和表现形式一同抛掉，而是在现代历史条件下把这一深入到历史本质性一度中的文化精神从理论的深处彰显出来并发扬光大。或许，当我们"得意忘言"，不再固守马克思的一些具体结论、一些具体论述、一些具体话语时，马克思思想的精神的生命力将得到空前的展示，将真正与我们同行，与人类同行，成为我们的精神世界和价值世界的本质性维度和内核。

---

① 德里达：《马克思的幽灵：债务国家、哀悼活动和新国际》，何一译，中国人民大学出版社1999年版，第21页。

论马克思批判意识的内在结构与基点

在某种意义上，人类历史的演进就是人类不断走向觉醒，不断摈弃各种迷信的进程，而这一觉醒过程又是以人类的对象批判意识和自我批判意识的不断增强为重要标志的。到了20世纪，批判意识已经成为人类精神和人类理性的基本特征，它不但指向与人相关的一切事物，指向人的一切存在领域。而且也指向人的各种活动的产物，指向人的存在活动本身。

如欲深刻理解并正确发挥现代批判意识，使之成为人类社会演进的积极的驱动力量，则有必要回到马克思学说的深刻批判意识。因为马克思的批判意识不但贯穿其全部理论和学说之中，而且对20世纪人类文化精神和社会历史进程产生了重要影响。因则，揭示马克思批判意识的基点和深层结构，不但有助于深化对马克思学说的理解，而且对于指导当代人类实践也具有现实意义。

一、马克思批判意识的内在结构

立于不同基点的当代人以不同方式理解马克思、解释马克思。从本质上讲，可以断言，马克思不仅是一位学识渊博的理论家，而且首先是充满激情和战斗精神的革命思想家。他终生以改变现状、追求人类解放与幸福为己任。因此,革命思想或批判意识构成他的学说的灵魂。正如他本人指出的那样,“辩证法不崇拜任何东西,按其本质来说,它是批判的和革命的”①。

回顾一下马克思毕生的理论活动或浏览一下他的全部著述,可以看出,他的全部思想都是在批判中展开的。例如,对德国古典哲学的批判、对黑格尔的批判、对费尔巴哈的批判、对青年黑格尔派的批判、对宗教的批判;对国民经济学(政治经济学)的批判、对物化和异化的批判、对私有制的批判,对市民社会的批判、对蒲鲁东的批判、对拉萨尔的批判、对哥达纲领的批判、对形形色色的非科学的社会主义思潮的批判、对资本主义社会结构的批判、对旧的国家体制的批判、对巴枯宁无政府主义的批判,等等。可以断言,马克思通过毕生的批判活动完全实践了他早年为自己规定的历史使命:**“要对现存的一切进行无情的批判”**②。

对于我们今天的理论研究而言,最为重要的不是对于这些具体批判活动和理论细节进行描述,而是对马克思批判意识作出总体性的和结构性的把握。一般说来,普通人的日常的、非理论的、非专门化的批判意向和批判活动,往往具有自发性、随意性,缺少连贯一致的论点和基点。而像马克思这样严肃的和系统的理论家和思想家们则完全不同,他们的批判无论涉及多少领域,涉及多少具体问题,都不会是随意而发、杂乱无章的,而是立根于同一个基点或基本尺度,指向共同的目标。

因此,为了从本质上理解和把握马克思的批判意识,我们必须寻找他的批判基点,即他的批判意识的核心;而为了把握马克思批判意识的基点,则必须从马克思纷繁复杂的批判活动和批判理论中揭示出其批判意识的深层次的和基本的结构、范式或构架。只有在这一结构的最深层,即在它的基础部分,我们才能找到马克思批判意识的基点。通过对马克思批判意识的结构所进行的动态考察,我们发现,他的各种批判活动都基本上经历着两步回溯或还原过程:第一步,从表面现象向深层本质的回溯或

---

① 《马克思恩格斯选集》第2卷,人民出版社1995年版,第112页。

② 《马克思恩格斯全集》第47卷,人民出版社2004年版,第64页。

还原;第二步,由一般本质向人的实践活动的回溯与还原。我们可以具体揭示马克思批判意识的这一动态结构和基点。

第一,从表面现象向深层本质的回溯或还原。马克思习惯于从纷繁复杂的社会现实中区分出现象与本质、表层存在与深层存在、上层建筑与基础,等等;然后从本质、深层存在和基础出发去对现象、表层存在或上层建筑作出价值学判断:说明后者存在的理由和根据,揭示其局限性和消极方面,指出其被超越与扬弃的历史必然性。这一方法构成马克思唯物史观的基本方法,其理论范例在马克思学说中随处可见,我们可以通过典型研究来加以说明。

宗教问题一直是西方哲学的中心论题。马克思在这点上接受了费尔巴哈关于上帝是人的自我意识的异化的观点,主张从现实的政治社会中寻找宗教产生和存在的基础,从而把对彼岸世界即宗教的批判归结为对此岸世界即世俗世界的批判,把对“副本”的批判归结为对“原本”的批判。他深刻指出,不应把世俗问题归结为神学问题,而应把神学问题归结为世俗问题;不应以迷信来说明历史,而应以历史来说明迷信。“**真理的彼岸世界**消逝以后,**历史的任务**就是确立**此岸世界的真理**。人的自我异化的**神圣形象**被揭穿以后,揭露具有**非神圣形象**的自我异化,就成了为历史服务的**哲学的**迫切**任务**。于是,对天国的批判变成对尘世的批判,**对宗教的批判**变成**对法的批判**,**对神学的批判**变成**对政治的批判**。”①

马克思对其他社会意识形态及国家上层建筑的批判也采取了同样的回溯或还原方法。例如,他针对黑格尔关于国家决定市民社会的思想,明确指出,黑格尔把关系搞颠倒了,实际上,不是国家决定家庭和市民社会,而是市民社会和家庭决定国家,市民社会和家庭才是真正的活动者和原动力,才是国家的基础和前提。由此,马克思把表层的存在归结为深层的存在。在《德意志意识形态》中,马克思同样是从生产力和社会关系这一基础出发对意识形态进行批判,将之视做表层的存在而归结于深层的基础。他指出,只是从物质劳动和精神劳动的分工开始,“意识才能摆脱世界而去构造‘纯粹的’理论、神学、哲学、道德等等。但是,如果这种理论、

① 《马克思恩格斯选集》第1卷,人民出版社1995年版,第2页。

神学、哲学、道德等等和现存的关系发生矛盾，那么，这仅仅是因为现存的社会关系和现存的生产力发生了矛盾"①。

第二，由一般本质向人的活动的回溯或还原。应当指出，上述第一步还原或回溯在马克思批判意识的结构中并不是最重要或最典型的步骤，其他一些思想家在某种程度上也可以做到这一点。例如，费尔巴哈对宗教的批判、复辟时期法国历史学家对阶级斗争和财产关系的认识，等等。马克思的不同之处在于，他在作了第一步回溯或还原之后，没有停留于此，没有把这些深层的和本质的存在或基础当做给定的和终极的实在，而是进一步揭示这些存在或基础背后更深刻的原因，从而把它们回溯或还原到人的基本活动，即劳动或实践的层面上。具体说来，马克思批判意识的核心或基点是人的劳动或实践，他最终从人的活动的性质或状况出发，对社会历史领域的各种存在进行价值学评判，揭示其存在的根据和自我分裂的原因，指出超越现存，"使现存世界革命化"的途径。可以断言，从人的劳动或实践活动出发，扬弃各种社会历史存在的给定性和自在性，这是马克思全部批判意识的基点。

在前述宗教批判中，马克思虽然赞同费尔巴哈关于上帝是人的自我意识的异化的见解，但是，他并不满足于从彼岸世界回到此岸世界，即世俗世界，而要进一步探究，为什么这一世俗基础会走向自我分裂，会导致人的自我意识的异化和人的世界的二重化。马克思发现，这一以私有制为特征的自我分裂的世俗基础或市民社会本身并不是终极的东西，而是人的劳动或实践活动走向异化的结果。因此，要根本扬弃宗教异化、消灭私有制，就必须回到人的实践活动这一更为根本的基础，扬弃人的劳动活动的异化状态，恢复人的实践的自由自觉的本质特征。

马克思的这一批判方法，即从一般本质向人的实践活动回溯或还原的方法，也清晰地体现在他的哲学批判中。对黑格尔的批判构成了马克思哲学研究的重要方面。他从自我意识和自由理性的立场出发对黑格尔的绝对理念进行批判与超越；进而指出黑格尔错误地颠倒了市民社会与国家的关系。最为重要的是，马克思进一步从《精神现象学》中挖掘黑格

① 《马克思恩格斯选集》第1卷，人民出版社1995年版，第82页。

尔哲学的“真正诞生地和秘密”。马克思认为，黑格尔辩证法的伟大之处在于抓住了劳动的本质，他把“真正的人理解为他自己的劳动的结果”。但是，由于黑格尔把劳动等同于自我意识，只承认抽象的精神劳动，从而混淆了劳动的异化和对象化，把异化的扬弃限定在思想领域。结果，他的批判的辩证法得出了非批判的结论，没有真正达到对于给定性的扬弃和对劳动异化性质的扬弃。

马克思在批判费尔巴哈时，肯定费尔巴哈对人的“感性的对象”和自然界的基础地位的承认。但是，费尔巴哈的致命弱点在于，他只懂得感性的存在，而不懂得感性的活动，不懂得人的实践。因此，他一方面没有看到，宗教异化和市民社会自我分裂的根源在于人的劳动或实践活动的自我异化，另一方面，他不能理解人的实践的革命意义和基础地位，“他没有看到，他周围的感性世界决不是某种开天辟地以来就直接存在的、始终如一的东西，而是工业和社会状况的产物”，他没有认识到，“这种活动、这种连续不断的感性劳动和创造、这种生产，正是整个现存的感性世界的基础”①。这一切导致费尔巴哈停留于把宗教等表层存在归结于世俗基础的层次，而没有对世俗基础进行超越性的批判，因此，他同黑格尔一样，对现存世界持非批判的态度。

在后面的分析中，我们将看到，马克思对政治经济学和资本主义经济体制的批判，也采取了同样的方法，都是从人的劳动或实践活动的性质和状况出发对现存的一切作出评判，从而得出扬弃给定性的结论。这一思想集中表现在他的那句名言中：“哲学家们只是用不同的方式**解释**世界，问题在于**改变**世界。”②这样，我们遵循马克思的批判思路，从表面现象回溯到深层本质，又从一般本质回溯到人的活动时，我们就清楚地把握了马克思批判意识的基点，这就是：以人的劳动或实践活动为出发点，扬弃给定性，“使现存世界革命化”。

二、马克思批判意识的基点和理论范例

通过上述结构分析，我们确认，人的劳动或实践活动是马克思批判意

---

① 《马克思恩格斯选集》第1卷，人民出版社1995年版，第77页。

② 《马克思恩格斯选集》第1卷，人民出版社1995年版，第57页。

识的基点。实际上,这一实践活动也是马克思全部学说的基石。在马克思看来,虽然人是自然之子,但是,人的现存感性世界并不是直接以自在自然为基础的,而是以人的自由自觉的劳动或实践及其成果(人化自然)为基础的。正因如此,马克思把人的感性活动视做他的学说同一切旧唯物主义的区别所在。他指出,这些旧唯物主义的主要缺陷是:"对对象、现实、感性,只是从**客体**的**或者直观**的形式去理解,而不是把它们当作**感性的人的活动**,当作**实践**去理解,不是从主体方面去理解。"①恩格斯在《自然辩证法》中表达过类似的观点:"人的思维的最本质的和最切近的基础,正是**人所引起的自然界的变化**,而不仅仅是自然界本身。"②这样一来,马克思的历史观和批判观就同前此各种历史学说和批判理论有着本质的区别。它表明,在人类社会领域中,没有什么存在是给定不变的或永恒的,一切都依据人的劳动或实践活动的性质和状况而变化。

但是,当我们断言马克思以人的劳动或实践活动为基点和尺度对一切社会历史存在进行解释与批判时,必须清楚地看到,马克思的实践立场从根本上不同于传统的或古典的人本主义。文艺复兴时代发展起来的古典人本主义建立在乐观主义历史观或进步观之上,它过分张扬推翻神性之后而升腾起的人之理性或本质力量,而对人的活动的负面研究不够,因而,当它同技术理性主义相结合时,就导致了过分征服自然、过分相信人的线性进步的"人类中心主义"。马克思则不同。当他把人的劳动或实践设定为批判意识的基点,特别是理解为人的感性世界的基础时,他并非在宣传人无所不能的盲目乐观主义。马克思的独特之处在于,他对人的劳动或实践活动的正面与负面予以同样的关注,区分了对象化劳动或异化劳动,从而指出这样一个事实:无论异化劳动的结果(如私有制、阶级对立、意识形态等),还是对象化劳动的成果(如大工业、科学、艺术等),无论这些活动的结果是对人的本质力量的确证还是对人的统治的否定,都应该而且只能从人的能动活动即实践本身的性质与状况的角度加以理解、批判与超越,全部理论之谜和历史之谜都应当从人的现实劳动中寻求

① 《马克思恩格斯选集》第1卷,人民出版社1995年版,第54页。

② 《马克思恩格斯选集》第4卷,人民出版社1995年版,第329页。

答案。从下述几个理论范例可以看出,马克思的批判意识正是从对于人的活动的正面与负面的总体把握这样一个合理的基点发散的。

范例之一:以异化和扬弃异化为核心的异化理论。马克思在《1844年经济学哲学手稿》中从资本主义条件下普遍存在的劳动产品的异化,即物的异化现象出发,揭示出造成物的异化的根源,这就是人的"自我异化"。也即人的劳动活动本身的异化或称之为人的本质的异化。从劳动异化这一基点出发,马克思揭示了市民社会的分裂,即私有制的存在和人与人之间的阶级对立。以上述分析为基础,马克思认为,要根本扬弃和超越现存的资本主义社会,就不能满足于简单地消灭私有制,而应当是对私有制的积极扬弃,也就是扬弃人的本质活动的异化,恢复人的劳动的自由自觉的性质。因此,马克思把异化的扬弃和总体的人的生成视做共产主义运动的核心。

范例之二:以分工和消灭分工为线索的社会历史理论。在《德意志意识形态》等著作中,马克思和恩格斯以分工为基本线索,揭示人类社会机制的历史建构。需要指出的是,马克思所强调的分工主要不是指社会生产部门的具体划分,而是指劳动者被固定到某一特定领域或职业的状况。因此,他对分工本身持批判的态度,把它视做异化的同义语。"分工也无非是人的活动作为**真正类活动**或**作为类存在物的人的活动**的**异化的,外化的**设定。"①具体说来,分工代表着人类实践活动总体的自我分化与自我分裂。马克思认为,由于分工的发展,尤其是物质生产与精神生产分工的出现,导致了私有制的产生,"分工和私有制是两个同义语";进而,分工使私人关系不可避免地发展为"阶级关系";分工导致了个人利益与共同利益的矛盾,使共同利益成为独立的现实力量和现实关系,使人的活动的产物固定为一种统治人的社会力量;由于分工的制约,不同个人的共同活动形成扩大的社会生产力,并结成相应的交往关系,它们是人自主活动的条件,但在一定条件下也会成为个人活动的桎梏;分工导致个人利益与公共利益的冲突,使国家上层建筑作为"虚幻的共同体"应运而生;精神生产与物质生产的分工导致了独立的意识形态的产生,这是分裂世界的

① 马克思:《1844年经济学哲学手稿》,人民出版社2000年版,第134页。

颠倒的意识、虚幻的意识，等等。

从上述分析可见，马克思在《德意志意识形态》中，为我们描绘了由于分工而导致的人类社会结构的产生和建构的历史，但同时，他也明确表示，这一历史本身就是人的活动、人的社会关系和结构走向固定化和异己化的历史。因此，从对人的劳动的正面和负面分析，从对象化劳动与异化劳动的理解出发，马克思既没有对分工和社会关系的产生作出非批判性的全盘肯定，也未作出虚无主义的全盘否定，而是既肯定分工和社会关系的产生在历史发展中的推动作用，又指出它们必然被扬弃与超越的异化性质。“社会活动的这种固定化，我们本身的产物聚合为一种统治我们、不受我们控制、使我们的愿望不能实现并使我们的打算落空的物质力量，这是迄今为止历史发展的主要因素之一。”[①]在马克思看来，要真正改变与超越现存社会，就不能满足于一般摧毁旧的国家上层建筑，消灭私有制，而必须从人的活动入手，扬弃劳动的异化性质，消灭把人终生固定于某一职业的分工。马克思谈到生产力、社会状况和意识形态三个基本历史要素时指出，“**分工**不仅使精神活动和物质活动、享受和劳动、生产和消费由不同的个人来分担这种情况成为可能，而且成为现实，而要使这三个因素彼此不发生矛盾，则只有再消灭分工”[②]。

范例之三：以物化和超越物化为核心的政治经济学批判理论。马克思毕生把大部分精力投放到政治经济学研究之中，但是，他的宗旨并非建立一种传统分类学意义上的政治经济学体系，而是表述一种超越传统政治经济学的“政治经济学批判”立场。换言之，他并不像许多传统经济学家那样致力于对特定社会形态的经济机制和运行规律作客观的或中性的描述，而是对之持批判的和超越的态度。在《1844 年经济学哲学手稿》中，马克思指出，国民经济学（古典政治经济学）的成就在于，它把劳动确定为价值的源泉，并且接触到资本主义条件下劳动者贫困与劳动创造价值原则的矛盾。但是，他们无法解决这一矛盾，这是因为他们把市民社会的自我分裂，即私有财产当做给定的事实接受下来，而没有进一步分析造

---

① 《马克思恩格斯选集》第 1 卷，人民出版社 1995 年版，第 85 页。

② 《马克思恩格斯选集》第 1 卷，人民出版社 1995 年版，第 83 页。

成私有制产生即市民社会自我分裂的根源,没有分析劳动异化的性质。因而,"国民经济学虽然从劳动是生产的真正灵魂这一点出发,但是它没有给劳动提供任何东西,而是给私有财产提供了一切"①。马克思为了超越这种局限性,对于整个政治经济学的基本立场持批判的态度,他的《资本论》一书的副标题就是"政治经济学批判"。

马克思在《资本论》中,从现实生活中普遍存在的商品现象入手,揭示了商品内含着的价值与使用价值的矛盾,并进一步揭示了劳动的二重性,指出抽象劳动生产价值,而具体劳动生产使用价值。以此为基础和出发点,马克思表述了剩余价值理论,并通过资本的生产过程、资本的流通过程和资本主义生产的总过程三个方面,揭示了资本主义经济的运行机制和规律。在这种意义上,马克思强调自己所揭示的现代社会的经济运动规律对人的活动的制约性,他把"经济的社会形态的发展理解为一种自然史的过程"②。然而,再进一步分析就会发现,马克思的研究宗旨并不是要对这些经济机制或规律作客观的非批判的描述,更不是要赋予它们以永恒性,而是寻找超越这种自然状态的根据与途径。他认为,社会经济形态反映了人们受制于盲目的经济必然性的存在状态,代表着人类社会的史前时期。亚细亚的、古代的、封建的和现代资产阶级的生产方式是社会经济形态演进的几个时代,随着资本主义经济形态的解体,"人类社会的史前时期就以这种社会形态而告终"③。因此,马克思不但揭示了资本主义社会化大生产与私有制的矛盾,还特别深刻地剖析了资本主义条件下普遍的物化现象和物化意识。他指出,在这里盛行着商品拜物教,人与人的关系具有物的性质,沦为物与物的关系,人受制于自己的劳动产品。因而,超越资本主义生产关系要以超越物化为核心。在未来社会中,"社会化的人,联合起来的生产者,将合理地调节他们和自然之间的物质交换,把它置于他们的共同控制之下,而不让它作为盲目的力量来统治自己",这样,在盲目的经济必然性王国的彼岸,"作为目的本身的人类能力

---

① 《马克思恩格斯选集》第1卷,人民出版社1995年版,第50页。
② 《马克思恩格斯选集》第2卷,人民出版社1995年版,第101~102页。
③ 《马克思恩格斯选集》第2卷,人民出版社1995年版,第33页。

的发挥，真正的自由王国，就开始了”[①]。

三、马克思批判意识的现实性

通过对马克思批判意识的动态结构分析和理论范例释析，我们从抽象到具体地把握了马克思批判意识的基点：以对人的实践活动的正面和负面的总体把握，根据人的实践活动的性质和状况，对人类社会历史领域的一切存在作出批判性和超越性的价值学判断，现在，作为本文的结语，我们有必要简要地说明马克思批判意识在现时代的意义以及他的批判基点对我们的启示。

20世纪人类的对象批判意识和自我批判意识普遍增强的原因主要表现在两方面。一方面，人类传统的思维方式是在人的活动之外寻找某种终极的和绝对的实体来作为人类赖以安身立命的根据，如自然、逻各斯、上帝、理性、技术、绝对理念等等。而在近现代的历史演进中，人们赖以安身立命的上帝、理性、技术等支柱相继坍塌或动摇，现代人生活在“绝对”开始消解、英雄开始远去的“无神的殿堂”。因此，以怀疑和反思为本质特征的批判意识必然增强。另一方面，科学技术的飞速发展和生产力水平的巨大提高在为人类带来巨大精神财富和物质财富的同时，也创造出日益膨胀的政治机构、具有统治力量的意识形态、失控和自律发展的技术、无所不在的重复性和商品化的大众文化等异化的社会力量。处在深刻文化危机中的人类不得不对自己的行为后果和行为本身进行批判性的检讨和反思。

在这种深刻文化背景下兴起的批判意识，无疑受到马克思批判精神的影响或感染。当代马克思主义和新左派所进行的政治批判、意识形态批判、技术理性批判、文化批判都直接以马克思的异化理论为渊源。应当肯定，批判意识的增强对人类合理地控制自己的活动及其结果，是十分积极的现象。但是，为了避免各种批判意识误入歧途，陷于偏颇，就必须确立一个合理的全面的批判基点。在这里，我们上述分析的马克思批判意识的基点具有十分重要的启发意义。第一，必须以人之超越性和批判性

① 《马克思恩格斯全集》第46卷，人民出版社2003年版，第929页。

的实践活动为基本出发点，对社会历史存在作出价值学判断。第二，以人的实践活动为批判基点，并不是片面地盲目乐观地强调人之无所不能，而是要对人的活动的性质和状况作出正面和负面的总体性分析，从而自觉地检讨和反思人自身的行为及其后果，为建立和谐的天人关系和人际关系创造条件。

哲学问题与问题哲学

在任何一个文明时代，对哲学研究问题的反思和重新定位，都是一个不需要提供合法性证明的正当要求。雅斯贝尔斯曾说过，“自由是人类的时间之路”①，我们在某种意义上可以接着说：哲学是自由的思想之路。同其他具体学科相比，哲学的对象域和定位似乎总是一个开放的问题，每一时代真正的哲学都是人的生存的意义的自我澄明和显现，哲学不可能固守不变的问题域和不变的定位。哲学总在途中，是一条永远走不尽的生存之路；哲学并不是一种给定的、静止的、抽象的、封闭的理论体系或人们可以一劳永逸地发现和套用的公式及原理，而是内在于人类历史和人的生存之中的一种生生不息地涌动的理性反思和文化批判。

一、哲学研究的问题的双重维度

马克思曾提出“哲学不是世界之外的遐想”的名言，他指出：“任何真

① 卡尔·雅斯贝斯：《历史的起源与目标》，魏楚雄、俞新天译，华夏出版社 1989 年版，第 178 页。

正的哲学都是自己时代的精神上的精华,因此,必然会出现这样的时代:那时哲学不仅在内部通过自己的内容,而且在外部通过自己的表现,同自己时代的现实世界接触并相互作用。”[①]每一个新的文明时代,每一个新的社会历史时期,尤其是重大的社会转型期,都是这样的时代。在这样重大的社会变革时代,哲学研究的进展和哲学问题域的改变一般体现为两个基本的方面:一是体现为新的研究对象和研究主题的确立;二是体现为哲学范式的自觉转变。

我们在粗略的意义上使用“哲学问题”和“问题哲学”两个概念,来分别表达社会转型期哲学研究的问题的两个基本维度。前者指涉哲学研究的对象和主题,后者指涉哲学研究的方式和范式。前者的问题是哲学研究面临的问题,后者的问题是哲学自身的问题。具体说来,当一种哲学在转变的社会历史时期和文明时期,不能捕捉新的哲学问题,不能确立新的哲学主题时,它无疑会落伍;当一种哲学在转变的社会历史时期和文明时期,依旧用不变的研究方法和范式来把握新的哲学问题和哲学主题时,它就成了一种“问题哲学”,其自身必须成为哲学反思和批判的对象。在这种历史时刻,前者呼唤哲学的批判意识,要求哲学环绕着人与自然、人与人、人与社会的新的重大的问题重新确定自己的问题域;后者呼唤哲学的自我批判意识,要求哲学自觉地改变自己的研究范式。

现在,中国哲学研究所面临的问题的争论焦点在于:在目前的社会变革时代,哲学新问题和新主题的确立与哲学范式的转换,何者更为重要,更为关键?

最简单的回答是:二者同样重要,缺一不可。然而,我认为,二者的重要程度或侧重点还是可以找出区分点和区分度的,尤其在中国的语境中,更是如此。具体说来,对于全球化背景下中国的哲学研究而言,新问题和新主题的捕捉和确立是基础,而哲学范式的自觉与转换是焦点和关键。

理由是这样的:在一种重大的社会历史转折时期,在一种新的文明正在生成的时期,找不到人类所面临和遭遇的新问题和新主题的哲学无疑会成为一种落伍的“独白”,但是,固守原有哲学范式的哲学即使找到了

---

① 《马克思恩格斯全集》第1卷,人民出版社1995年版,第220页。

哲学研究的新问题和新主题，也还是会落入汤因比所说的“旧瓶装新酒”的哲学衰落状态，它表明哲学内在创造力和“自决能力”的衰竭。特别严重的是，这种“旧瓶装新酒”的哲学研究往往给人一种已经很“创新的”外观，所以，其隐蔽的危害性就更为严重了。目前国内一些年轻哲学家在反思中国哲学研究的处境时曾提出一个争论，即我们的哲学研究是“被边缘化还是自我放逐”的问题①。我认为，这是中国哲学研究，特别是马克思主义研究必须正视的问题，它明显涉及哲学范式的问题。

二、当下中国哲学研究问题的状况分析

我们可以从哲学研究的问题域的厘定和哲学研究的范式转换两个方面对目前中国哲学的研究现状作一个基本的判定。实事求是地说，过去20多年中国哲学研究的问题域已经发生了很大的改变，例如，从外在的物质、自在的自然、客观规律性、给定的实在、超验的实体、普遍的真理，转向人、实践、主体性、交往、价值、文化等。特别是环绕着现代科学技术和全球化背景下人与自然的关系、人与人的关系、人类历史和人类社会的重大问题，如生态问题、正义、公正、道德重建、理性、启蒙、现代性反思等问题，中国哲学明确呈现出回归生活世界的导向，开辟了一系列新的研究领域和新的生长点，如实践哲学、发展哲学、交往理论、文化哲学、人学、政治哲学、历史哲学等；并且在实践理性的复兴、主体意识的成熟、发展观念的更新、文化精神的重建等方面取得重要的进展。

然而，从另一方面来看，虽然中国哲学研究在问题域上已经有了重大的改变，但我们很难断定中国哲学研究已经实现了重大的突破。究其深层原因，中国哲学研究从总体上看还没有摆脱那种追求普遍性知识的、思辨的理论哲学或意识哲学范式，还没有真正向关注生命的价值和意义的实践哲学或文化哲学范式转变。

不可否认，哲学研究任何时候都离不开合理的理论抽象。例如，哲学在希腊发端时就已经规定了自身的理性和思辨的本性，规定了哲学的形

---

① “青年哲学论坛”部分成员：《被边缘化还是自我放逐：关于马克思主义哲学研究的学术性与现实性的对话》，载《哲学研究》2004 年第 1 期。

而上的定位。但是,作为闲暇阶层的爱智活动,哲学在古希腊更多地表现为文化批判层面上的对话、反思活动,表现为思想智慧的涌流,而较少具有后来传统哲学的体系化、抽象化、独断化和远离生活世界的特征。我们所批评的思辨理论哲学和纯粹意识哲学范式的问题不在于理论抽象,而在于从根本上忽略个别性、个体性、差异性,追求无条件的普遍性和一般性。在这种哲学范式的普照之光的统摄下,无论什么样的对象,什么样的问题,最终都抽象为一些貌似永远正确、普遍适用,实则可有可无、远离生活现实的理论原则或知识,一些空泛的、大而化之、漂浮的和普遍化的能指;无论哪一方面的理论研究都习惯于从一个思想家到另一个思想家的理论逻辑的梳理和推演。在某种意义上,“抽象化”已经成为中国哲学研究的顽症。我们可以举几个典型的例证。

例证之一:在关于实践的研究中,人们虽然反复强调感性的实践,但是,其研究往往与实践的历史内涵、现实内涵和文化内涵相去甚远,往往热衷于争论:实践的本质规定性是主观的,是客观的,还是主客观的统一?实践的功能是什么?实践的要素和形式包含哪些?中外实践范畴在历史上经历了哪些变化?

例证之二:在人学研究中,人们虽然反复强调现实的人,但是,在实际争论中,往往停留于人学研究的一般理论问题:例如人学对象是个体的人,是当代人类,还是个体、群众和人类?人学同马克思主义是交叉、包含,还是排斥的关系?

例证之三:在生活世界理论研究中,人们虽然都强调回归现实的生活世界,但实际上,人们依旧习惯于从现成的原理和结论出发,进行逻辑推演或范畴排列,使回归生活世界同现实日常生活的文化意义结构无关,变成一种理论标签和理论口号,变成关于生活世界的基本特征、功能、规律等的抽象概括。

上述问题并非不可研究,并非不重要。但是,如果哲学研究大多停留于这样的抽象化层面,就会极大地贬损哲学的文化批判功能和价值。哲学范式上的问题,即哲学自身的问题的顽固不化,使得过去二十多年中国哲学研究在对象和问题域等方面取得的进展很大程度上打了折扣。我认为,中国哲学研究的抽象化问题主要来源于两个方面的原因:

一是受近现代自然科学化的意识哲学范式的影响。哲学在近现代很大程度上经历了“自然科学化”的过程，它把自然科学所揭示的因果现象、必然性、线性决定特征、还原性、可计算性、普遍性等，放大为统一的、一元的、无限的世界的普遍规律，由此建立起以理性逻辑、绝对真理、普遍规律为核心的形而上学和认识论体系；又通过抽象化除去生活世界、伦理道德世界、人的历史领域的特殊性和个别性，使之成为数学化和理念化的无限自然世界图景中的一个案例。

二是受传统思维方式的影响。中国传统文化从基本图式上属于经验思维、直觉思维、日常思维、未分化的整体性思维。经验型和礼俗型的日常文化和日常思维方式的最致命的问题是缺乏自觉的反思性和批判性，具有一种“过分一般化”或“过分普遍化”的本性和定势（赫勒在讨论日常思维和日常活动图式时使用了 over - generalization 的概念①），它倾向于把给定的惯例和非反思的判断无限放大为普遍适用的，排斥任何特殊性的理论结论、原理和法则。这种思维定势同纯粹意识哲学范式的紧密结合，进一步强化了中国哲学研究的抽象化倾向。

三、确立真正回归生活世界的文化哲学范式

在宽泛的意义上，我们通常所说的实践哲学、政治哲学、社会哲学等领域的主流发展趋势都在一定程度上体现反对或拒斥思辨理论哲学和纯粹意识哲学范式的特征，都在某种程度上属于回归生活世界的理论范式。其中，文化哲学比较集中地体现了回归生活世界的哲学范式。

应当说，文化哲学在当代迅速兴起并日渐彰显，并不是偶然的、少数人偏好的结果。科学技术的飞速发展、信息化的进程、世界历史的形成、全球化的趋势等，造成了人类社会发展方式的重大变化。具体说来，在当代，人与自然、人与人、人与群体、人与社会的许多重大问题都不再简单地表现为经济、政治等某一领域的问题，也不再表现为社会表层的、直接的问题，而是表现为社会运动和人的生存的深层问题，表现为人的活动方式、生存模式、社会运行机制、社会活动图式的问题，即表现为文化的问

① Agnes Heller, *Everyday Life*, London: Routledge & Kegan Paul, 1984, pp. 175 - 176.

题。因此,致力于在现实的生活世界及其社会各个活动领域中揭示人的生存方式和社会运行机制的历史的和现实的文化内涵的文化哲学,对于我们全部的哲学理解和社会历史理论都具有重要的范式意义。

为了确立真正回归生活世界的文化哲学范式,我认为,目前应当特别关注以下两个方面的问题。

首先,马克思的实践哲学构想,为我们实现向文化哲学范式的转型提供了至关重要的精神资源。

众所周知,马克思对思辨哲学范式的体系化特征始终深恶痛绝,他比西方哲学史上的其他哲学家都更彻底地发展了实践哲学的范式。他不仅把自己的研究对象始终锁定在人的实践活动及其在实践活动中展开的社会历史结构,而且他始终没有屈从于思辨理论哲学范式关于普遍知识和绝对真理的诱惑,始终没有把实践和历史本身的运动机制从现实的历史和实践中抽象出来,提升为外在于历史、高悬于历史之上的普遍逻辑和必然性,而是一直着眼于实践和历史的内在运动机理,结合不同时代的交往方式、生产力、人与人的关系等具体历史情境对人和实践进行分析,并对阻碍人和实践的自由本质的异化力量进行无情的批判。

马克思曾提出从抽象上升到具体的方法论,他强调,"具体之所以具体,因为它是许多规定的综合,因而是多样性的统一"①。恩格斯在评述卡莱尔的观点时曾激烈批判了那种为理论研究寻找普遍适用的灵丹妙药("莫里逊氏丸")的做法,他指出,"任何一种社会哲学,只要它还把某几个论点奉为自己的最终结论,只要它还在提供莫里逊氏丸,它就远不是完备的;我们最需要的不是空泛的结论,而是**研究**。结论要是没有使它得以成为结论的发展过程,就毫无价值,这一点我们从黑格尔那时就已经知道了;结论若本身固定不变,若不再成为继续发展的前提,就比无用更糟糕"②。显而易见,这里的争论焦点既不在于理论研究是否应当进行抽象,也不在于理论研究对象和问题域的选择,而在于理论研究的范式特征。具体说来,当我们得出的抽象概念中包含着"许多规定的综合"和

① 《马克思恩格斯选集》第2卷,人民出版社1995年版,第18页。
② 《马克思恩格斯全集》第3卷,人民出版社2002年版,第511页。

"多样性的统一"时，当我们的理论结论包含着"使它得以成为结论的发展过程"时，那么，我们的理论研究就是具体的；而当我们在普遍的知识和原理中抽象掉这些多样性和过程性时，我们的理论研究就犯了抽象化的毛病。

其次，我们应当借鉴20世纪政治学、社会学、历史学领域的一些理论资源，把日常生活批判的文化哲学范式建构成更具解释力和创造力的哲学社会科学范式，更深刻地理解"回归生活世界"的深刻内涵和意义。

真正的日常生活批判范式是要使我们的哲学社会科学研究真正回归到不同时代、不同历史条件下的具体的生活世界，回归到日常生活世界的衣食住行、饮食男女、婚丧嫁娶、生老病死、礼尚往来的具体活动，回归到生活世界内在的价值、意义、传统、习惯、知识储备、经验积累、规范体系，等等；是要在日常生活的层面上批判地考察每一时代每一文化中的个体是如何展开自己的消费、交往、思考和生存，如何形成自我同一性，如何把这些文化背景带入公共的社会生活之中，还要考察生活世界内在的图式、知识储备、规范体系等是如何同社会公共生活和制度安排形成互动。

日常生活批判范式对于克服哲学社会科学理论研究的抽象化顽症，具有重要的意义。20世纪，在哲学所营造的回归生活世界的文化氛围中，史学、政治学、社会学等众多社会科学领域中都出现了告别宏大叙事，自觉地向生活世界回归的趋势。以法国的年鉴学派为代表的"新史学"反对只写重大历史事件和只关注政治、经济、军事、外交等宏大叙事的历史学，而主张把关注中心转向具体的和微观的日常生活世界的各个领域。例如，布罗代尔曾提出著名的长时段的史学研究模式。他把历史时间分为短时段、中时段和长时段，其中短时段主要是事件或政治时间，指历史上的革命、战争等突发现象；中时段主要是局势或社会时间，指人口、物价、生产变化等特定周期和结构现象；而长时段主要是结构或自然时间，指历史上在几个世纪中长期不变和变化极慢的现象，如地理气候、生态环境、社会组织、思想传统等等。他认为，相比之下，长时段现象才构成历史的深层结构，构成整个历史发展的基础，对历史进程起着决定性和根本的作用。在这里，文化、日常生活等因素在长时段历史时间内比政治经济事件的历史作用更为深远。在政治学领域，开始出现微观政治学，主张从日常生活的机制去思考制度安排问题，探讨微观权力秩序的重建问题，而福柯则从监狱、医院、军队、学校等传统政治学忽略的边缘领域，开展了关于理性权力结构的微观政治学的批判。这些都为文化哲学研究范式的确立和巩固提供了重要的借鉴。

再次，在借鉴历史的和当代的人类文明成果和人文社会科学相关研究领域的理论资源的基础上，文化哲学范式努力更加合理地为哲学定位。应当说，回归生活世界的文化哲学并不一般地、无条件地反对和拒斥意识哲学和理论哲学范式，而是尝试着把理论哲学和实践哲学、意识哲学和社会哲学的维度在生活世界的文化土壤中有机地整合起来。具体说来，文化哲学关注文化学、历史学、社会学、政治学等领域关于人类文化和历史现象的研究，但是它坚持哲学的理性品格，反对把自身降格为实证科学；文化哲学同理论哲学和意识哲学一样，自觉地运用理性思维的抽象能力，但是反对把哲学抽象化为远离生活世界的、外在地进行指导和教化的、没有具体所指的原理和教条体系，而要使哲学成为自己时代的文化精神的自觉体现和社会内在的自我批判意识。

具体说来，我们要特别关注几个要点。其一，文化哲学要力图避免仅仅依靠关于生产方式、经济运动、科学技术等几个核心因素的共同特征的抽象而得出古往今来普遍适用的、类似“自然规律”的必然性，而要关注对不同民族和全人类产生深远影响的文化传统等长时段历史因素，特别要在社会活动和个体生存的各个层面上挖掘出现代性等对当代人类社会产生重大影响的文化精神和文化模式。其二，文化哲学要特别关注全球化和信息化背景下人类社会的经济运动、政治活动、科学技术发展、公共事务等领域由于内在的文化机理和文化精神的自觉而“一体化”的趋势，不再把各种社会因素简单地区分为“决定”和“被决定”的非此即彼的关系，而是从各种社会因素的文化整合的视角形成关于当代社会发展的更为丰富、更为具体的认识。其三，文化哲学的宗旨不是要用我们在理论上抽象出来的“普遍的”社会历史规律去剪裁各个民族活生生的历史，而是要用各个民族在文化上的历史丰富性和现实丰富性去填充人类关于自己的历史的认识；不是去一般地、普遍化地“预见”人类的未来，而是充分尊重各个民族、各种文化的历史特殊性和发展道路的多样性，并特别鼓励不同民族、不同文化在全球化的世界历史进程中的对话、交流、交融，并珍视人类文化创造的丰富的多样性。显而易见，按照这种哲学范式所形成的各种哲学理解不是外在地灌输给生活世界的教条，而是生活世界自身的文化精神和文化模式的自觉和升华。

总而言之，通过上述推论，我们想特别强调的是，在研究当前的哲学问题时，一定要特别关注“问题哲学”，换言之，在确定我们时代最重要的哲学问题和主题时，首先要关注哲学自身的问题、哲学范式的问题。用马克思在《博士论文》中关于“哲学的世界化”和“世界的哲学化”的论述来说就是：“这些个别的自我意识始终具有**一个双刃的要求**：其中一面针对着世界，另一面针对着哲学本身……这些自我意识把世界从非哲学中解放出来，同时也就是把它们自己从作为一定的体系束缚它们的哲学中解放出来。”[①]我始终认为，哲学理性和哲学反思应当是最活跃的生命之流，它应当不断地批判人类业已生成的文化构造，包括自身业已形成的体系和成见，不断捕捉、预见、引导新文化精神的生成，不断地通过现实的文化批判而成为社会运行的内在的自我批判和清醒的自我意识。因此，哲学，只要它不“自我放逐”到抽象化的理念王国，它就不会被火热的生活世界所“边缘化”。对此，我们应当固守胡塞尔所说的哲学家“对整个人类的真正的存有的责任”[②]。

---

① 《马克思恩格斯全集》第1卷，人民出版社1995年版，第76页。

② 参见埃德蒙德·胡塞尔：《欧洲科学危机和超验现象学》，张庆熊译，上海译文出版社1988年版，第19页。

哲学:在全球化时代重新定位

对于今天的中国人而言,全球化已经是一个不争的现实进程,而对于中国的学术理论研究而言,全球化是我们无论如何也无法回避的重要话题,因为,全球化将在各个层面实质性地影响每一个人的生存和各种社会活动领域的发展。因此,我们在这里不再纠缠于全球化对于我们是“利大还是弊大”的无谓争论。哲学必须同经济学、政治学等所有学科一样,直面全球化所带来的和将带来的变化。

时下,创新成为我们社会生活和理论中出现频率极高的一个术语。在愿望上我们都希望哲学研究能够不断创新,提供应对全球化的灵丹妙药。但是,如果不首先解决哲学在全球化时代的合理定位的问题,我们的哲学研究所面临的将不是如何创新的问题,而是在“边缘化”的路径上还要走多远的问题。

一、回归文化批判:哲学的本分

每当人类社会或人类文明处于重大转折时期,作为时代精神精华的哲学,总要重新确立自己的社会历史方位,重新寻找自己的生长点,重新以自己内在的创造力向人们展示自己存在的价值和合法性。面向全球化时代的中国哲学又一次面临着重新定位的任务。

重新定位、重新为自己的存在提供合理性，这似乎是哲学特有的命运，它从根本上与哲学自身的超越本性密切相关。哲学在人类的精神王国中，的确处于很特殊的位置，它代表着人类的自觉的、理论形态的自我意识，代表着每一文明时代主导性文化精神的自觉显现。因此，它必然随着人类生存方式的转变而自觉地改变自己的形态、范式和方位。

但是，就走向全球化时代的哲学而言，它的重新定位除了上述根本原因之外，还有着特定历史原因和现实原因。应当说，过去几十年，我们的哲学研究在推动中国全社会的思想解放和理论发展方面起到了十分重要的作用。但是，在应对市场经济建构所带来的社会深层文化变化和全球化的冲击方面，它显得“不在状态”。如果我们不自觉地引导我们的哲学研究重新反思自身、重新定位，我们很难期待哲学研究在理论创新方面有更大的作为。具体说来，目前我们的哲学研究中存在着两个方面的弱点：一是缺少对哲学本性的深刻认识，常常把许多非哲学的使命加到哲学的身上；二是对全球化的文化逻辑缺乏足够的认识，还停留于对全球化的表面化、工具性的理解。我们可以对这两方面的断言略加解释。

首先，哲学需要一次深刻的自我解放，回归自己的本分：即作为全球化时代人类自觉的文化反思和文化批判，作为人类社会内在的自我批判意识和社会主体的文化启蒙。

当我们断言哲学的自我解放，实际上是指哲学要从自己无法或不应“承受之重”中解脱出来，回归哲学自我。在过去很长时间，或许我们一直没有摆脱哲学作为“科学之科学”的古老的成见，对哲学赋予了太多的期望和太沉的使命：我们要求哲学提供“放之四海而皆准”的普遍的、科学的方法论原则；我们要求哲学为政治、经济和其他社会决策提供不可辩驳的合理性论据；我们要求哲学提供完整的、绝对的关于世界的理解和解释；我们要求全体公民都能按照正确的、科学的哲学原理来从事活动。但是，正因为如此，在多数情形下，我们的哲学由于肩负着自己“无法承受之重”，经常成为人们指责和嘲笑的对象，而在市场经济的热潮中，它又逃脱不了“边缘化”的命运。

实际上，如果我们冷静地思考一下，在人类文明史中一直与人类共存的哲学，从根本上说，并不是一种给定的、静止的、抽象的、僵死的理论体系或人们可以一劳永逸地发现和套用的公式和原理，而是内在于人类历史和人的生存之中的一种生生不息地涌动着的理性反思和文化批判。真正能够代表每一时代的哲学更多地表现为理性的反思、理性的批判、文化精神的生成和重建，表现为对原有的哲学体系和教条的不断超越。在这种意义上，哲学理性和哲学反思应当是最活跃的生命之流，它不断地批判人类业已生成的文化构造，不断捕捉、预见、引导新文化精神的生成，为人的存在提供新的安身立命的精神支撑和精神启蒙；不断地通过现实的文化批判而成为社会运行的内在的自我批判和清醒的自我意识。

当我们强调哲学回归文化批判，这丝毫不会贬低哲学存在的价值，相反，如果我们真正认识到文化在人类社会中的地位和功能，就会发现，回归文化批判的哲学能够真正发挥哲学的本分，实现哲学应有的价值。文化不是与经济、政治、科技、自然活动领域或其他具体对象相并列的一个具体的对象或附属现象，而是内在于人的一切活动和社会存在领域之中、左右人的行为方式的基本的生存模式，是人的生活世界的内在运行机制。一般说来，文化大体上属于人类超越自然的创造物，是历史地积淀的类本质对象化，主要指文明成果中那些历经社会变迁和历史沉浮而难以泯灭的、稳定的、深层的、无形的东西。具体说来，文化是历史地凝结成的稳定的生存方式。在这种意义上，文化并不是简单地是意识观念和思想方法问题，它像血脉一样，熔铸在总体性文明的各个层面和社会存在的各个领域中，自发地左右着人的各种活动。正是在这种意义上，胡适把文化界定为“人们生活的方式”，而梁漱溟在区分文化与文明的意义上称文化为“人类生活的样法”。

因此，哲学总是人类文化精神或文化模式的外显，文化往往在生活世界中表现为自发的文化模式，而在特定的哲学中表现为自觉的文化精神。当哲学理性在文化的层面上回归生活世界时，它就实现了哲学范式的根本性转变，建立起哲学理性的形而上的反思同实证的文化批判之间的本质关联。具体说来，文化哲学不是用一种自足的哲学理性外在地审视文化现象的结果，毋宁说，它是作为生活世界的内在机理或人的生存模式的文化的自我启蒙和自觉显现。

其次，从哲学的视野，我们应当认识到，全球化并不局限于经济层面，它是一个包含社会各个领域的总体性进程，而全球化的文化整合不仅是全球化的必然的文化逻辑，而且是它的最深刻的内涵。而这正是哲学视野所应当聚焦的根本点。

全球化首先是经济的全球化，表现为生产全球化、贸易全球化、金融全球化等。但是，全球化的内涵决不限于经济层面，它必然以某种方式渗透到政治和文化领域，必然包含着深刻的文化内蕴。例如，知识经济本质上是理性经济和主体经济，在知识经济时代，体现在科学和人文之中的文化精神通过新的经济体系和科研体系，通过人的内在文化素质和科学素质，通过科学和民主的决策程序直接作为经济运动的基本内涵和内在机理而存在。正是在这个意义上，我们常常谈论全球化条件下经济发展的科技含量和知识含量。再如，全球化的生产、贸易、金融等经济体系的建立必须有所有参加者所共同认可并遵守的共同的规则，由此导致经济运行体制及相关法律体制、公共规则等体制的全球化。这其中所包含的大量的法律规范、经济理念、运行规则、价值因素等等，实际上就是以体制或制度形式存在的文化。全球化所导致的国际范围内的交往和现代信息技术所支撑的数字化和网络化生存方式为全球性文化整合与世界文化的生成奠定了基础。

全球化时代的文化整合不仅为哲学向文化批判的回归提供了重要的主题，而且，全球化的文化逻辑本身正在推动着哲学重新定位的基本方向。信息化与全球化不是人类社会的某种策略性变化，而是人类生存方式的深刻变革，它以多元、平等、对话、交往的文化逻辑，引起人类社会全方位的变革，而从人的生存的角度来看，其最深刻的变化是生存方式，即文化的变化，如经济与其他社会活动的知识含量和理性内涵的急剧增大；信息化、网络化、数字化生存导致交往范围的急剧扩大和交往主体的平等与自主选择；信息技术和大众传媒使一切文化领域和文化成果从创作到使用或消费空前普及，呈现出多元化、民主化和平民化趋势，并导致政治等公共管理活动的进一步非神秘化和公开化，导致哲学等精神活动领域的非神圣化和个性化。全球化的这种文化逻辑直接导致远离生活世界的传统哲学理念的衰落，它使哲学开始回归于一种文化反思和文化批判活动，具有扬弃体系、反对话语霸权、崇尚平民化和平等化等特征，使哲学不再热衷于颁布最终的体系和普遍适用的教条，而是回归到本真的哲学形态，即反思的、批判性的理性活动和文化精神。

二、全球化的文化整合

在全球化时代，作为现实的文化批判而回归生活世界的哲学，首先应当思考、探索和预见全球化的文化逻辑和文化景观，以及文化在全球化进程中的变化对于人类社会和中国社会发展的深刻影响。尽管经济层面和其他层面的全球化目前还是一个远未完成的、正在生成的、开放的进程，但是，我们还是可以从现实的生成过程中揭示出一些重要的特征。就全球化的文化逻辑而言，一种弥漫于各种社会运动之中的全球性文化整合正在展开，它正在强有力地推动文化存在方式和社会历史方位的深刻变化。概括起来，我们可以从两个层面揭示全球化的文化整合的本质内涵和特征：其一，随着人类由民族化生存向全球化生存的转变，一种全球文化正在生成，并呈现强劲的发展势头；其二，文化的力量在全球化和信息化背景下越来越突出，开始自觉地推动着政治经济和其他社会活动领域的一体化进程。这些变化对于人类社会的运行机制正在产生着深刻的影响。

首先，对于全球化进程中的文化整合和全球文化或世界文化的生成，我们需要做深入的分析。在全球化进程中，随着经济资源在全球或世界范围内自由地、大量地、全方位地、以结合或组合的方式流动和配置，随着世界各国的相互开放、相互结合、相互融合和普遍交往，人类文化呈现出前所未有的、强烈的整合现象，其结果，在某种意义上或某种层面上，一种超越民族性的世界文化开始生成。中外许多学者用各种术语表达这种新文化精神或文化模式，如全球价值、全球意识、全球伦理、全球社会契约、全球世界、世界伦理、全球责任、新世界主义、地球共同体、地球文化等。里斯本小组的专家们还试图制定基本的世界性契约，例如，以消除不平等为内涵的基本需求契约、以宽容和国际文化对话为特征的文化契约、以全球调控为宗旨的民主契约、以共同生活和可持续发展为目标的地球契约等①。

关于全球化进程中的文化整合与全球文化的内涵和发展前景，在学术界存在很多争论、担心和误解，德国学者乌·贝克把人们对待全球文化的态度概括为四种：反抗、共处、接受（消极的认同）、真正掌握②。我们发现，对于全球文化的误解和担心主要有这样两个方面：其一是把文化全球化或全球文化误解为所有民族文化无差别的趋同；其二是担心在全球性文化整合中，出现赛伊德的"东方主义"所描述的文化的中心/边缘、西方/东方、强势文化/弱势文化、文化生产国/文化消费国等非均衡的二元文化结构现象，即文化殖民主义或文化帝国主义等问题。

应当承认，文化的全球性整合的确是一个包含矛盾冲突的进程，由于西方国家在现代化进程中的"先发展"优势，在一定程度上也会出现西方文化的某种霸权。但是，从总的发展趋势来看，我们可以断言，一方面，文化的全球化不可能是所有民族文化的趋同化，而是一种跨文化对话和交流的机制，是各种文化通过平等交流而共同维护关系到人类社会的共同利益的一些基本文化价值。实际上，在任何条件下，文化的世界化和文化的民族化、世界文化和本土文化、共性的文化和个性的文化都是共生的，互为存在条件的。另一方面，文化的全球化不可能是文化的"西方化"，不会是"西化"的文化霸权的一统天下，而是多种文化通过冲突和对话而形成的新的文化格局。在这方面，我们特别要注意到20世纪的一些新的历史的和文化的变化：各种文化批判理论和思潮对于发达工业社会的文化危机的反思和批判、发展中国家和地区现代化道路的多样性探索以及它们的民族觉醒和对发达国家的文化反抗、全球性或区域性的非政府组织在国际经济和政治事务中影响力的增强、信息化和网络化生存所导致的文化交流的非中心化或平等化趋势，等等。在这种背景下的文化全球化不可能继续固守西方的文化中心或霸权地位。

由此可见，全球化时代的世界文化不是一种单一的、一元文化的专制

① 参见里斯本小组：《竞争的极限》，中央编译出版社2000年版，第180～196页。
② 参见乌·贝克、哈贝马斯等著：《全球化与政治》，中央编译出版社2000年版，第61页。

统治，而是多元文化的互动所形成的一种关切到人类生存和人类社会发展的共同的价值取向和价值追求，以及为了实现这种共同的价值追求而建立起来的不同文化之间进行平等对话、沟通、讨论的跨文化交往和交流机制。乌·贝克明确指出："我们不会变得相同，但是会用一种普遍接受和理解的方式展现、表达和沟通我们的区别。"[①]在全球化背景中，民族的、地域的、本土的文化将扬弃自身的封闭的、保守的、僵化的、固执的状态，在向世界文化的开放与交流中，一方面促使世界文化的健康发展，形成人类社会发展的共同的氛围和文化机理；另一方面使自身得到修正、丰富与完善。著名后现代主义代表人物杜威·佛克马指出："在所有文化中，在所有文化成规系统中，我们至少可以假设一种一切文化都共有的成规。也许这一可为所有文化都接受的成规便是，自己文化的基本宗旨是可以得到讨论、解释、辩护、重新思考甚至批评和补充的。如果这样的辩论和批评全然不可行的话，那么同样在一个范围狭窄的层面上，相关的文化仅仅包含受到机械地考察的一套规则。这种文化实际上是僵死的。"[②]基于这样的分析，他断言，人类正在走向一种"新世界主义"。

其次，在全球化背景下，我们不仅要看到文化自身所呈现出的跨越民族和地域局限的整合趋势，还要看到文化作为一种强有力的整合力量自觉地推动经济政治等社会活动领域的一体化的发展趋势，因为，这一发展趋势不仅带来人类社会运行机制的变化，也对传统哲学和社会历史理论带来了重大挑战。

在传统社会历史理论，也包括传统哲学研究中，人们习惯于把社会活动领域划分为几个不同的层面，然后确定这些社会领域之间的"决定与被决定"的关系。在这种理解中，除了一般地确定经济基础与政治上层建筑的"决定与被决定"的关系以外，文化一般处于从属和附加的地位，人们习惯于把文化简单地等同于思想观念及其文学、艺术等具体的文化形式，从而把文化理解为外在于经济和政治活动的、附属性的、被决定的、服从性的、服务性的层面。正是基于这样的理解，文化在传统哲学研究中常常

---

① 乌·贝克、哈贝马斯等著：《全球化与政治》，中央编译出版社 2000 年版，第 64 页。

② 王宁、薛晓源主编：《全球化与后殖民批评》，中央编译出版社 1998 年版，第 252 ~ 253 页。

被视为无关轻重的、不被重视的内容。

这种关于文化及其文化的社会历史方位的理解有很大的局限性。如前所述,本体意义上的文化不是单纯的观念性的存在,它是历史地凝结成的稳定的生存方式。它在人类社会中,不是作为一个独立的、外在的、被决定的领域而存在,而是作为活动机理、图式、机制、内驱力的维度内化于政治、经济、社会生活等一切社会领域之中。正因为如此,许多思想家非常重视文化在社会历史中的地位。汤因比和斯宾格勒把历史研究的基本单位确定为文化和文明。著名社会学家韦伯提出,任何一项伟大事业的背后都存在着一种支撑这一事业,并维系这一事业成败的无形的文化精神,即"社会精神气质"(ethos)。文化人类学家马林诺夫斯基主张,对于人的存在的任何领域的研究,如经济学研究、法学研究、语言学研究,等等,都必须同关于文化的研究结合起来。例如,他指出,"未来的语言学,尤其是语义科学,将变成文化场景中的语言研究。同样,探讨财富和福利、交换和生产方式的经济学,将来也会认识到,不再将'经济人'(economic man)与人的其他追求和思虑完全分开考虑,而是将其原理和论据建立在按人的真实存在来研究人的基础之上,进入到复杂、多维的文化利益场境(medium of cultural interests)中去一展身手,会十分有用。"[①]再如,马林诺夫斯基指出,"法学也正逐渐地倾向于不再将法律看做自立自足的话语世界,而是看做几个社会控制系统之一,其中除了由法典、法庭、警察组成的纯正式设置之外,还必须考虑动机、价值、道德和习俗力量的概念。"[②]

随着历史的演化,人类社会的政治、经济等各种领域通过内在的文化维度的发展而一体化的趋势越来越明显和自觉。现代化进程中理性的不断强化、个体主体性和自觉性的增强、科学与技术的加速度发展、经济运动的科技含量和知识含量的增大、知识经济时代的来临、信息化条件下跨时空的文化交往和对话、全球化的文化理念在政治、经济社会生活各领域的弥散等等,使社会各个领域一体化的文化特征越来越明显。这一点在

---

① B. 马林诺夫斯基:《科学的文化理论》,中央民族大学出版社 1999 年版,第 30 页。

② B. 马林诺夫斯基:《科学的文化理论》,中央民族大学出版社 1999 年版,第 30 页。

人们传统理解的经济领域和文化的关系上尤为明显。应当说,20 世纪后半叶西方发达社会的重大进展之一便是以高新技术为背景的大众传媒的日益发达与无所不在的影响,并且促使消费社会的出现。一方面,环绕着大众传媒而膨胀起来的文化从传统的贵族特权转变成渗透到大众生活之中的平民化文化产业;另一方面,传统工业、商业等经济活动也日益超越了纯粹工具加工活动和直接的交换活动的特征。摆脱直接性使用价值束缚的理念、价值、形象、想象、追求、希望、策划、设计、广告等体现人的生存方式的文化要素开始从传统经济活动的外在附属物转变为内在的组成部分,甚至成为出发点和主动力。在这种背景下,文化和经济、政治、社会生活的传统的界限或外在性开始消失或模糊,呈现出一体化的特征。

对于人类社会的这种变化趋势,20 世纪后半叶的新马克思主义、后现代理论、文化研究等方面的许多理论家有深刻的体验。例如,后现代主义重要代表人物波德里亚在分析大众传媒时代的消费社会时,曾提出著名的仿真(simulations,一译“类象”)概念。他指出,我们所处的时代是一个仿真时代,在这里,计算机、信息处理、媒体、自动控制系统以及按照仿真符码和模型而形成的社会组织,已经取代了生产的地位,成为社会的组织原则。如果说现代性是一个由工业资产阶级控制的生产时代的话,那么,与此相对立,后现代的仿真时代则是一个由模型、符码和控制论所支配的信息与符号时代。符号正在以迅猛的速度剧增,它们已经主宰了社会生活。与此相关,波德里亚使用了另外一个重要概念:内爆(implosion)。他认为,在后现代社会,形象或仿真与真实之间、符号与经验之间、信息与娱乐之间、影像与政治之间的界限均已内爆,均已模糊或消失[①]。虽然我们不能完全同意波德里亚的后现代主义观点,但他的上述见解在某些方面的确揭示了信息时代文化景观的重要特征。而且,随着信息化和全球化进程的深化,社会通过文化的运行机制而一体化的趋势还会进一步明显。

---

① 参见道格拉斯·凯尔纳·斯蒂文·贝斯特:《后现代理论——批判性的质疑》,张志斌译,中央编译出版社 2001 年版,第 152 ~ 154 页。

三、全球化背景下的文化批判

从上述关于全球化时代的文化逻辑和文化景观的分析，可以得出结论：以文化反思和文化批判为基本定位的文化哲学不是关于某种枝节性的、附属性的现象的无关紧要的分析，而将是新世纪的主要的、自觉的哲学形态。它从两个方面切入哲学研究的主流渠道或领域：一方面，文化哲学体现出对本来意义上哲学的自觉回归；另一方面，它通过自觉的文化批判而成为现代社会运行的内在的、自觉的自我批判意识和社会的良知。在这种意义上，哲学非但不会被社会放逐到无关紧要的"边缘"，而且会成为社会自觉地、合理地运行的内在的文化驱动力和理性精神。应当说，这种意义上的文化哲学将包含十分丰富的内涵。限于篇幅，在这里不可能深入文化哲学的具体内容和主题。我们可以简要地展示全球化时代的文化批判的几个基本维度。

第一，从文化的层面重新审视人类社会历史的演进机制。过去一个多世纪，文化哲学或者关于文化的哲学反思，逐步在传统哲学和相关学科的研究中取得越来越突出的地位。从19世纪中叶开始，以泰勒、马林诺夫斯基、博厄斯、本尼迪克特等人为代表的文化学、人类学、民俗学、民族学、文化人类学等学科相继兴起，把文化层面作为人类历史和人类社会最深层的、最重要的内蕴或制约因素加以研究。同时，在近现代哲学演进中，斯宾格勒和汤因比等人的历史哲学理论、以韦伯等人为代表的现代社会学理论、以存在主义为代表的人本主义思潮、以法兰克福学派为代表的新马克思主义的文化批判理论、以德里达和福柯等人为代表的后现代主义，等等，从不同的角度和不同的层面，自觉或不自觉地逼近和揭示了文化哲学的主题。

这些丰富的思想资源为我们全面梳理人类社会历史发展的内在的文化机制提供了重要的基础。就人类正在开始的全球化生存而言，自觉的文化哲学在上述理论和思想资源中，主要应当关注两个方面的问题。一是深刻认识迄今为止古今中外一些主导性文化模式，如经验主义、理性主义等文化模式在社会历史进程中的地位和作用。文化模式往往以内在的、不知不觉的、潜移默化的方式制约和规范着每一个体的行为，赋予人的行为以根据和意义。虽然文化的影响力不像政治经济那样直接和强烈，但更为持久和稳定，它往往能够跨越时代、超越政治经济体制而左右人的行为，进而影响政治经济活动和历史的进程。二是深刻认识文化危机和文化转型在人类社会历史运行中的革命性作用。通过对以理性化和个体化为基本内涵的现代化进程和20世纪西方理性主义文化的危机的分析，可以看出，无论是作为主导性文化模式失效或失范的文化危机，还是一种主导性文化模式为另一种主导性文化模式所取代的文化转型，都代表着人类社会的深刻的变化和进步。这种文化哲学的视界的确可以为我们提供关于人类社会历史运行机制的深刻的新思路和理解范式，同时它也是我们在全球化背景下开展文化批判和文化反思的前提性理解。

第二，梳理人类现有的文化精神资源。如前所述，全球化时代的文化整合不是形成一种统一的、完全同质的、无差别的世界文化或全球文化，而是形成多种本土文化、民族文化的对话、交流和交往的机制。同相对封闭的民族化生存相比，全球化生存使越来越多的民族文化进入到世界历史进程之中。这种文化整合在为各种文化提供交流的机遇的同时，不可避免地带来前所未有的文化冲突。这其中既有基于生存和利益制约而形成的本土化和世界化、边缘和中心、霸权和反抗的文化冲突，也有基于不同历史尺度的前现代的、现代的和后现代的文化精神的冲突。正是由于现代文化的多元化特征，我们可以看到多种不同价值取向的文化批判。例如，面对以信息化为背景的文化整合，既有歌颂世界文化、全球伦理、全球契约、全球责任的“新世界主义”，也有“文化殖民主义”、“文化帝国主义”对全球化的激进反抗。再如，对于西方现代理性文化在20世纪所面临的文化危机，既有以胡塞尔的生活世界理论和维特根斯坦的日常语言理论等为代表的前现代的文化批判理论，也有以存在主义、人本主义新马克思主义等为代表的现代主义的文化批判理论，还有以后现代主义为代表的从根基上挑战现代理性主义的激进的后现代文化批判理论，等等。

尽管在全球化的文化整合中某些弱式的文化由于各方面原因在对话和交流中可能处于边缘的或不利的地位，在发展中遭遇某种障碍，但是，从总体上看，多元化的全球文化的生成是一种积极的现象。在对话、争论、冲突、相互批判和整合中发展，是文化自身进步的主要途径和机制，同时,更为重要的是,人类需要的丰富和人类文化精神的丰富是人类社会进步的最主要的内在驱动力。作为自觉的理性反思的哲学,应当自觉地梳理全球化文化整合中处于对话、交流和冲突之中的各种文化精神。在这种梳理中,人们应当掌握两个基本的原则或尺度:一是要千方百计地珍视多元文化平等参与对话、交流、争论和冲突的权利,不允许任何非文化的力量导致某种文化的霸权,不允许对文化精神的批判本性的任何伤害和抑制;二是在尊重各种文化平等的发言权的前提下,要特别重视各种文化精神中共同包含的关乎到人的创造本性、人的生存价值、人的尊严的文化精神要素或特质,从而为人类社会的健康前行提供重要的内在精神支撑和文化底蕴。

第三,培育全球化时代中国的新文化精神。谈论全球化时代中国的新文化精神,首先必须考察中国社会的现实的文化景观。在某种意义上可以说,中国社会正在同时经历着两种转型:一是从传统农业文明向现代工业文明转换,从传统自然经济和计划经济向现代市场经济转换;二是从经验化、民族化生存向信息化、全球化生存或世界化生存转换。这种特殊的社会历史定位使中国社会的文化模式或文化精神处于一种断裂期。在这里,断裂并不意味着"空白",而是意味着传统经验式的文化模式的失范,新的主导性文化模式尚未确立起来。这样一来,我们同时拥有着太多的、令人眼花缭乱的文化精神要素,它们彼此交流、对话、冲突、充斥着我们的日常生活和社会生活。我们发现,在大众文化的层面,多元的需求、多元的生存样法、多元的价值观念并存并相互冲突;在精英文化层面,以新儒学为代表的前现代的传统文化精神、以技术理性和人本精神的文化启蒙为宗旨的现代理性文化精神和以后现代主义为代表的对现代性的激进批判同时并存,形成众声喧哗的多元化格局。

对于走向全球化时代的中国社会而言,上述文化断裂或裂变并非消极的事情,相反,它为我们更好地进入全球范围内的跨文化交流与对话奠定了重要的基础。在这里,我们首先应当确立对于全球化积极的和开放的态度。我们没有任何理由拒斥全球化的文化整合。应当看到,在全球化时代,本土文化或民族文化的力量不会体现在对自己特有的东西的固执和封闭上,而是体现在跨文化对话和冲突中本土文化的发言权和对全球文化的深刻影响。在确立了开放性的文化视界的基础上,文化哲学的主要任务是通过对全球化背景中多元化的人类文化精神的理性梳理和文化批判,确立中国新文化精神的主要内涵。在这种文化批判中,我们既要考虑到中国社会以工业化、信息化、全球化等多重历史任务构成的社会转型所必须的文化精神要素,又要考虑全球文化中基于人类共同的本性、价值和需求而形成的共同的文化特质和精神内涵。

毫无疑问,全球化时代中国的新文化精神的内涵将是十分丰富的,但其中最基本的要素应当表现为理性的、科学的文化模式;主体性的、创造性的文化模式;法治型的、契约型的文化模式。无论当代人类经历着什么样的文化冲突与文化嬗变,上述文化要素依旧是当代人类最重要的文化要素,不仅对于正在走出传统农业文明的发展中国家是如此,对于已完成现代化的发达国家也是如此,因为同传统自然经济相比,作为现代社会基础的市场经济本质上表现为理性经济、主体经济和契约经济,即使在以多元和差异为本质特征的后现代文化模式中,理性、主体性、契约性等文化要素也是不可或缺的。这种新文化精神应当是回归文化批判的哲学的关注中心。同时,基于这种定位,我们应当对全球化时代哲学的创新充满信心。

第二编

西方马克思主义的文化批判理论

从总体上把握当代马克思主义的分化

进入20世纪后,马克思主义经历了深刻的分化。一方面,它同当代哲学、社会学等领域的其他理论成果交汇形成了众多马克思主义流派,另一方面,它被运用于不同地区的实际革命进程导致了不同的马克思主义实践模型,即社会主义模式。可悲的是,长期以来,各种马克思主义流派之间始终存在着僵硬的意识形态对立,而没有形成自由平等的对话。进入20世纪80年代,这一状况才出现普遍的积极性转机。

我国理论界在经历了长期的沉默或简单持否定态度之后,也终于开始重视和认真研究当代各种非正统的马克思主义流派。目前关于"西方马克思主义"的争论是这一研究走向深化的标志。争论的焦点在于:"西方马克思主义"这一概念是否确切,是否存在"西方马克思主义"思潮;而争论的实质在于:如何为"西方马克思主义"名下的各流派定性,它们是马克思主义,还是非马克思主义。

这样的争论对于理解与发展当代马克思主义无疑具有积极的意义,而且这方面尚有许多工作可做。但是,如果我们仅仅在这一层面上争论,那么上述分歧和争论很难得到根本解决。首先,为一个理论流派定性并不是研究它的唯一目的，更为重要的是发掘其积极内涵，以丰富我们的理论与实践。其次，即使我们把研究局限于为各马克思主义流派定性，那么也还存在着定性的标准问题。在目前的争论中，无论是把“西方马克思主义”作为一个非马克思主义整体的一方，还是强调其中某些代表人物（如卢卡奇、葛兰西、阿尔都塞等）属于列宁主义路线的一方，都把定性的标准当成业已解决的问题，即都以长期流行的以辩证唯物主义和历史唯物主义为基础的马克思主义为标准对其他流派进行取舍。然而，不可否认的是，在目前席卷社会主义国家的改革浪潮中，这一经典马克思主义正从理论和实践两方面经历着深刻的自我反思和重建。

因此，笔者认为，在目前争论的基础上，我们应进一步拓宽视野，提高研究的层次。一方面，我们的研究对象不应局限于社会主义国家中的正统马克思主义和“西方马克思主义”流派，而应扩展到在理论和实践上有影响和有独创的一切马克思主义流派；另一方面，我们必须对马克思主义创始人的思想进行重新认识，并对当代历史条件进行深刻反思。一言以蔽之，应当对当代马克思主义的分化做总体性的把握：勾画出这一分化的基本走向和多样化的基本格局，把握当代马克思主义发展中最有影响和最有代表性的分歧与转变，揭示这些分歧与转变的原因，以及展现这些分歧与转变中的新的理论突破。这样的研究是一个复杂的巨大的工程，这里只能简要地提及这种总体性把握的几个根本性问题或原则。

一、应当正视马克思主义的自我分化和多样化这一历史事实

可以断言，多样性与自我分化是人类思维创造性的体现，是十分积极的现象。面对新的历史条件，面对新的解释者与阐述者，唯有那些富有内在创造力与生命力的理论才可能通过解释、重建、分化以形成多样化格局，并在多样化中展示其生命力与更高层次上的内在统一性；而不具备这种能力的理论则只能寿终正寝，变为历史的陈迹。众所周知，马克思主义是以“使现存世界革命化”和实现人类解放为宗旨的，富有极强实践性的革命的批判的理论，要求这样一种富有创造性的理论在历史的沉浮中始终固守一种形态无异于宣布它的终结。实际上，一方面，马克思主义不是

绝对真理的封团体系，不能不同体现在当代哲学社会科学等领域中的人类思维成果交汇；另一方面，它不是人类未来的预言者，而是现实历史进程的参与者，因而不可能不经历自身形态的变化。对这一自我分化与多样化需要做具体分析。但是，从原则上讲，我们不能仅仅因为某一马克思主义流派同某种非马克思主义理论交汇就判定它为非马克思主义，因为任何一种与同时代其他思想成果完全隔离的理论都不可能获得时代现实性；同时也不能简单地根据新的历史条件下的主题转变或形态转变而断言某些流派为非马克思主义，因为如果这样，则我们没有理由称今日中国的、前苏联的马克思主义为马克思主义。

我们可以以第二次世界大战为界把当代马克思主义的分化粗略地分为两大阶段。战前主要存在三种马克思主义：第二国际理论家的马克思主义；列宁主义及第三国际的马克思主义；以卢卡奇、科尔施、葛兰西和布洛赫为代表的与上述两种正统马克思主义相区别的非正统马克思主义，此时分化尚处于初级阶段。战后这一分化充分展开：各社会主义国家的正统马克思主义；以存在主义马克思主义、法兰克福学派和列菲伏尔等人为代表的西方人本主义马克思主义；以阿尔都塞、德拉－沃尔佩和科莱蒂等人为代表的西方科学主义（实证主义）马克思主义；以南斯拉夫实践派、匈牙利布达佩斯学派、波兰的科拉科夫斯基和沙夫、捷克的科西克等人为代表的东欧新马克思主义；西欧共产党的欧洲共产主义；北欧社会民主党的民主社会主义；以及其他一些国家和地区所实践的地域性马克思主义，等等。

当然，由此并非断言上述所开列的均为等价的和真正的马克思主义流派，也不是说一个理论可以无限度地自我分化和多样化而无损于其统一性和基本精神，而是说，我们不应在具体分析之前就把某些流派先验地排除。实际上，上述流派同马克思主义创始人立场的距离是不尽相同的；它们所研究问题的层面也不尽相同，有的涉及作为整体的马克思主义，有的则只涉及革命策略；最后，这里既有屡遭磨难而对马克思主义与社会主义信念不改者（如卢卡奇），也有最终宣布放弃马克思主义立场者（如科拉科夫斯基）。因此应当在总的分化格局中对各个流派进行具体分析。

二、应当建立从总体上把握马克思主义自我分化的理论—历史坐标系

无论要理解当代马克思主义发展中的重大分歧和转变，即它的自我分化的原因，还是要对不同马克思主义流派进行评价与定性，我们都必须建立起一个理解框架。应当肯定，造成分化的原因是多重的，从中我们可以概括出双重根本原因：一是内在根据，即马克思主义创始人思想的内在差别；二是外部条件，即人类历史实践的重大变化。这双重原因相互交织、缺一不可。不难理解，假如没有原初思想的内在差异，那么众多相互差异的理论流派虽然可以存在与发展，却没有理由冠以“马克思主义”的名称；而如果没有历史进程本身的重大变化，则原初思想的内在差异就不会得以显现与展开。只有以上述双重根据为参照系，才能比较准确地把握当代马克思主义每一分化阶段的主要分歧和理论突破所在。

关于这一内在根据，笔者认为，主要体现为马克思思想的层次性和马克思与恩格斯思想的差别性。这不难理解。像马克思这样富有创造性的思想家不可能终生只思考一个问题或只在同一层次上思考问题；同样，如果恩格斯只是重复和论证马克思已做出的结论，而没有自己不同于马克思的独特思想，也就没有资格与马克思并列为新理论的创始人。这些差别在创始人那里以合乎逻辑的方式内在地存在着，只是后人出于不同的历史要求和不同的理解对其中的某些层次或方面特别强调，才使得这些内在差别外在化。

对马克思创始人思想的内在差别，人们众说纷纭，这里无法展开探讨，只能十分概括地提及笔者的理解。马克思的思想层次最主要有二：一是符合较大历史尺度的关于人类社会运动的一般历史观，是以人类实践总体的运动为对象的实践哲学或革命哲学，马克思从对象化（自由自觉）的活动和异化劳动两方面深刻揭示这一总体运动的基本内涵；二是在《〈政治经济学批判〉序言》中所概括的“社会经济形态”理论。马克思认为，人按其本质是实践的自由自觉的存在物，但是，在迄今为止的历史中，

尤其在资本主义条件下，由于社会关系的异化性质[①]，社会运动表现为以生产力与生产关系、经济基础与上层建筑为主要内涵，以经济必然性为决定动因的无主体的“自然历史进程”。但是，这并非人类历史的永恒状态，而是随着资本主义的消亡将被终结的“人类社会的史前时期”[②]；尔后所开始的真正的人类社会将是自由人的联合体，是矗立于必然王国彼岸的“自由王国”[③]。恩格斯与马克思长期密切合作的基础是为了人类解放和人类自由幸福而对现存资本主义社会的无情批判。因此，二人在长期革命斗争与理论研究中反复强调的共同思想正是马克思的社会经济形态理论，所不同的是，恩格斯不同于马克思，他不是把社会经济形态视做人类历史的异化状态，而是视做“人类历史的发展规律”，并把这一理论规定为唯物史观的内涵[④]。正是根据这样的理解，恩格斯晚年在《反杜林论》等著作中发展起不同于马克思的实践哲学的新的哲学构想（现代唯物主义）。

无论是第二国际的理论家还是普列汉诺夫和列宁都十分重视社会经济形态理论。在前者那里，马克思学说被归结为经济决定论，在后者那里，这一理论同恩格斯的哲学构想相结合发展为后来的辩证唯物主义和历史唯物主义；而马克思的实践哲学构想始终未引起重视。根据社会经济形态理论，当资本主义社会的基本矛盾激化时，无产阶级的革命策略应以政治革命和经济变革为主，作为其他一切领域变革的前提和基础。但是，第一次世界大战前后，当政治革命策略在俄国革命中获胜而在西方诸国的革命中屡遭失败时，对这一历史经验教训的不同反思就使马克思主义的自我分化在所难免了。卢卡奇、科尔施、葛兰西和布洛赫从不同角度揭示了人类历史进程的总体性和西方社会无所不在的异化对人的总体压迫，证明了单纯的政治革命不可能在西方社会奏效，由此而提出了文化革命和意识革命先行的总体革命的设想；并且由此而形成对人的存在和历史本性的总体性理解，以某种形式向马克思的实践哲学（尤其是异化理

---

① 参见：《马克思恩格斯选集》第1卷，人民出版社1995年版，第84～86页。

② 《马克思恩格斯选集》第2卷，人民出版社1995年版，第33页。

③ 《马克思恩格斯全集》第46卷，人民出版社2003年版，第928～929页。

④ 参见：《马克思恩格斯选集》第3卷，人民出版社1995年版，第618页、第776页。

论)复归,因为,按照马克思以实践为核心的历史观,无产阶级革命的宗旨并不只是从政治和经济上推翻资产阶级的压迫,而是要实现人的存在方式的根本转变,即真正实现人的自由和全面发展的存在方式。

第二次世界大战后,人类历史展示出更加丰富与复杂的内涵。社会主义革命在数个国家的胜利进一步为政治经济革命提供了例证,但是社会主义的进程却步履维艰,它非但没有立即为人们提供人间乐园,而且至今仍面临着生死攸关的文化、政治和经济羁绊;科学技术革命为资本主义社会的稳定与阶级矛盾的缓和作出了贡献,但也使人类困境日渐裸露,使人类面临着技术统治、意识形态统治、官僚统治、大众文化等普遍的异化。正是对这些现实问题的应答和批判造就了20世纪60年代灿若群星的马克思主义流派。

三、把握当代马克思主义分化的宗旨应是在新的历史条件下重建创造性的马克思主义

依据上述理论—历史坐标系,我们可以在马克思主义的多样化格局中为各个流派定性,并具体评价他们的是非功过。但是,更为重要的是如何通过批判分析而发掘各流派的积极内涵,使之成为新的历史条件下的创造性马克思主义的内在环节。当代众多的马克思主义流派虽然研究领域和观点各异,但他们的理论与实践活动始终围绕一个共同轴心,这就是为消除人类所面临的普遍异化的存在困境,为人类的自由与解放而执著地奋斗。这正是马克思所倡导的发自人类实践本性的人道主义的批判的和革命的精神的体现。他们以实践、希望、自由、总体等范畴对人的本质的揭示,他们对现代社会的技术合理性、官僚政治、大众文化、日常生活等等的批判,他们对新的历史条件下革命策略的探讨以及对现存社会主义民主化和自治的探索,等等,都是我们在现今历史条件下反思和重建马克思主义所不可忽视的重要思想。

我们正面临着重大的转机:一方面,在半个多世纪的马克思主义分化中扮演主角的代表人物到20世纪80年代初大多相继谢世,余者也大多不再有惊人之举,这是从总体上把握这一分化的良机;另一方面,我们正置身于其中的社会主义改革必将冲击我们长期固守的传统理论,这是马

克思主义新发展的良机。但是,我们也面临着重大的抉择:或是对马克思主义分化中的积极成果视而不见,从而在改革的冲击下使我们自己的理论更加贫乏;或是真正具有开放的和批判的精神,从而争取在马克思主义的新发展中我们也能演奏第一小提琴。

论二十世纪马克思主义的基本格局

如果我们以19世纪和20世纪之交为分界限，可以把马克思主义迄今为止的演进历程划分为两个阶段，即19世纪的马克思主义和20世纪的马克思主义。比较一下就会发现，这两个时代的马克思主义呈现出不同的存在格局。一般说来，19世纪的马克思主义以马克思和恩格斯的思想为基本内涵，对它的界定不会产生很大的歧义；而在20世纪的历史条件下，则出现了各种导源于马克思和恩格斯学说的马克思主义理论并存的格局，即当代马克思主义的多样化格局。

20世纪不同类型的马克思主义理论并存的格局，给我们把握马克思主义增加了一定的难度。这些自称的或公认的马克思主义有着共同的理论源泉（即马克思和恩格斯的思想）和共同的终极目标（即人的自由和人类解放），但又提出一些相去甚远的理论原则和革命策略，以至于成为不同类型的，甚至相互冲突的马克思主义。

如果我们不是停留于“正统”与“非正统”、“正确”与“错误”、“革命”与“反动”等一般判断上，而是深入了解20世纪产生重要影响的几种类型的马克思主义的主要论点及相互分歧，不但有助于在现时代了解马克思学说的本质精神和理论价值，而且有助于我们对20世纪人类历史和人类文化进程的理解，因为，20世纪不同马克思主义流派的争论，从一个侧面折射了20世纪人类历史和人类文化演进中的各种矛盾与冲突。

一、分化的根源

如果对当代马克思主义的多样化内涵稍加展开，就会发现，在这一格局之中，不仅有长期的社会主义国家之中占主导地位的“正统马克思主义”，而且包括西方人本主义马克思主义、西方科学主义马克思主义、东欧新马克思主义、欧洲共产主义，等等。之所以把后面这些流派视做不同类型的马克思主义，是因为它们既不是与马克思学说完全无关或截然对立的理论体系，也不同于各种各样从非马克思主义立场对马克思主义进行批判研究的“马克思学”，而是马克思和恩格斯学说同当代哲学、社会学等领域的其他理论成果交会以及在不同地区的社会实践中进行运用的结果。换言之，无论这些流派的最终结论如何，无论它们是始终如一地坚持马克思主义立场，还是中途改宗，它们毕竟是马克思主义本身自我分化的结果。因而，我们不应当在具体研究之前就把它们当做外在于马克思主义的东西，不应当仅仅因为它们同当代其他理论学说交会就简单地将它们判定为马克思主义。因为它们运用这些学说的意图并非要把马克思主义转换成其中的某一学说，而是为了确立某种理解、解释、运用和发展马克思主义的新视角。

当我们把马克思主义多样化格局的根源确定为马克思主义的自我分化时，必须进一步对这一自我分化做出界说，因为只有这一自我分化成立，才有理由肯定当代马克思主义的多样化。我们之所以把近百年间各种马克思主义流派的兴衰、演变以及相互交会或相互冲突的进程界定为马克思主义自我分化的历史，是因为尽管不同流派的兴起各有不同的具体理由和条件，但它们均产生于双重根本条件（原因）：一是马克思主义创始人思想的内在差别；二是人类历史实践（社会历史条件）的重大变化。显而易见，前者提供了各种马克思主义流派兴起的内在根据，而后者虽然表现为分化的外部条件，但却与马克思主义的革命的和批判的功能，即“改变世界”和“使现在世界革命化”的功能的发挥直接相关。因而，这双重原因共同作用的结果,只能是马克思主义的自我分化。这双重原因既是马克思主义自我分化的主要根据,也是把握当代马克思主义多样化格局的重要理解框架。我们可以略加展示这双重根据的基本内涵。

首先,应当承认,马克思与恩格斯在理论建树上的差别是不容回避的事实,这是后来马克思主义自我分化的内在根据。

众所周知,马克思不是学院式和书斋式思想家,他首要关切的并不是理论的体系和逻辑,而是人类的命运和现实的历史进程。因而,在他那里,不可避免地存在思想的层次性和前后的思想转变。不仅如此,更为复杂的是,马克思主义的创始人有两位。应当说,无论是坚持马克思和恩格斯"截然对立"的论断,还是强调二人"完全一致"的观点均不能令人满意地揭示恩格斯在马克思主义中的历史地位。真实的情形是,正是二人之间的差别奠定了恩格斯作为马克思主义创始人之一的地位。

无论马克思还是恩格斯,其思想都涉及众多领域,如果抛开细节不谈,只从总体上加以把握,那么我们可以断言,二人的最主要差别是哲学构想的不同。一般说来,马克思的关注中心是人类实践的总体,他只是在劳动的对象化的意义上才谈论自然;恩格斯则强调以自然为总体,推导出适合自然、社会和思维等一切领域的普遍规律。因而,虽然二人均致力于"使现在世界革命化",使人获得自由和全面发展,使人类获得解放,但是,马克思更多地强调人类实践本身的革命的和批判的力量,把经济必然性对人的统治视做应当扬弃的异化状态而不是历史的必然规律;恩格斯则受当时实证化思潮的影响,把人类历史进程更多地理解为类似于自然过程的合乎规律的演进。

当然,这些差别在马克思和恩格斯那里是以相对不明显或潜在的方式存在的,但是,一旦具备了特定的历史条件,马克思主义者的分化就从这些"潜在的差别"中产生出来。例如,第二国际理论家的经济决定论,列宁对反映论的强调,我们几十年对客观性的过分强调无疑与恩格斯的哲学构想有关;而东西方各种人本主义流派的兴起又同马克思的哲学构想(实践哲学)有直接的关系,从卢卡奇、科尔施,到后来东西方的新马克思主义者(包括一些实证主义或科学主义马克思主义者)大都自觉地把马克思和恩格斯的差别当做自己的中心论题之一。

其次，在不同的历史时期，不同的马克思主义流派无论出于什么具体原因而兴起，都有一个共同的宗旨，即依据新的历史条件为无产阶级运动或人类解放运动制定新策略。

在这方面，历史已经提供了充足的例证。例如，众所周知，列宁主义同第二国际理论家的马克思主义的分歧首先表现在暴力革命与和平改良两种革命策略的差别。接着，在20年代，卢卡奇、科尔施和葛兰西等人的非正统马克思主义兴起的根本原因是对第一次世界大战期间和战后十月革命的胜利与西方无产阶级革命相继失败的经验教训的反思。他们对第二国际的马克思主义和列宁主义提出挑战，通过对西方社会的"物化结构"和总体性统治的揭示而制定出以文化革命和意识革命为主的总体革命战略，并由此而回到马克思的人本主义哲学构想。二次世界大战后逐步兴起的各种马克思主义流派，亦是如此。无论是弘扬马克思学说的人道主义精神，对资本主义社会的异化结构进行全方位的批判的西方人本主义马克思主义流派，还是强调马克思主义的科学性的实证主义马克思主义和结构主义，无论是马尔库塞等人所设计的以青年学生、极左派等取代现存工人阶级，从意识革命、文化革命、本能革命入手的现代乌托邦革命论，还是高兹等人所倡导的以工人自治为基本内涵的"劳工战略"，无论是关注现代资本主义革命化的西方新马克思主义，还是致力于现存社会主义民主化的东欧新马克思主义，均是在新的历史条件下对马克思毕生所倡导的以人的自由和全面发展为核心的人类解放运动（无产阶级革命）的策略的重新设计。

二、基本格局

探讨20世纪马克思主义的自我分化和多样化是一个十分复杂的任务。在当代很难确切说明到底有多少种理论自称为或被称为马克思主义。从最抽象的哲学理论王国，到最具体的社会实践领域；从探索彼岸和来世的神学家，到关注此岸和尘世的务实家，处处可见某种意义上的"马克思主义者"。因而，我们只能就其在理论上和现实历史进程中的影响而剖析其中一些主要流派和学说。

从时间的角度而言，当列宁主义开始同第二国际理论家的马克思主义进行论战时，当代马克思主义的分化就开始了。尔后，随着历史进程的推进，这一分化就在更广阔的空间和更多的层面上展开。我们可以考虑以第二次世界大战为界，把当代马克思主义的分化划分为两大时期。战前是马克思主义分化的初期；战后则是分化的充分展开和马克思主义多样化的时期。一般说来，第二次世界大战前主要有三种马克思主义：1. 第二国际理论家的马克思主义；2. 列宁主义及其第三国际的马克思主义；3. 以卢卡奇、科尔施、葛兰西和布洛赫为代表的非正统马克思主义。此时马克思主义演化的主要内涵是列宁主义同第二国际理论家的论战和卢卡奇等人对上述两种马克思主义的挑战。第二次世界大战后，主要有以下几种马克思主义：1. 各社会主义国家的"正统马克思主义"；2. 西方人本主义马克思主义；3. 西方科学主义马克思主义；4. 东欧新马克思主义；5. 欧洲共产党人的"欧洲共产主义"；6. 北欧社会民主党人的"民主社会主义"，等等。

显而易见，在这里我们不可能逐一展示上述马克思主义流派的内涵。而且，就了解当代马克思主义多样化的基本格局这一意图而言，也不必对这些流派逐一剖析。这是因为，一方面，第二次世界大战后的一些马克思主义是战前某些马克思主义的继续。例如，长期在社会主义国家中占正统地位的马克思主义本质上同列宁主义无异，而战后的人本主义马克思主义流派则是卢卡奇等人开创的非正统马克思主义的直接发展。或者说，它们就是同一个马克思主义。另一方面，虽说马克思主义学说内涵极其丰富，但可以断言它包含两个相互联系的基本层次，其一是对人及其世界的哲学构想，其二是以此为基础对人类解放运动（无产阶级革命）的具体设计。按此衡量，并非上述所有种类的马克思主义均自觉地或明显地包含有这两个基本层次。例如，"欧洲共产主义"和"民主社会主义"的倡导者是西欧共产党和北欧社会民主党，它们偏重于发达资本主义社会中工人阶级的实际革命策略和社会主义具体实践，而较少涉及作为整体的马克思主义。而且，它们关于革命道路的多样性，社会民主和公正，建立民主的和自治的社会主义等主张也都体现在西方人本主义马克思主义和东欧新马克思主义中。这样，囿于篇幅，我们不必专门对"欧洲共产主义"和"民主社会主义"加以分析。

由此，为了勾勒当代马克思主义的多样化格局的基本内涵，我们这里集中分析当代马克思主义的四种主要类型：社会主义国家的正统马克思主义；西方人本主义马克思主义；西方科学主义马克思主义；东欧新马克思主义。

1. 社会主义国家的正统马克思主义

过去几十年间在社会主义国家中占正统地位的，以辩证唯物主义和历史唯物主义为根基的马克思主义按其基本精神和主要内涵而言，就是列宁主义。众所周知，在国际共产主义运动中，列宁主义是作为第二国际马克思主义（经济决定论）的对立面而出现的。无论在马克思主义是否有自己的哲学基础的问题上，还是在革命道路问题上（暴力革命和议会斗争），二者都是针锋相对的。但是，不可否认的是二者又有共同的思想传统和理论倾向，它们均不了解马克思的早期著作，即不了解马克思以实践为核心的人本主义哲学构想，而主要继承了马克思和恩格斯关于以生产力和生产关系、经济基础和上层建筑的矛盾运动和经济必然性为主要内涵的"社会经济形态"理论，即经典唯物史观。这样，无论对革命道路的设计如何不同，它们均把人类历史的发展视做最终由经济必然性决定的符合铁的规律的"自然历史过程"，都把经济变革和政治变革视做无产阶级革命的主要内涵。

在长期的历史进程中，这一正统马克思主义（列宁主义）经历过各种变化：在斯大林时期和中国的"文化大革命"期间，它曾被简单化、片面化、极端化，经历了严重的蜕变；在各国的社会主义实践中它也不断得以"修正"和"发展"。但是，80 年代以前，它的基本框架和主导精神并未发生根本改变。这一正统马克思主义的内涵已为人们所熟知，这里只概括它在理论和实践中反复展现的几个基本特征。这些特点与它本身日渐暴露的一些历史失误和局限性相关，也是它招致其他马克思主义流派非议的主要之点。

首先，从列宁的《唯物主义和经验批判主义》，斯大林的《论辩证唯物主义和历史唯物主义》以及各种马克思主义哲学教科书中可以清楚看出，这一正统马克思主义的强调重心和基本精神始终是自然领域的客观必然性和社会领域的经济必然性，它的自然观、反映论和历史观体现了同样的精神;社会的发展被视为一种按给定的铁的历史规律演进的"自然历史过程"。

其次,对客观必然性的过分强调和对人之主体性的忽略使正统马克思主义者常常把马克思关于革命道路和未来社会的一些具体设想等同于社会历史的客观必然性本身,并且坚定不移地、不顾一切代价地将之付诸实践,结果常常从决定论的立场滑入主观唯意志论。

再次,这一正统马克思主义长期不承认历史发展和革命道路的多样性,否认人类思维的多元创造本性,把自己所坚持的理论与实践宣称为唯一正确的马克思主义,而把一切不同观点均斥之为非马克思主义或反马克思主义。

在20世纪的历史进程中,上述观点遇到来自各方面的挑战和批评。80年代,随着改革开放的深入,中国哲学界从各方面对传统教科书所表述的"正统的"马克思主义哲学体系所作的突破、修正、超越,无疑与上述基本要点相关。

2. 西方人本主义马克思主义

西方人本主义马克思主义是当代马克思主义多样化格局中影响重大,代表人物众多,与上述正统马克思主义,特别是斯大林主义相对立的一股思潮,其中包括卢卡奇、科尔施、葛兰西和布洛赫等人在二三十年代就开始的非正统马克思主义;发端于30年代,在60年代达到高峰的,以霍克海默、阿多尔诺、马尔库塞、弗洛姆、哈贝马斯等人为核心的法兰克福学派;列菲伏尔的日常生活批判;萨特的存在主义马克思主义;赖希的弗洛伊德主义马克思主义;此外还有哥德曼、马勒、高兹等人。

毫无疑问,上述所开列的思想家,无论在研究领域还是具体见解上都存在很大差异,甚至存在冲突和相互批判。这里既有屡遭磨难而对自己所属的共产党组织忠诚不移者,也有同党组织决裂者,还有始终游离于具体革命组织之外者。然而,透过表面的纷争和具体的差异,我们可以发现在他们之中存在一个主流,一个基本立场或共同的轴心,即人本主义马克思主义。

首先,这些思想家都先后批判和超越以自然辩证法、反映论和经济必然性为主要内涵的辩证唯物主义哲学立场,先后回到了马克思的异化理论和实践哲学的构想，以不同的术语，从不同的侧面建构以人的历史存在（实践）为轴心的人本主义和本体论。卢卡奇的主体和客体统一的辩证法、葛兰西的“实践一元论”（实践哲学）、布洛赫的“希望哲学”、萨特的自由理论，等等，都从不同侧面揭示了人的主体性及人和世界的本质。

其次，他们以马克思的异化理论和人道主义为尺度，对现存资本主义社会作出全方位的批判。他们深刻揭示和批判现存政治、经济、文化和社会结构，以及技术理性、官僚政治、意识形态、大众文化等异化的社会力量。由此，他们突破了传统马克思主义关于政治压迫和经济剥削的眼界，深刻揭示出现存社会对人的总体性统治（专政）。卢卡奇的“物化理论”、葛兰西的“文化霸权”理论、马尔库塞的“单面人”理论，赖希和弗洛姆的“性格结构”理论和“法西斯主义大众心理学”、列菲伏尔的“日常生活批判”，等等，都对现存社会作出独特的批判与剖析。

再次，以异化理论和实践哲学为基础，这些人本主义者不再把历史进程理解为按经济必然性（铁的历史规律）演进的“自然历史过程”，不再把革命内涵归结为夺取政权和经济变革。他们把革命理解为以人的自由、全面发展和扬弃异化为核心的人道主义的、批判性的和创造性的历史活动，由此他们提出了包括意识革命、心理革命、文化革命、日常生活革命、本能革命，以及政治经济革命在内的“总体革命”的设想。

最后，他们还依据西方发达社会的特点，提出社会民主化和人类解放的一些具体方案，如葛兰西和科尔施的“工人委员会”设想、列菲伏尔的“自治社会主义”、高兹等人的“劳工战略”、马尔库塞的“现代乌托邦革命论”，等等。

3. 西方科学主义马克思主义

同西方人本主义马克思主义相比，西方科学主义马克思主义的历史要短三四十年。它主要兴起于第二次世界大战之后，其最有影响的代表人物是以实证主义马克思主义著称的德拉－沃尔佩及其学生科莱蒂和以结构主义马克思主义著称的阿尔都塞。这股思潮构成西方人本主义马克思主义以及西方文化中由存在主义和哲学人类学从不同方面所造成的人本主义思潮的对立面。同时，西方科学主义马克思主义也反对传统辩证唯物主义和历史唯物主义（特别是斯大林主义）的形而上学和独断论特征,力图按照现代科学的精神重建马克思主义。

首先,科学主义马克思主义的各流派都试图使马克思主义成为实证意义上的科学体系。它们都反对辩证唯物主义关于马克思同黑格尔的继承性的立场,而主张二者的对立,例如,德拉-沃尔佩和科莱蒂关于"真正的对立"与"矛盾的对立"的区分,阿尔都塞关于不同因果观的划分,都旨在把马克思同黑格尔区分开来。以此为出发点,他们进一步从唯科学主义的立场重新解释马克思的学说。德拉-沃尔佩把马克思主义理解为一种"科学辩证法",它实质上就是科学实验方法,是从具体出发,经过抽象再回到可实证的具体性的科学方法。阿尔都塞则从结构主义的历史见解出发,把马克思的学说解释为一种"多元决定论"。

进而,科学主义马克思主义反对高扬人之主体性的人道主义(人本主义)立场。以实证科学的精密思维来理解和剪裁社会活动和历史进程,其结果必然是贬损或否认人作为历史主体的创造活动。尽管科莱蒂也强调人本质上是一个"社会历史主体",但他更多地是从"社会生产关系"而不是从"自由自觉的活动"方面来理解人的主体性。而阿尔都塞则突出强调马克思思想进程中的所谓从意识形态到科学的"认识论断裂",从而明确地把马克思主义归结为一种"理论反人道主义"。这是他的唯科学主义和结构主义立场的必然结论,因为从"结构因果性"和"多元决定论"出发来理解历史,必然把人类社会的演进当做一种"无主体"的自然历史过程。

4. 东欧新马克思主义

东欧新马克思主义主要包括:以彼得洛维奇、马尔科维奇、弗兰尼茨基等人为代表的南斯拉夫实践派;以赫勒、马尔库什等人为代表的匈牙利布达佩斯学派;波兰的科拉科夫斯基和沙夫;捷克斯洛伐克的科西克,等等。东欧新马克思主义兴起于50年代后期,从理论上讲,它是青年马克思的思想和卢卡奇等人所代表的早期西方人本主义马克思主义的继承者,而从实践的角度看,它是产生于社会主义国家中对斯大林及其社会主义模式的内部反叛,同"非斯大林化"有直接关系。因此,在上述列举的三种马克思主义中,东欧新马克思主义最接近于西方人本主义马克思主义,但由于它产生于社会主义国家之中,又难免带有自身的某些特点。

首先，东欧新马克思主义超越了以辩证唯物主义和历史唯物主义为基础的传统马克思主义，积极发展和弘扬革命的和批判的人道主义马克思主义。除了青年马克思的人本主义哲学构想以外，卢卡奇、布洛赫、列菲伏尔、葛兰西、弗洛姆、马尔库塞等西方人本主义马克思主义者对东欧新马克思主义者的影响最大。这使得他们一方面以独特的方式确立了人本主义马克思主义的立场，如实践派的"实践哲学"或"革命思想"，科西克的"具体辩证法"等等；另一方面以异化理论为依据，密切关注人类的普遍困境，像西方人本主义思想家一样，对于官僚政治、意识形态、技术理性、大众文化等异化的社会力量进行了深刻的批判。

其次，东欧新马克思主义各流派的全部活动又始终同东欧的社会主义实践交织在一起。一方面，它们批判自然辩证法、反映论和经济决定论等观点，打破在社会主义国家中占统治地位的斯大林主义的理论模式，另一方面，它们批判现存的官僚社会主义或国家社会主义关系以及封闭的和落后的文化，力图在现存社会主义条件下，努力发展自由的创造性的个体，建立民主的、人道的、自治的社会主义。

以上我们非常简要地和十分粗略地勾勒了当代四种最有影响的马克思主义的基本立场和特征，而无力顾及它们的细节和丰富内容，也无法在这里提及其他一些马克思主义流派。但是，仅凭上述勾画，我们已经可以获得当代马克思主义多样化格局的总体印象，并可对这一多样化的事实作出价值判断。

三、几点思考

过去几十年间，在各种马克思主义流派间存在着僵硬的意识形态对立，缺少自由平等的对话。在这种情形中，人们固守自己所理解的马克思主义，赋予它以"正统"的地位，由此也就把"马克思主义"的名称当成自己的专利，很难容许与己不同的观点或理论分沾它的"光泽"。

事实上，根据解释学原则和历史发展原则，任何一种理论（尤其像马克思主义这种具有极强革命性和实践性的社会理论）在不同的解释者和不同的历史条件下都会经历形态和主题的转变，都不会始终固定于一种形式，不会有始终正确不变的内涵。我们不但应当承认和重视马克思主义多样化这一事实，而且应当达到这样的共识：多样化是十分积极的现象，从理论上说，它体现了人类思维的创造本性，体现了马克思学说的内在生命力；从实践上，它为我们在新的历史条件下重建和发展创造性的马克思主义，摆脱传统马克思主义的困境创造了条件。对于上述关于马克思主义多样化的价值判断，我们可以从几个方面略加展开。

首先，必须看到这样一个事实，现存的各种马克思主义无一不在迄今为止的历史实践中展示出自己的局限性，换言之，它们之中的任何一个都无法仅凭自己的现存形态而真正地解决当代人类所面临的理论问题和实践问题；但是，由众多马克思主义流派所组成的庞大阵营则在当代历史进程中有着不可估量的影响。

对此并不需要特别的论证。传统教科书的马克思主义在改革进程中所面临的困境有目共睹。它过分强调客观性和必然性，忽略了人之主体性，把历史的发展当成"无主体的"铁的规律的自律演进。结果，一方面，它的一些具体设计不断为历史进程所证伪；另一方面，对规律的迷信又使人们常常用给定的原则去剪裁现实，导致许多唯意志论的和不人道的结果。这一切都使得这一传统马克思主义不得不经历深刻的重建。西方人本主义马克思主义和东欧新马克思主义在这方面要优于传统马克思主义，它们给予人的主体性、人的自由和创造性以理论和实践上的核心地位。但它们目前所提出的各种改造社会的方案又难免有许多片面性、极端性，甚至有空想的成分。西方科学主义马克思主义固然看到人本主义立场的一些局限性，但它们把历史归结为一种"无主体"的进程，把马克思主义归结为一种科学理论或学院理论，这就大大贬损了人的地位。由上述可见，马克思主义在当代历史进程中的地位和巨大影响绝非哪一马克思主义流派的独家成果。

其次，尽管有个别人最终宣布放弃马克思主义立场，尽管不同的马克思主义流派间存在着差别，甚至冲突，但是，对绝大多数马克思主义流派而言，差别主要体现在对历史条件的不同理解和对革命策略的不同设计，而基本点是共同的，它们的宗旨均在于变革现存社会，消除异化，实现人的自由和人类解放。这就是说，这里所涉及的并非多元的世界观和意识形态，而是马克思主义自身的多样化，这就为我们在多样化的格局之中，在更高的层次上理解马克思主义的内在统一性提供了可能。

最后,既然现存的各种马克思主义均有其局限性,又都没有从根本上彻底背离马克思学说的宗旨,那么,研究马克思主义的任务就不应当是一种马克思主义同另一种马克思主义相对立,也不仅仅是为各种冠之为马克思主义的理论流派定性,而是应受益于这一多样化,依据现时代的历史要求,重建创造性的马克思主义。应当看到,现代社会中技术的发展、文化问题的突出,社会主义国家对人的问题的重新思考,都使得人这一时代的主题更加鲜明:一方面是人的主体意识和自由意识的增强,另一方面是全球问题和人类困境的加剧。这一切都要求我们改变斗争的观点,用当代人类的理论成果和实践成果来丰富我们的思维,而首先应当以其他马克思主义流派的独创来丰富和充实我们的理论。

西方马克思主义的哲学范式转换及其启示*

西方马克思主义研究在新时期中国哲学演进中占据十分重要的地位，进入新世纪的几年间，关于西方马克思主义的全方位研究又开始“升温”。从总体上看，近期的研究依旧承继了20世纪80年代后期到90年代的研究主题和研究特点，例如，关于西方马克思主义是否属于马克思主义的争论、关于西方马克思主义不同流派的评介、关于西方马克思主义关注的重要问题的梳理、关于西方马克思主义特征的揭示，等等。

相比之下，新世纪初中国西方马克思主义研究的突出进展是研究视阈的拓宽。一方面，许多学者加强了20世纪70年代后出现的新马克思主义流派的研究，例如，对分析学派的马克思主义、生态学的马克思主义、女权主义的马克思主义、文化的马克思主义、“后现代的”马克思主义的研究，等等。另一方面，一些学者把科西克、沙夫、科拉科夫斯基、实践派等东欧新马克思主义代表人物纳入西方马克思主义或新马克思主义的视野中进行研究。这两个主要方面的拓展使西方马克思主义真正超越了地

* 本文获“教育部新世纪优秀人才支持计划”资助。

域性范畴，成为立足于发达工业社会的全方位批判的当代马克思主义流派的统称。

然而，尽管有这些进展，从现有研究成果来看，目前我国学术界关于西方马克思主义的研究，无论对其总体特征和理论定位的把握，还是对具体流派和理论观点的研究，大体都停留于一般评述的层次上，缺乏理论深度和思想穿透力。究其原因，十分重要的一点是我们尚缺乏对于西方马克思主义所代表的哲学范式转换的意义的认识。例如，一些人依旧不承认西方马克思主义是当代马克思主义的重要流派，一些人接受西方马克思主义的具体理论观点而从总体上对其评价不高等，实际上都与人们固守传统哲学范式和传统评价标准有重要的关联。因此，阐释西方马克思主义哲学范式的特点，不仅对于深化西方马克思主义的研究，而且对于在新的文化历史条件下展示马克思学说的当代价值都具有重要的意义。

一、哲学范式转换对于马克思主义研究的重要性

通过对西方哲学史和马克思主义哲学演进历程的反思，我一直强调哲学范式转换对马克思学说这种具有强烈的现实关怀和价值追求的实践性理论的极端重要性①。在某种意义上，目前学术界关于西方马克思主义的定位和评价方面的许多争议，以及理论界关于马克思主义哲学研究的学术性和现实性问题的激烈争论②，虽然折射出许多重要的理论问题，但是，对于哲学范式的重要性都缺乏自觉的和足够的认识。而实际上，在很多时候，对于哲学研究而言，重要的不仅在于研究什么，更在于如何研究。换言之，如果在研究范式上存在缺陷，即使我们变换了对象和主题，问题依旧不会有实质性的改变。这是因为，哲学范式不是指某种具体的哲学分析方法，而是指哲学的总体性的活动方式，它涉及哲学理性活动的各个基本方面，是指哲学理性分析、反思和批判活动的最基本的方式和路数。

---

① 参见衣俊卿：《马克思主义哲学演化的内在机制研究》，载《哲学研究》2005 年第 8 期；《日常生活批判与社会科学范式转换》，载《光明日报》2006 年 2 月 14 日。

② 参见“青年哲学论坛”部分成员：《被边缘化还是自我放逐：关于马克思主义哲学研究的学术性与现实性的对话》，载《哲学研究》2004 年第 1 期。

从哲学演化的内在机制来看,我们可以说,从古希腊起,在西方哲学史上一直存在着两种不同的哲学范式:一种是追求普遍性知识的、思辨的理论哲学或意识哲学范式;一种是关注生命的价值和意义的实践哲学或文化哲学范式。前者强调严密的理性逻辑、普遍的真理和知识体系,在理论形态上表现为形而上学和认识论;后者强调人的天职和使命、正当生活的价值和意义,在理论形态上表现为实践哲学、文化哲学或社会哲学等。随着近代自然科学,特别是实验科学的发展,哲学在很大程度上经历了"自然科学化"的过程,理论哲学或意识哲学范式在很长时间内成为哲学的主流,它把自然科学所揭示的因果现象、必然性、线性决定特征、还原性、可计算性、普遍性等,放大为统一的、一元的、无限的世界的普遍规律,由此建立起以理性逻辑、绝对真理、普遍规律为核心的形而上学和认识论体系;同时,又通过抽象化除去生活世界、伦理道德世界、人的历史领域的特殊性和个别性,使之成为数学化和理念化的无限自然世界图景中的一个案例,结果导致了生活世界和人的存在之被遗忘,形成了以黑格尔绝对理念为标志的泛逻辑化的理性主义对于人类思想的专制。不可否认,这种以追求普遍性和宏大叙事为特征的纯粹意识哲学或思辨理论哲学对于人类意识和人类精神的自觉曾起过重要的推动作用,但是,它在其"自然科学化"的进程中也的确走入了远离生活世界、否认差异性和否认人的自由的抽象化的理论误区。

从哲学范式的视角来看,马克思本人的学说不仅在研究对象方面,而且在研究范式上都属于真正意义上的实践哲学。马克思对于思辨哲学体系深恶痛绝,在研究人的实践和历史运动时从不把实践和历史本身的运动机制抽象和提升为外在于历史、高悬于历史之上的普遍逻辑和必然性,而是立足于揭示它在具体历史条件下的活动机制,揭示实践活动的自由本质和具体的社会制约条件。马克思在批判德国哲学时多次直指它的思辨意识哲学范式的弊端。"哲学,尤其是德国哲学,爱好宁静孤寂,追求体系的完满……就像一个巫师,煞有介事地念着咒语,谁也不懂得他在念叨什么。"①但是,经过恩格斯在批判杜林时自觉或不自觉地形成的马克思

---

① 《马克思恩格斯全集》第1卷,人民出版社1995年版,第219页。

主义的体系化表述，特别是经过列宁的《唯物主义和经验批判主义》和斯大林的《论辩证唯物主义和历史唯物主义》，马克思主义不仅经历了体系化，而且经历了自然科学化，结果，在马克思那里关于人和实践的具体的和历史的分析，到了后来的哲学教科书那里，失落了历史和实践的丰富性，在很大程度上变成了抽象的、普遍的原理和结论。在这一原理体系中，人的实践、价值和意义的特殊地位，以及个性和个别化方法的地位都往往被忽略。在斯大林那里，人的活动是与自然无异的一种被必然性所支配的活动，他断言，“历史唯物主义就是把辩证唯物主义的原理推广去研究社会生活，把辩证唯物主义的原理应用于社会生活现象，应用于研究社会，应用于研究社会历史”①。

当我们把视野转入中国语境时就会发现，马克思主义哲学演化过程中从实践哲学范式向意识哲学范式的转换，对于中国的马克思主义理解和研究的消极影响更甚，形成了我们的哲学社会科学研究中的普遍的“抽象化”顽症。究其原因，中国几千年的农耕文明和自然经济积淀了特有的“经验化”的思维方式和文化模式。同西方理性化的思维方式相比，这种经验化的思维方式的突出特征是缺乏理性活动的内在的自觉的反思性维度，表现为强调“是什么”而缺少“为什么”维度，或者强调自在性和给定性的日常思维。经验化思维方式习惯于固守习以为常和给定的东西，往往把普遍性的理论原理、原则、理论结论，当做亘古不变、放之四海而皆准的经验固守下来。因此，日常的经验化和理论的教条化是相辅相成的两个方面，共同支撑着顽固的抽象化的思辨理论哲学范式。

我们知道，马克思的实践哲学范式从根本上反对这种理论的“抽象化”的毛病。马克思在《〈政治经济学批判〉导言》中提出著名的从抽象上升到具体的方法论。在马克思看来，科学研究分为两个阶段，“在第一条道路上，完整的表象蒸发为抽象的规定；在第二条道路上，抽象的规定在思维行程中导致具体的再现”。那么，什么是具体？马克思强调，“具体之所以具体，因为它是许多规定的综合，因而是多样性的统一”②。恩格

① 《联共（布）党史简明教程》，人民出版社1975年版，第116页。

② 《马克思恩格斯选集》第2卷，人民出版社1995年版，第18页。

斯在评述卡莱尔的观点时曾激烈地批判了那种为理论研究寻找普遍适用的灵丹妙药("莫里逊氏丸")的做法,他指出,"任何一种社会哲学,只要它还把某几个论点奉为自己的最终结论,只要它还在提供莫里逊氏丸,它就远不会是完备的;我们最需要的不是空泛的结论,而是**研究**。结论要是没有使它得以成为结论的发展过程,就毫无价值,这一点我们从黑格尔那时就已经知道了;结论若本身固定不变,若不再成为继续发展的前提,就比无用更糟糕"[①]。可见,问题并不在于理论研究的抽象方法,而在于意识哲学的普遍化和抽象化的问题。理论研究,特别是哲学研究,任何时候都离不开合理的理论抽象,因而,关键的问题既不在于理论研究是否应当进行抽象,也不在于理论研究对象的选择,而在于理论研究的范式特征。具体说来,当我们得出的抽象概念中包含着"许多规定的综合"和"多样性的统一",当我们的理论结论中包含着"使它得以成为结论的发展过程",那么,我们的理论研究就是具体的;而当我们在普遍的知识和原理中抽象掉这些多样性和过程性,我们的理论研究就犯了抽象化的毛病。在这种意义上,真正的实践哲学和文化哲学范式的个别化研究方式的注重点正在于对"许多规定的综合"、"多样性的统一"和使结论"得以成为结论的发展过程"的突出强调;而纯粹意识哲学或理论哲学范式则往往在自然科学的普遍化研究方式的统治下抽掉内在的多样性和差异性。

从这样的视角出发,对于目前我国马克思主义哲学研究中的某些严重困惑和窘境我们可以有比较深刻的认识,例如,关于马克思主义哲学研究的"学术性"和"现实性"、理论和现实、解释世界和改变世界等等的争论。我们发现,几乎所有的马克思主义哲学研究者都突出强调理论联系实际的原则,但是,实际上,我们又往往面对着学术性和现实性、理论和现实的二元分立和相互脱离,充其量只是对理论和实际的某些外在关联的表层描述。在某种意义上,我们同意一些学者的断言,目前马克思主义哲学研究脱离现实和生活世界,而且,这种状况不属于"被边缘化",而属于"自我放逐"[②]。当然,"自我放逐"并不是有意逃避现实的结果,而是我们

---

① 《马克思恩格斯全集》第3卷,人民出版社2002年版,第511页。

② 参见"青年哲学论坛"部分成员:《被边缘化还是自我放逐:关于马克思主义哲学研究的学术性与现实性的对话》,载《哲学研究》2004年第1期。

的研究在很大程度上依旧受思辨理论哲学的抽象化范式和中国传统文化的经验化范式的双重纠缠的结果。我们可以列举几种典型的情形。

情形之一:教条化、标签式的理论联系实际。恩格斯曾明确指出:“原则不是研究的出发点,而是它的最终结果;这些原则不是被应用于自然界和人类历史,而是从它们中抽象出来的;不是自然界和人类去适应原则,而是原则只有在符合自然界和历史的情况下才是正确的。”①但是,在我们的研究中,把经典作家的结论和原则当做普遍有效的经验,当做放之四海而皆准的不变的原理去套用和剪裁现实的情形依旧比比皆是。

情形之二:消解哲学维度的实证化的研究。与上述情形相对的是理论联系实际的另一极端上的误区,即完全丢掉哲学的形而上的反思维度,或是满足于对一些给定的理论进行论证,或是停留于对一些具体问题的非哲学的思考。结果,这种理论联系实际把哲学从根本上消解掉,变成与经济学、政治学、社会学等无异的实证研究,不仅使哲学,而且使人文科学和社会科学的其他领域都失去了反思性和批判性的维度。

情形之三:表面化、形式化的回归生活世界。应当说,很多研究者明确反对上述教条化、标签式的理论联系实际的研究范式。新时期中国哲学研究的重大进步是自觉地回归生活世界的导向,具体表现在实践唯物主义、实践哲学、人学、生活世界理论、文化哲学等领域的研究。但是,令人遗憾的是,由于我们目前的实践哲学和生活世界理论还没有彻底实现从纯粹意识哲学范式向马克思的实践哲学范式的回归,所以,大多数研究并没有展示出马克思的实践哲学构想所具有的那种感染力和理论深度,大多数理论表述依旧呈现为关于实践、人的生存、生活世界等等的一般特征的抽象概括和理论描述。结果,人们没有把生活世界当做人的实践活动在其中得以展开、人的社会结构在其中得以生成的意义结构和文化结构,而是重新抽象为思辨的理论范畴。例如,在关于人和实践的研究中,人们往往热衷于争论:实践的本质规定性是主观的,是客观的,还是主客观的统一?实践的功能是什么?实践的要素和形式包含哪些?人学研究的对象是个体的人,是当代人类,还是个体、群众和人类?这些研究由于

---

① 《马克思恩格斯选集》第3卷,人民出版社1995年版,第374页。

缺乏内在的“许多规定的综合”、“多样性的统一”和使结论“得以成为结论的发展过程”,往往给人一种空泛的、大而化之的感觉,粗看起来很有道理,细思之,往往“不知所云”。回归生活世界由此成为思辨理论哲学的一种时髦的口号。

上述分析一再表明实现哲学范式转换的重要性。真正专注于人的实践活动及其文化对象化的实践哲学和文化哲学范式对于克服思辨理论哲学或纯粹意识哲学的“抽象化”缺陷具有决定性的意义。这是因为,实践哲学和文化哲学范式把生活世界当做人的实践活动在其中得以展开、人的社会结构在其中得以生成的意义结构和文化结构,其着眼点不是揭示无所不包的外在必然性,而是人的价值和意义的生成与展开,是人之存在的历史的和现实的文化丰富性。因此,在实践哲学和文化哲学范式中,关于人之生存的形而上的反思和关于生活世界的现实的文化批判是有机地结合在一起的,在这里,根本不存在理论和实际、学术性和现实性、解释世界和改变世界的外在分离。

在这种意义上,19 世纪下半叶开始的西方许多哲学流派和思潮的理性批判,在深层次上都可以看做是对这种追求普遍性知识的、思辨的理论哲学或意识哲学范式的反抗和对关注生命的价值和意义的实践哲学或文化哲学范式的回归。例如,柏格森等人的生命哲学、叔本华和尼采的唯意志论哲学、胡塞尔的现象学生活世界理论、舍勒的哲学人类学转向、弗洛伊德的精神分析学、海德格尔和萨特的存在主义、福柯和德里达等人的后现代主义等,在反思和批判西方理性文化危机的过程中,从不同侧面推动着西方哲学主流范式的转变,形成了回归人的存在领域、回归生活世界的导向。一方面,上述哲学流派从不同方面,在不同层次上限定自然科学所揭示的因果关系、线性决定等决定性因素的作用范围,打破基于数学化的自然运动的大一统的世界图景及其普遍理性的统治,为人的存在和生活世界保留特殊的可能性空间。另一方面,这些哲学流派对于人的存在和生活世界的探讨,不再服从那种强调普遍知识和普遍逻辑的意识哲学或思辨哲学范式,而是立足于把生活世界当做人的生存的意义结构和价值根基来加以展示与重建,在社会行为的互动和主体间的交往中确立人的自由和个性的生成空间。应当说,在回归生活世界的各种理论思潮中,卢卡奇所开创的西方马克思主义的"文化转向"一方面具有深刻的马克思实践哲学的根源，另一方面体现了西方哲学理性和文化精神演进的重要趋势，因此，对于马克思主义哲学研究的实践哲学和文化哲学范式的重新确立具有特殊重要的意义。

二、西方马克思主义的文化转向及其哲学范式特征

在发达国家中，西方马克思主义是20世纪影响最大、代表人物众多的、立足于发达工业社会的全方位批判的马克思主义研究的当代流派。如前所述，西方马克思主义不是一个地理范畴，它不仅包括卢卡奇、科尔施、葛兰西、布洛赫等早期西方马克思主义，法兰克福学派、存在主义马克思主义、结构主义马克思主义等典型的西方马克思主义流派，而且包括东欧新马克思主义，以及分析学派的马克思主义、生态学的马克思主义、女权主义的马克思主义等20世纪后期的新马克思主义流派。严格说来，把上述流派称之为"新马克思主义"更为准确，但是，遵照习惯用法，我们还是可以把它们统称为西方马克思主义。

按照这种理解，西方马克思主义是一个很大的范畴，其中包含的各种流派在很多方面存在着许多差异，不仅在人道主义新马克思主义流派和科学主义新马克思主义流派之间存在重大的差异，而且在法兰克福学派内部，例如哈贝马斯和马尔库塞等人之间也存在许多差异。但是，从总体上看，西方马克思主义的各个流派之间最大的共同点之一，在于从经济和政治的社会历史观向文化历史观的转变，"由经济学和政治学转向哲学"（佩里·安德森语），也就是西方马克思主义代表着马克思主义演进中的明确的"文化哲学"转折。以卢卡奇和葛兰西为代表的早期西方马克思主义率先实现了一种"文化转向"，从单纯的武装暴力革命转向一种更为深刻的总体性革命，即文化革命；而以霍克海默、阿多尔诺、马尔库塞、弗洛姆、哈贝马斯等人为代表的法兰克福学派和以萨特、梅洛－庞蒂，以及列菲伏尔为代表的存在主义马克思主义针对现代人的这种文化困境，对现存社会进行了全方位的文化批判，他们从文化的层面展开了意识形态批判、技术理性批判、大众文化批判、现代国家批判、心理机制和性格结构的批判等现代文化批判理论的主题；东欧新马克思主义在批判斯大林高

度集权的计划经济体制的社会主义模式和发达社会的技术异化时同样提出了以人的自由和主体性为核心，以人道主义为导向的文化批判理论；20世纪70年代后出现的新马克思主义流派中，大多数依旧是在文化批判的层面上展开关于马克思主义的解读和现存社会的批判，如文化的马克思主义、“后现代的”马克思主义等，即使一些流派明确强调政治哲学和社会哲学的定位，它们同样不是在传统哲学的意义上关注国家政权更迭和政治权力运作，而是从政治权力运作和制度安排的内在文化机理和合法性基础来思考社会的运行和人的生存境遇。

这一文化转向的确是西方马克思主义或新马克思主义的基本的理论定位和理论特征。然而，问题不在于如何判定这一事实，而在于如何对于这一转向进行价值学评判。我们发现，在关于西方马克思主义的性质和基本评价等问题的争论中，对西方马克思主义的否定性评价、消极性评价或批判性评价大都与西方马克思主义的这一文化转向有直接的关联。因此，深刻地理解和把握西方马克思主义的文化转向已经成为全面理解和评价西方马克思主义的关键，同时，对于我们正确理解马克思主义哲学的理论联系实际的原则，以及正确解决所谓的“学术性”和“现实性”的关系问题会具有重要的启示。

概括起来，在总体上对于西方马克思主义的否定或批评观点可以区分为两种类型。其一，对西方马克思主义的激进的否定性评价。目前国内持这一观点的人主要是受佩里·安德森的影响。佩里·安德森断言，“西方马克思主义”的本质特征之一是它的理论中心由经济学和政治学“从根本上转向了哲学”；而这一“哲学转折”使这些马克思主义流派在结构上“与政治实践相脱离”，结果是“与工人阶级的距离愈来愈远”，“沿着一条离开一切革命政治实践的永无止境的曲折道路前进的”。①一些研究者以此作为主要论据，说明西方马克思主义丧失了马克思主义的实践性和阶级性，成为非马克思主义的哲学思潮。其二，对西方马克思主义的温和的批评或消极性的评价。持这种观点的人一般认为，西方马克思主义

① 佩里·安德森：《西方马克思主义探讨》，高铦等译，人民出版社1981年版，第65页、第41页、第44页、第47页。

的文化批判以及人道主义哲学理解在许多具体理论问题上具有新意和价值,但是,局限于文化层面的理论批判具有局限性,忽视了政治经济和社会运动,同时,文化批判由于缺少操作性而往往有些苍白无力。

我认为,上述两种观点表面上看很有道理,但推论缺乏根据。其中,第一种否定性评价固守马克思恩格斯针对19世纪普遍的经济剥削和政治压迫的社会状况而提出的一种以经济运动和政治运动为核心的革命观,而忽略了20世纪发达社会的阶级结构、社会构成的变化,特别是理性的文化统治方式所带来的重大变化;第二种评价则是立足于传统的文化范畴和社会运行观点,把文化仅仅在狭义上界定为被政治经济决定的附属性存在,缺乏对于文化的深刻理解,特别是缺乏对于20世纪由于文化的自觉和文化的强大整合力而形成的社会运行模式的认识。实际上,西方马克思主义所代表的文化转折或哲学转折并非像佩里·安德森断言的那样,是西方马克思主义理论脱离实际,退回到书斋中的标志。恰恰相反,它是西方马克思主义者在20世纪的特殊历史条件下针对发达资本主义社会的社会变化和文化境遇,所探寻的一条真正理论联系实际的新的革命变革的思路,它以深刻而敏锐的方式切入了20世纪的核心问题,即普遍的文化危机问题,并实现了马克思主义哲学向实践哲学和文化哲学范式的回归,使马克思主义在20世纪历史条件下焕发出新的活力。为了深刻理解这一文化转向的内涵和意义,我们应从以下三个方面加以论证。

1. 文化的深刻内涵和社会历史方位

在20世纪的理论讨论和精神流动中,文化已经成为学术研究、各个学科、公共领域、公共管理、社会生活等各个领域中普遍出现的范畴。但人们对文化理解的差异也十分明显。而人们对于文化批判理论和文化哲学的批评性评价往往来自人们对于文化的片面理解。

为了深刻理解文化的内涵,我们可以先列举几种有影响的文化范畴,例如,斯宾格勒把文化描述为一种活生生的有机体;泰勒把文化概括为人类文明的总称;哲学人类学把文化理解为人的第二自然;许多理论家把文化界定为给定的和自在的行为规范体系;也有人把文化限定为自觉的精神和价值观念体系;卡西尔把文化理解为展示人之本质的符号体系;梁漱溟和胡适等人把文化表述为人的生活样法或生存方式,等等。可以看出,这其中,既有狭义的文化范畴,把文化限定为文学、艺术、知识、思想、观念、价值等精神层面,也有最广义的文化范畴,用文化来指谓与自然相对的人之一切造物,一切文明成果。我认为,本体意义上的文化应当介乎广义的和狭义的文化范畴之间。文化大体上属于人类超越自然的创造物,是历史地积淀的类本质对象化。然而,我们又不应该把所有具体的文明成果都不加区分地纳入文化范畴。在实际运用中,人们很少用文化指谓人之具体的、有形的、可感的、不断处于生生灭灭之中的造物,而是用来指称文明成果中那些历经社会变迁和历史沉浮而难以泯灭的、稳定的、深层的、无形的东西。具体说来,文化是历史地凝结成的稳定的生存方式。

在这种意义上,文化并不简单地是意识观念和思想方法问题,它像血脉一样,熔铸在总体性文明的各个层面中,以及人的内在规定性之中,自发地左右着人的各种生存活动。文化所代表的生存方式总是特定时代、特定民族、特定地域中占主导地位的生存模式,它通常或以自发的文化模式或以自觉的文化精神的方式存在。具体说来,同政治、经济等人的具体对象化领域相比,文化的社会历史方位有其特殊性,它不是与经济、政治、自然领域或其他具体对象相并列的一个具体的对象化领域,也不是与其他存在领域彼此分立、相互决定或被决定的独立的存在领域,而是内在于人的一切活动之中,影响人、制约人、左右人的行为方式的深层的、机理性的东西。一方面,在个体行为的层面上,文化主要体现为人自觉或不自觉地遵从的行为规范和价值规范体系,文化的演进表现为文化价值规范体系对于人的行为的约束和人的超越性活动对新的文化价值观念和行为规范的更新;另一方面,在社会运行的层面上,文化主要体现为政治、经济等社会活动的内在机理和图式,通过社会主导性的文化模式和自觉的文化精神的作用来支撑社会的运行或通过文化更新来推动社会的新陈代谢,因此,人类社会历史的运动在深层次上常常表现为给定的文化模式的生成、文化模式的危机、文化模式的转型等文化演进历程。因此,文化哲学不是一个描述狭义文化现象的具体哲学领域,而是一种内在于各个哲学领域和其他社会科学领域的哲学理解范式和历史解释模式。

2. 20 世纪的文化自觉和文化危机

仅从上述关于文化的内涵和文化的社会历史方位的论述,我们已经可以理解文化哲学范式的特殊重要性，如果我们再深入考察20世纪人类文化景观，就会更加深刻地理解文化批判理论和文化哲学范式对于哲学社会科学理论的发展与创新的特殊意义。在某种意义上，文化的自觉是20世纪人类精神状况和历史的深层内涵变化的核心问题。文化的自觉不仅仅是一个平和的理论推演的问题，而首先是20世纪的现实的、焦点性的生存问题，它和20世纪的文化危机和文化批判是同一个历史进程和思想历程。因为，当人类自觉地意识到文化对于人的生存所具有的安身立命的意义时，人们已经清楚地看到了文化的危机性的、悖论性的困境；当人们通过文化的自觉开始从自身来确定生存的依据时，却惊讶地发现人类自己的自觉的或不自觉的历史行动和生存活动正在破坏着这一基础。因此，如果我们想要从根本上理解20世纪众多理论家和理论流派激进的文化批判意识，就必须深入了解文化的自觉和文化的危机这一核心问题。其中有两点是至关重要的。

首先，20世纪人类遭遇的最根本的问题是普遍的文化困境。社会张力和冲突的焦点从单纯的经济利益和政治权力扩展到人的生存的意义、价值和根据所代表的文化层面。这种文化困境的普遍化体现在两个方面：一是传统的经济、政治、权力、技术、宣传、道德等不再表现为直接的、赤裸裸的外在强制力对特殊阶级和阶层的统治和压迫，而是通过技术理性文化、大众文化、意识形态文化等整合成一种无所不在的、渗透到一切生存领域中的、总体性的、内在的操控和统治机制，一种新的物化和异化机制；二是文化的统治所形成的物化和异化的生存样态在某些方面不同于马克思所描写的被自己的劳动产品所压迫和统治的传统劳动异化，而且这不仅仅是某些被统治阶级的命运，而是越来越表现为现代人的普遍境遇，它造就了物化境遇和消费社会中被同化的、单向度的、自觉自愿的、心满意足的文化消费者。这样，文化危机已经触及人的生存的核心价值，如自由、人道等人类生存的文化基础。显而易见，在这种特殊的文化境遇中，马克思主义的理论视野如果还停留于传统的经济斗争和政治斗争，忽略了总体性的文化操控问题，就会偏离社会的现实和人类生存的焦点性问题，并失去了自己的社会基础，成为被放逐的、无创造力的、无现实指向的边缘化理论。

其次,信息化时代的文化整合和消费社会的一体化。20 世纪的文化危机之所以呈现出总体性和全方位的特征,与文化整合作用的自觉和增强直接相关。随着历史的演化,人类社会的政治、经济等各种领域通过信息化背景下的文化整合而一体化的趋势越来越明显和自觉。人们通常习惯地将社会划分为政治、经济、精神文化等几个主要领域,并且在它们之间描述出外在的决定和被决定、主导和从属的关系。信息化时代的文化整合开始从根本上打破这种社会景观。应当说,20 世纪后半叶西方发达社会的重大进展之一便是以信息化为背景的大众传媒的日益发达与无所不在的影响,并且促使消费社会的出现。一方面,环绕着大众传媒而膨胀起来的文化从传统的贵族特权转变成渗透到大众生活之中的平民化文化产业;另一方面,传统工业、商业等经济活动也日益超越了纯粹工具加工活动和直接的交换活动的特征。摆脱直接性使用价值束缚的理念、价值、形象、想象、追求、希望、策划、设计、广告等体现人的生存方式的文化要素开始从传统经济活动的外在附属物转变为内在的组成部分,甚至是出发点和主动力。在这种背景下,文化和经济、政治、社会生活的传统的界限或外在性开始消失或模糊,呈现出一体化的特征。波德里亚曾通过关于物的符号化、消费社会、仿真现象的批判从一个特殊视角揭示出当代社会中文化所呈现出的特别的整合力。他指出,我们所处的时代是一个仿真(simulations,一译“类象”)时代,在这里,计算机、信息处理、媒体、自动控制系统以及按照仿真符码和模型而形成的社会组织,已经取代了生产的地位,成为社会的组织原则。符号正在以迅猛的速度剧增,它们已经主宰了社会生活。与此相关,波德里亚使用了另外一个重要概念:内爆(implosion)。他认为,在后现代社会,形象或仿真与真实之间、符号与经验之间、信息与娱乐之间、影像与政治之间的界限均已内爆,均已模糊或消失①。在仿真时代,传统的表象和真实的关系、符码与模型和物的关系均已被破除,不是表象反映真实,而是模型构造真实;不是物决定模型而仿制,而是符码与模型决定物的构成,构造着真实。因此,实际上我们生活

① 参见道格拉斯·凯尔纳、斯蒂文·贝斯特:《后现代理论——批判性的质疑》,张志斌译,中央编译出版社 2001 年版,第 152~154 页。

在一个"超真实"(hyperreality)的世界之中。显而易见,在这里,不再存在传统的经济、政治、文化不同领域的外在关联,如果我们继续沿用决定与被决定的社会历史解释模式,而忽略文化在所有社会领域中的整合力,我们将退回到与时代无关的传统理论。

3. 马克思主义文化批判的新视野

我们在这里不可能全面展开西方马克思主义的文化批判及其各个方面的理论建树,只能从哲学范式的角度提及一些主要之点。

首先,西方马克思主义为我们提供了迄今为止关于发达工业社会的最全面的、最深刻的文化批判理论。同胡塞尔的现象学生活世界理论、舍勒的哲学人类学转向、弗洛伊德的精神分析学、海德格尔和萨特的存在主义、福柯和德里达等人的后现代主义等流派相比,西方马克思主义的文化批判由于直接以马克思的异化理论为根基,因此在批判主题上更为全面和集中,在理论上更为深刻。从20世纪20年代起,卢卡奇的《历史和阶级意识》、葛兰西的《狱中札记》、布洛赫的《乌托邦精神》等著作就开始了对发达资本主义的物化现象、文化危机的批判以及对市民社会的文化结构的分析。在此后的发展中,针对现代人的普遍的文化困境,更多的新马克思主义者或流派超越传统的阶级分析和政治革命的视野,开始从文化层面切入现代人的生存境遇。其中最有影响的是以霍克海默、阿多尔诺、马尔库塞、弗洛姆、哈贝马斯等人为代表的法兰克福学派和以萨特、梅洛-庞蒂以及列菲伏尔为代表的存在主义马克思主义,他们继承了卢卡奇等人所开创的人本主义新马克思主义传统和倾向,对现存社会进行了全方位的文化批判。霍克海默的《传统理论和批判理论》和《独裁主义国家》,他与阿多尔诺合著的《启蒙辩证法》、阿多尔诺的《否定的辩证法》、马尔库塞的《爱欲与文明》和《单向度的人》、弗洛姆的《逃避自由》和《自为的人》、哈贝马斯的《合法化危机》和《交往行动理论》、列菲伏尔的《日常生活批判》、赖希的《法西斯主义群众心理学》等,都是现代文化批判理论的经典之作。他们从文化的层面展开了意识形态批判、技术理性批判、大众文化批判、现代国家批判、心理机制和性格结构的批判等现代文化批判理论的主题。

其次,西方马克思主义在对发达资本主义条件下的文化危机的批判中,对于实践哲学视野中的人的存在方式做了更为深刻和丰富的理论建树。可以说,西方马克思主义的文化批判理论同其他文化批判理论相比,之所以具有更为深刻和丰富的特点,是与其在新的历史条件下进一步展开马克思的实践哲学的理论构想有直接的关系。他们都明确地拒斥那种关于人的抽象思考和关于高悬于历史之外的普遍必然性的构造的思辨理论哲学范式,都坚持基于人之存在的历史的和现实的文化丰富性,建立以人的自由、主体性、实践、全面发展、健全的人和健全的社会为主要价值取向的社会历史理论。在卢卡奇的主客体统一的辩证法、科尔施的总体性理论、葛兰西的实践一元论、布洛赫的希望哲学、法兰克福学派的社会批判理论、萨特的历史人学或自由理论、列菲伏尔的日常生活批判理论、哈贝马斯的生活世界理论和公共领域转型理论、实践派的实践哲学、布达佩斯学派的人类需要理论和日常生活人道化理论中,一方面我们看到了马克思的实践哲学构想和关于人的理解的进一步丰富,另一方面,我们看到关于超越物和异化,建立民主的、人道的社会的各种设想。

再次,通过上述关于西方马克思主义的文化批判理论的简要概括,我们的确看到一种真正意义上的实践哲学和文化哲学理论范式。在这里,关于人的自由和创造性的文化价值的形而上的思考和关于人的生存境遇的现实的文化批判有机地结合起来,关于马克思主义研究的“学术性”和“现实性”同样具有内在统一的特点。因此,西方马克思主义既没有因为聚焦于文化层面而脱离现实的历史进程和政治实践,也没有因为现实的文化批判而消解了哲学应有的理论维度。相反,在西方马克思主义文化批判理论中处处体现出的、发自人的生存本性的超越性意识、开放式的批判精神、沉重的历史责任感、执著的人文关怀,使得它比一般的经济政治理论更具有深刻的现实感和穿透力,这从西方马克思主义对于 20 世纪人类思想界的巨大影响和在 20 世纪 60 年代末以巴黎“五月风暴”为代表的、席卷全球的青年学生和工人的反抗运动中所得到的强烈的共鸣等方面,可以清晰地看到。

应当说,无论西方马克思主义的各种理论中存在着什么样的缺陷和问题,其文化批判理论的哲学范式转换的意义都是不容低估的。这种文化批判精神本身就是哲学的本分,就是人类前行不可或缺的内在灵魂。

哲学是以自己特有的方式，以深刻的文化批判的方式介入社会现实的，它基于人的存在的核心价值，批判地"解释世界"，形成人类社会内在的清醒的批判的自我意识，这是最重要的"改变世界"。我们都还记得马克思在《〈科隆日报〉第179号的社论》中的那句"哲学不是世界之外的遐想"的名言。马克思在这里对于实践哲学和文化哲学范式为我们作了充满激情的表达："哲学不是在世界之外，就如同人脑虽然不在胃里，但也不在人体之外一样。"所以，"任何真正的哲学都是自己时代的精神上的精华，因此，必然会出现这样的时代：那时哲学不仅在内部通过自己的内容，而且在外部通过自己的表现，同自己时代的现实世界接触并相互作用。那时，哲学不再是同其他各特定体系相对的特定体系，而变成面对世界的一般哲学，变成当代世界的哲学。各种外部表现证明，哲学正获得这样的意义，哲学正变成文化的活的灵魂，哲学正在世界化，而世界正在哲学化……哲学思想冲破了令人费解的、正规的体系外壳，以世界公民的姿态出现在世界上"①。

① 《马克思恩格斯全集》第1卷，人民出版社1995年版，第220页。

新马克思主义的
文化批判理论及其启示

人类在20世纪经历了深刻的文化价值观念和文化精神的冲突:一方面,现代工业文明的高速发展给人类带来了前所未有的物质财富,极大地改善了人类的生存条件,增强了人的主体意识和创造性,并使现代化成为一切不发达民族的主导性价值目标;但是,另一方面,西方工业文明的发达又带来了人与自然关系的恶化和人的异化等负面效应,使生存于技术世界中的现代人面临着受自己的造物之统治的历史困境和文化危机。现代西方人本主义、技术批判主义、后现代主义等哲学和文化思潮对现代人的这一生存境遇和文化危机进行了多方面的剖析和批判,从不同视角建构了各种文化批判理论。这其中,新马克思主义对发达工业社会的文化批判占据了十分独特的和十分重要的地位。

20世纪新马克思主义主要由西方马克思主义和东欧新马克思主义构成,其中包括众多的理论流派,如卢卡奇、葛兰西、科尔施、布洛赫等人代表的早期西方马克思主义理论,霍克海默、阿多尔诺、马尔库塞、弗洛姆、哈贝马斯等人代表的法兰克福学派,萨特的存在主义马克思主义,列菲伏尔的日常生活批判,南斯拉夫实践派,布达佩斯学派,波兰意识形态批判学派，等等。这些流派尽管有许多差别，但都以人的存在和人的命运为自己的哲学主题，致力于批判和超越现代人的文化危机和生存困境，以马克思的异化理论为依据，建立起关于现代工业社会的独特的文化批判理论。我国学术界关于新马克思主义的探讨主要集中于有关这些流派和学说的性质的争论以及一些具体理论观点的评介，而较少对其文化批判理论作总体性把握。因此，全面研究新马克思主义的文化批判理论，对于正确把握和评价新马克思主义具有重要的学术价值。同时，考虑到中国正在经历的由传统农业文明向现代工业文明的社会转型，这种研究也具有重要的现实意义。

一、新马克思主义文化批判理论的主题

新马克思主义的文化批判是以马克思的异化理论为立足点和基础的。不同流派的新马克思主义理论家都把异化理论视做马克思学说的核心。卢卡奇根据《资本论》中马克思关于商品拜物教的思想而提出了物化理论，其他新马克思主义代表人物则直接从马克思《1844 年经济学哲学手稿》中接受了异化理论。他们认为，马克思的异化理论在 20 世纪非但没有过时，反而具有更重要的价值和意义，这是因为，在发达的工业文明条件下，科学技术的高速发展和人对自然的征服并没有像人们所预期的那样，导致人从异己力量中解放出来和人的自由与全面发展，相反，人陷入更深的异化之中，几乎人之一切造物都在特定条件下成为统治人的异己力量，由此而形成人的异化的生存状态和文化模式。这样，新马克思主义理论家在文化层面上批判了现代社会各种有影响的社会力量和文化力量，如官僚体制、意识形态、科学技术、理性、文化、日常生活，等等。其中，意识形态批判、技术理性批判、大众文化批判、性格结构与心理机制批判等，构成新马克思主义文化批判的主题，新马克思主义不同流派对此都做了各种探讨，而其中尤以西方马克思主义的法兰克福学派和东欧新马克思主义的南斯拉夫实践派的分析最具代表性。我们可以以这两个流派的观点为主要线索，揭示新马克思主义文化批判的主题。

1. 意识形态批判

意识形态批判是 20 世纪哲学和社会学的重要主题之一。在关于意

识形态的争论中,有两种基本的见解,一种观点在中性的意义上理解意识形态,将之界定为特定社会阶层或集团的观点、价值和思维方式的总和,即各种系统化和理论化的思想。这种观点所批判的往往只是特定阶级的特定的意识形态,而不是意识形态本身。另一种观念则对意识形态本身持批判态度,如著名社会学家和哲学家韦伯、曼海姆、西蒙等人都认为,意识形态是特定利益集团的思想体系,是替现状辩护的"虚假意识"。在这一问题上,新马克思主义理论家持后一种态度,他们从异化理论出发,对意识形态本身进行了文化批判。

首先,新马克思主义者普遍认为,意识形态是一种虚假的意识,它具有很大的欺骗性,它通过美化现实生活而替现状辩护,它与现状认同而不是超越现存世界。

对于这一点,新马克思主义者有许多论述。阿多尔诺认为,一切意识形态的产生都是为了压制和管制人的本能,以建立一种社会同一性。然而,个人之间实际上是极不同一的、意识形态所希冀的社会同一性实际上是虚假的。因此,他得出意识形态就是"虚假意识"和"谎言"的结论。阿多尔诺和其他一些新马克思主义者还特别分析了现代社会意识形态的特点。他们认为,在发达工业社会中,意识形态主要不是通过宣传和灌输,而是通过提供一种新的生活方式来行使欺骗功能,它以消遣、娱乐、舒适的生活等为手段来掩饰现存社会的内在冲突和分裂,例如,它可以通过电影等大众传媒手段为人们提供一种美好生活的幻影,从而为现实辩护。弗洛姆也认为,"人自觉地思考的那些东西大部分是虚假的意识,是意识形态和文饰,人的行为的真正的动力是人所意识不到的"①。

南斯拉夫实践派和波兰新马克思主义者科拉科夫斯基等人都对意识形态进行了深刻的批判。实践派哲学家日沃基奇详细分析了意识形态的欺骗功能和虚假特征。他指出:"统治的和占主导地位的意识形态指这样的意识,根据它,现存的现实,现存的社会关系表现为唯一可能的现实。这种意识否定了现存和扬弃现存的可能性之间的本体论差距。统治的意识形态表明了那些管理人的现存社会关系、机构和力量对人的制约性。

---

① 《西方学者论〈1844 年经济学哲学手稿〉》,复旦大学出版社 1983 年版,第 36 页。

它通过自己的论述、规范、象征、行动规则等达到把个人和社会集团从行为上纳入现存现实的目的。”①

其次，新马克思主义者认为，现代意识形态不仅是具有欺骗功能的虚假意识，而且是一种强有力的统治力量和操纵力量，一种扼杀人的自由和自主性的异化力量，它通过现代科学技术所提供的各种大众文化手段来操纵人们的生活，从而消解人对现存世界的超越维度。

马尔库塞认为，在现代社会中，意识形态完全成了扼杀人的个性、自由和创造性的工具，它渗透到生产过程和人的生活的各个方面，通过大众传播和交通工具、丰富的生活用品、具有非凡魔力的娱乐和信息工业产品，使自己所携带的训诫不再作为宣传，而是变成了一种生活方式。“它是一种美好的生活方式——比从前的要美好得多，而且，作为一种美好的生活方式，它抗拒质变。一种单面思想与单面行为模式就这样诞生了。”②弗洛姆在同样的意义上指出，现代人生活于充斥着各种各样意识形态的世界中，“所有这些意识形态通过父母、学校、教会、电影、电视、报纸从人的童年时就强加给人们，它们控制着人们的头脑，似乎这是人们自己思考或观察的结果”③。

基于上述关于意识形态的否定性理解，新马克思主义者反复强调意识形态批判的重要性。他们认为，要消除意识形态这一异化力量对人的统治，要超越意识形态统治所造成的消解人之主体性的平面文化模式，必须弘扬人的主体性，唤醒人内在的自由、创造性和超越维度，从而使人接受一种自由自觉的文化模式。实践派哲学家日沃基奇明确指出：“意识形态的终结只有通过由必然王国进入自由王国才有可能。这一终结必须理解为……人的自我觉醒的时代，人的自我意识增长的时代。”④

2. 技术理性批判

从古希腊时代起，理性主义一直是西方文化的基本精神之一，古希腊哲学家在本体论层面上对“宇宙理性”的揭示建构起西方人最基本的理

① Miladin Zivotić, *Revolucija i kultura*, Beograd, 1982, p. 27.

② 马尔库塞：《单面人》，左晓斯译，湖南人民出版社 1988 年版，第 9～10 页。

③ 弗洛姆：《在幻想锁链的彼岸》，张燕译，湖南人民出版社 1986 年版，第 131 页。

④ Miladin Zivotić, *Revolucija i kultura*, Beograd, 1982, p. 35.

性主义文化信念:世界是合乎理性(即逻各斯)的存在结构,人作为理性的存在物可以通过理性把握世界的结构,从而控制和操纵自然。在近现代,这种理性主义同现代科学技术相结合,形成了技术理性主义文化信念。一方面,人们相信,人可以凭借理性把握和技术征服来无限地控制自然,而不必求助于某种超人的实体或力量;另一方面,人们相信,人对自然的理性把握和技术征服的结果必然是人的自由和主体性的增长,并且会导致人的最终解放和完善完满。这一技术理性主义文化信念在几个世纪中一直是西方科学技术和工业文明发展的主要文化支撑力。

然而,在20世纪,技术理性主义文化信念开始发生危机。现代科学技术的高速发展的确提供了前所未有的物质财富和高质量的物质生活条件,但并没有像人们期待的那样,同时带来人的全面自由和人的解放,相反,在现代技术世界中,人由于受制于自己的造物和丧失了超越的维度而陷于深刻的异化之中。在这种背景中,对科学技术和技术理性的文化批判思潮开始兴起。韦伯对工具理性的批判、胡塞尔对欧洲科学危机的分析和对实证主义的批判、齐美尔对现代技术世界的物化和异化的批判等,都是这一思潮的重要表现。相比之下,新马克思主义对技术理性的批判更为全面与深刻,其中,法兰克福学派的启蒙辩证法、单向度的人、作为意识形态的科学技术等理论最具代表性。

霍克海默和阿多尔诺于40年代发表的《启蒙辩证法》是法兰克福学派技术理性批判的代表作。这里的启蒙运动泛指近现代强调理性至上性和人对自然的技术统治权的各种理性启蒙思潮,其核心是技术理性主义,它强调理性万能,其目的是用知识取代神话,把人类从迷信和愚昧中解放出来,并通过人对自然的技术统治来增强人的自由和本质力量。而"启蒙辩证法"的悲剧性就在于,它的上述目标非但没有达到,反而走向了反面,走向了启蒙的自我摧毁。结果,启蒙退化为神话和新的迷信,对自然的统治导致人与自然关系的破坏和人与人的异化,导致技术对人的自由和个性的扼杀。他们认为,现代科学技术聚合成一种全面统治人的总体性力量,在这种条件下,人处于深刻的异化状态之中,"不仅对自然界的支配是以人与所支配的客体的异化为代价的,随着精神的物化,人与人之间的关系本身,甚至个人之间的关系也神化了”[①]。

马尔库塞关于单面人的理论表述了深刻的技术理性批判思想。他提出一个著名的公式:技术进步=社会财富的增长=奴役的扩展,以此来揭示科学技术进步和技术理性发展的两重性。他认为,在现代,科学技术不再是中性的,它在带来巨大的物质财富的同时,也变成了一种操纵和统治的力量。这种技术统治取代了传统的政治统治,使社会统治具有了技术的性质。由于技术统治采取的形式主要不是强权和暴力,而是越来越多的财富和消遣,所以它具有更大的合法性外观。人由此被消解到给定的秩序中,丧失了批判和超越的维度,成为与现状认同的单面人或单向度的人。

哈贝马斯则通过揭示科学技术向意识形态的转变来展开他的技术理性批判思想。他明确指出,科学技术具有二重性:一方面,现代科学技术是“第一位的生产力”;另一方面,科学技术成为一种新形式的意识形态,即一种新的统治形式。它由此而具有“一种辩护的功能”,其作用是“阻挠人们议论社会基础,从而维护现行制度,为了提供合法性的解释”。

关于技术和技术理性的异化的原因,新马克思主义者提出了各种解释,并设想了不同的解决方案。马尔库塞认为,导致技术理性成为一种极权主义统治力量的原因在于,现阶段的社会劳动组织方式出了毛病,否定理性被肯定理性所取代。而要消除技术理性的操纵统治功能,就要把价值整合到科学中,使科学技术具有一种内在的人本主义批判意识。哈贝马斯则认为,技术异化的原因在于,以工具合理性为特征的劳动的过度发展吞没了主体间的合理的交往行动,导致了交往行动的“不合理化”,从而使人全面物化,屈从于技术社会的统治。要消除技术异化,就必须以交往取代劳动的核心地位,确立交往行动的“合理化”。上述无论哪种解释,都以确立人的主体地位为核心。这是因为,技术异化不仅表现为技术及其造物对人的外在统治,更重要的是,技术理性已经内化为人的物化意识,使人成为缺少超越维度和批判维度的工具性存在。对此,南斯拉夫实

---

① 霍克海默、阿多尔诺:《启蒙辩证法:哲学片断》,洪佩郁、蔺月峰译,重庆出版社1990年版,第24页。

践派有深刻的认识,他们强调,必须把技术的发展同社会的人道化和人的全面发展结合起来,使技术越来越成为一支人道主义的社会力量,而不是统治人的异化力量。一句话,必须确立一个根本的准则:“人是目的,而技术是手段。”

3. **大众文化批判**

在新马克思主义者看来,文学、艺术等文化创作原本是最能体现人之创造性和自由本性的存在活动,但它们在技术世界中走向异化,成为消解人之主体性和个性、替现状辩护的异化领域。

关于大众文化,新马克思主义者提出了几个相近的概念。霍克海默和马尔库塞曾表述过“肯定的文化”(affirmative culture)的范畴。他们认为,在资本主义时代,文化失去了否定和超越的性质,它通过为人们提供一个不同于现实世界的幻想的精神世界而平息社会的内在否定性和反叛欲望,通过使人在幻想中得到满足而美化和证明现存秩序,为现状辩护。霍克海默和阿多尔诺还提出了另一个概念,即“文化工业”(culture industry)。文化工业是指凭借现代科技手段大规模地复制和传播商品化了的、非创造性的文化产品的娱乐工业体系,它通过大众传播媒介来欺骗大众,行使意识形态的统治功能。相比之下,新马克思主义者使用较多的概念是“大众文化”(mass culture)。所谓大众文化是指借助电影、电视、广播、报刊、广告等大众传播媒介而流行于大众之中的通俗文化,它融合了艺术、商业、政治、宗教和哲学等功能,在闲暇时间内操纵广大群众的思想和心理,培植支持统治和维护现状的顺众意识,以行使社会欺骗的功能。

在新马克思主义者看来,同真正的文化创造和艺术作品相比,大众文化对人的存在具有一些消极和否定的功能和特征。首先,大众文化丧失了真正的文化或艺术所具有的个性和创造性,呈现出商品化和商品拜物教的特征。他们认为,今天的文艺作品大多是受市场导向的、受利润动机和交换价值支配的商品,以现代科技为依托的文化工业大批量地生产、无限地复制文化商品,由此而导致大众文化的标准化和齐一化,扼杀了真正的文艺作品所应具有的个性和创造性。其次,大众文化对现代人具有欺骗性、操作性和强制性。在当代,大众文化对人的统治和操纵是无所不在的,但它是通过向人们提供无限的娱乐消遣而行使统治功能的,因此它具有很大的欺骗性。它迎合在机械劳动中疲惫的人们的需求，使人们沉溺于娱乐之中，以此消解人们对现实的不满，达到维护现状的目的。正如霍克海默和阿多尔诺指出的那样，“商业与娱乐活动原本的密切关系，就表明了娱乐活动本身的意义，即为社会进行辩护。欢乐意味着满意……享乐意味着全身心的放松，头脑中什么也不思念，忘记了一切痛苦和忧伤。这种享乐是以无能为力为基础的”①。实践派哲学家日沃基奇对大众文化和真正的文化作了对比，以此来批判大众文化。他指出，首先，真正的文化是生产性的和个体创造性的文化，它是不可取代的个体的成果，而大众文化则是再生产的和无个性的，它是专职队伍的产品；其次，真正的文化创造出要求改变现存世界的价值，而大众文化则对给定的现实歌功颂德；第三，真正的文化是创造性个体的不可重复的作品，而大众文化则是无个性的、平均水平的、按一定成规的模仿②。

4. 性格结构与心理机制批判

在对发达工业社会的文化批判中，新马克思主义者不但剖析和批判了意识形态、技术理性、大众文化等作为异化的文化力量对人的操纵和统治，而且深入到人的本质和生存方式的层面，揭示和批判了现代人的异化的存在状态。在这方面，他们同样是以马克思的异化理论为基点的。马克思在分析劳动异化的表现形式时曾区分了“物的异化”和人的“自我异化”，前者指人的劳动产品的异己化和对人的外在统治，后者则是指人的活动本身的异化，即劳动由自由自觉的和创造性的活动转变为异化受动的和谋生的活动。显而易见，人的自我异化是异化的深层本质。新马克思主义者也十分重视人由于受制于外在的异化的文化力量而产生的异化的存在状态，所不同的是，他们所关注的不只是人的生产劳动活动的异化，更重要的是人的一般行为方式和生存状态的异化，这就是现代人的性格结构和心理机制的异化。在新马克思主义者看来，性格结构和心理机制的异化在最深刻的层面上揭示出异化的文化力量和社会力量统治人所造成的消极后果，即人的主体性的失落。因此，他们从不同方面提出了各

---

① 霍克海默、阿多尔诺：《启蒙辩证法：哲学片断》，洪佩郁、蔺月峰译，重庆出版社 1990 年版，第 135 ~ 136 页。

② *Smisao i perspektive socijalizma*. Zagreb, 1965, p. 336.

种各样的性格结构和心理机制批判理论。

在新马克思主义者中,西方马克思主义创始人卢卡奇最先探讨现代人的内在的或心理的异化问题。他在《历史和阶级意识》中提出了著名的物化理论,他指出,在资本主义条件下,商品拜物教的存在使商品结构中物的关系掩盖了人的关系,换言之,人的关系变成了物的关系,这即是物化现象。从客观方面看,物化指一个充满客体与商品的世界作为异己的力量同人对立;从主观方面看,物化指一个人的活动变成与他自己相疏远的东西,变成附属于社会自然规律的人类之外的客观商品。应当说,上述分析同马克思的异化理论相比,没有什么突破。但在一点上,卢卡奇有自己的创新,这就是他关于物化意识的分析。他指出,物化对人的统治的结果导致了物化结构在人的意识和心理中的内化,形成了物化意识。"当资本主义的体系本身不断地在越来越高的水平上生产和再生产的时候,物化的结构逐步地、越来越深入地、更加致命地、更加明确地沉浸到人的意识中。"[①]这种物化的意识和心理结构的突出特征是使人消极地与物化现实认同,丧失超越和批判的维度。

马尔库塞在《爱欲与文明》中从弗洛伊德的精神分析学出发,提出了压抑性心理机制的概念。弗洛伊德认为,文明起源于对人的本能结构的压抑,特别是对性的压抑。这种压抑一方面外化为文明形态,另一方面内化为人的压抑性心理机制,使人屈从于现实原则、操纵原则和理性原则的统治。马尔库塞接受了弗洛伊德的这一论点。他认为,在现代,伴随着科学技术的发展,文明对人的压抑有增无减,并深入到人的存在的各个领域,因此人的存在方式和心理机制也更加异化,更是压抑性的。他指出,现代社会的异化是普遍的,除了少数真正的艺术活动外,人的其他活动大都是异化的。在这种条件下,统治和压抑人的异化力量已由传统的家长、主人、酋长等人格化的超我转变为现代机构、官僚体制等非人格化的超我。因此,社会对人的文化控制更加全面和深入,连人的爱欲区也由于文明的压抑而急剧缩小,爱欲变成单纯的性欲。马尔库塞认为,要扬弃这种深层的异化,必须从根本上改变

① 卢卡奇:《历史和阶级意识:马克思主义辩证法研究》,张西平译,重庆出版社 1989 年版,第 104 页。

人的生存方式,确立“非压抑性的文明”和“非压抑性的生存方式”,其根本点在于:工作转变为消遣;性欲升华为爱欲。

在新马克思主义者中,弗洛姆对现代人的异化的生存方式作了最为深入的探讨,他从不同方面揭示了现代人异化的性格结构和心理机制:在《逃避自由》中揭示了现代人“逃避自由”的心理机制,在《自为的人》中批判了现代人“非生产性的性格结构”,在《占有还是生存》中剖析了现代人“重占有的生存方式”。其中关于逃避自由的理论在20世纪的批判理论中影响最大。弗洛姆认为,无论作为个体的人,还是作为群体的人类,在其演化进程中都经历着个体化过程,在这一个体化过程中,一方面人的自由日渐增大,另一方面人由于脱离原始关联所带来的安全感而日渐孤独。在这种情况下,人倾向于主动地逃避自由。现代人生成于中世纪的社会结构解体之后,在中世纪,真正的个体尚未生成,那时人虽不自由,但人同自然的原始关联和社会整体对人的天然束缚却给人以安全感。文艺复兴和宗教改革代表了现代人的生成过程,在这一进程中,人由于斩断了中世纪的“原始关联”而获得了日渐增大的自由和创造性空间,但同时也变得孤独和无助,于是,逃避自由就成为现代人的心理机制。弗洛姆在《逃避自由》中具体分析了现代人逃避自由的各种表现形式,如以虐待狂和受虐狂的共生为表现形式的极权主义,攻击性和破坏性,顺世与随俗,等等。弗洛姆指出,要扬弃现代人的这种异化的心理机制,根本的出路在于确立“积极自由”的生存状态,而“获得这种自由的方法,是自我的实现,是发挥自己的个性”①。

二、新马克思主义文化批判理论的价值维度

以上我们通过意识形态批判、技术理性批判、大众文化批判和性格结构批判四个主题,比较全面地展示了当代新马克思主义对发达工业社会的文化批判理论的基本内涵。应当指出,这种文化批判既代表了新马克思主义的基本理论立场,也展示了他们对人类命运和人类前途深切的现实关怀。我们有必要从理论和现实相结合的视角对这一文化批判理论作

① E.弗洛姆:《逃避自由》,北方文艺出版社1988年版,第133页。

价值学分析,以揭示其新意和局限之所在,特别有必要分析这一理论对中国现代化和社会转型的借鉴意义。为了避免简单化、表面化或武断,我们通过新马克思主义文化批判理论同马克思的社会批判理论、现代人本主义的文化批判理论,以及后现代主义的文化批判理论的比较分析,来揭示新马克思主义文化批判理论的独特性。

1. 新马克思主义文化批判理论同马克思社会批判理论的比较

众所周知,马克思的理论具有深刻而鲜明的批判性、战斗性和革命性。正如马克思本人所言,"辩证法不崇拜任何东西,按其本质来说,它是批判的和革命的"①。他明确宣称,**"要对现存的一切进行无情的批判"**②。马克思在自己的理论生涯中,对资本主义社会的政治制度、经济制度、意识形态、文化观念等,作了全方位的批判,其批判的深刻性和彻底性是一般人很难比拟的。特别是在1844年写成的"经济学哲学手稿"中,马克思提出了著名的异化劳动理论。他深刻分析了资本主义条件下普遍存在的劳动产品的异化、劳动活动本身的异化、人的本质的自我异化和人与人的异化,由此揭示了私有制和阶级对立的深层基础。从这一理论基点出发,马克思提出了以扬弃异化,消灭私有制,恢复人的自由自觉和创造性的本质,实现人的自由和全面发展为主要内涵的共产主义理论和实践哲学构想。

应当指出,从人的本质和人的存在的视角强调哲学的彻底的批判本性,即真正的哲学所应具有的发自人的实践这一创造本质的革命本性,这是新马克思主义理论和马克思学说的共同特征。马克思的异化理论和实践哲学构想是全部人本主义新马克思主义的最根本的理论基础,卢卡奇的物化理论、法兰克福学派的社会批判理论、列菲伏尔的日常生活批判理论、布洛赫的希望哲学和乌托邦精神、南斯拉夫实践派的实践哲学、布达佩斯学派的激进哲学、科西克的具体辩证法等,在某种意义上,都是马克思的异化理论在20世纪的具体应用,或者说,都是20世纪条件下以文化批判为本质特征的特殊的异化理论。

---

① 《马克思恩格斯选集》第2卷,人民出版社1995年版,第112页。
② 《马克思恩格斯全集》第47卷,人民出版社2004年版,第64页。

然而，如果我们作更深入的分析就会发现，新马克思主义的批判理论虽然以马克思的异化理论为依据，但两种批判理论存在着很大的差别，其不同点集中体现在批判的主题或批判的层面上，概而言之，虽然马克思也是依据人的存在和实践活动而展开对现代社会的批判，但马克思更多地把人的异化状态同资本主义时代的政治制度、经济制度和阶级属性联系起来，因此，马克思学说的批判主题更多地集中于政治层面和经济层面，集中批判资本主义的政治压迫、经济剥削，以及资本主义劳动的非人道化。而新马克思主义虽然也对现存资本主义的政治制度和经济制度进行批判，但其批判主题更多地集中于文化层面，他们致力于揭示发达工业社会条件下意识形态、技术理性、大众文化等文化力量从人之创造物转化为统治人、消解人之主体性的异化力量的状况。应当看到，新马克思主义在批判主题上的转变与社会历史条件的变化直接相关。马克思所处的时代是阶级对立和阶级冲突异常激烈的时代，各种矛盾都集中于政治和经济层面，而在20世纪人类经历了深刻的文化冲突和文化危机，科学技术的飞速发展和科学技术理性的过度发达，在促进社会生产力高度发展和社会财富急剧增长的同时，也引发了人与自然关系的破坏和人与人的异化的加剧，人不但面对着阶级冲突和阶级矛盾，而且更加普遍地经受着异己的文化力量对人的束缚和统治，因此，文化层面开始从历史进程的深处凸现出来，成为各种社会矛盾的集中点。在这个意义上，新马克思主义把批判理论的主题转到文化层面，是在20世纪历史条件下对马克思异化理论的一种拓展。

2. 新马克思主义文化批判理论同现代人本主义文化批判理论的比较

应当指出，对发达工业社会的文化批判并不完全是西方马克思主义和东欧新马克思主义的独创，早在19世纪下半叶，在现代西方哲学中占主流的人本主义思潮就已经从人的存在的视角开始了对发达工业社会的文化批判。丹麦哲学家克尔凯郭尔以“孤独的个体”来揭示现代工业社会条件下人的存在境遇，他关于现代人的恐惧、厌烦、忧郁、绝望的生存状态的分析深刻揭示了各种异化的文化力量对人的统治，在某种意义上，他的这一分析开了20世纪存在主义文化批判理论的先河。德国哲学家尼采的权力意志论则从另一视角深刻影响了20世纪的存在主义运动。尼采把批判的矛头直接指向在西方工业社会中占主导地位的技术理性文化,他指出,正是由于人们对现代科学技术时代"上帝之死"的麻木不仁和对科学技术的过分迷信导致了理性文化对人的普遍统治,现代人成为普遍退化的文化之中的无主体性的、非批判的"芸芸众生"。到了20世纪,对现代发达工业社会的人本主义的文化批判由于现代人普遍经历的文化危机而成为现代哲学最重要的主题之一。胡塞尔晚年从科学世界和逻辑世界向前科学的"生活世界"回归,并从生活世界出发批判技术理性文化和实证主义对人的普遍统治,企盼以此来超越现代文化的危机和现代人的异化状态。海德格尔、萨特、雅斯贝尔斯等所代表的存在主义思潮是20世纪最有影响的人本主义哲学流派,他们对发达工业社会的文化批判最为激进。例如,海德格尔自觉地把"此在"即人的存在置于本体论的核心,他通过对"此在"的在世,特别是"日常共在"的剖析,揭示了无主体性的现代人即"常人"的闲谈、好奇、两可的"沉沦"状态和孤寂、烦恼、畏惧、绝望的异化状态,深刻地展示出各种异化的文化力量对现代人的统治。如果我们再考虑到韦伯等著名社会学家关于工具理性和价值理性的分析,的确可以说文化批判是现代人本主义思潮的基本主题。

基于上述分析,新马克思主义文化批判和现代人本主义文化批判的共同点和一致性是显而易见的。二者都兴起于现代工业社会条件下理性文化陷于深刻危机的背景之中,都致力于剖析技术理性、意识形态、大众文化等异化的文化力量对人的主体性的消解和现代人普遍物化和异化的存在境遇,其宗旨都是人对异化的文化力量的拒斥和反抗,以及人对自身命运的把握。特别需要指出的是,在20世纪的理论演进过程中,这两种理论思潮是交织在一起的,现代人本主义对新马克思主义的形成产生了巨大的影响,其中最突出的例证是萨特,他把存在主义同马克思主义结合起来,形成了西方马克思主义的重要流派——存在主义的马克思主义。

然而,必须指出,由于基本哲学立场上的某些差别,上述两种文化批判之间存在着不容忽视的差别。从总体上看,最主要的差别表现为,在人的命运和前景问题上,现代人本主义思潮带有强烈的悲剧色彩,而新马克思主义则相对表现出乐观的信念。具体说来,虽然现代人本主义的文化批判也强调人对异化境遇的超越和人的自我拯救,但是,这些哲学家更倾向于把异化和物化视做人的生存结构中不可根本扬弃的要素，这就使得悲剧意识与人的存在和人的命运有着不解之缘。相比之下，新马克思主义者也常常把异化同人的存在结构联系起来，但他们对人超越物化，扬弃异化，并作为自由自觉的主体而生成的前景往往怀有相对乐观的信念，由此，他们对关于未来社会的理性设计也具有更大的兴趣。

3. 新马克思主义文化批判理论同后现代主义文化批判理论的比较

如果说，在新马克思主义之前，现代人本主义率先开始了对发达工业社会的文化批判，那么，在新马克思主义之后，对发达工业社会的文化批判从深度和影响上则当数后现代主义。产生于 20 世纪 50 年代—60 年代，以德里达、福柯、利奥塔等人为代表的后现代主义思潮从根本上说是作为现代工业文明的主导性文化精神的激进否定和对立面而出现的。后现代主义认为，现代工业社会出现人与自然关系的恶化和人与人关系的异化的根本原因就在于工业社会所赖以生存的主导性文化精神，即以技术理性和人本精神为主要内涵的现代主义，因此，解决问题的途径应是从根本上超越这一现代主义。例如，最激进的后现代主义代表人物德里达认为，传统文化精神的本质特征在于固守一种逻辑中心主义，它设定世界存在一种深层的、供认识去追寻的终极价值和确定的真理，正是这种逻辑中心主义以及相伴随的过度发达的人之主体性导致了工业社会的各种负面效应，因此，解构哲学的任务就在于从根本上否定逻辑中心主义，放弃对深层的终极价值和真理的追求，并在解构他者的同时，也达到人之主体性的自我解构。

从上述分析可以看出，后现代主义同现代人本主义及新马克思主义有一些共同之处，它们均以发达工业社会为批判对象，并且都从文化层面上展开这一批判。但是，在批判的价值学维度上，它们之间存在许多根本性的差别。在这方面，新马克思主义同后现代主义之间的差别要远远大于它同现代人本主义之间的差别。二者之间的分歧集中于对人之主体性的态度。具体说来，新马克思主义思想家批判现代世界的物化和异化，其宗旨是消除妨碍人之主体性的异化力量，真正确立人的自由和主体性，这从卢卡奇的阶级意识、布洛赫的希望哲学、马尔库塞的“非压抑的生存方式”、弗洛姆的“积极的自由状态”、萨特的自由理论、实践派的实践哲学等可以清楚地看出。而后现代主义思想家批判发达工业文明的理性精神的宗旨则不仅要消解启蒙理性精神所建构的外部世界的结构，而且要从根本上消解人之主体性。正因为这一价值态度上的根本对立，才有了新马克思主义者哈贝马斯同后现代主义者利奥塔之间关于现代性和后现代性的著名争论。

以上我们从文化批判的主题和价值学维度两个视角展示了新马克思主义文化批判理论的主要内涵。在这里，我们可以形成这样一种结论性的看法：尽管不同新马克思主义者的基本哲学立场、具体哲学见解以及他们对许多现实问题的分析，有很多值得商榷、拒斥、批判和超越之处，但是，他们对发达工业社会的文化批判则从总体上优于现代人本主义和后现代主义的文化批判，有许多值得我们借鉴之处，尤其对我们正在进行的现代化有很多启迪。这表现在，新马克思主义从马克思关于人和实践的基本理解，特别是异化劳动理论出发，对现代人和现代世界的深层文化异化进行了深刻的剖析。在这一批判中，他们没有走向极端，而是得出了关于人之主体性的积极的和建设性的结论。这是目前我们应当采取的文化价值态度。中国正处于由传统农业文明向现代工业文明过渡的社会转型时期，作为后发展国家，中国的现代化面临着深刻的文化精神的冲突：一方面，我们不想被世界历史进程所抛弃和淘汰；另一方面，现代市场经济和工业文明的确不是纯洁无瑕，它在给世界带来无限财富和成果的同时，也把一个物化和异化的世界摆在世人的面前。现代市场经济的双重效应给中国人的文化价值选择带来了极大的困难，因此，在一些人大力弘扬现代工业文明的主导精神，即以人的主体性为主要内涵的理性精神的同时，另一些人则从新儒学和后现代主义的文化保守主义立场出发拒斥现代化文化精神。由于现代市场经济本质上是一种主体经济和理性经济，因此，以科学理性和人的主体性为内涵的现代化文化精神，尽管可能带来负面效应，却是我们必须着力建构的。在这种意义上，如何能够既努力在中国民众中培养市场经济所需要的主体性和理性文化精神，又能尽力减轻和避免可能出现的负面效应，是中国现代化所应解决的一个带有根本性的问题。而正是在这方面，如前所述，新马克思主义对发达工业社会的文化批判可以给我们以重要的启迪。

论西方马克思主义的理论定位与批判指向

目前,关于西方马克思主义的研究已经成为显学,但是对于西方马克思主义的概念本身却一直存在着分歧。争论的焦点体现在几个方面:例如,被称做西方马克思主义的理论流派和代表人物在观点和主题上存在许多差异、分歧甚至对立,能把他们概括为一个统一的思潮或流派吗? 西方马克思主义是马克思主义本身发展过程中的新进展,还是西方各种资产阶级思潮影响的结果? 应当说,这些分歧和争论一方面与西方马克思主义本身的特点有关,另一方面也反映了研究者的理解框架的差异。对此,我们除了认真研究西方马克思主义各个流派的具体的理论建树外,还必须从西方马克思主义本身的理论逻辑出发,并真正从20世纪人类历史和文化的深层状况出发,去挖掘它的理论本性和价值取向,而不是用人们已经熟知的传统哲学教科书的理解框架去剪裁西方马克思主义,才能真正理解它的理论价值和独特性,以及对20世纪人类精神演进的贡献。

一、马克思主义发展中的文化转向

对于在20世纪人类思想史上和在马克思主义发展史上产生重大影

响的西方马克思主义，要做出总体性的把握，的确是一件很复杂的事情。我们首先必须面对的问题就是：西方马克思主义在马克思主义发展史上到底处于什么位置？它在20世纪的人类文化中作出了哪些独特的贡献？关于西方马克思主义的理论定位问题是迄今为止学术界争论不休的问题。

在西方马克思主义的研究中，佩里·安德森的一个观点对中国的研究者产生了很大的影响，甚至是误导。他断言，“西方马克思主义”的本质特征之一是它的理论中心由经济学和政治学“从根本上转向了哲学”；而这一“哲学转折”使这些马克思主义流派在结构上“与政治实践相脱离”，结果是“与工人阶级的距离愈来愈远”，“沿着一条离开一切革命政治实践的永无止境的曲折道路前进的”①。这一观点在“西方马克思主义”研究中颇有影响，我国也有人把这一观点当做理所当然的定论接受下来，并以此作为主要论据，说明“西方马克思主义”以及其他“新马克思主义”流派丧失了马克思主义的实践性和阶级性，成为非马克思主义的哲学思潮②。

如果认真反思一下20世纪的社会历史进程，就会发现，上述论点是一种有害的、似是而非的见解，它严重地妨碍我们正确认识和把握西方马克思主义的性质和理论定位。的确如佩里·安德森所描写的那样，在西方马克思主义发生了一种“哲学转折”。科尔施在著名的《马克思主义和哲学》中明确提出，为了摆脱马克思主义的危机，必须实现“哲学转折”，在新的历史条件下重建创造性的马克思主义。但是，这种“哲学转折”并非像佩里·安德森断言的那样，是西方马克思主义理论脱离实际，退回到书斋中的标志。恰恰相反，它是西方马克思主义者在20世纪的特殊历史条件下针对发达资本主义社会的现状，总结无产阶级革命的经验教训，所探寻的一条真正理论联系实际的新的革命变革的思路。准确地说，西方马克思主义在马克思主义的发展进程中，自觉地实现了一种“文化转

① 佩里·安德森：《西方马克思主义探讨》，高铦等译，人民出版社1981年版，第65页、第41页、第44页、第47页。

② 参见李忠尚：《“新马克思主义”析要》，中国人民大学出版社1987年版，第4页、第11～12页。

向”，从单纯的武装暴力革命转向一种更为深刻的总体性革命。而这种文化转向，不仅使马克思主义在20世纪历史条件下焕发出新的活力，而且以深刻而敏锐的方式切入了20世纪的核心问题，即普遍的文化焦虑和文化危机问题。这应当是决定西方马克思主义理论定位的最基本的特征。

我们可以从科尔施提出的“哲学转折”入手来理解西方马克思主义所实现的文化转向的深刻而重要的意义。科尔施认为，马克思主义在本质上是一种以理论和实践的统一为特征的总体性革命理论，一种深刻的哲学立场。但是，在相当长的时期，第二国际理论家受现代实证主义思潮的影响，否认马克思主义包含一种哲学立场，他们把马克思的学说归结为一种以“经济决定论”为特征的经济学说或社会学说。结果，马克思主义的哲学性质被忽视或被否定了，由此，马克思主义陷入了深刻的危机，成为一种丧失总体性的实证性理论。科尔施认为，丧失了哲学性的理论必然丧失其革命的和批判的维度，因此，要使马克思主义摆脱危机，就必须恢复马克思主义的哲学精神，必须在马克思主义的发展中自觉地实现“哲学转折”，恢复马克思学说所本应包含的哲学性，即理论与实践相统一的总体性原则。

如果我们深入到西方马克思主义产生的社会历史背景和理论逻辑之中，就会清楚地发现，西方马克思主义的文化转向绝不是逃避现实、单纯理论演绎的结果，而是分析20世纪人类社会发展的特点和总结国际无产阶级革命经验教训的结果。从以卢卡奇和葛兰西为代表的早期西方马克思主义对第一次世界大战后欧洲无产阶级革命失败教训的总结，到以法兰克福学派为代表的西方马克思主义流派对二次世界大战后发达工业社会普遍的异化结构和现代人的文化困境的剖析；从早期西方马克思主义提出的总体性的文化革命观，到后期西方马克思主义针对现代社会的全方位的文化批判，西方马克思主义者一直与时代同呼吸共命运，关注着20世纪人类的精神状况和文化境遇，关心着发达社会条件下人的解放和自由。而这正触到了20世纪人类社会演进的核心问题。我们可以在这里略加展示西方马克思主义前后两个时期的文化转向：文化革命与文化批判。

1. 文化革命:西方社会背景中的“总体革命”

20 世纪 20 年代,马克思主义理论家们所共同遭遇的一个根本问题是现实的无产阶级革命的命运问题。众所周知,用暴力打碎资产阶级国家机器是传统马克思主义革命观的核心。俄国十月革命在实践中首次成功地验证了无产阶级暴力革命观。列宁反对第二国际理论家建立于经济决定论之上的自发革命论,他领导俄国无产阶级利用第一次世界大战期间的经济危机和革命形势,用暴力推翻了原有的旧政权,建立了第一个无产阶级专政的国家。这极大地鼓舞了各国无产阶级的斗志,增强了人们对于无产阶级暴力革命的信念。然而,接下来的国际共产主义运动则提供了一系列无产阶级暴力革命相继失败的教训。1918 年—1922 年期间,在俄国十月革命的鼓舞下,德国、奥地利、意大利、匈牙利等国家和地区相继爆发了以暴力夺取政权为宗旨的无产阶级革命。但是,这些起义和革命却均以失败告终。

如何解释这一反差现象?继续坚持传统革命观、强调革命的经济内涵与政治内涵的马克思主义者一般认为,经济方面和政治方面革命形势尚不成熟或无产阶级革命运动的组织工作的不完善是这些国家和地区无产阶级革命失败的主要原因。但是,另外一些马克思主义理论家则提出了根本不同的见解,他们基于对俄国十月革命经验和第一次世界大战后西方无产阶级武装革命相继失败的教训的总结,基于对西方社会结构和统治机制的总体性特征的探讨,基于对西方社会阶级结构变化和工人阶级地位及其态度转变的分析,对传统无产阶级革命观提出了质疑,并制定了以意识革命和文化革命为先导或主要内涵的新的革命观。在这方面,卢卡奇和葛兰西的探索尤为突出,他们也由此而成为西方马克思主义的创始人。

卢卡奇于 1923 年发表的《历史和阶级意识》一书被视做西方马克思主义的奠基之作,仅从书名上已可以看出“阶级意识”在卢卡奇思想中所占据的重要地位。卢卡奇认为,资本主义商品经济的发展导致了物化现象的产生,人与人的关系变成了物的关系,人受制于自己的产品。这种物化现象无所不在,不断加深,其结果是物化结构内化到人的意识之中,形成了与现状认同的物化意识。这种物化现实和物化意识使社会现实和社会进程支离破碎，丧失了历史的总体性，这是影响无产阶级革命的主要因素。从这一分析，卢卡奇得出结论，要扬弃物化，就要依赖于历史的总体性的生成，而总体性的生成又取决于无产阶级的阶级意识的自觉。当资本主义最终的经济危机爆发时，革命的命运和人类的命运将依赖于无产阶级的阶级意识的成熟。在谈到无产阶级反对资产阶级的斗争时，卢卡奇指出："它明确地意味着'自由王国'的实现，'人类的史前史'的终结。人与人之间客观化、物化关系的力量开始归还于人。这个过程越接近它的目标时，对无产阶级来说，理解它自己的历史使命变得越是紧迫，无产阶级的阶级意识将越有力和直接决定它的每一个行动……换言之，当资本主义最终的经济危机爆发时，革命的命运（与此相关的人类命运）将依赖于无产阶级意识形态的成熟，也就是依赖于无产阶级的阶级意识。"①这样一来，卢卡奇把文化革命提到了无产阶级革命的核心地位，对传统无产阶级革命观提出了很大的修正。

葛兰西则从分析东西方社会结构的差异入手来修正传统无产阶级革命观。他认为，东西方社会结构的主要差别体现于市民社会地位的不同。在东方社会，没有形成独立的市民社会，整个上层建筑主要是由政治领域构成，在这里，国家就是一切，它的本质是暴力和强权。而在西方社会，上层建筑由国家政治社会和作为意识形态—文化活动领域的市民社会两部分构成。这样，在西方社会，资产阶级不但拥有政治上的领导权，而且取得了文化霸权或意识形态领导权，因此，它的国家也具有二重本质，即强权 + 同意（领导权）。葛兰西认为，东西方社会结构的不同决定了无产阶级暴力革命所经历的命运的不同。在俄国所代表的东方社会中，由于没有独立的市民社会，国家就是一切，所以，当出现经济和政治危机时，只要用暴力打碎旧的国家机器，革命就将获得成功。而在西方社会，当出现政治经济危机时，无产阶级仅仅用暴力夺取政权并不能保证革命的成功，因为市民社会还强有力地支撑着社会和国家。20 世纪初西方无产阶级革命失败的原因就在于此。由此，葛兰西得出结论，在西方社会，革命的首

---

① 卢卡奇：《历史和阶级意识：马克思主义辩证法研究》，张西平译，重庆出版社 1989 年版，第 79 页。

要任务不是政治革命,而是同资产阶级争夺意识形态领导权或文化霸权的文化革命。

2. 文化批判:发达工业社会的内在否定意识

如上所述,西方马克思主义在20世纪马克思主义的理论演进中所实现的文化转向是一个随着现代人的文化境遇的改变而逐步深化的过程。应当说,以卢卡奇和葛兰西为代表的早期西方马克思主义和以法兰克福学派为代表的第二次世界大战后的新马克思主义在基本理论定位和价值取向上是一致的,但是,由于现实社会历史条件的变化,他们在理论批判的侧重点上有很大的差别。在文化批判中,早期西方马克思主义代表人物把主要精力依旧放在阶级的意识形态上,他们强调意识革命和争夺文化或意识形态的领导权,其落脚点还往往是无产阶级革命的完成。而第二次世界大战之后的西方马克思主义者则逐步把批判的视野从阶级的意识形态转向全社会普遍的文化境遇上。

西方马克思主义文化批判理论前后期的这种变化,深刻体现了20世纪社会进程的某些深层变化。其中,最根本的问题是现代人遭遇到普遍的文化困境,社会张力和冲突的焦点从单纯的经济利益和政治权力扩展到人的生存的意义、价值和根据所代表的文化层面。在某种意义上,现代社会中,除了充斥着阶级和阶层之间的对立与矛盾之外,又增添了人类共同的文化境遇所引发的普遍的文化焦虑和文化危机。这种文化困境的普遍化体现在两个方面:一是传统的经济、政治、权力、技术、宣传、道德、家庭等不再表现为直接的、赤裸裸的外在强制力对特殊阶级和阶层的统治和压迫,而是通过技术理性整合成一种无所不在的、渗透到一切生存领域中的、总体性的、内在的操控和统治机制;二是文化的统治所形成的物化和异化的生存样态在某些方面不同于马克思所描写的被自己的劳动产品所压迫和统治的传统劳动异化,它不仅仅是某些被统治阶级的命运,而是越来越表现为现代人的普遍境遇。卢卡奇在《历史和阶级意识》中已经谈到物化的普遍性问题,法兰克福学派的代表人物对此有更深刻更直接的体认。弗洛姆认为,马克思低估了异化的力量和异化的持久性。“历史在马克思的异化概念中只作了一个更正。马克思相信,工人阶级是最异化的阶级,因此从异化中解放出来必然要从工人阶级的解放开始。马克思的确没有预见到异化已经变成为大多数人的命运，特别是那部分人数愈来愈多的居民的命运，这部分人主要不是与机器打交道，而是与符号和人打交道。说起来，职员、商人和行政官吏在今天的异化程度，甚至超过熟练的手工劳动者的异化程度。"①

针对现代人的这种文化困境，更多的新马克思主义者或流派开始超越传统的阶级分析和政治革命的视野，开始从文化层面切入现代人的生存境遇。其中最有影响的是以霍克海默、阿多尔诺、马尔库塞、弗洛姆、哈贝马斯等人为代表的法兰克福学派和以萨特、梅洛－庞蒂以及列菲伏尔为代表的存在主义马克思主义，他们继承了卢卡奇等人所开创的人本主义新马克思主义传统和倾向，对现存社会进行了全方位的文化批判。霍克海默的《传统理论和批判理论》和《独裁主义国家》、他与阿多尔诺合著的《启蒙辩证法》、阿多尔诺的《否定的辩证法》、马尔库塞的《爱欲与文明》和《单向度的人》、弗洛姆的《逃避自由》和《自为的人》、哈贝马斯的《合法化危机》和《作为"意识形态"的技术与科学》、列菲伏尔的《日常生活批判》、赖希的《法西斯主义群众心理学》等，都是现代文化批判理论的经典之作。他们从文化的层面展开了意识形态批判、技术理性批判、大众文化批判、现代国家批判、心理机制和性格结构的批判等现代文化批判理论的主题。西方马克思主义思潮在20世纪60年代末以巴黎"五月风暴"为代表的、席卷全球的青年学生和工人的反抗运动中得到了共鸣，法兰克福学派的社会批判理论，尤其是马尔库塞等人的"单向度理论"和"大拒绝"战略、萨特的存在主义自由观、列菲伏尔的日常生活批判理论等，被众多反抗生存文化困境的现代人所接受。这是西方马克思主义产生巨大社会影响的鼎盛时期。

应当说，文化批判是西方马克思主义始终如一地坚持的理论聚焦点，即使在20世纪60年代末全球范围内的文化反抗运动或青年造反运动终结后，西方马克思主义作为一个整体逐步呈现出衰落的征兆时，一些依旧活跃的西方马克思主义代表人物也没有放弃文化批判的基本立场。例如，哈贝马斯不仅通过合法性危机等问题的研究在晚期资本主义时期从

① 《西方学者论〈1844年经济学哲学手稿〉》，复旦大学出版社1983年版，第67～68页。

新的角度修正并继续发扬法兰克福学派的社会批判传统，而且还通过捍卫现代性而与后现代主义展开了直接的文化批判对话。此外，一些被人们称为“后现代马克思主义”或“后马克思主义”的理论流派，如生态学的马克思主义、女权主义的马克思主义等，也从一些边缘性话语领域展开具有新马克思主义背景和传统的文化批判。

当我们断言文化批判是西方马克思主义的理论基点或核心，并不是简单地说，西方马克思主义在各种理论探讨中强调了文化批判的主导性线索，而是进一步断言，西方马克思主义者同马克思本人一样，首先不是思辨性理论家，而是实践性的革命批判家，他们的其他理论建树都是服务于文化批判这一主题的。具体说来，他们是在反思 20 世纪初叶无产阶级革命失败的教训、分析 20 世纪人类的文化焦虑和文化危机，提出文化批判的主题的基础上，展开了各种理论探讨。因此，他们的哲学理论研究在许多方面都不同于传统教科书的哲学体系，我们也很难用传统教科书哲学体系的物质观、辩证法观、认识论和唯物史观的理解框架去剪裁和取舍西方马克思主义的理论观点。例如，卢卡奇的主客体统一的辩证法、科尔施的总体性理论、葛兰西的实践一元论、布洛赫的希望哲学与乌托邦精神、法兰克福学派的启蒙辩证法和否定辩证法、萨特的历史人学或自由理论、列菲伏尔的日常生活批判理论，等等，都不是一般意义上的思辨理论体系，而是定位于文化批判的实践性的理论建构。在这种意义上，不从深层揭示西方马克思主义的文化批判逻辑和主题，很难对西方马克思主义作出深刻的理解和合理的理论评价。

二、西方马克思主义文化批判的理论资源

当我们断言西方马克思主义代表着马克思主义发展过程中的文化转向，并把文化批判认定为西方马克思主义的基本理论定位和关注焦点时，除了揭示这种批判理论产生的社会历史和文化背景外，还需要深刻分析它的理论资源。这种分析有助于我们从谱系学的角度更准确地为西方马克思主义进行理论定位，同时，还有助于我们很好地把握和理解西方马克思主义文化批判理论的基本指向。

一般说来，我们可以从两个方面分析西方马克思主义的理论资源：一

是马克思学说的批判本性；二是现代西方人本主义理论思潮的文化批判理论。前者显示出西方马克思主义的理论继承性和思想根源，它使我们有理由把西方马克思主义的文化批判理论从传统上定位于马克思学说在新的历史条件下的某种发扬。无论西方马克思主义在哪些方面和何种程度上超出和偏离了马克思的学说，但在根本的批判精神上，我们都有充分理由从马克思主义的演进历程中为之定位。同时，马克思的实践哲学和异化理论对人的生存境遇的深切关怀决定了西方马克思主义的基本的批判指向，即人本主义特征。后者则暴露出西方马克思主义同现代西方各种具有人本主义特征的批判理论的"家族相似性"，它使我们有理由相信，西方马克思主义的文化批判理论在20世纪的兴起不是一个偶然的现象，而是同人类精神和人类命运密切相关的理论发展趋势。

1. 马克思学说的批判精神

马克思是一位渊博的学者，他广博涉猎前人的优秀哲学、政治经济学和社会历史理论成果。但他并非像黑格尔那样要把这些优秀思想成就纳入理性发展的链条，以建立新的哲学、政治经济学或社会历史理论体系。马克思首要关切的不是理性的逻辑，而是人类的命运。他终生为之奋斗和献身的目标是"人类的幸福和我们自身的完善"。面对社会普遍缺少自由，人们受制于封建和神学的统治与束缚，而穷苦劳动者同时又深受新兴资产阶级剥削的悲惨现状，马克思明确地把自己的使命归结为"**对现存的一切进行无情的批判**"，要"揭露旧世界，并积极建立新世界"。他的批判一方面指向哲学、政治经济学等意识形态，另一方面指向现实的社会制度，他把"批判和实际斗争看作同一件事情"①。在不同时期马克思批判的对象和侧重点有所不同，但始终围绕一个轴心：人的解放与人的幸福。

在对市民社会、国民经济学和黑格尔哲学的批判中，马克思确立了实践的基础地位，揭示了扬弃异化的重要性，以人的现实劳动（实践活动）为总体，建立以"改变世界"为宗旨的全新的学说：以人的劳动、现实的生产活动，即人的实践为现实基础而深刻说明人类社会的生成和分裂，以及扬弃这些分裂和对立，使人类获得解放的现实途径。这样的学说本质上

① 《马克思恩格斯全集》第47卷，人民出版社2004年版，第64页、第63页、第66页。

是革命的和批判的。可以说，在关于实践的哲学理解和关于异化的理论批判中所包含的关于人的存在的基本理解一直构成马克思学说的本质内核，也成为他的全部学说的价值追求。

马克思学说的最本质的内容是以人的实践的超越本性为核心的、自觉的历史性、实践性和批判性文化精神。它超越传统哲学所建立的各种“实体形而上学”，不再从人的存在之外寻找人的生存的根据；不再把历史看做是“神律”或“他律”的自然进程，而是人的存在活动的展开与生成，一种开放的价值生成活动；取代社会和历史的“实体”的是人的对象化的实践，是人的批判性的和超越性的生存活动，一种展示和创造生存的意义和价值的开放的过程。哲学所代表的文化批判精神指向一切既有的和将要生成的东西，它的最主要的批判维度有三个：(1)指向尚未生成的可能性的疆域；(2)指向现有的造物(包括自然存在物和人的造物)的自在性和异己性；(3)指向主体自身，追求理论和实践的自我批判和自我觉醒。显然，这种批判性的文化精神是人的生存和历史演进永远不可或缺的本质性维度，是人的生存得以继续、价值和意义得以不断生成的根据。

显而易见，正因为在马克思学说的具体结论和具体理论原则的深处包含着这种与人的实践的超越本性直接相关的历史性的和实践性的文化批判精神，它才能具有来自人的存在本身的强大的生命力，才能对于不同时代人的生存都具有重要的意义。马克思学说的批判锋芒不仅指向前现代的人类自在自发的生存状态和自然主义文化精神，而且包含着对工业文明的社会机制和理性精神的深刻批判，如关于资本主义“社会经济形态”的盲目的运动所导致的经济危机的分析、关于劳动的异化的批判等，使他的思想成为20世纪的新马克思主义、存在主义等文化批判思潮的重要理论依据，同时也对20世纪现代工业文明的自我批判和自我修正产生了深刻的影响。可以说，正是马克思学说的这种基于实践之超越本性的历史性和实践性的文化批判精神在最基本的理论定位上规定了西方马克思主义的批判指向。

许多西方马克思主义代表人物极力弘扬人的实践活动的创造本性，强调人的实践对于人的存在和人的世界的基础地位，深刻批判一切束缚人的自由和发展的物化力量和异化力量。他们指出，虽然异化理论是马克思针对19世纪人类的存在状况提出的，但它在20世纪并没有过时，它不仅对于社会主义运动具有重要的指导意义，而且对20世纪人类的存在与发展都具有重要的意义，甚至可以断言，异化理论在20世纪的意义要比任何时候都更为突出，这是因为，异化现象在20世纪成为更为普遍，更为突出的人类困境。西方马克思主义者对于现代政治体制、意识形态、科学技术、大众文化、性格结构、心理机制等的分析批判都是从马克思的异化理论出发的。在法兰克福学派看来，在20世纪，异化对人的束缚与统治已从政治压迫和经济剥削转向各种普遍的、异己的文化力量对人的自由的束缚，因此，他们的批判理论从本质上讲是以异化理论为依据的文化批判理论。这种批判理论的主题直接涉及人的存在和人的本质的深层问题，因此更具深度和彻底性。

2. 现代西方文化批判思潮

如果说马克思的实践哲学和异化理论奠定了西方马克思主义文化批判理论的基石，那么，20世纪众多文化批判思潮则为西方马克思主义的文化批判提供了现实的理论参考。如前所述，在20世纪，针对现代人的深刻的文化危机而展开的文化批判不是某种理论偶然的独白，而是众多关切人的生存的理论流派的共同呼声。从尼采、克尔凯郭尔等少数敏感思想家的独白和绝望的呐喊，到20世纪著名社会学家韦伯、生命哲学家齐美尔、现象学创始人胡塞尔、精神分析学家弗洛伊德、历史哲学家汤因比、斯宾格勒、雅斯贝尔斯等文化批判者群情激昂、同仇敌忾的和声，再到以海德格尔和萨特为代表的声势浩大的存在主义运动，文化批判构成了20世纪人类精神和人类思想演进的最亮丽的风景线。西方马克思主义众多代表人物从不同层面吸收了这些文化批判思想家的理论资源，并与之进行直接的、批判性的对话和交流，从而形成20世纪丰富的文化批判“大家族”。

应当说，西方马克思主义在开展文化批判时，一方面坚持了马克思“对现存的一切进行无情的批判”的基本立场；另一方面，对其他一些批判性的理论思潮保持一种对话式的、开放式的理论姿态，他们同20世纪各种有影响的文化批判思潮都展开了积极的对话，并积极吸收其理论精华。相比之下，韦伯等人对现代社会文化精神的批判性分析、弗洛伊德的精神分析学、以海德格尔和萨特为代表的存在主义等理论思潮，对西方马克思主义的影响更为直接。

早期西方马克思主义代表人物从现代西方哲学中直接吸取了物化等重要的文化批判范畴。例如，西方马克思主义创始人卢卡奇和西方马克思主义早期重要代表人物布洛赫都直接或间接地受教于胡塞尔、舍勒、李凯尔特、文德尔班、狄尔泰、雅斯贝尔斯等著名哲学家。特别需要指出的是，卢卡奇和布洛赫作为同学，曾经同时接受著名生命哲学家齐美尔和著名社会学家韦伯的指导，卢卡奇学说中的核心范畴“物化”就直接来源于齐美尔的论述。此外，韦伯关于工具理性的批判、胡塞尔关于科学危机的分析，都成为西方马克思主义早期代表人物重要的理论资源。这些思想家的理论对于卢卡奇和布洛赫，以及后来的西方马克思主义者关于20世纪人类文化危机的理解、关于文化批判和文化革命战略的确立产生了重大的影响。

众所周知，弗洛伊德是当代著名的社会心理学家，他所创立的精神分析学对于20世纪人类精神的演进和文化观念的更新起到巨大的促动作用。他从诊治精神病患者开始，在对于精神病患者的梦的解析中窥测到人的深层心理机制的奥秘，并发现了以性欲和爱欲为核心的本能在人的生存中和在社会进化中的巨大的影响力，甚至是决定性的力量。由此而来，弗洛伊德的思索和研究超越了纯病理学的层面，进入了人类文化的层面，他在个体发生和群体发生两个层面上揭示了压抑性心理机制的生成机制，由此对传统理性文明观提出了挑战，建立起以本能和对本能的压抑为主要线索来解释文明的机制的非理性的文明观。一些西方马克思主义代表人物深受弗洛伊德精神分析学的影响，例如，马尔库塞认为，弗洛伊德关于以现实原则、操作原则、理性原则为核心的压抑性文明的理论对于认识发达工业社会具有很大的价值，这是因为，在现代，虽然科学技术的发展和财富的增长在很大程度上缓解了由于匮乏所引起的生存压力，但是，文明对人的压抑并没有消除，反而有增无减，深入到人的生存的各个领域。在这种情形下，人的存在方式和心理机制更加异化，更加具有压抑的性质。通过把马克思的异化理论与弗洛伊德的精神分析学相结合，马尔库塞从爱欲与文明的角度批判了现代人的压抑性心理机制；弗洛姆剖析了现代人"逃避自由"的心理机制、"非生产性的"性格结构和"重占有的"生存方式;赖希提出了著名的法西斯主义大众心理学。他们的这种理论探索被学界称之为"弗洛伊德主义的马克思主义"。

至于存在主义对于西方马克思主义的影响更是显而易见,它们二者之间在异化与自由等现代人之生存的重大主题的解析方面有着十分明显的"家族相似"特征。在这一方面,不仅表现出存在主义对现代人的生存境遇的文化批判理论对于西方马克思主义的重要影响,而且更突出地表现出存在主义向马克思主义的自觉靠近,由此而产生了以萨特、梅洛-庞蒂等人为代表的存在主义马克思主义者。许多存在主义人物都很看重存在主义和马克思主义的这种对话和相互影响。存在主义大师海德格尔曾断言:"马克思在体会到异化的时候深入到历史的本质性的一度中去了,所以马克思主义关于历史的观点比其余的历史学优越。"①萨特作为存在主义马克思主义的主要代表人物更加明确地阐述了存在主义和马克思主义各自的优越性,及其二者相互结合的必要性。他断言:"马克思主义非但没有衰竭,而且还十分年轻,几乎是处于童年时代:它才刚刚开始发展。因此,它仍然是我们时代的哲学:它是不可超越的,因为产生它的情势还没有被超越。我们的思想不管怎样,都只能在这种土壤上形成;它们必然处于这种土壤为它们提供的范围之内,或是在空虚中消失或衰退。"②萨特认为,马克思主义的理论本身以独特、深厚的历史感和现实感解剖、批判资本主义社会,以宏观的具体的历史、社会视野来呈示人类的历史结构、演进以及命运。然而,他们认为,马克思主义理论本身也并非是自足的和完满的,尚存在着许多缺陷和不足,其中主要的、根本上的缺陷就是马克思主义忽略了人、个人及人性这样一些极为重要的因素,人成为马克思主义理论中的一块"飞地"和"空场",尤其是在其后继者那里,人本身的历史地位和存在价值更被遗忘乃至泯灭殆尽。与此相反,存在主义则直接是以人为对象、以揭示人的特殊性为己任的哲学。存在主义哲学家认为,作为关注人的生存体验和人的生存状态的人本学,存在主义洋溢着

① 孙周兴选编:《海德格尔选集》上卷,上海三联书店1996年版,第383页。

② 让-保罗·萨特:《辩证理性批判》上卷,林骧华、徐和谨、陈伟丰译,安徽文艺出版社1998年版,第28页。

无比的生命力，因此，以存在主义来克服、改造马克思主义是一种必要的理论选择。

可以说，在西方马克思主义代表人物中，布洛赫最明显地体现出向同时代文化精神开放的特征。作为西方马克思主义中最博学的代表人物，他在构造自己独特的希望哲学和关于乌托邦精神的理论时，几乎研究了历史上和同时代所有重要的哲学派别和理论体系，因此，他的学说是博采和升华人类文化精神的重要成果。首先，布洛赫在构造自己的乌托邦哲学体系时，非常注意从传统文化精神中汲取有用的成分。他特别偏重希伯来精神以及与此相关或相类似的以救世主义为宗旨的文化精神。如历史上各种乌托邦主义文化思潮或理论构想、犹太神秘主义文化，以及其他一些神秘主义宗教派别、救世主义和末世学。同马克思对普罗米修斯的献身精神和救世主义的歌颂一样，布洛赫反复挖掘传统文化精神之中的救世主义主题，其宗旨是一致的，即人的拯救或救赎。其次，对于以往的哲学，布洛赫做了系统的研究，对德国古典哲学予以特别的关注，如，他非常重视康德关于人的主体性的思想、谢林晚期关于人的自由的人本基础的观点、黑格尔哲学的巨大的历史感，特别是构成这一历史感的核心的主客体辩证统一的思想等。再次，布洛赫与许多著名的现代西方哲学的代表人物均有交往，如雅斯贝尔斯、韦伯、齐美尔、舍勒、胡塞尔等，因此，他对现代西方哲学非常熟悉，在某种意义上，布洛赫的哲学就是现代西方哲学的重要组成部分。从基本思想倾向来看，布洛赫更加关注现代西方人本主义或非理性主义思潮，他对叔本华、尼采、胡塞尔、克尔凯郭尔、韦伯等人的思想都有很深入的研究。他一方面对同时代的思想家持批判的态度，另一方面又肯定和汲取他们的一些重要思想。从总的方面来看，布洛赫看重的是现代西方人本主义思想家对当代人的文化危机和异化的批判。

我们从马克思的实践哲学和异化理论的批判精神和现代西方文化批判理论两个方面对西方马克思主义的主要理论资源做了梳理。从这种分析不难看出西方马克思主义理论基础的厚重，及其与现实历史进程的深层联系。应当说，西方马克思主义与现代西方各种文化批判思潮的广泛交会、对话、交锋、结合，使得他们的文化批判理论从现实研究和理论分析两个视角全方位地透视20世纪人的生存困境和文化境遇；同时，马克思的实践哲学和异化理论所形成的马克思主义传统为西方马克思主义确立了合理的理论定位和批判指向，使他们的文化批判比20世纪其他文化批判理论更加深刻和更加全面。在某种意义上，可以说，西方马克思主义是20世纪最为丰富、最为系统、最为深刻的文化批判理论之一，卢卡奇的主客体统一的辩证法、科尔施的总体性理论、葛兰西的实践一元论、布洛赫的希望哲学与乌托邦精神、法兰克福学派的社会批判理论、萨特的历史人学和自由理论、列菲伏尔的日常生活批判理论，以及具体的文化批判主题，如意识形态批判、大众文化批判、技术理性批判、心理机制和性格结构批判、现代国家批判、现代性批判，等等，对于我们从整体上理解20世纪人类的文化焦虑、文化危机和文化反抗具有重要的借鉴意义。

异化理论、物化理论、技术理性批判

——20世纪文化批判理论的一种演进思路

在20世纪的人类文化景观中,有两个在价值取向上相互冲突又相互关联的进程:一是众多的发展中国家选择了工业化和市场经济模式,试图完成由传统农业文明的自在自发的经验式文化模式向现代工业文明的自由自觉的理性化文化模式的深刻转型,另一方面则是西方发达工业社会的理性化文化模式在人的异化和生态破坏的背景中陷入了危机。这种相互冲突的文化价值取向,增大了发展中国家文化转型的难度,同时也为发展中国家在工业化和市场经济建构中尽力避免工业文明可能出现的弊端,建构更合理的文化模式提供了机遇。因此,我们在市场经济建构开始走向深化的时刻,有必要更深入地研究以法兰克福学派的技术理性批判为代表的现代文化批判理论,以获得某种有益的启示。

当然,法兰克福学派技术理性批判理论的形成不是一个孤立的现象,而是有着深刻的文化和理论背景。从理论渊源上讲,法兰克福学派的技术理性批判理论继承了马克思的异化理论的本质精神,但是,从异化理论到技术理性批判在批判主题上的转换的完成,则是以西方马克思主义创始人卢卡奇的物化理论为中介的。因此,我们有必要揭示从异化理论到物化理论，再到技术理性批判理论的演进逻辑。

一、思想渊源：马克思的异化理论

在近现代哲学演进过程中，曾有一些哲学家从不同的角度探讨过异化问题。例如，黑格尔曾阐述过客观精神的异化，费尔巴哈曾描述过宗教的异化，而青年马克思则主要关注人的本质活动——劳动的异化以及这种异化所带来的非人化的后果。马克思是在《1844 年经济学哲学手稿》中系统表述了著名的异化劳动理论。这部手稿完成于马克思思想的创立时期，却沉睡了近一个世纪，直到 1932 年才得以问世。但是，“手稿”中所包含的深刻思想却没有因此而变得陈旧，相反，这部手稿一发表，就产生了巨大影响，不但培育了西方马克思主义到东欧新马克思主义等一大批新马克思主义者，而且影响了 20 世纪许多理论家，包括大哲学家海德格尔。造成这种情形的根本原因在于，马克思的异化理论内含着一种深刻的文化哲学视野，可以成为 20 世纪人类应付文化—历史困境的重要的文化批判精神。

马克思在《博士论文》中，试图从自我意识出发超越不合理的世界，即不合理的国家和政治制度。但是，在进一步的思想发展中，马克思发现，国家和政治制度，并不像黑格尔断言的那样，构成市民社会的基础，相反，市民社会是国家和政治制度的基础和决定力量，因此，只有从根本上变革以私有制为特征的不合理的市民社会，才能最终实现人的解放和人类幸福。在 1844 年写成的经济学和哲学手稿中，马克思指出，造成市民社会自我分裂和异化的根源在于人的本质活动的异化，由此，马克思表述了著名的异化劳动理论。马克思从四个基本方面揭示劳动异化的规定性。首先，异化劳动的最直接的表现就是处处可见的劳动产品的异化现象，即劳动者生产的产品和财富越多，他就越贫穷，并且，他的劳动产品反过来成为统治他的力量。其次，造成劳动产品异化的根源在于劳动活动本身的异化，即劳动从人的自由自觉的和创造性的活动蜕变成外在的、强制性的、自我折磨和自我牺牲的谋生活动。再次，由于人的类本质是自由自觉的对象化劳动，因此，劳动活动的异化也就是人的本质的异化。最后，上述三重异化的直接后果，便是造成人与人之间的异化，即人与人的冲突与背离。

马克思在阐述劳动异化的四种基本规定性时,又作了更深入的分析。他认为,劳动产品的异化属于“物的异化”,它只是异化的外在表现形式,而劳动活动本身的异化和人的本质的异化属于人的“自我异化”,它是异化的深层规定性和实质。因此,马克思指出,要变革不合理的世界,实现人的解放,最根本的问题不仅仅在于改变财产的占有方式,而在于从根本上扬弃劳动活动的异化本性,恢复人的本质活动的自由自觉的和创造性的本性。在这种意义上,马克思把共产主义的实现同异化的扬弃联系起来,称共产主义是“实践的人道主义的生成”。由此可见,马克思的异化理论从根本上讲是一种以人的生存方式为关注点,以人的解放为核心的批判的、革命的、实践的哲学。如果我们把马克思的异化理论放到19世纪至20世纪人类历史和人类文化演进的大背景中加以关照,可以发现,马克思的异化理论的历史地位具有两重性。

首先,马克思的异化理论蕴含着一种深刻的文化哲学立场,它成为20世纪发达工业社会条件下的文化批判的重要依据。在异化理论中,马克思没有停留于对市民社会决定国家和经济基础决定上层建筑原理的一般阐释,也没有简单地把变革现存世界的使命归结于改变财产的占有状况和经济、政治体制,而是把人的实践活动理解为人生活于其中的世界的现实基础,把人的生存方式的改变,即异化的扬弃置于人类解放的核心。在马克思看来,就人生活于其中的世界而言,无论是对象化劳动的成果(如科学与大工业)还是异化劳动的结果(如私有制和宗教),无论这一结果对人的本质力量具有肯定的还是否定的意义,它们都是人的劳动(人的实际活动)的结果,只有从人的实践活动的角度才能得以理解。对人的生存方式的关注在另一种意义上就是对人类历史的文化层面的关注,这是因为,从最根本的意义上讲,文化不只是思想观念的问题,而且是历史地凝结成的稳定的生存方式,每一时代或每一民族自觉不自觉地普遍遵守的占主导地位的生存方式构成基本的文化模式,而这种生存方式的改变就是文化模式的转型。从这种角度看,马克思的异化理论的确代表着一种文化批判立场,也正因为如此,马克思关于人的自由自觉的实践本质的理解和他对人的异化受动的生存方式的批判被整合到20世纪的各种文化批判理论中，成为发达工业社会的本质性文化批判精神。

其次，从另一方面看，又必须指出，马克思的异化理论虽然包含着深刻的文化批判维度，但是它只是一种隐性的文化哲学理论，而在外显的层面上，马克思的关注中心更多的是对现存社会的政治、经济批判。这与马克思异化理论产生的时代背景有很大的关系。具体说来，19 世纪的人类社会所面临的主要问题是政治压迫和经济剥削所导致的人与人之间的阶级不平等和冲突，而文化的危机与转型问题尚未从历史进程的深层凸显出来。在这种大背景中，虽然马克思已经意识到人的异化的扬弃和自由自觉的实践本质的复归是人的解放的核心，但他还是在现实层面上把这一问题转换为消除政治压迫和经济剥削的问题，更多地期望通过改变财产的占有状况来解决人的具体劳动产品对人的统治的问题，而较少地思考文化层面的冲突和异化问题，即普遍的文化力量对人的异己统治问题。因此，马克思在阐述异化劳动的第四重规定性，即“人从人那里的异化”时，进一步把问题引到阶级对立和私有财产问题上。他分析道，如果说劳动产品不属于劳动者，并作为异己的力量与劳动者相对立，那么，这只能是由于产品属于别人而不属于劳动者。因此，马克思认为，异化劳动产生了私有制，“工人对劳动的关系，生产出资本家——或者不管人们给劳动的主人起个什么别的名字——对这个劳动的关系。因此，**私有财产**是**外化劳动**，即工人对自然界和对自身的外在关系的产物、结果和必然后果”①。

从上述两方面分析，可以看出马克思异化理论同 20 世纪文化批判理论的内在关联。概而言之，当 20 世纪的批判思想家面对着日渐显露的文化危机和文化冲突时，他们的确可以从马克思异化理论的文化哲学维度中吸取深刻的文化批判精神，这也正是异化理论在 20 世纪产生巨大影响的根本原因。但同时必须看到，20 世纪的异化现象与 19 世纪的异化现象又有着很大的不同，现代人所面临的根本问题已不只是由于具体劳动产品对人的异己统治而引发的经济和政治困境，而且越来越表现为由于技术、意识形态等普遍的文化力量对人的异己统治所导致的文化—历史

---

① 《马克思恩格斯全集》第 3 卷，人民出版社 2002 年版，第 277 页。

困境。因此,在20世纪的历史条件下,可以弘扬马克思异化理论的文化批判精神,但不能简单地照搬马克思异化理论的具体批判主题,其中必须完成从马克思时代的政治经济批判到20世纪技术理性统治时代的文化批判的主题转换。我们发现,这种转换在很大程度上是以卢卡奇的物化理论为中介完成的。

二、理论中介:卢卡奇的物化理论

卢卡奇无疑是20世纪最有影响和富有传奇色彩的思想家之一,他开创了西方马克思主义思潮,又直接引导了东欧新马克思主义的成长与发展。他在引起巨大争议又给他带来巨大声誉的《历史和阶级意识》中,对马克思主义作出一种新的解读,同时确立了20世纪新马克思主义的一个最重要的主题,即对发达工业社会的文化批判。而这两方面内容都集中体现在他的著名的物化理论中。无论人们对卢卡奇的物化理论及其物化理论同马克思的异化理论之间的关系作出什么不同的评价,有一点是不可否认的,这就是,卢卡奇的物化理论同马克思的异化理论有着本质上的关联或一致性。然而,值得指出的是,卢卡奇于1923年发表他的物化理论时,马克思的《1844年经济学哲学手稿》尚不被世人所知,他是通过对韦伯、齐美尔等人的理论和马克思《资本论》中商品拜物教理论的研究而形成关于物化和物化意识的理论的。这充分体现出卢卡奇独具的理论创造性,同时也使他的物化理论同马克思的异化理论相比具有某些方面的新意。一方面,卢卡奇的物化理论和马克思的异化理论在本质精神上是一致的,都致力于批判现代人的生存困境,恢复人的自由自觉的和创造性的实践本质;但是,另一方面,卢卡奇的创新之处在于,他把物化同近现代的社会的理性化进程结合起来,从而确立了不同于马克思异化理论的批判主题,即对技术理性等异己的文化力量的批判。正因如此,可以认为,卢卡奇的物化理论构成马克思的异化理论同20世纪文化批判理论之间的中介。我们可以通过具体分析卢卡奇的物化理论来展示上述分析结论。

首先,我们通过比较卢卡奇关于物化现象的规定性和马克思关于异化现象的规定性可以清楚地看出这两种理论之间的本质上的一致性。卢卡奇借用马克思的商品拜物教理论来表述自己的物化概念。按照马克思在《资本论》中的理解，商品拜物教主要是指发达的商品经济结构具有以物的关系掩盖人的关系的本性；卢卡奇认为，这种商品拜物教现象正是现代人的物化现象，它使商品结构中物的关系掩盖了人的关系，或者说，它使人的关系变成了一种物的关系。在这种意义上，卢卡奇给物化现象下了一个明确的定义："在这里最重要的是因为这种情况，人自身的活动，他自己的劳动变成了客观的、不以自己的意志为转移的某种东西，变成了依靠背离人的自律力而控制了人的某种东西。"[①]显而易见，卢卡奇的物化定义同马克思的异化定义在本质上是完全一致的，例如，马克思描述异化劳动现象时指出，在资本主义商品经济条件下，"劳动所生产的对象，即劳动的产品，作为一种**异己的存在物**，作为**不依赖于**生产者的**力量**，同劳动相对立"[②]。

进一步分析我们可以发现，卢卡奇的物化理论同马克思的异化理论的一致性不仅体现在关于物化和异化的界定上，而且表现在其他许多方面。例如，他指出，物化现象"有客观和主观两个方面。从客观的方面看，一个充满客体和事物之间的关系世界拔地而起（商品和它们在市场上的运动）。控制这些客体的规律的确渐渐地被人们所认识，但即使这样，他们仍然把它作为能产生自身力量的隐蔽力量与之相对抗。这个人可以利用他所掌握的对自己有利的规律知识，但是他不能通过自己的活动来改变这个过程。从主观的方面来看，在市场经济充分发展的地方，一个人的活动成了与他自己相疏远的东西，一个人的活动变成了附属于社会自然规律的人类以外的客观商品，人的活动肯定是按消费品那样独立于人的方式"[③]。当我们把卢卡奇关于物化的客观方面和主观方面的规定性的这些论述同前述马克思关于"物的异化"和"人的自我异化"的论述加以联系和对比，可以更加清楚地看到卢卡奇物化理论和马克思异化理论在

---

① 卢卡奇：《历史和阶级意识：马克思主义辩证法研究》，张西平译，重庆出版社1989年版，第96页。

② 《马克思恩格斯全集》第3卷，人民出版社2002年版，第267页。

③ 卢卡奇：《历史和阶级意识：马克思主义辩证法研究》，张西平译，重庆出版社1989年版，第96～97页。

本质上的一致性。

其次，卢卡奇最具特色之处在于，他不是一般地分析传统劳动过程中以劳动产品对人的统治为表现形式的异化现象，而是把物化同现代社会的理性化过程结合起来，从技术理性对人的主体性发展的负面效应的视角揭示现代社会的物化现象。在这方面，卢卡奇吸取了韦伯的理性化理论和齐美尔的物化思想，从很多方面分析了理性化生产过程和社会机制对人的文化统治，即技术理性时代各种社会文化力量对人的主体性的消解。我们在这里可以提及卢卡奇所表述的理性化时代的几种物化形式。

人的数字化。人的数字化亦即人的符号化或抽象化，这是现代人所面临的一个重要的文化困境，它的产生与人类社会的理性化进程直接相关。以科学技术的飞速发展为依托的社会理性化进程并未像人们期待的那样成为解放人的力量，相反，在特定历史条件下这一进程导致了人的主体性的失落和人在机械体系中的抽象化和数字化，卢卡奇把这一现象归结为物化的重要表现形式。他指出，发达的商品经济遵循着"建立在被计算和能被计算的基础上的合理化原则"，它在不断理性化的进程中，逐步形成了依据商品本性和理性原则建立起来的机械化体系，这一专门化、理性化的生产体系和社会机制取得了超人的自律性，劳动者被整合到自律的机械体系之中，变成了抽象的数字，失去了主体性和能动性，其活动变成一个专门的固定动作的机械重复。

主体的客体化。与理性化过程中人的抽象化和数字化密切相关的物化现象是主体的客体化，即人由生产过程和社会历史运动的自由自觉的主体沦为被动的、消极的客体或追随者。卢卡奇指出，"由于工作过程的合理化的原因，当主体与根据预测的正在发挥作用的那些抽象的特殊规律相比较时，工人的人的属性和特征日益表现为只是错误的源泉。人既不是在客观上也不是在他同他的工作关系上表现为劳动过程的真正主人。相反，他是被结合到机械体系中的一个机械部分"①。

人的原子化。理性化和机械化时代的另一重要的物化形式便是人的

---

① 卢卡奇：《历史和阶级意识：马克思主义辩证法研究》，张西平译，重庆出版社1989年版，第99页。

原子化，即人与人的隔膜、疏离、冷漠，人与人之间丧失了统一性和有机的联系，完全成了各自孤立的、被动的原子。在这种情况下，社会完全是按照物的关系和物的原则组织起来的，人的关系被物的关系所吞没和掩盖。用卢卡奇的话说，"生产过程被机械地分解为它的组成部分，也破坏了在生产还是'有机的'整体时个人和社会之间的紧密联系。在这一方面，机械化也把他们分裂成孤立的、抽象的原子，他们的工作不再把他们直接地有机地结合在一起；由于禁锢他们机械抽象规律的作用，在日益扩大的范围内，他们成了中介"①。

通过对人的数字化、主体的客体化、人的原子化等物化形式的剖析，卢卡奇比较深刻地展示了发达工业社会条件下由于工具理性或技术理性的过分发达而导致的人的文化困境。同马克思相比，卢卡奇更加注重从人的活动方式本身，即从文化层面来展示物化结构和物化现象的负面效应。从这种意义来看，卢卡奇的物化理论一方面在20世纪的历史条件下继承和深化了马克思的异化理论，另一方面也开启了法兰克福学派以技术理性批判为主要形态的文化批判思路。

三、典型范例：法兰克福学派的技术理性批判

马克思异化理论所蕴含的以人的存在为依据、以人的解放为宗旨的文化批判精神，经过卢卡奇物化理论这一中介，在20世纪的文化危机背景中被当代一些思想家转换成以发达工业社会的技术理性统治和技术异化为对象的文化批判理论。法兰克福学派的技术理性批判理论是20世纪文化批判理论的典型范例。应当说，霍克海默、阿多尔诺、马尔库塞等法兰克福学派思想家不具备卢卡奇那样的睿智，他们未能像卢卡奇那样在马克思的《1844年经济学哲学手稿》发表之前就通过马克思的《资本论》体悟到异化理论的精髓。但是，当马克思的"手稿"在1932年一发表，法兰克福学派代表人物和其他一些理论家立即发现了其中所包含的深刻的文化批判精神，并由此发现了卢卡奇物化理论之深刻，也发现了卢

① 卢卡奇：《历史和阶级意识：马克思主义辩证法研究》，张西平译，重庆出版社1989年版，第100页。

卡奇物化理论同马克思异化理论的本质关联以及异化理论、物化理论对于研究20世纪人类的文化困境的极端重要性。马尔库塞在马克思关于异化理论的手稿发表的当年即1932年,就发表了以研究马克思的异化理论、批判当代人类的文化困境为主要内涵的专著《论历史唯物主义的基础》。在这种理论和文化背景中,法兰克福学派思想家把马克思异化理论的文化批判精神同卢卡奇物化理论的批判主题结合起来,形成了以发达工业社会为背景的独特的文化批判理论:技术理性批判。

技术理性批判思潮的兴起同西方文化精神在19世纪和20世纪所经历的文化危机直接相关。从古希腊时代起,理性主义一直是西方文化的基本精神之一,古希腊哲学家在本体论层面上对"宇宙理性"的揭示建构起西方人最基本的理性主义文化信念:世界是合乎理性(即逻各斯)的存在结构,人作为理性的存在物可以通过理性把握世界的结构,从而控制和操纵自然。在近现代,这种理性主义同现代科学技术相结合,形成了技术理性主义文化信念。一方面,人们相信,人可以凭借理性把握的手段或技术征服的办法来无限地控制自然,而不必求助于某种超人的实体或力量,另一方面,人们相信,人对自然的理性把握和技术征服的结果必然是人的自由和主体性的增长,并且会导致人的最终解放和完善完满。这一技术理性主义文化信念在几个世纪中一直是西方科学技术和工业文明发展的主要文化支撑力。

然而,在20世纪,技术理性主义文化信念开始发生危机。现代科学技术的高速发展的确提供了前所未有的物质财富和高质量的物质生活条件,但并没有像人们期待的那样,同时带来人的全面自由和人的解放,相反,在现代技术世界中,人由于受制于自己的造物和丧失了超越的维度而陷于深刻的异化之中。在这种背景中,对科学技术和技术理性的文化批判思潮开始兴起,韦伯对工具理性的批判、胡塞尔对欧洲科学危机的分析和对实证主义的批判、齐美尔对现代技术世界的物化和异化的批判等,都是这一思潮的重要表现。相比之下,新马克思主义对技术理性的批判更为全面与深刻,其中,法兰克福学派的"启蒙辩证法"、"单向度的人"、"作为意识形态的科学与技术"等理论最具代表性。

霍克海默和阿多尔诺于40年代发表的《启蒙辩证法》是法兰克福学

派技术理性批判的代表作。这里的启蒙运动泛指近现代强调理性至上性和人对自然的技术统治权的各种理性启蒙思潮，其核心是技术理性主义，它强调理性万能，其目的是用知识取代神话，把人类从迷信和愚昧中解放出来，并通过人对自然的技术统治来增强人的自由和本质力量。而“启蒙运动”的悲剧性辩证法就在于，它的上述目标非但没有达到，反而走向了反面，走向了启蒙的自我摧毁，结果，启蒙退化为神话和新的迷信，对自然的统治导致人与自然关系的破坏和人与人的异化，导致技术对人的自由和个性的扼杀。他们认为，现代科学技术聚合成一种全面统治人的总体力量，“今天，技术上的合理性，就是统治上的合理性本身。它具有自身异化的社会的强制性质”；在这种条件下，人处于深刻的异化状态之中，“不仅对自然界的支配是以人与所支配的个体的异化为代价的，随着精神的物化，人与人之间的关系本身，甚至个人之间的关系也神话化了”①。

马尔库塞关于单向度的人（单面人）的理论，表述了深刻的技术理性批判思想。他提出一个著名的公式：技术进步 = 社会财富的增长 = 奴役的扩展，以此来揭示科学技术进步和技术理性发展的两面性。他认为，在现代，科学技术不再是中性的，它在带来巨大的物质财富的同时，也变成了一种操纵和统治的力量。这种技术统治取代了传统的政治统治，使社会统治具有了技术的性质。由于技术统治采取的形式主要不是强权和暴力，而是越来越多的财富和消遣，所以它具有更大的合法性外观。人由此被消解到给定的秩序中，丧失了批判和超越的维度，成为与现状认同的单面人或单向度的人。马尔库塞指出：“思想的独立性、自觉性及政治对立的权利，在一个似乎日益能够通过其组织起来的方式满足个人需要的社会里，正逐渐被剥夺了基本批判功能。”②

哈贝马斯则通过揭示科学技术向意识形态的转变来展开他的技术理性批判思想。他明确指出，科学技术具有两重性：一方面，现代科学技术是“第一位的生产力”；另一方面，科学技术成为一种新形式的意识形态，即一种新的统治形式。科学技术由此而具有“一种辩护的功能”，其作用

① 霍克海默、阿多尔诺：《启蒙辩证法：哲学片断》，洪佩郁、蔺月峰译，重庆出版社 1990 年版，第 113 页、第 24 页。

② 马尔库塞：《单面人》，左晓斯译，湖南人民出版社 1988 年版，第 1 页。

是"阻挠人们议论社会基础",从而维护现行制度,为之提供合法性的解释。

从上述关于技术理性批判的基本视野出发,法兰克福学派成员又进一步展开了意识形态批判、大众文化批判、性格结构批判、心理机制批判等文化批判主题,形成了独具特色的文化批判理论。而其中技术理性异化是他们要解决的最根本的异化问题。这样,法兰克福学派成员都致力于揭示技术和技术理性异化的根源,并提出了不同的扬弃技术异化的方案。马尔库塞认为,导致技术理性成为一种极权主义统治力量的原因在于,现阶段的社会劳动组织方式出了毛病,否定理性被肯定理性所取代。而要消除技术理性的操纵统治功能,就要把价值整合到科学中,使科学技术具有一种内在的人本主义批判意识。哈贝马斯则认为,技术异化的原因在于,以工具合理性为特征的劳动的过度发达吞没了主体间的合理的交往行动,导致了交往行动的"不合理化",从而使人全面物化,屈从于技术社会的统治。因此,要消除技术异化,就必须以交往取代劳动的核心地位,确立交往行动的"合理化"。无论上述哪种解释,都以确立人的主体性为核心,这是因为,技术异化不仅表现为技术及其造物对人的外在统治,更重要的是,技术理性已经像卢卡奇所断言的那样,内化为人的物化意识,使人成为缺少超越维度和批判维度的工具性存在。因此,在 20 世纪的历史条件下,人的解放的根本出路在于反抗和超越技术理性等异化的文化力量所形成的人的生存困境。

综上所述,我们可以在一定意义上把从马克思的异化理论到卢卡奇的物化理论,再到法兰克福学派的技术理性批判视做 19 世纪至 20 世纪人类文化批判理论演化的一个缩影。揭示这一理论发展的思路,有助于我们更深入地理解当代人类思想演进的逻辑。同时,以马克思的异化理论为思想渊源,以卢卡奇的物化理论为理论中介,以发达工业社会为批判对象的法兰克福学派技术理性批判理论,对于中国的社会转型和市场经济建构也具有重要的借鉴意义。但由于法兰克福学派所面对的是已经十分发达的工业社会,而我们面对的则是刚刚开始建构的工业社会和市场经济,因此,我们不能完全照搬这种理论,尤其不应因为对技术异化和技术理性统治的批判而妨碍我们的现代化事业,因为我们目前所遇到的主要问题不是科学技术的过分发达而导致的人的物化和异化问题,而是由于科学技术的不发达和未经历技术理性启蒙而导致的自在自发的文化模式问题。但是,深刻地汲取西方发达工业社会发展历程中的经验和教训,有助于我们在大力发展科学技术的同时,尽量避免科学技术过分发达可能导致的人与人的异化和人与自然的生态破坏等消极后果和负面效应,以寻求社会进步和人的全面发展协调同步的现代化道路。

第三编

东欧新马克思主义的人道主义诉求

“具体的总体”与辩证法

——科西克的具体辩证法初探

捷克当代著名哲学家 K. 科西克于 20 世纪 60 年代初以《具体辩证法》一书奠定了自己在当代哲学论坛上的一席地位。此后，《具体辩证法》被翻译成多种文字，成为当代人本主义哲学、20 世纪非正统马克思主义、东欧新马克思主义等研究领域的研究者和批评者的重要课题之一。在中国，虽然近年翻译出版了《具体辩证法》一书以及国外学者评述具体辩证法的几篇文章，但是，哲学界对科西克的具体辩证法尚缺少基本的了解与研究。因此，对这一哲学思想的探讨首先应从基本的介绍与评述开始。

一、具体辩证法的“具体”

具备马克思主义哲学常识的人，都非常熟悉“具体（性）”范畴，因为“对具体问题具体分析”和“从抽象到具体”等方法论和认识论原则在马克思主义哲学中占据重要的地位。然而，科西克具体辩证法的“具体”不是一般指谓事物的某种属性或人的思维和认识的某种属性的功能概念。“具体”同“总体”一样，它本身就构成一种实体性的存在。科西克认为，从抽象上升到具体并非思维运动本身所特有的整理对象和再现对象的活动形式,而首先是事物或实在本身的运动形式。“阐释是一种方法,它证明,事物的展开是从抽象进入具体的必然转化”①,即从未分化的整体开始,经过自我分裂而达到更高的统一体,达到具体(多种规定性的统一)。进而,科西克认为,事物或实在自身的这种从抽象到具体的运动从根本上说表现为人类实践活动的自身运动,这是因为,人所谈论和涉及的对象与实在总是以人的实践活动为基础而对人生成与展开的东西。“实在主要地不是作为直接直觉、研究和推论的对象矗立在人面前,与存在于世界之外的和超越世界的抽象认识主体处于相反相成的两极关联之中,而是作为人的感性的——实践的活动的王国而存在,后者构成了对实在进行直接的实践直觉的基础。”②一言以蔽之,科西克所说的具体就是以人的实践为基础而生成的总体。“具体”和“总体”本质上是同等含义的存在。

确立起具体(总体)与人的实践之间的本质关联,这只是对具体和总体的非常一般性的把握。如果把迄今为止的历史内涵和人类存在状态纳入我们的视野,就会发现,必须对具体和总体作出更深入的分析与把握。科西克区分了两种类型的实践:革命的——批判的实践和直接功利主义的或拜物教的实践。在他看来,人只有以革命的——批判的实践才能建构起真正的具体和总体,即“具体的总体”。这一“具体的总体”不是给定事实的无所不包的集合,而是以人的革命的和批判的实践活动为基础的“结构性的、进化的、自我塑造的整体”。换言之,这是人作为“真正的历史主体”通过塑造外物和自我塑造而建构起的社会历史总体。而功利主义的或拜物教的实践是人之自在的、自发的活动或片面的、残缺不全的、异化的活动。这种低层次实践活动的结果,一方面是尚未分化的和自在的整体,即“伪具体”;另一方面则是空洞的、抽象的或自律的、凌驾于个体之上的“虚假的总体”。伪具体和虚假总体构成与具体的总体(真正的具体)相对立的“伪具体的世界”。

通过对具体(总体)的界定和类型划分,可以看出,科西克的具体辩

---

① Karel Kosik, *Dialectics of the Concrete*, Dordrecht, Holland: D. Reidel Pub. Co, 1976, p. 17.

② Karel Kosik, *Dialectics of the Concrete*, Dordrecht, Holland: D. Reidel Pub. Co, 1976, p. 1.

证法并非一般的方法论和认识论体系，而是一种独特的哲学人本主义立场，它同东西方新马克思主义的实践哲学、希望哲学、人学辩证法等等产生于同样的文化氛围和理论背景。具体辩证法的宗旨是揭示人类摧毁伪具体性的世界、在革命的和批判的实践活动的基础上建构具体的总体的途径。因此，伪具体性世界的批判和具体的总体的生成是具体辩证法的两个相互联系的主题。

二、伪具体性的世界

从上述可见，所谓伪具体性世界是人在其中作为自在的和异化的存在而活动的世界，换言之，人在这一世界中所面对的实在和事物不是表现为他的自觉活动的产物，而是某种自在地、自律地运动的东西，某种独立于他、甚至统治他的东西。科西克指出："充塞于人类生活的日常环境和日常氛围之中，并以规则性、直接性和自明性而渗透到活动个体的意识之中的现象集合，构成了伪具体性的世界，这些特性为这些现象提供了自律性和自然性的外观。"①他进一步把构成伪具体世界的现象集合分为四类。

第一，尚未显现本质的外部现象世界。科西克指出："伪具体性的世界是一幅真理和欺骗相互映衬的画面。这里盛行着模棱两可的东西。现象即使在显露本质之时也在掩盖本质。本质在现象中展现自身，但只是在一定程度上、不完全地、只在某些方面和侧面展现本身。"②这即是说，伪具体世界首先表现为实在和事物的本质尚未得以显现与展开的现象世界。

科西克认为，虽然现象与本质没有根本的区别，本质不属于实在的另一个等级，但是，本质毕竟不同于现象，它不是"直接给定的"，而必须以现象为中介才能显现自身。而且，本质不会自发地或自然地、而必须以人的辩证的认识活动为中介而显现自身。"认识就是对一的分割"，就是把现象与本质分开。因此，为了不停留于现象世界的表面，必须求助于超越日常思维的辩证思维，必须求助于科学和哲学。然而，通过自然途径而产生的、自在地生存于日常环境中的人，并不能把自己提升到自觉的类本质

① Karel Kosik, *Dialectics of the Concrete*, Dordrecht, Holland: D. Reidel Pub. Co, 1976, p.2.

② Karel Kosik, *Dialectics of the Concrete*, Dordrecht, Holland: D. Reidel Pub. Co, 1976, p.2.

的层面,并不能凭借革命的批判的实践和辩证的思维而活动。他周围的世界是他的直接功利主义实践的产物,是自在地和给定地呈现在他面前的东西;他从未对世界存在的合理性与不合理性提出疑问,他只凭借日常的和习惯的行为模式就可以成功地存在下去。因此,对这一自在的主体而言,世界的现存状态,实在的表面现象,就是它的本质。

第二,人的拜物教实践的世界,即获取和操控的世界。科西克在这里主要揭示当代人的异化状态。人的实践异化为直接功利主义的、拜物教的、机械操控的活动,同时,人也成为自律的客观关系的操控对象。

科西克采用了海德格尔的术语,用"烦"来揭示当代人的这种异化状态。他认为,烦不是某种心理状态,而是孤独社会个体的一种在世方式。烦有三层基本含义:首先,社会个体陷入以他的参与和功利主义实践为基础的社会关系体系之中;其次,这一个体的活动以烦和获取为基本形式;最后,获取和烦的主体呈现为缺少分化与无名分,这主要指主体的自在的和不自觉的存在状态。这样一来,人的实践活动降为以操作为主要内涵的异化活动。"劳动被分裂和非人格化到这程度,以至于在其所有方面——物质的、经营的和理智的方面——它都表现为单纯的获取和操作。"①

科西克认为,这种获取和操控是人们每日每时习以为常地、机械地重复的动作,它表明人的活动和人的关系已经物化和拜物教化。"获取是现象上采取异化形式的实践,它并未指明人的世界(人和人类文化的世界,使自然人化的世界)的起源,而是通过受雇于一个现成给定的'事物',即工具的体系之中的人,来表达日常操作的实践。在这一工具体系中,人本身成为操控的对象。操控(获取)的实践把人既转变为操纵者,又转变为操控的对象。"②显然,这是20世纪异化的和无主体的技术世界和机械世界的真实写照。

第三,日常生活和日常观念的世界。科西克认为,日常生活是古往今来任何时代任何人均不可缺少的活动领域,但也是一个具有很强惰性和

---

① Karel Kosik, *Dialectics of the Concrete*, Dordrecht, Holland: D. Reidel Pub. Co, 1976, p. 38.

② Karel Kosik, *Dialectics of the Concrete*, Dordrecht, Holland: D. Reidel Pub. Co, 1976, p. 39.

保守性的自在的，甚至异化的领域。日常具有可重复性与可替代性：日常中的每一天都可以为相应的另一天所替换；任何一个日常生活主体都可以为另一个主体所替换。日常生活主体同操控和获取的世界中以烦的方式在世的主体一样，表现出一种未区分和无名分。“在日常中，活动和生活方式被转变为本能的、下意识的、无意识的和不假思索的活动和生活的机制：事物、人、运动、工作、环境、世界——它们不是按其创造性和真实性而得以理解，它们没有被考查和被发现，而只是存在于那里，被当做存货，当做已知世界的组成部分而加以接受。日常呈现为未分化的黑夜，机械和本能的黑夜，即表现为熟知的世界。”科西克认为，对这一自在的和异化的日常世界，必须持批判的态度。“日常熟悉的世界并非已知的和被认识的世界。为了表现它的实在，必须撕破拜物教化的熟悉，暴露其异化的残忍。”①

第四，人在其中沦为“经济人”的给定的或固定的客体的世界。科西克指出，物的社会运动只是人与人交往的一种历史形式，经济不过是人的社会产品的对象世界。但是，在现实中和在人们的观念中，经济因素同人的实践活动的这种关系被斩断了，物的社会运动掩盖着人及其产品的社会关系。结果，经济因素和物表现为一种给定的自然条件，呈现为给定客体的世界，从而，人们很难看出它们是人的社会活动的结果，不仅如此，人本身也由主体降为客体，他反过来受经济因素和物的统治，被一体化到经济体系之中，被整合进一个超个体的类似规律的整体之中。这种意义上的人是“经济人”。科西克指出，“在进入经济关系之时，人就不依自己的意志和意识为转移地被纳入职位和类似规律的关系之中，在这里，他作为一个经济人而发挥功能，他只有在完成了经济人的角色的情况下，才能生存和实现自身。因此，经济是这样的生活领域，它具有把人转变为经济人的倾向，并且把人纳入统治他和改变他的客观机制之中”②。

总括上述四个方面可以看出，虽然科西克没有过多地使用“异化”范畴，没有概括出几种异化形式，但他所揭露和批判的伪具体世界就是一个

① Karel Kosik, *Dialectics of the Concrete*, Dordrecht, Holland: D. Reidel Pub. Co, 1976, p.43, p.48.

② Karel Kosik, *Dialectics of the Concrete*, Dordrecht, Holland: D. Reidel Pub. Co, 1976, p.52.

异化的世界,一个物化的世界。从这种意义上说,他的具体辩证法也就是一种特殊的异化理论,一种深刻的社会批判理论。

三、"具体的总体"的生成

正如人们对异化的揭示不是为了承认和接受异化,而是为了扬弃异化;具体辩证法对伪具体性世界的揭示与探讨也不是为了自觉地与之认同,而是为了根本摧毁它与超越它,从而使世界真正成为人的实践的世界,成为具体总体的世界。如前所述,所谓"具体的总体"是指在人的革命的和批判的实践中自我生成、自我建构的社会历史总体,也就是扬弃了异化的"属人化"的世界。科西克认为,要使真正的总体,即具体的总体得以生成,必须以革命的和批判的实践为基础,摧毁伪具体。他指出三种摧毁伪具体的方式。

第一种方式是以辩证的思维摧毁伪具体。在以直接功利主义实践和日常思维为主要活动方式的伪具体世界中,现象取代或掩盖本质而处于核心地位。要打破人与现象世界自在地认同的状态,必须使人超越日常思维,从而求助于或上升到科学和哲学思维的层次上,也就是学会运用辩证的思维。科西克指出,"辩证法是日常观念的教条主义系统化和浪漫化的对立物。力求充分认识实在的思维既不会满足于这一实在的抽象图式,也不会满足于它的同样抽象的观念。因此,它必须扬弃直接日常交往世界的表面自律性。这样,摧毁伪具体以达到具体的思维也就是在表象世界之下揭示真实世界、在现象的外表之下揭示现象的规律、在可见的运动背后揭示内在的真正运动、在现象背后揭示本质的过程"①。

第二种方式是以人类的革命的和批判的实践摧毁伪具体,这也就是人的人道化。科西克认为,辩证的和批判的思维对于摧毁伪具体固然十分重要,但它只是革命的和批判的实践的一个方面,因为伪具体并非纯粹思维的产物,而是人的直接功利主义实践的结果。因此,只有把人的活动提升到革命的和批判的实践的层次上,真实地建立起人与自然、人与类、人与社会实在的自觉的统一,才能真正地摧毁伪具体。这充分体现出人

① Karel Kosik, *Dialectics of the Concrete*, Dordrecht, Holland: D. Reidel Pub. Co, 1976, p. 6.

构造实在与认识实在的统一。科西克指出，“对伪具体的摧毁，即通过消解物的世界和观念世界中拜物教化的人造物而透视其实在的辩证的——批判的思维，当然只是作为改变实在的革命方法的辩证法的另一面。要批判地解释世界，解释自身，就必须植根于革命实践……实在之所以能被以革命的方式加以改造，只是因为我们自己建构了实在，而且我们知道实在是我们建构的”①。

第三种方式是通过真理的实现和个体发生过程中人的实在的建构来摧毁伪具体。科西克认为，真理的世界也是每一作为社会存在的个体的创造物，因此，每一个体都必须占有自己的文化，都必须自己引导自己的生活而不要别人代理。这一方式实际上是前两种方式的进一步发挥。无论是以辩证的和批判的思维，还是以革命的和批判的实践来摧毁伪具体，其目的都不是为了揭示某种给定的事物集合或实在，而是为了把个体从直接功利主义实践和日常思维的层次提升到革命实践和辩证思维的水平上，从而建立起每一个体的创造性实践同具体的总体之间的自觉关系，使每个人都能自觉地建构自身与自己的世界，在实现“客体”的解放的同时实现“主体”的解放。

四、实践：具体辩证法的核心

从上面论述可见，迄今为止，人主要生存于充斥着异化的伪具体世界之中，尚未实现自己的自由和创造性的实践本质；摧毁伪具体的关键在于使人从直接功利主义实践的层次提升到真正的实践的层次之上。因此，构成具体辩证法的核心范畴的正是真正意义上的实践，即革命的批判的实践。科西克认为，实践不是单纯的认识论范畴，也不是一种简单的技术或操作。实践范畴致力于回答“人是什么”，“社会人类实在是什么”，以及“这一实在是如何形成的”等问题，因此，在实践中也发生着“某种具有本体论意义的事件”。科西克关于实践范畴的人本学和本体论内涵的论述，主要体现在两个方面。

第一，实践是人特有的存在方式，是人的实在，即人的世界的存在根

---

① Karel Kosik, *Dialectics of the Concrete*, Dordrecht, Holland: D. Reidel Pub. Co, 1976, p. 7.

基,人凭借革命的和批判的实践活动而建构并认识实在。科西克指出:“由于实践是人特有的存在方式,所以它在一切表现形式中渗透到人的存在的本质中,而不是仅仅决定人的存在的某些方面和某些特征。实践渗透人的整体,从总体上决定人。实践不是人的外在决定因素:无论机器还是狗都没有实践,也不懂实践。”这样,实践作为人特有的存在方式,为人的认识、人的世界的生成、人与自然的统一提供了基础。“实践在历史中是能动的和自我创造的,即是说,它是人与世界、物质与精神、主体与客体、产品与生产能力之间不断更新和实际建构的统一体。”①

第二,实践不仅构成人类实在和人的世界的基础,而且具有向一般实在开放,即向人之外的自在存在开放的本体论维度。科西克指出,“虽然在实践的进程中形成的是独特的人的实在,但是独立于人的实在也以特定方式存在于实践进程中。在实践中,人向一般实在的开放性得以形成。人的实践建构存在的过程构成本体论的可能性的基础,即对存在的理解的基础。建构(社会—人类的)实在的过程是揭示和理解一般实在的前提。实践作为构造人的实在的进程也是按其存在来揭示宇宙和实在的过程。实践不是封闭于社会性和社会主体性的偶像之中的人的存在,而是人对实在和存在的开放性”②。

这里,科西克是在试图回答实践哲学和哲学人本主义立场常常面临的难题或常常遭致的指责,这就是,如何以人的活动或人的存在去说明自在宇宙或一般的实在。他认为,人并非无条件地创造一切,但是,人在实践中的确具有向一般存在开放的维度。当我们构造现实,同时从精神上和理智上再现它们时,我们就对世界、事物和过程有所了解;当我们同属人实在建立起自觉的关系时,也就间接地同世界总体建立起关联。正是在这种意义上,人的实践具有十分重要的本体论内涵,人由此成为人本学—宇宙学的存在。“在作为建构存在的过程的实践的基础上,人也发展起向外延伸,超越自身,从而向一般存在展现自身的能力。人并非封闭于他的动物性或社会性之中,因为他不是人本学的存在。宁可说,他在实践

① Karel Kosik, *Dialectics of the Concrete*, Dordrecht, Holland: D. Reidel Pub. Co, 1976, p. 137.
② Karel Kosik, *Dialectics of the Concrete*, Dordrecht, Holland: D. Reidel Pub. Co, 1976, p. 139.

基础上展示自身以达到对存在的理解。因此，他是人本学—宇宙学的存在。实践业已展示为真实的能动中心的基础，展现为精神与物质、文化与自然、人和宇宙、理论和行动、生存者和存在、认识论和本体论之间的真正的历史中介。”①

综上所述，通过对具体范畴的界定、伪具体性世界的批判、具体的总体的探讨、作为人本学—宇宙学范畴的实践的揭示，我们初步展示出科西克具体辩证法的基本构架。它实质上是关于人的实践及其总体的哲学人本学。无论就其理论背景而言，还是就其对现实历史的关注而言，具体辩证法都属于当代哲学和当代文化的产物。因此，我们对它的评价也应从这里入手。

首先，从理论背景上看，问题颇为复杂。在具体辩证法中，我们既可以看到马克思异化理论的源流，也可以感受到存在主义的影响，还可以发现新马克思主义的实践哲学、社会批判理论的影子。这种复杂的理论背景的确有促使科西克努力地、更为全面地思考问题的优点。如前所述，他不是一般地强调人的活动的创造性，也不是单纯在属人世界的阈限内探讨人本学问题，而是通过实践向一般实在的开放性来试图确立人作为人本学—宇宙学的存在的位置。但是，理论背景的复杂性导致了对这一学说性质的把握和评价的歧义性。不同的研究者从不同的角度把它划归从卢卡奇开始的实践哲学传统，或“海德格尔马克思主义”，等等。

其次，从理论的现实关注来看，具体辩证法是一种颇为深刻和独特的社会批判理论。它对伪具体世界的批判实际上包含着对工业文明条件下的日常生活、技术理性、物化劳动、普遍的异化存在等的全方位的深刻批判。但是，科西克所使用的晦涩的和深奥的语言，过于简练的、甚至格言式的叙述方法，以及海德格尔式的术语和表述，不能不影响具体辩证法的理论的透明度，导致了理论观点的歧义性，并由此而削弱或掩饰了这一哲学立场的批判性和革命性。当然，这也是我们需要对具体辩证法作更为深入和具体的分析和探讨的原因之一。

---

① Karel Kosik, *Dialectics of the Concrete*, Dordrecht, Holland: D. Reidel Pub. Co, 1976, p. 139.

人的需要及其革命

——布达佩斯学派“人类需要论”述评

随着科学技术的进步和人类物质生活条件的改善，随着人类意识和人类精神的进化与自觉，人的需要、人的潜能和人的价值问题在当代哲学、社会学、人类学和心理学等领域的研究中占据日渐突出的地位。人本主义心理学家 A. H. 马斯洛（Abraham H. Maslow）的基本需要层次理论和其他著名思想家有关需要的理论建树已逐渐为人们所熟知。在这些理论探讨中，由 G. 卢卡奇（Georg Lukacs）的学生 A. 赫勒（Agnes Heller）、F. 费赫尔（Ferenc Feher）、G. 马尔库什（Georg Markus）和 M. 瓦伊达（Mihaly Vajda）等人组成的布达佩斯学派的见解占据不可忽略的地位，他们提出了一种独特的需要理论，一般被中文译为“人类需要论”（a theory of human needs）。布达佩斯学派的主要代表人物或发言人赫勒由于这一理论建树而获得 1981 年联邦德国的莱辛奖。我们可以以赫勒的思想为代表，从以下几个方面概要地把握布达佩斯学派的“人类需要论”的基本内容和逻辑结构。

一、需要构成关于人的问题的核心

众所周知，以卢卡奇的学生们为主体的布达佩斯学派是当代较有影响的人本主义新马克思主义流派之一,它同南斯拉夫实践派等思想家和理论家一道,被称做东欧新马克思主义。像当代诸多带有人本主义或人道主义特征的新马克思主义流派一样,布达佩斯学派的思想家也实现了哲学主题的转移。他们把自己的关注点和兴趣中心从外部世界或自然界的优先性问题、物质与精神的第一性问题、物质和运动的问题、客观规律性问题等等转向了人本身。例如,他们从社会性、劳动(对象化)、自由、意识、普遍性等方面探讨人的本质,从个体存在与类本质之间的分裂与矛盾来理解异化现象,并以此为基础而发展一种社会批判的立场。

然而,布达佩斯学派的理论建树主要不在于他们对人的本质的一般理论探讨,他们的独特建树主要在于对人类需要结构的具体揭示,即对人的需要的生成与满足的途径的探讨。赫勒曾经通过对本能、感觉、需要、道德、人格和历史六个方面的研究,试图建立一种社会人类学(Social anthropology)。

通过赫勒关于人的本能或本性的见解,我们可以从一个侧面了解布达佩斯学派对人的本质问题的见解,以及他们赋予人的需要问题的重要地位。在本能的研究中,历来存在着以弗洛伊德为代表的本能论派和以行为主义为代表的非本能论派的分野。赫勒则试图超越二者的对立。她在《人的本能》一书中明确表示,她既反对行为主义者根本否认人的本能或本性的做法,也不赞同本能论者在人的生物结构等第一本性中寻找人的潜能和人的本质的做法。赫勒认为,应当在人的历史地生成的"第二本性",即"心理—社会本性"(the psychological - social nature)中把握人的潜能和本质。她指出:"人不是生来就具有不可剥夺的本能,这是因为人生来就根本没有本能。人也不是一张'白纸'可以根据随时受到刺激而将刺激的结果留在'纸上'。但是人也不是一个生来就有类本质的化身,不是一个人的本质的化身。人确实有'第二天性',这一'第二天性'历史地得到了发展,并且在对象化中,在当今世界的个体中,作为一种相互影响而找到了化身。"①

---

① 艾格妮丝·赫勒:《人的本能》,邵晓光、孙文喜译,辽宁大学出版社 1988 年版,第 125 页。

这样，布达佩斯学派对人的本质、人的存在、人的主体性、人的价值、人的潜能等问题的把握主要集中于心理—社会层面，即文化层面。而在这一历史地生成的第二天性中，人的需要的生成与满足，即人类的需要结构，占据十分突出的地位。按照赫勒的说法，一切文化都是需要、矛盾和日常生活问题的产物，换言之，需要的丰富程度及其满足的程度反映了人性丰富的程度，反映了个体与社会发展的程度。正因如此，对人的需要的探讨成为布达佩斯学派关于人的问题的研究的中心。

二、需要的多元化及满足需要的民主程序

对人的需要的研究可以有不同的视角和不同的方法，当代哲学、社会学、人类学和心理学流派在这方面的研究中存有很大的差异和分歧。一些研究者致力于对需要的界定和对需要特征的把握。关于人的需要迄今尚无众所公认的定义。其中，一种典型的观点强调需要的普遍性和客观性，把需要视做预告设定的或被决定的客观要求，而另一种观点则强调需要的历史性、个体性和主体性，把人的需要同欲求、期望、欲望等主观因素等同起来。另一些研究者则热心于对人现存的需要进行分类，并研究不同的需要及其满足程度对于个体和社会发展的意义。马斯洛按照从低级到高级、从物质性需要到非物质性需要的顺序把人的基本需要分为生理需要、安全需要、爱的需要、尊重的需要、自我实现的需要五个基本层次。还有一些思想家从人的众多需要中区分出一些最为根本或最为重要的需要，例如，同一的需要、发展的需要和超越的需要；或者安全需要、福利需要、同一需要和自由需要。然后，他们从这些需要出发，建立起更为丰富与复杂的需要体系。

布达佩斯学派对人的需要的研究角度与上述探讨有所不同。赫勒认为，企图为需要下一个全面定义的人是在妄图“取代上帝的地位”。同时，她也反对把不同的需要划分为“真实的”和“虚假的”需要的做法。布达佩斯学派的出发点是需要的多元性、价值的多元性和生活方式的多元性。在他们看来，不仅每一个体的需要具有层次性和多元性，而且不同个体、不同阶层、不同团体也有不同的需要结构。

从需要的多元性出发，布达佩斯学派对人的需要持一种宽容的、肯定

的价值态度。赫勒认为，对于他人的需要不应带有偏见或独断，不应以一种需要的名义而否定其他需要的价值和存在的理由。她认为，除了一种需要外，所有人的所有需要均应得到承认与满足。这种应当排除的需要就是把他人当做纯粹手段的需要。在这方面，布达佩斯学派显然接受了由康德明确表述为当代众多人本主义流派所公认的基本命题：人是目的，而不是手段。赫勒指出："有一种需要对于全部需要满足构成了困境，如满足这种需要则要求人成为其他人的需要如剥削或压迫的纯粹工具。"除此以外，人的所有其他需要，无论存有多大差异或分歧，都应具有平等的地位。用赫勒的话来说，"除了那些其满足将使人变成其他人的纯粹的工具的需要之外，所有的需要都应得到承认和满足"①。

然而，虽然从原则上讲所有需要（把他人用做纯粹工具的需要除外）都应得到承认与满足，但是，在现实中并非所有需要都具备获得满足的条件。可以肯定地说，由于人的生存和人的需要的满足有赖于各种必备的条件，并且人的需要不是一个给定的常量，而是一个历史变量，所以，在人的多元的需要与特定历史阶段和特定社会中满足人的需要的条件之间总是存在着相当的差距。这样一来，总是存在着优先满足何种需要的问题。这显然是一个价值选择的问题。而在价值多元化的情况下，对需要的选择也必然是多元的，甚至是冲突的。赫勒认为，从本体论来讲，解决上述矛盾的出路在于形成一种对需要进行选择的民主化程序或系统。

这样，布达佩斯学派把民主化原则引入了对人的需要结构的探讨之中。这里，所谓人的需要结构主要指一个特定社会对于众多需要得以满足的程度和顺序所形成的规则或习惯体系。赫勒认为，最理想的需要结构就是上述按照民主化原则所建立的满足需要的程序。对此她做了描述："最适合于规定需要满足先后顺序的系统是通过公众民主的争论来使决定本身制度化那样的系统。在这样的争论中，代表了相同的现实的需要的社会力量决定（总是通过意见一致的方式得到重复）何种需要满足应该优先于何种其他需要的满足（同样得到承认）。因而顺序的建立并

---

① 凯特琳·勒德雷尔主编：《人的需要》，邵晓光等译，辽宁大学出版社 1988 年版，第 236 页。

不以任何方式同意见一致的民主原理相冲突。”①

三、以激进需要为核心的需要革命

从理论上讲，布达佩斯学派对人的需要的充分肯定反映了人类追求人自身的完善，追求人的自由和全面发展的一种美好的理想信念。但是，当我们把具体的社会现实纳入我们的视野时，就会发现，人类迄今为止的历史一直为物质的匮乏、生存的窘迫、四分五裂的战争与冲突所笼罩，基本的生存需要压倒了其他需要，而把他人用做手段或工具的需要常常借助权力的支撑而宣布其他需要为无效。因此，布达佩斯学派所设想的决定需要的满足顺序的民主程序或系统在迄今为止的历史中更多的是作为可能的或理想的理论原则而存在，作为一般的人道主义呼吁而存在。

布达佩斯学派也充分意识到理论原则同社会现实的反差或冲突。他们分析道，每一现代社会的权力结构都内在地包含具体的需要系统的选择性，它通过作为需要的满足形式的对象化（产品、社会组织等等）而确定需要的满足程序的因素不是民主选择，而是社会权力机构的政治管理。从原则上讲，可以有不同类型的需要管理，如卢卡奇所说的“优化管理”和“野蛮管理”。所谓优化管理，是通过对现存需要的承认来进行的，这也就是布达佩斯学派所设想的通过民主程序而确定的满足需要的序列。但是，在现存历史条件下，由于人身依附关系和奴役关系的存在，野蛮管理常常不可避免。这种管理的出发点不是对现存需要的承认，而是把现存的需要说成是非现实的，它通过“独裁的决定”来禁止意在满足现存需要的对象化的出现。

布达佩斯学派把这种对需要的“野蛮管理”称之为“对需要的专政”（dictatorship over needs）。这种“对需要的专政”不但否认多元需要的现实性与合法性，阻碍多元需要的满足，而且为将他人用做工具的需要的满足提供了条件。赫勒指出：“无论何地，只要其社会关系是以附属和等级为基础，只要就权力而言存在占有和不占有，只要财产的占有（支配权

---

① 凯特琳·勒德雷尔主编：《人的需要》，邵晓光等译，辽宁大学出版社 1988 年版，第 232 页。

力）属于一些人不属于他人，那么在这样的地方总存在着将其他个体用来作为纯粹手段的需要。在这些社会中，实际上不可能承认所有的需要，更不必说满足这些需要了。”①

基于对现存历史条件下的需要结构和需要管理的分析，布达佩斯学派认为，人类应当进行一场“基本需要革命”，彻底改变目前人类的大多数需要屈从于少数不正当的需要，即奴役他人或把他人当做纯粹手段的需要的现状。赫勒认为，青年马克思以异化理论为根据对现存社会进行了超越性的批判，他所设想的彻底的革命从根本上说是基本需要的革命。人的需要的这样一种变革的具体内涵是对现存需要结构的改造，根本消除现存需要管理的非民主化，从而在未来的联合生产者的共同体中产生一种新的需要结构，一种以人的自由和人性的丰富为中心的需要结构。

赫勒认为，实现人类需要结构的根本变革，不能求助于人之外的某种超人的力量。这一革命在很大程度上有赖于从人类的现存需要中产生出一种新的需要，即激进需要（radical needs）。这种激进需要的产生和具有激进需要的个体的出现，是实现基本需要革命的关键。所谓激进需要，是指那些产生于现存的以依附和统治为基础的社会之中，又无法在这一社会中得以满足的需要。显而易见，激进需要的满足要以超越现存社会为前提。赫勒列举了各种类型的激进需要：例如，每个人的个性的全面发展，通过合理的讨论而决定社会的发展及其内涵、方向和价值，自由选择的共同体的普遍化，人际关系的平等，社会统治的消除，等等。在当代社会，几乎每一左翼激进运动（如自治、生活方式革命、女奴运动等等）都以某种激进需要为内核。因此，正如需要本身的多元化一样，激进需要也是多元的，甚至可能是相互冲突的。但是，所有激进需要有一个共同的特征，它们都旨在超越现存以统治关系为基础的社会，消除那种把他人用做纯粹手段的需要。这样一来，具有激进需要的人也就是具有革命特征的人。

赫勒具体描述了具有激进需要的个体，即革命者的任务，她指出，“根

---

① 凯特琳·勒德雷尔主编：《人的需要》，邵晓光等译，辽宁大学出版社 1988 年版，第 241 页。

据马克思的观点，那些超越了以附属和等级为基础的社会的人是那些具有激进需要的人，他们是这样的一些人，其有意识的需要不能被这些需要所形成于的社会所满足。为了满足他们的需要，这些人必须通过建立'合作生产者社会'来超越他们特定的社会。'合作生产者社会'只有当进步的力量形成了能够在同压迫和剥削进行的不断斗争中，满足他们的激进需要的社会先决条件时，才能不再是理论的构想"①。在赫勒看来，这种自觉地体现激进需要并努力使之得以满足的革命的个体，虽然往往只是少数，却能代表着社会和人类前进的方向。"以激进需要为中心并围绕激进需要组织起来的运动只代表少数人，至少迄今为止他们只代表少数人。然而这些运动总是主张超越社会附属和等级的目的和热望，代表了全人类的价值和需要。"②

行文至此，布达佩斯学派的人类需要论的内在逻辑已经十分清晰了：除了把他人用做纯粹手段的需要外，人的一切需要都应得到承认与满足；由于现存社会中存在着非民主化的管理，即"对需要的专政"，所以必须进行彻底的需要革命，为不同的需要和需要系统创造平等的机会；需要革命的实现有赖于激进需要的产生和满足；而由此再作进一步的推论，就会发现，要使以激进需要为核心的左派激进运动切实达到超越现存社会的宗旨，则需要一种特殊的理论的指导。布达佩斯学派将这种理论称做激进哲学(radical philosophy)。

四、激进哲学的使命

当代各种左派激进运动的理论建构一般均可以称做激进主义(radicalism)。布达佩斯学派的激进哲学是各种激进主义理论中的一种。各种激进主义理论或激进哲学的根本之点在于对现存以依附和统治为基础的社会的"总体批判"。赫勒认为，在这种意义上，马克思是"左派激进主义的哲学大师"，他的目标是扬弃异化，扬弃个体和类之间的分裂，从而实现

---

① 凯特琳·勒德雷尔主编：《人的需要》，邵晓光等译，辽宁大学出版社 1988 年版，第241～242 页。

② 凯特琳·勒德雷尔主编：《人的需要》，邵晓光等译，辽宁大学出版社 1988 年版，第242 页。

“合理的乌托邦”(rational utopia)或“激进的乌托邦”(radical utopia),即人们通常所说的“共产主义”。

赫勒在《激进哲学》一书中概括了当代各种有影响的左派激进主义理论。在此基础上,她明确阐述了激进哲学的四重任务。第一,激进哲学必须发展“体现合理乌托邦的理想”。当然,“这并不是对未来社会的详尽无遗的描述,因为关于‘未来社会’我们几乎不能了解任何具体的东西。合理的乌托邦总是为现在而设计的,它的理想指出人目前所应前进方向上的——相对的——目标,以及人在目前所应为之行动的目标”①。第二,激进哲学不仅应当提出理想,而且必须为自己的合理乌托邦建立一种社会理论,以探索这一乌托邦的实际“可能性”。具体说来,它要提出人本学问题,建立社会批判理论以制定“改革的纲领”,并研究现存社会结构的起源。第三,激进哲学不能逃避回答“人的生活的存在问题”,因此,像所有其他哲学一样,它也必须提出“一种生活方式”,以激励“人的自由行动”,使人性得到充分发展。第四,激进哲学具有很强的实践性,它必须回答“人如何行动”的问题,即“为广义的政治行动制定计划”。因此,赫勒指出,“激进哲学应当把自己的合理乌托邦的价值应用于社会批判理论、生活哲学和政治理论领域,以便能够动员起每个行动的和思维的人,从而有助于消除人类的否定性选择。激进哲学必须变为实践,以便实践成为理论的(实践),以便人们能够把自己提升到哲学价值讨论的水平上……”②。

这样一来,激进哲学的任务或使命就是确立一种以人的自由和人性的发展为核心的合理乌托邦或激进乌托邦的理想,并从理论上探究这种乌托邦的可能性,在实践中将之付诸实现。换言之,激进哲学的宗旨无非是要实现合理的乌托邦或激进的乌托邦,而这一乌托邦的核心就是上文所述的激进需要的满足,也就是新的需要结构的生成。

在这里,我们应当注意到这样一种现象,在当代哲学和社会理论中,对于“乌托邦”一词有相去甚远的理解与界定,因而,人们赋予它的价值

① Agnes Heller, *A Radical Philosophy*, Oxford, England: B. Blackwell, 1984, pp. 146 – 147.

② Agnes Heller, *A Radical Philosophy*, Oxford, England: B. Blackwell, 1984, p. 153.

内涵也往往各不相同。一般说来,科学主义或实证主义思潮往往将“乌托邦”当做“空想”、“梦想”、“幻想”、可望而不可及之物的同义语,在否定的含义上加以运用;而一些人本主义流派则倾向于用“乌托邦”来指谓人类社会或人自身内在的批判向度,即超越现存社会的价值指向或要求,因此,像E.布洛赫等人完全在积极意义上使用“乌托邦”这一术语,把它视做人之为人所不可缺少的维度。显而易见,布达佩斯学派绝不是在“空想”、“梦想”的含义上使用“乌托邦”这一术语,而是在接近人本主义思潮的积极含义上用以指谓未来的人类共同体,即以人的自由和全面发展为基础的共同体。

这样,赫勒在表述了激进哲学的基本任务之后,又进一步把激进乌托邦的内涵加以具体化。尽管布达佩斯学派不赞同对未来社会作精确描述的做法,但他们还是试图作出某种基本的推断。赫勒认为,激进乌托邦有三个理想。第一,建立“理想的交往共同体”(ideal communication society)。这也就是民主观念的“总体实现”,因为它消除了所有统治,人人具有平等的权力。平等的人际交往和自主的活动将取代生产劳动和物质资料而成为日常生活的基本要素。第二,未来的交往共同体的道德是充分承认与尽可能满足人们的各种需要(当然,以他人为手段的需要除外)。“他人的需要必须得到无条件的承认。在我们不能满足这些需要的情况下,应当是我们去为它们作论证。如果我们不能满足某一需要,也不应对需要本身提出质疑。”①第三,合理乌托邦提出把人自我保护的义务作为理想,以达到类和个体的统一与丰富。赫勒指出,“‘人的类的丰富’意味着构成类的特征的所有物质的、心理的和精神的能力的发展。‘个体的丰富’意味着社会中每一个体所具有的一切物质的、心理的和精神的能力的运用与发展”②。

综上所述,布达佩斯学派的立足点是人的需要及其满足,他们的目标是通过人类需要结构的改造而达到人的个性的丰富以及个体与类的统一,一言以蔽之,使“世界成为人性的家园”。赫勒充满激情地宣布:“哲

① Agnes Heller, *A Radical Philosophy*, Oxford, England: B. Blackwell, 1984, p.16.

② Agnes Heller, *A Radical Philosophy*, Oxford, England: B. Blackwell, 1984, p.169.

学是创造世界者。哲学要求世界成为人性的家园，但是仅仅要求并不能使之发生。哲学的应该必须成为人的意志，以便有一天可以断言，它的确发生了。激进哲学必须成为激进运动的哲学，它必须‘打动群众’，它必须‘变为物质力量’，以便有一天可以断言：它的确发生了。”①

通过上述四个方面的简要论述，我们对于布达佩斯学派的核心理论——人类需要论获得了基本的了解。在论述过程中，我们结合一些具体观点将布达佩斯学派的见解同当代一些理论流派作了比较。在结束本文之前，我们可以尝试对这一需要理论作一点总体性的把握与评价。

首先，应当指出，无论布达佩斯学派的需要理论的具体结论如何，他们对需要本身的重视都表明他们对马克思理论遗产的继承。实际上，马克思主义创始人不但在进行政治经济学批判时，对需要和价值问题作过具体的研究，而且在对人类社会和人类历史的总体思考中，也赋予需要范畴以十分突出的地位，只是后来的马克思主义者对此没有予以足够的重视。马克思和恩格斯在《德意志意识形态》中把人的基本需要的产生与满足，当做历史活动的开端，当做物质生产与再生产得以存在的前提。他们指出：“人们为了能够‘创造历史’，必须能够生活。但是为了生活，首先就需要吃喝住穿以及其他一些东西。因此第一个历史活动就是生产满足这些需要的资料，即生产物质生活本身。”接着他们又写道：“已经得到满足的第一个需要本身、满足需要的活动和已经获得的为满足需要用的工具又引起新的需要，而这种新的需要的产生是第一个历史活动。”②

其次，布达佩斯学派对需要问题的研究有助于进一步引起当代哲学和社会理论对需要问题的重视。我们一般习惯于把人的生存需要和其他需要当做给定的前提，而直接从物质生产出发建构唯物史观体系。实际上，马克思和恩格斯对需要问题的重视以及人的需要问题在当代的日渐突出都清楚地表明，需要不仅是生产活动的前提，而且同生产的目的、人的存在的价值以及人类社会的优化等问题密切相关。因此，重视需要问题的研究有重要的理论意义和实际意义。

---

① Agnes Heller, *A Radical Philosophy*, Oxford, England: B. Blackwell, 1984, p. 134.

② 《马克思恩格斯选集》第1卷，人民出版社1995年版，第79页。

然而，可以看出，布达佩斯学派对需要问题的研究远未涉及这一问题的所有主要方面，而且他们的许多具体见解显然值得商榷。他们主要注意对人的需要结构的历史分析和对基本需要革命的构想。但是，实际上，还有许多问题有待深入研究。一方面，有必要深入探讨需要生成的条件，需要的特性，需要的种类，需要的层次，需要的满足与再生等有关需要本身的问题；另一方面，有必要探讨需要与物质生产和精神生产、需要与价值等等的关系。总之，布达佩斯学派的人类需要论只能为我们对需要的研究提供某种借鉴。

论实践派的实践范畴

众所周知,南斯拉夫实践派于20世纪六七十年代成为国际哲学生活中较有影响的新马克思主义流派。东西方的一些研究者和评论家基于不同的哲学立场和出于不同的动机,对它褒贬不一,很多评价大相径庭。80年代初,我国哲学界亦开始注意实践派的人道主义立场。实践派对实践和异化范畴的强调曾引起一些研究者的共鸣,但是对之敬而远之者或干脆持否定态度者亦大有人在。之所以出现这种情况,除了研究者的立场外,很重要的原因是人们往往习惯于按照自己对某些范畴和原理的先入之见来取舍、把握和评价其研究对象。

评价实践派观点的困难正在于此。实践派并没有自己特有的哲学范畴,它把传统马克思主义的实践、自由、创造性、异化、革命、批判等范畴作为自己理论的主要范畴,同时又赋予这些范畴以不同于经典辩证唯物主义的新含义。因此,在评价实践派哲学时,首要的问题是搞清它在什么意义上使用这些范畴。

在实践派的所有范畴中,实践一词无疑处于核心地位,它是理解实践派哲学的关键。为了避免歧义,实践派特选用来自希腊语的Praxis,以区别于实用主义的实践范畴和纯认识论的实践范畴，但是，“实践”一词所引起的误解和混乱并未由此根绝。在我国目前关于哲学体系改革的讨论中，人们亦越来越倾向于把自己的体系冠以“实践的……”，但实际上对实践的理解却一如既往。因此，尽可能准确地把握实践派对实践的理解，既有助于正确理解和评价实践派哲学，也会对我们目前的哲学改革有一定的启发和借鉴意义。

一、反映与实践

实践派的观点并非铁板一块。它的二十几名代表人物在研究领域和对具体问题的见解上都存有许多差异。他们对实践范畴的理解也不尽相同，但基本立场是一致的，都将实践视做自己所致力于建设的人道主义的马克思主义的核心范畴。从总体上看，在实践的地位上，他们经历了从辩证唯物主义的严格客观性立场向实践立场的转变，进而从认识论的实践范畴向人本—本体论的实践范畴的转变。而完成这一转变的契机是1960年的布莱德会议。

实践派形成于20世纪50年代，一般称之为人道主义派，后因1964年创办《实践》杂志而得名实践派。批判斯大林主义是50年代南斯拉夫哲学界压倒一切的任务。实践派哲学家最初也同其他哲学家一样，从辩证唯物主义立场出发，批判斯大林对理论与方法、唯物论与辩证法的割裂，以及对否定之否定规律的否定和对辩证法的修正。但是，经过对马克思1844年“巴黎手稿”的研究，他们在50年代末转而从马克思的人本主义立场对斯大林主义进行了再批判，认为斯大林主义不只是对马克思主义的一般修正，而且是对马克思主义的人道主义本质的反动，是马克思主义和社会主义的异化形式，因为在斯大林主义中根本没有人的地位。

这样，在批判斯大林主义的基础上，实践派哲学家开始致力于建设人道主义的马克思主义。而要建立一种真正的、从本质上和整体上而不是部分地作为人道主义的马克思主义，在他们看来，仅仅批判斯大林主义是不够的，同时必须突破传统的辩证唯物主义立场，因为后者过分地强调客观存在，特别是自然对人的认识、思维和现实活动的基础地位和决定作用，这样一种关于世界“是什么”的描述体系不能反映马克思以人为核心的革命的批判的立场。在辩证唯物主义的众多原理中,反映论最能体现上述辩证唯物主义的基本精神,因此,它成为实践派摆脱传统辩证唯物主义的第一个突破口。

1960 年在布莱德举行的题为"实践、主体、客体和反映"的讨论会上,实践派哲学家从本体论、认识论、人本主义、伦理学、美学、哲学史等不同方面对反映论立场进行了全方位的批判。他们一致主张以实践立场取代反映论立场。当时,实践派内部对实践的理解主要区分为两个层次:一些人注重实践的认识论意义,另一些人则强调实践的人本—本体论的地位。

马尔科维奇在"实践是认识论的根本范畴"的报告中系统地发展了认识论的实践范畴。在他看来,在关于反映和实践的争论中,实践立场显然具有不可取代的优越性,而反映论则退回到旧唯物主义把主体与客体视做给定的二元论立场。马尔科维奇把实践限定为改造自然环境、创造社会生活形式和人进行自我创造的"有意识的、有目的的和社会性的活动"。他认为,以实践为核心和出发点建构认识论有诸多优越性:首先,实践具有直接性,这符合间接知识应建立于直接知识基础之上的方法论原则;其次,实践立场可以发展一种令人满意的真理观;最后,重要的是,所有其他认识论范畴均潜在地包含于实践之中,因此可以通过逻辑分析从实践中引出主体、客体等重要范畴,从而扬弃反映论中主体与客体的给定性。

与马尔科维奇不同,彼得罗维奇、埃格尔加等人在批判反映论时更多地强调实践的人体—本体论的含义。彼得罗维奇在"真理与反映"的报告中指出,虽然不能简单地把认识论问题归结为人本主义问题,也不能简单地把人本主义问题归结为本体论问题,但是,关于思维的问题必须以人的问题为前提,这就是说,"认识论"问题的解决离不开"人本主义"问题的解决,而后者也不能离开"本体论"问题而真正得以解决。

彼得罗维奇认为,构成马克思主义认识论的出发点和基本立场的原理应是马克思关于"人是实践的存在的理解和思维是人的实践活动的形式的理解"①。而反映论无论作为关于人的生活真理性的理论,还是关于

---

① *Neki problemi teorije odraza*, Zrenjanin: Budućnost, 1960, p. 32.

意识的本质的理论或关于思维真理性的理论都是不成功和站不住脚的，因为它从根本上有悖于马克思关于人是实践的存在的理解。彼得罗维奇指出，既然人是实践的存在，而实践是自由的创造性的活动，那么作为人的能动活动形式之一的思维就不可能只是反映，实际上，对世界的任何一种反映或解释如果不在某种意义上改变世界，那是完全不可能的。

埃格尔加在题为“关于反映论的一些根本问题”的报告中持有与彼得罗维奇相同的观点，只是比后者更彻底和更激进地抛弃了反映论立场。在他看来，根本没有所谓“能动的反映论”，反映论本质上只有一种，它是建立在给定的主体与给定的客体相互对立基础之上的认识论，而这同马克思的立场是背道而驰的。埃格尔加认为，反映论所追求的不以人们主观意志为转移、同人们活动无关的客观存在与康德的“自在之物”无异，这种自在自然对马克思来说等于“无”。根据马克思的观点，构成人的认识和存在基础的不是所谓的“自在之物”，而是人化自然，即人的实践及其结果。因此对人而言，世界的统一性在于人的实践。

在布莱德会议上，人道主义派（实践派）对反映论的批判同辩证唯物主义派对它的捍卫相比占了绝对优势，以至于以后在南斯拉夫当代哲学发展中反映论问题很少再成为重要的讨论议题。当然，在对反映论的批判中，实践派内部存在差异，即对实践的认识论含义的强调和对实践的人本—本体论含义的强调。这一差异在某种意义上一直存在于实践派内部，但这并不是说这一差异已导致分歧双方各执一端。实际上只是考虑问题的侧重点不同：马尔科维奇在强调通过逻辑分析从实践范畴中引出主体、客体等其他重要的认识论范畴时，并不否认实践同时也是一个人本主义和本体论的范畴；而彼得罗维奇和埃格尔加并不否认从实践中分析出主客体范畴的重要意义，只是认为，更根本的在于，人的实践活动不断地生产和再生产出现实的主体与客体。

在此后的发展中，实践派哲学家更多地侧重于强调人本—本体论的实践范畴，以此建构作为实践哲学或革命的思想的人道主义马克思主义。因此，搞清他们所谈论的实践的人本—本体论含义是理解实践派哲学的关键。

二、人本—本体论的实践范畴

在哲学研究中常遇到的困难之一在于：愈是普遍的范畴，愈难作出公认的界定。实践就是这样一个极其复杂和十分普遍的范畴。很多哲学家甚至认为根本无法为实践下定义。不过在涉及实践问题时，人们还是努力以各种方式对之作出界定或解说。

实践派哲学家从不同侧面对实践范畴作了许多界定和解释。彼得罗维奇的实践定义较有代表性，他认为，根据马克思的思想，实践本质上是活动，是“人借以创造（制造、生产）和改变（形成）自己的历史世界和自身自由的、普遍性的、创造性的和自我创造的活动，是人所特有的使之根本区别于所有其他存在的活动”①。

应当说，如果仅凭借这一定义来评价实践派对实践的理解，那么即使坚持反映论立场的哲学家恐怕也不会对这一理解提出否定性的疑问。实际上，实践派对实践的理解并不限于这一抽象的定义本身，关键在于对这一定义的展开，即对定义本身的解释。那么，实践派究竟在什么意义上强调实践具有本体论含义？从他们的众多论述中可以发现两层基本思想。

第一，实践构成人的本质和存在方式，是人的存在的“本体论结构”。

毫无疑问，“人是实践的存在”这一命题是所有实践派哲学家都坚持的实践哲学的根本命题之一。如前所述，在他们看来，斯大林主义和传统辩证唯物主义的根本缺陷就在于否定或忽略了人在马克思主义中所应占据的中心地位。由此，实践派哲学家在建构人道主义的马克思主义时，首要的任务是对人的认识；而认识人的关键是把握人的本质；人的本质在他们看来就在于人所特有的存在方式，即实践。然而，人的问题并非全新的哲学问题，对人的本质的思考古已有之，而在康德的“三批判”之后，人的问题已成为当代哲学不可回避的最重要的主题。那么，为什么实践派要选定实践作为人的本质规定？

彼得罗维奇在探讨哲学史上对人的本质的各种界定时表述了这样一种思想：探讨人的本质决不意味着揭示出某种只有人具备而其他动物都

---

① *Theoria*, No. 1－2, 1985, p.175.

不具有的特征,如理性、思维、语言等等,也不在于揭示人所特有的区别于动物的全部特征,这不仅仅是因为类似的特征不胜枚举,更重要的是因为人并非各种属性的简单堆积和聚合。人是一个多层次、多维度的复杂存在,同时又是结构性和总体性的存在。因此,探讨人的本质就在于揭示使人作为一个统一的整体性的存在同其他一切存在方式根本区别开来的东西。彼得罗维奇认为,只有马克思所强调的实践才能担当此任。实践是人所特有的存在方式和本质活动。因此,"人是以实践的方式(形式)存在的存在。简言之:人是实践的存在"①。

从"人是实践的存在"这一命题出发,弗兰尼茨基强调实践的人本—本体论的含义。他断言,实践是人的存在的"本体论结构",这就是说,实践包括了人的存在的"所有方面",例如:"感性的—具体的、理论的—抽象的和情感的—体验的"方面②。马尔科维奇也认为实践是人的活动总体。他在《辩证的意义论》一书中把实践的主要内涵划分为六个方面:变革客观环境、社会合作、人际交往、经济创造、有目的的和价值的活动以及思想活动。

如果不拘泥于上述哲学家的具体差别,我们在这里可以看到他们关于人和实践问题的共同意向:不是把实践当做同认识活动相对立或相并列的特殊的感性活动,而是将之视做包括人的思维活动在内的人的总体性活动,因为在他们看来,人不是以某一方面同其他动物或其他存在区别开来,而是以这种总体性活动,以这种特有的存在方式使自身在整个存在王国中突现出来。

那么,人同其他动物的存在方式相互区别的具体内涵是什么?这已经包含于实践派的实践定义之中。动物总是保持它所是的东西,不能自由地与自己的对象相异,因为它不具有这种生产和改变自己周围世界的自由的创造性的活动;而人则打破自身与自在世界的自在统一,因为他以自己所特有的自由的普遍的创造活动不断扬弃自在之物的给定性,不断重新塑造出自己的对象和自身,给自在的自然打上人的印记。因此,本质

① *Ćovek danas*, Beograd: Nolit, 1964, p. 35.

② *Praxis*, No. 1, pp. 36 – 37.

的区别正在于存在和活动方式的不同："动物只为自身生产，而人却再生产出整个自然。动物片面地生产，而人则全面地生产。动物只根据它所从属的那个种类的尺度和需要生产，而人则懂得根据任何种类的尺度生产，他在自己的历史中越来越成为普遍的类。"①

第二，实践不仅是人的存在的本体论结构，也是人的世界存在和统一的真实基础。

实践作为人特有的存在方式，作为人的活动的"本体论结构"，其意义并不囿于把人同其他存在区别开来，把人提升到自然之上，它同时也深刻地改变着自在自然的存在方式，使人生活于其中的世界成为属人的世界，即是由人改变或重新塑造的世界。用纯哲学的术语来说，实践并非纯粹的人本学范畴，它同时也具有深刻的本体论含义。

彼得罗维奇在阐述实践的最高形式——革命时指出，人通过实践活动而进行的革命变革不只是人自身内部的改变，而且是"宇宙"中的改变。当然这决不是说作为革命的实践活动也在人之外的自在自然中发生，而是说，人的实践活动，人的革命变革在改变人自身的同时，不能不对所有其他存在方式产生深刻的影响。这是因为，实践不是同宇宙中其他存在形式相对的某种特定的存在形式，而是唯一自由的和创造性的存在。作为实践的存在，作为一种在自身结合了并超越了所有其他存在方式的存在，人无论如何渺小或短暂，都决不会对整个存在系列毫无意义。一言以蔽之，"无人的世界与有人的世界是不同的"②。

埃格尔加在《卡尔·马克思著作中的伦理学问题》一书中系统地阐述了人是实践的存在和自然是人的活动的产物的观点。他认为，实践作为人的本质是历史与世界、精神与肉体、精神性与物质性、存在与本质、自由与必然、人与人等等的"不可分割的统一体"。这一实践活动是感性的、对象性的、有意识的、自由的"否定之否定"。人凭借这一活动不断扬弃自然的给定性，不断重新塑造出自然和自身，在这种意义上，自然成为"人的自然"，成为人的世界。在这里，自然只有当它不再作为给定性的

---

① Veljko Korać, *Marksovo shvatanje, Čoveka, istorije i društva*, Beograd, BIGZ, 1962, p.210.

② Gajo Petrović, *Mišljenje revolucije*, Zagreb: Naprijed, 1978, p.74.

自然时才存在,而人只有当他成为人的自然时才存在。埃格尔加认为,在此之外讨论所谓的“自在自然”是没有意义的,它相当于康德的“自在之物”。自在自然只有进入人的活动领域,即人的世界中才对人的认识与实际活动产生意义。因此他断言:“正是历史……中的这一人的实践的——对象性的活动不但是自然世界和人类的基础,而且也是人的观察及他的存在的可能性本身。”①

三、实践的理想状态和历史困境

断言实践是人的本质规定性,是人的存在的“本体论结构”,是人的世界存在与统一的基础,这还只是在一般的、较抽象的意义上对实践范畴的界定,并未揭示它的全部内涵。要真正把握实践的意义,必须进一步展开它的具体规定。一方面,实践的定义已包含自由、创造性、普遍性、目的性等规定性于自身,因此,只有通过对这些范畴的具体分析才能把握人的存在的“本体论结构”特征;另一方面,自由的创造性的活动这一界定本身已决定了实践所具有的开放性、历史性和趋向未来的特征,它永远不会停留为既存和现存的东西,而是不断扬弃给定性和现存性,不断指向未来,因此对实践范畴的历史性分析也是揭示实践内涵的一个重要方面。由此可见,作为人的本质规定性和作为人的世界存在基础的实践在哲学上既具有描述功能也具有规范功能:它既是对人与世界“是什么”的揭示,同时在这一“是什么”之中已内在地包含着人与世界“应如何”的向度。在一定意义上可以断言,全部实践哲学或人道主义的马克思主义实质上不过是这种意义上的实践范畴的丰富内涵的展开,而这一逻辑演进的背后正是现实的实践活动中人与世界的不断生成,是人对自身与世界的生产和再生产。

正是基于这样一种立足点,实践派哲学家都十分注重对于自由、创造性、革命等构成实践本质内涵的规定性的探讨。很多人赋予自由范畴和实践范畴以同等的重要性,认为实践哲学也就是自由哲学。实践派哲学家普遍抛弃了“自由是对必然的认识”这一传统认识论的自由定义。在

① Milan Kangrga, *Etički problem u djelu Karla Marxa*, Beograd: Nolit, 1980, p. 197.

他们看来,“对必然的认识”充其量不过是自由实现的条件。自由从根本上是人的本质规定性之一,是实践的内在规定性之一,因而,不能离开人的本质即实践来理解自由。自由的本质不在于对外在必然性的认识与承认,而在于对给定性和外在制约性的不断扬弃,在于人的创造潜能的发挥。“人只有当其自身的创造性决定了他的活动,当他以自己的活动促使属人的东西的界限扩大时,才是自由的。”①

显而易见,在这里我们不可能把实践派关于自由、创造性、革命等基本范畴的论述逐一展开,这需要专文分析。然而,即使我们把这些内容都加以论述,也还不能断言这已包括了实践范畴的全部内涵,因为迄今为止对实践的界定与解释基本上是对理想状态的实践的一种描述。如果停留于此,固守实践的理想状态,而忽略人的存在现状,或者简单地把理想状态同现实相对立,断言这种理想状态的实践只存在于史前或未来的某个历史阶段,那都将停留在对人的抽象探讨的王国,很难同抽象的人道主义划清界限。

但是,实践派哲学家并未就此停步。他们在建立实践哲学时,始终没有忽略对人的本质即实践作历史的考察。他们没有忽略这样一个事实:人本质上是自由的创造性的存在。但是,人任何时候都不会达到永恒和完善,不会获得绝对的自由和创造性,在迄今为止的历史发展中,人的自由和创造性更多地处于被压抑和受束缚的状态之中。即使像埃格尔加这样对反映论、决定论等观点持完全否定态度的激进的实践派哲学家,在强调人是实践的、自由的创造物,自然是人的活动的产物时,也不是片面地强调人之无所不能,他并未否定在现实的历史进程中,人的自由的和创造性的活动总是要受制于外在的规律,总是要被自然性和给定性所制约。他所要强调的只是在于,这种给定性与自然性并不构成人的本质,相反,人的存在,无论如何微弱渺小,本质上都在于对给定性和自然性的扬弃,在于不断发展世界的属人本质。如果不是对自然性与给定性的不懈的扬弃,那么人既不会从自然中将自身提升出来,也不会作为自由的创造性的存在继续存在下去。

① *Čovek danas*, Beograd: Nolit, 1964, p.46.

因此,实践派在强调人的自由与创造性的同时,十分注重实践的历史规定性。在他们看来,断言人是历史性的存在,并不只是简单地揭示出人是发展变化的这一层含义,而是要更深刻地说明,人的发展,人的日渐自由的过程不是简单的单向的纯粹上升的过程。从总的历史发展趋势来看,人是朝着越来越自由、越来越全面地发展自我的方向运动;但是,这一运动是一个十分复杂的过程,它既有上升,也有下降,既表现为人获得、拥有、占有、丰富和发展的过程,也表现为人的丧失、贫乏和异化的过程。

基于这样的一种认识,实践派哲学家对于人的存在的历史困境寄予极大的关切。在他们看来,迄今为止,人所面临的最重要的问题,或者说人的本质的最大丧失就是人的异化。因而,他们对马克思的异化理论十分重视。马尔科维奇曾断言,马克思用以批判阶级社会的关键范畴是异化;同时,他用以描述在共产主义中实现的最高的价值、需要以及理想的关键范畴是扬弃异化。那么,什么是异化呢?实践派哲学家虽然表述方式各异,但都坚持一个共同的命题:异化是人的自我异化,是人从自己的本质或人性的异化。如前所述,既然人是自由的创造性的存在,那么人的本质就不在于人的既存和现存,而在于人能够和应当成为的东西,换言之,在于人不断地实现历史的可能性,并不断创造出新的可能性,从而获得越来越大的自由和全面发展。而人的自我异化正在于人不能自由地、创造性地实现历史的属人的可能性,却不断生产出把自身降低为客体的异己的力量。

异化本质上是人的自我异化这一命题的进一步推论必然是在人自身、人的活动、人的本质和存在结构中,而不是在人之外寻找人的自我异化的根源和基础。这样一来,对于自由、创造性等人的本质规定性的弘扬和对异化的批判与扬弃,对实践活动的理想状态的设定和对人的存在困境的揭示,本质上是同一个任务,同一个问题。异化发生于人的活动和人的存在结构(实践)之中,而扬弃异化的要求和动力同样来源于这一活动本身。这样一来,以人的命运和人的未来为终极关怀,以扬弃异化、实现人类解放、促进人的自由和全面发展为己任的马克思主义,必然是一种实践哲学、革命哲学、批判哲学。它通过对现存一切事物的无情批判和对未来的人道主义预见而革命地解释世界,同时,也就成为人改变现存世界的革命的实践活动的内在环节。

综上所述,通过对实践派哲学的核心概念——实践的概要分析,我们发现很难同意国内外一些学者关于实践派哲学是抽象的人道主义,是非马克思主义和小资产阶级的意识形态的断言,不可否认,实践派的某些哲学家的一些具体结论过于激进,失之偏颇,对此应当作批判的分析。但是,如前所述,实践派并未从抽象的人性出发,简单地用某种理想的设定同现存的状态相对立,而是始终坚持对人的本质(实践)作结构的和历史的双重分析。因此,实难把这样一种实践哲学归结为抽象的人道主义。相反,从实践派对实践范畴的界定与阐述,我们至少可以得到两方面的启示。

启示之一是通过对主体与客体在现实的实践活动中的生成的分析,即通过对实践范畴的人本—本体论含义的强调而克服主体与客体的给定性。传统认识论大多建构于主体与客体的给定性,即主体与客体的双分或对立的基础上。由此总是需要寻找二者统一的外在的联结。辩证唯物主义反映论虽然强调实践在认识中的作用,但从根本上还是把主体与客体当成给定的对立的东西,然后以实践为中介寻求二者的统一,而不是把实践当做包含主体与客体于自身的总体。因而这种反映论很难完全摆脱机械反映论的特性。

另一启示是基于人的实践活动对人的世界的限定。这实质上是对马克思主义哲学对象的再限定。这有助于突出马克思主义的革命的批判的实质。从上述分析可见,实践派哲学家在强调实践是人的世界存在和统一的基础,以及自然是人的活动的结果时,并未一般地否定“自在自然”的存在,只是强调,由于人的实践本性,只有属人的自然才能成为人认识和实际活动的现实对象。因而,在这里,实践派哲学家是在作一种尝试,即完成马克思在《关于费尔巴哈的提纲》中所谈到的哲学思维视角的转变:从“对对象、现实、感性,只是从客体的或直观的形式去理解”,转变为“把它们当做感性的人的活动,当做实践去理解”,“从主体方面去理解”[①]。

---

① 《马克思恩格斯选集》第1卷,人民出版社1995年版,第58页。

当然,既然说这是一种“尝试”,那么就有对这一尝试成功与否,或它在多大程度上获得了成功进行评价的问题。这需要每一个研究者运用自己的判断力来完成,在这里我们无法具体展开对实践派的具体结论的评价。值得注意的是,在哲学的发展和演进中,有价值的东西并非只限于正确的结论,而是包括开启新思路,变换新视角的尝试,后者在某种意义上比前者更为重要。

论实践派的异化观

马克思的1844年“巴黎手稿”正式发表以来的半个多世纪中，异化理论无疑是当代马克思主义发展中最受关注，又最易引起争论的问题。无论是马克思主义理论研究者，还是致力于从马克思主义立场批判当代社会者，都无法对这一理论保持沉默。从20世纪20年代开始兴起的以卢卡奇等人为代表的非正统马克思主义者一般对马克思的异化理论评价甚高，因为他们从中发现了重建马克思主义和批判当代社会的人道主义基础。而以前苏联为代表的正统马克思主义者对异化理论的态度则迥然不同，他们或者断言异化理论是马克思早期不成熟的理论，后来为马克思所放弃，或者即使承认异化理论的价值，也对其适用范围加以严格限定，断言它只适用于对资本主义的批判，而社会主义本质上是异化的对立面，社会主义革命的胜利根本上消灭了人和社会的异化状态，因此，如果在社会主义条件下还存在某些异化形式，那么这也只是旧社会的遗物，与社会主义本身无必然联系。

南斯拉夫理论界对异化理论的研究始于50年代大规模地批判斯大林主义的运动。1953年，实践派哲学家弗兰尼茨基主编的包括马克思

1844 年“巴黎手稿”在内的《马克思恩格斯早期著作》出版，这标志着南斯拉夫理论界对异化理论系统研究的开始。同以前苏联为代表的正统马克思主义截然相反，实践派哲学家不但肯定了异化理论的价值，而且认为它是马克思主义思想中最重要的或核心的部分。日沃基奇断言，“当代世界的基本的人道主义问题均包含于马克思的异化理论之中”，在某种意义上，“整个马克思主义是一个伟大的异化理论”①。马尔科维奇认为，马克思的人道主义是对使人自我异化的社会的无情批判，马克思用以批判阶级社会的核心范畴是异化，他用以描述在共产主义中实现的最高价值、需要和理想的核心范畴则是扬弃异化。

为什么实践派如此高扬异化理论？在他们看来，异化理论是对人的本质和存在结构的一个重要方面的剖析，它深刻地体现了马克思学说的革命的和批判的实质，是在当代历史条件下恢复马克思主义生机的契机。实践派对异化问题的探讨主要集中在以下几个方面。

一、异化——人的自我异化

众所周知，马克思在 1844 年“巴黎手稿”中分析了劳动异化的四种形式。实践派哲学家认为，异化形式的数目并不是研究异化理论的最重要的问题，因为马克思在这里也可以列举三种、五种或更多的异化形式，而不必只限于四种。而且实际上，马克思后来在《德意志意识形态》中对私有制、国家、意识形态等等的批判，在《资本论》中对商品与货币引起的消极的非人道后果的批判，均是在揭示不同种类的异化现象。因而，要真正把握异化理论的精髓，根本的问题不在于列举尽可能多的异化形式，而在于揭示异化的实质。

那么，异化本质上是什么？对此，实践派哲学家普遍接受的命题是：异化本质上是人的自我异化。对人的自我异化，实践派哲学家主要是从两层含义上把握的。

第一，所谓异化是人的自我异化，就是说，异化总是人的异化；而人的异化既不是从上帝那里异化，也不是从人的理念或理想异化，而是人从其

---

① *Marks i Savremenost* I, Beogred, 1963, p. 158; II ,Beograd, 1964, p. 152.

本质的异化。彼得罗维奇断言:"自我异化意味着人从自身异化,人从自己的本质异化,而这一本质既不能理解为他的(一般的、过去的或将来的)现实性的一部分,也不能理解为某种独立的超时空的理念,而是人之历史地给定的属人的可能性。"①

这样一来,人的自我异化就是人从自己本质的异化,而人从自己的本质的异化是人从历史地给定的属人的可能性的异化。如欲真正理解这一思想,则必须从实践派对人的本质的理解出发。在实践派哲学家看来,人是实践的存在,而实践是自由的、创造性的和自我创造的活动,人凭借这种自由的创造性的活动把自己同其他一切存在从存在方式上根本区别开来,不断地现实地生产和再生产出自身与自己的世界。这种实践的本性决定了人的本质不是现成给定的,而是在现实的实践活动中生成的和不断更新的,即是说,人的本质不在于人之既存和现存,而在于人应当成为和能够成为的东西。在这种意义上,作为真正的人的存在就意味着要不断扬弃外在事物的给定性和自在性,不断地超越自己的现存,从而在愈来愈广阔的范围内实现并创造新的属人的可能性,这也就是人日渐自由和全面发展,不断拓展属人世界的范围,不断弘扬人的本质力量的进程。

而所谓人的自我异化就是指人在相当程度上丧失了这种扬弃外在之物的给定性和自在性,超越自身的现存,实现和拓展属人的可能性的本质力量;人的活动不再是确证人的本质力量,而是成为统治人和制约人的外在力量,结果人无法实现历史地给定的属人的可能性,无法超越自己的现存,停留为其所是的东西。弗兰尼茨基认为,异化在本质上正是反映了上述现象:一方面人之全部历史和所有历史创造物(国家、文化、宗教等等)都是人之活动的产物,是他自己的可能性和力量的表现,但是,另一方面,人却只有在他自身的力量同他分离,在它们作为物质的、社会的或意识形态的力量与他相对立的情况下才能生存。

第二,既然异化是人的自我异化,而人的自我异化是从其本质的异化,那么理所当然地应当在人自身,在人的活动中,在人的本质和存在结构中,而不是在人之外揭示人的自我异化的根源和基础。坎格尔加提出

---

① *Filosofia*, No. 3－4, 1959, pp. 37－38.

一个典型的命题:“离开人无所谓异化。”他认为,自然本身是没有异化的,因为自然只是自在地存在,只要谈到异化,就必然是人的异化。“只有在对象性的外化过程中,即在人成为人(或自然成为人的自然)的过程中,才可能有真正的人的异化,即人的自我异化。”[①]弗兰尼茨基则干脆断言,“异化是必然的现象,甚至是特定历史发展阶段上人的存在结构”[②]。

综上所述,根据实践派的观点,异化是人的自我异化,即人从其本质,也就是从其自由的创造性的存在方式的异化,而这种异化的根源和基础又正在于这一自由的创造性的活动(存在方式)本身。但是,对异化本质的这种理解会带来许多问题,它意味着,即使承认扬弃异化的历史可能性,也不能期望异化的扬弃会随着社会主义生产方式的确立而自行完成,相反,它是一个长期的艰巨的过程。而在实践派哲学家看来,正是这一点决定了异化理论的重大价值,它不但对于批判资本主义,而且对于分析社会主义都具有重要的现实意义。因此,实践派哲学家并未停留于对异化的本质的抽象反思,而是依据对异化本质的认识,对当代社会(包括社会主义的现存状态)进行批判的分析。

二、当代社会与异化

马克思的时代是资本主义的初期发展阶段,那时,资本主义的兴起把社会的阶级对立和冲突十分明显地突出出来,工人和其他劳动阶级所面临的最根本的问题是基本的生存需要问题。而马克思1844年“巴黎手稿”中所分析的最典型的异化劳动形式同工人阶级所遭受的直接的经济、财富的剥削和政治压迫交织在一起发生了深刻的变化,大工业和科学技术的迅猛发展至少在发达国家中导致了财富的普遍增长;而财富的增长和社会福利制度的确立虽然不能说已根本解决了贫富对立问题,但的确在相当大的程度上缓解了直接来自经济剥削和政治压迫的问题。那么,在这种情况下,人是否已摆脱了或者在相当的程度上摆脱了异化状态?

实践派对这一问题的回答是否定的。在他们看来,历史演进到了今

① *Humanizam i socijalizam* I, Zagreb: Naprijed, 1963, p.95.

② *Humanizam i socijalizam* I, Zagreb: Naprijed, 1963, p.295.

天,的确为人摆脱异化和获得解放提供了更大的可能性,但人类并未真正解决这个问题,相反,在当代社会中异化呈现出强化的趋势。彼得罗维奇断言:“我们生活于这样的时代,自我异化在世界范围内达到惊人的程度,但是今天扬弃异化的可能性和机遇也大于此前任何时期。”①也就是说,当今人类处于一种极其矛盾的境地:一方面是人的自我意识普遍增强,主体自觉程度不断提高,人们普遍关注人的存在的价值与意义、人的自由与全面发展、人的命运与未来等问题;另一方面,则是异化的普遍强化。造成异化普遍强化的原因是,大工业和科学技术的迅速发展在促进财富普遍增长的同时,也助长了一些普遍的社会力量的自律发展和失控增长,结果是财富对人的压迫和剥削为更普遍的社会力量和社会机构对人的束缚与统治所取代。人生活于一个充斥着异己力量的世界中。在当代社会众多的普遍的异化的社会力量中,实践派哲学家集中批判官僚政治、意识形态统治和技术统治三种异化现象。

第一,官僚制的强化成为当代社会的通病。应当说,官僚制是政治异化的最突出表现。实践派哲学家认为,迄今为止,政治本质上是一个异化的领域,造成这一状态的最根本原因是政治一直是少数人的特有领域,是少数人的活动。马尔科维奇断言,只要社会中还存在着“政治主体”和“政治客体”的分工,只要人们还分为那种进行决策的人和那种只能服从并依据这些决策从事活动的人,那么,社会的政治生活就必然是异化的。

那么,为什么说官僚政治和政治异化在当代社会呈现普遍强化的趋势?这与资本主义国家职能的转变有直接关系。早期资本主义发展中占统治地位的意识形态是政府和国家对商品经济和市场的不干预主义、自由放任主义。而在20世纪技术革命的影响下,这一意识形态的影响不断减弱,资本主义的“法治”国家逐渐为“行政”国家所取代,政府和国家对生活、生产和市场的干预越来越大,自由资本主义发展为国家资本主义。在这种背景下,政治作为管理社会的活动及其相应的官僚机构必然会有越来越大的发展,在社会生活中取得越来越重要的地位。

马尔科维奇概括了官僚制强化条件下政治异化的四种表现形式:第

① Gajo Petrović, *Čemu Praxis*, Zagreb:“Praxis”, 1972, p. 172.

一,人失去了对国家、政党等政治机构的控制,成了政治生活的局外人,他对自己所创造的政治机构的活动无法施加任何实质性的影响;第二,“在官僚制社会中,无论是统治者还是被统治者都同他人异化”,真正的人际关系为职能和职务关系所取代;第三,政治活动不再是“创造性的活动”,而成为一种对上级负责的例行公事;第四,所有这些导致了双重人格,即人的“政治存在方式”与他可能的和真正的存在的分裂①。

在进行了上述分析批判之后,实践派哲学家认为,摆脱官僚统治和政治异化的根本出路是国家的消亡。官僚制是国家的“必然产物”,只要存在着国家,就必然存在着或产生出官僚制和其他政治异化形式。而国家消亡的过程应当是社会的自治和民主化的进程。

第二,实践派哲学家对意识形态在当代社会的强化统治进行了批判。在他们那里,意识形态不是一个中性的范畴,不是泛指一般的思想体系或理论。意识形态实质上是颠倒的歪曲的社会意识,它颠倒了本质与现象、目的与手段、整体与部分的关系。但是这并非说它有意识地歪曲现实,相反,意识形态的要害正在于它对现存社会的异化与分裂状态持一种非批判的态度,把分裂的世界当成永恒的自然秩序接受下来。因此,意识形态是与革命的批判的意识相对立的,是异化世界的异化意识。因而,考拉奇指出,意识形态是通过分工从社会中分化出来的、取得了相对独立性的异化的社会力量,它反过来又使异化的世界永恒化和合理化,其要害就在于“它把社会中出现的普遍异化当做‘自然的’规律,并为之辩护”,马克思正是由此对国民经济学持批判的态度②。

实践派哲学家认为,当代社会是充斥着各种意识形态的世界。意识形态作为普遍的异化力量,对人的发展带来了许多消极的后果。后果之一是它使人们倾向于把现存的社会关系当成理所当然的前提接受下来,这样就否定了扬弃现存社会关系,使现存世界革命化,使人摆脱异化的奴役,得到全面发展的可能性。意识形态统治的另一消极后果是,它表现为一种独裁主义的仲裁意识,自封为普遍利益的化身,确定行为规范,并用

---

① *Smisao i perspektive socijalizma*, Zagreb, 1965, pp. 56 – 57.

② Veljko Korać, *Marks i savremena socilologija*, BIGZ, Beograd. 1976, p. 270.

这种行为规范来衡量一切。结果忽略了人的"需要"，导致了非个性化和非个体化，严重地阻碍了人的自由和全面发展。

由此，实践派哲学家认为，必须对意识形态持人道主义的批判态度，而摆脱意识形态统治的根本出路是人的自我意识的增强和自由的发展。"意识形态的终结只有通过由必然王国进入自由王国才有可能。这一终结必须理解为……人的自我觉醒的时代，人的自我意识增长的时代。"①

第三，当代技术的飞速发展使技术本身成为一种愈来愈重要的社会力量，而且在某种意义上也成为人类必须应答的关系到人的存在的重大问题之一。实践派哲学家充分估计到技术发展对改善人的存在状况和推动社会进步的作用。例如，现代技术极大地提高了劳动生产率，比前此任何时候都更好地满足人们不断增长的物质需要；它逐步使人从沉重的体力劳动中解脱出来，并将进一步缩短劳动时间，为人充分发展自己的潜能，获得更大的自由和全面发展提供了可能性；它还创造了大规模的信息交流手段，使人类文化普及化，等等。

然而，实践派认为，对于现代技术发展的认识如果仅停留于此，那是很肤浅的和危险的。现代技术不同于传统技术，它已成为一种不可遏止的高速发展的现实的社会力量，其影响渗透和扩展到人之生活的所有领域。在这种背景下，导致了一种技术主义或技术统治论的意识形态，它把人的幸福，人类的出路，把人所面临的一切问题的解决都寄托于技术的发展。实践派认为，这种技术统治论是一种对人类进步有害的意识形态。技术发展虽然为人的自由和人类解放提供了更大的可能性，但它不会自发地或自动地导致这一切的实现，相反，如果听任现代技术的自发的、自律的和失控的增长，它不但不会成为人类解放的中介，而且会为人的进一步发展带来许多消极的和非人道的后果。因而，"技术是使人获得自由、成为创造者和社会存在的可能性。同样，技术也是使人成为奴隶、自动装置和自我主义者的可能性"②。

实践派主要从以下几个方面分析了技术的发展可能带来的非人道后

① Miladin Životić, *Revolucija i kultura*, Beograd, 1982, p. 35.

② *Čovek danas*, Beograd: Nolit, 1964, p. 237.

果:第一,自动化、流水作业等为人的自由和全面发展提供了可能性,但它在现实中也使人更加片面,因为它将传统分工深化为“技术分工”,在这里,决策机构与执行操作过程的分界更加明确,劳动者只是复杂系统的一个微小的可以被简单替换的零件;第二,技术时代的最大异化之一是人把自己存在的意义和本质归结为物质存在。在当代社会中出现了“技术消费”,人们把消费本身视做目的,把全部生活都归结为对商品的消费;第三,现代技术的影响决不囿于经济领域,它扩展渗透到人之生活的一切领域,结果人把技术视做人类生活进步的最高尺度;第四,现代技术提供了有助于文化普及化的大规模的信息交流手段,但同时也带来了缺少主体性、缺乏个体性、以批量生产和流水作业为特征的“大众文化”。

因此,实践派认为,人类必须对技术发展持谨慎的负责的态度。我们无法在要不要技术的问题上进行抉择,但我们可以选择发展技术的态度和方式。要保证技术的属人本质,最根本之点在于,无论何时均应认识到,技术本质上是实现人的基本价值的手段,而不是目的本身,决不应将手段当做目的。为此,应当努力促进社会生活各个领域的民主化进程和弘扬人道主义的伦理观。

三、社会主义与异化

上面谈论的主要是当代资本主义条件下异化的强化问题。那么,在社会主义条件下情形如何?是否已根绝了异化现象?同那种认为社会主义生产关系的确立已消灭了各种异化现象的正统马克思主义观点不同,实践派哲学家认为,社会主义条件下不但存在着异化,而且存在着严重的普遍的异化现象。

实践派从各个方面分析了社会主义条件下的异化问题。首先,经济领域的异化。这与商品经济的存在有直接关系。众所周知,南斯拉夫是最早大规模恢复商品生产的社会主义国家。实践派对此完全持肯定态度。但他们指出,尽管商品生产在不同的社会制度下性质不同,但只要有商品经济和货币关系的存在,就不可避免地会出现不同程度的自我中心主义、货币崇拜、人的公共生活与私人生活的两重化、道德蜕变等异化形式。其次,政治领域的异化。由于迄今为止的社会主义革命大都发生在经济和文化相对落后的国家，革命胜利后，并未能真正开始实现马克思所设想的国家消亡和社会自我管理的进程。相反，同自由资本主义转变为国家资本主义的历史现象相呼应，以前苏联为代表的社会主义国家普遍确立了国家社会主义的模式。在存在着政治主体和政治客体明确分工的地方，某种形式的官僚统治和政治异化是不可避免的。官僚制不是思想作风问题，而是体制问题。再次，思想领域的异化。在实践派哲学家看来，马克思主义本质上是对现存世界的批判，它的根本要求是现存社会关系的革命化，从而实现人的真正解放和全面发展。这样一种革命的批判的意识同意识形态是根本不相容的。但是，实践派哲学家认为，在马克思主义的发展过程中，的确出现了马克思主义的意识形态化的问题。日沃基奇从"阶级崇拜"、"个人崇拜"等方面分析了马克思主义在斯大林那里所经历的意识形态化。最后，不但在经济、政治和意识形态领域，而且在技术、文化和社会生活的其他领域中社会主义也面临着严重的异化。

在实践派哲学家看来，社会主义条件下存在异化现象是客观事实，这并没有什么令人费解的东西。异化是人的自我异化，是人从自己的创造本质的异化，异化的根源就在人的现实活动之中，这就决定了异化的扬弃不是一蹴而就的事情，而是一个漫长的艰难的过程。而社会主义并非神话中的"魔杖"，一下子就能解决人类所面临的一切问题。因此，社会主义与资本主义的根本区别不在于是否存在异化，我们不能幻想一个全面异化的资本主义社会一夜之间就转变为一个全新的非异化的社会主义社会。二者的根本区别在于，异化是资本主义的本质存在方式，而社会主义中虽然依旧存在着和产生着新的异化，但社会主义在人类历史中真正开始了现实的扬弃异化的过程。社会主义不是一种与现实对立的理想状态，而是一个生成的过程，扬弃异化正是这一过程的核心与实质。

正是在这种意义上，弗兰尼茨基提出一个著名的命题："异化的问题是社会主义的中心问题。"①对这一表面上似乎很奇怪或很激进的命题，弗兰尼茨基作了清楚详细的分析，概括起来："异化不是资本主义社会的问题，因为资本主义社会只是作为异化的社会才能存在。异化成为社会

① *Smisao i perspektive socijalizma*, Zagreb, 1965, p.252.

主义的中心问题,因为社会主义只有克服和扬弃异化才能存在与发展。”①

四、扬弃异化的前景

综上所述,根据实践派的观点,迄今为止人类所面临的最大困境是普遍的异化;异化本质上是人的自我异化,是人从其自由的创造性的本质的异化,异化的根源和根基就在于人的本质活动之中,由此决定了异化的扬弃是一个长期的艰难的过程;在当代,由于社会主义制度在一些国家的确立,扬弃异化的机遇和可能性普遍增长,但是社会主义只是开始了这一扬弃异化的过程,它本身还面临着严重的异化问题;而从总体上说,当代社会中一些普遍的社会力量取得了巨大的发展,由此形成了官僚统治、技术统治、意识形态统治、文化统治等更为普遍的异化形式;无论在社会主义条件下还是在资本主义条件下,扬弃异化的根本出路一方面在于人的自我觉醒和自我意识的增强,在于人对于异化的存在困境的反抗,另一方面则有赖于社会民主化和人道化进程的推进。这是同一历史进程(扬弃异化)的两个侧面,制度的改变和人的存在方式的改变应是同步的,缺少哪一种内涵都无法完成深刻的革命。

实践派哲学家认为,更具体一点说,社会自治或人民自治是当今历史阶段最能体现这一扬弃异化的历史进程的社会发展形式。自治原则是当代世界摆脱矛盾和异化的“唯一可能的出路”,是十分重要的“扬弃异化的形式”,是“实现马克思的人道主义思想的基础”。而自治原则的基本内涵和主要意义就在于:使国家和政治逐步走向消亡;工人和其他生产者直接管理企业乃至整个社会进程,发展社会主义的政治经济民主;扬弃异化和人之片面性,为自由生产者的联合体的形成创造条件。

但是,这只是对于自治原则的一般论证,在这里并未把自治原则同南斯拉夫的现行自治实践直接等同起来。理想同现实之间总存在相当的差距,南斯拉夫的自治实践只是这一历史进程的开端,它尚采取最原始的和不发达的自治形式。从根本上说,自治的发展也同一般意义上的革命和

---

① *Smisao i perspektive socijalizma*, Zagreb, 1965, P. 260.

社会主义一样,是一个十分艰难和长期的过程。在实践派哲学家看来,非但不能断言南斯拉夫目前的自治已基本展示了自治原则的所有丰富内涵,而且必须承认,这一自治实践本身又带来了许多需要在进一步发展中加以解决的问题,例如:地方主义问题,缺乏统一的合理的管理问题,自治中的平衡协调困难,等等。

这样,我们循着实践派的思路,从对异化实质的理论反思到扬弃异化的具体途径的探索,最后,必然提出一个带有根本性的、又较难回答的问题:如果说自治是人类从异化和物化世界中解脱出来的行之有效的途径,目前自治实践中存在的矛盾冲突是由于各种具体历史条件和自治初级形式本身的局限性所致,那么,随着自治的完善与发展,人类是否会最终达到彻底摆脱异化的境地? 换言之,人类能否最终进入一个完全无异化现象的社会?

对彻底扬弃异化的可能性问题,许多实践派哲学家并未提出,当然也未给予正面的清楚的答案。他们的主要注意力集中于对当代世界的异化的批判和对扬弃异化的条件和途径的探索。当然,也有一些实践派哲学家对这一问题作了认真探讨,因为这毕竟关系到一个理论的彻底性和完整性。

可以肯定,涉及这一问题的实践派哲学家对在终极意义上扬弃异化的可能性问题都给予了否定的回答。弗兰尼茨基认为,人类历史是一个开放过程,“永远不会创造出写完人类历史之书最后一页的社会。这是乌托邦——它同马克思主义没有共同之处”①。考拉奇认为,马克思从未幻想“某一天将扬弃人之自我异化的一切形式”。这一点同人的存在方式和本质结构直接相关联。“人在其不断的自我创造的过程中,不仅创造着和创造出肯定的力量,也创造着否定的特征,因而在其结构中,人不但拥有创造性的也有破坏性的因素。在人的活动中,除了理性也活跃着本能。因而,在人的结构中不仅有趋善的东西,也有行恶的东西。”②彼得罗维奇也明确断言,异化是人的自我异化这一命题本身已经蕴含了不可能在终

---

① *Humanizam i socijalizam* I, Zagreb: Naprijed, 1963, p. 306.

② *Problemi filozofije marksizma*, Beograd, 1967, p. 166.

极意义上消除一切异化形式的结论。人类不是某种"完成的和静止的"东西,不是某种"可以一劳永逸地给定的、不变的和完结的"东西。相反,人按其本质是自由的创造性的实践存在,他永远不会保持现状,而是不断地"扩展和丰富人的可能性"和"永远创新"。然而,"在创造新的可能性时,人也可能从它们异化"①。

通过上述分析,我们概述了实践派异化观的主要内容:自我异化论、异化强化论、社会主义异化论、异化永恒论。如果仅从字面上来理解上述结论,并按照长期以来形成的正统马克思主义的异化观念加以评判,这些观点的确很偏激,人们会由此得出结论,实践派哲学家至少夸大了异化现象的普遍性和严重性,混淆了社会主义与资本主义的本质区别,并会导致一种对人类前途的悲观意识。然而,在对一种理论观点进行评价时必须持慎重的态度,我们尤其应当考虑到这样一种情形:在抽象的理论创造领域,人们都致力于真善美的追求,可以使用某种共同的范畴,但却常常赋予真善美和这些共同范畴以极为不同的内涵。因此,在对实践派异化观进行"是"与"非","取"与"舍"的评判时,我们应当考虑以下几个事实。

首先,在某种意义上可以说实践派持一种泛异化的观点,他们所理解的异化并不囿于马克思1844年"巴黎手稿"中所谈论到的劳动异化形式,而是指人类在古往今来的存在中遇到的和将会遇到的一切消极的、非人道的现象。显然,如果断言这种意义上的异化会在某一历史时刻被一劳永逸地绝对扬弃,那就等于说,人作为历史的存在可以在某一时刻达到永恒与完善,这有悖于人的存在本性。

其次,在这种泛异化观的意义上,当然很难将社会主义同异化截然分开。而且,在实践派哲学家看来,承认社会主义中存在异化,并不会混淆社会主义同资本主义的区别,因为二者的本质区别不在于是否存在异化,而在于是否真正开始扬弃异化的进程。

最后,断言人类不可能在终极意义上扬弃一切异化形式,并不否认人类不断扬弃具体的历史地给定的异化形式的可能性,而实际上,这正是人类进步的内涵。因此,实践派并非断言人永远受同样的异化形式的困扰,

① *Marks i Savremenost* II, Beograd, 1964, pp. 608 - 609.

并非断言历史是一种恶性循环，而是强调，历史本身是一个过程，是一个不断解决具体历史问题，不断扬弃具体的异化形式，人日渐自由和全面发展的上升的过程，但又是一个开放的永无完结的进程，不能设想人类将会以一种完善的理想状态而告终结。

当然，通过上述几点，我们只是明确了实践派是在何种意义上使用异化范畴的，至于这一泛异化论的立场本身是否合理，则是另一个问题，需要从其他角度进行分析评价。

论实践派的革命范畴

革命范畴在马克思学说中无可争议地处于十分重要的地位。但是，在长期的国际共产主义运动中，人们习惯于把马克思设想的革命归结于它的一种形式，即暴力夺取政权的政治革命。这种被称做正统的马克思主义革命观念不断受到历史进程的修正和挑战，它面临着革命理论与实践、革命的预言和历史结局之间的巨大反差，以至于当代一些思想家断言，马克思的革命理论只适用于落后的不发达地区和国家，而在发达的资本主义国家或在当代历史条件下它已经过时。

由此可见，对马克思主义革命观进行反思，无论对于理解马克思主义理论，还是对于推进社会主义实践进程，都是十分必要的。在这方面，南斯拉夫实践派的许多探索可以为我们提供某种借鉴。我们可以从以下几个方面把握实践派的革命观。

一、马克思学说本质上是革命的思想

早在20世纪60年代初，实践派著名哲学家P. 弗兰尼茨基等人就以“哲学与革命”为主题组织专题讨论。到了七八十年代，对革命的探讨与反思更是占据实践派理论研究的中心地位。众所周知,实践派的哲学立场素以实践哲学著称,他们正是由于对实践范畴的强调而被称之为“实践派”。那么,革命范畴与实践范畴在他们的学说中处于什么样的关联之中?实践派对革命范畴的极大关注是否表明他们用“革命思想”取代了原有的“实践哲学”的立场?

对实践派的大多数人而言,这里并不存在矛盾或理论立场的转变。在他们看来,革命不是传统意义上的暴力夺取政权,而是实践的同义语,因而,革命思想同实践哲学本质上是同一个哲学立场。但是,也有些实践派哲学家在肯定实践哲学立场的前提下,更加突出革命范畴在马克思学说中的地位。他们认为,革命思想这一称谓比实践哲学更确切更深刻地提示了马克思学说的实质。彼得洛维奇曾以《历史唯物主义、实践哲学和革命思想》为题,专门探讨马克思学说的表述形式问题。在马克思主义的历史中,人们对马克思学说曾作过各种不同的理解与解释,例如,把马克思称为辩证唯物论者、政治经济学家、政治经济学批判家、政治思想家、科学社会学创始人、共产主义思想家、历史唯物论者、实践哲学家、革命思想家,等等。彼得洛维奇认为,在上述各种解释中,后三种影响比较大或更接近马克思的思想实质,而其中,革命思想是对马克思学说的最确切的解释。

首先,彼得洛维奇探讨了唯物史观与实践哲学的关系。他认为,不能把历史唯物论当做马克思关于人和历史的一般理论,因为这一学说揭示的是阶级社会中人类历史受制于经济必然性的异化状态,在这里,人类尚未进入自由王国,人还是作为自我异化的人或“经济动物”而存在。因此,虽然历史唯物论作为对异化的社会和异化的人的反映和揭示有其存在的根据,但只有把它当做实践哲学的一个组成部分才会使它获得合理性,因为实践哲学所揭示的是人对异化状态的反抗,是人对自身的自由的和创造性的实践本质的占有。

进而,彼得洛维奇又探讨了实践哲学和革命思想的关系。他认为,虽然实践哲学比历史唯物论优越,但它也不是马克思学说的最好表述。这并非说实践哲学立场错了,也不是说实践范畴不具有重要的意义,而是说,这一立场不如革命思想那样充分地反映马克思的思想实质。他指出,在实践哲学中,“人被看做实践的存在,而实践是自由的创造性的活动。自由的创造性的实践的最高形式(同时也是它的本质)在马克思看来是革命——彻底消除自我异化的社会和自我异化的人,实现真正的人类共同体和自由的人”①。正是在这种意义上,应当把马克思的学说理解为革命的思想。

由上述可见,尽管实践派哲学家对革命与实践、革命思想与实践哲学的关系有不同的理解,但是有两点是共同的:首先,他们都赋予革命范畴以十分重要的地位;其次,他们不是在传统的暴力夺取政权的意义上理解革命,而是赋予革命范畴以新的内涵。因此,为了更深刻地理解实践派关于革命问题的立场,有必要分析他们对革命含义和实质的具体理解。

二、真正的革命是一个深刻的哲学范畴

实践派哲学家认为,以通过暴力夺取政权的政治革命为基本内涵的传统马克思主义革命观并不能真正反映马克思对于革命的理解。实际上,虽然马克思也强调暴力夺取政权,但他只是把它当做革命的一种具体形式,他对革命内涵的理解绝不局限于此。因此,实践派从不同的侧面揭示革命范畴的深刻内涵,以加深对革命实质的理解。我们可以从三个方面把握他们在革命问题上的一些基本的和共同的见解。

第一,政治革命本身具有局限性,它还不是马克思设想的真正意义上的革命。

实践派哲学家认为,不应把马克思设想的革命归结为一般意义上的政治革命,尤其不能使之等同于一般的暴力夺取政权;政治革命只是革命的一种特殊形式,它本身具有局限性,无法同以往的革命相互区别,而马克思所设想的革命的内涵要深刻得多,这是一种结束“人类社会的史前时期”的根本的社会变革,也就是真正的“人类解放”。他们认为,在长期的社会主义实践中,人们把无产阶级或社会主义革命归结为政治革命,这种做法带来了许多消极的后果:一方面,社会主义的政治被提高到统治一切

① Gajo Petrović, *Historijski materijalizam*, *filozofija prakse i misljenje revolucije*, in *Rukovet* No. 1-2, 1983, p.157.

的地位，结果助长了国家等政治力量的强化以及官僚制的发展，由此而严重地阻碍了真正的社会主义进程；另一方面，这种做法导致了对世界进程的错误估计，一些人由于看不到发达资本主义世界中发生暴力革命的形势和条件而动摇了对革命本身的信念。因此，实践派认为，必须充分认识到政治和政治革命本身的局限性。

实践派认为，政治革命的根本含义是推翻旧政权、建立新政权的暴力行动，它本身并不必定导致社会关系和人本身的根本变化，从根本上说，它不能实现真正的人类解放。坎格尔加认为，马克思从人类解放的立场出发，深刻揭示了政治革命的可能性和局限性。在马克思看来，“政治革命只是资本主义社会的革命，这就是说，它是在资本主义社会和世界整体的内部并以其为前提的人的解放，而不是人类的解放……”①。考拉奇认为，政治革命或政治解放尽管也是一种进步，但它是在迄今为止的世界秩序内，即阶级社会限度内的“人类解放的最后形式；因而还不是真正的社会主义革命和人类解放”。只要社会主义革命还停留在政治水平上，就会出现“言行之间的差距”，它是指这样一种状态，即社会主义只停留在言论上，而经济和国家成为行动，这种把政治革命同社会革命割裂开来的做法正是“社会主义官僚制的典型意识形态”②。

实践派哲学家进一步指出在政治革命的局限性问题上，不仅要认识到政治革命本身不可能是真正的人类解放，而且必须清楚地看到，无论是这一政治革命本身，或是其结果，即新确立的无产阶级革命政权，在一定条件下，都可能走向反面，由手段变成目的本身，从而断送社会主义革命。达迪奇指出，政治变革只能是社会主义革命进行彻底的社会结构变革的一种手段，而不是目的本身。不仅如此，这是一种其作用十分有限的手段，不能期待凭借政治手段实现社会主义革命所蕴含的一切，如果在制度上使政治强化和僵化，使政治本身成为目的，政治将会吞噬社会主义革命。因此，他得出这样一个结论：“（马克思意义上的）社会主义革命既是为了夺取政权（包括摧毁资产阶级合法权利）的阶级运动，又是反对政治

---

① *Praxis*, No. 1-2, 1969, p. 25.

② *Praxis*, No. 1-2, 1969, p. 244.

权力本身的运动。”①

这一结论反映了实践派的一个基本思想:无产阶级和共产党人在一定条件下可以利用政治手段(包括暴力手段)来取得政权并进行社会关系的改变,但必须从一开始就把新的政治权力或手段纳入社会主义民主化的进程,使之开始自己的消亡过程,并最终为人的自治或民主权所取代。相反,如果不把政治消亡提到日程上,而是使之强化与僵化,则只能断送革命进程。

第二,真正意义上的革命包含双重基本内涵:对社会形态的根本改变和对人的存在方式的根本改变。

实践派认为,马克思关于革命的理解同他关于人类解放的理解是紧密相连的同一个思想。马克思所设想的革命不是要简单地把迄今为止直接受人的剥削和财富压迫的无产阶级和其他劳动阶层提到统治地位上,从而实行对另一些人的统治。马克思毕生所追求的是对迄今为止的人类存在和结构进行彻底的变革,它不仅包括政治方面,也包括经济、文化、意识等领域。因而,这样一种革命是人类历史上前所未有的变革,用马克思的话来说,它将使“人类社会的史前时期”终结。实践派哲学家认为,这一革命从根本上包含两个方面:对社会形态的根本变革和对人自身(人的存在方式)的根本改变。这是同一历史进程相互联系的两个方面。

坎格尔加认为,不仅政治革命包含有内在不可避免的局限性,而且按其本来意义,社会革命也不能穷尽革命的内涵,因为社会革命一般是指用一种社会结构(或体制)取代另一种,而马克思的人类解放理论旨在解决“人的存在”和“生存意义”的问题,也就是解决“人之存在的真理”问题。因而,如果只是改变了社会结构,而不能改变人之存在结构,不能解决人的根本问题,那么,这种社会革命也就没有超出传统的阶级革命的范围。坎格尔加认为,真正的社会主义革命不仅是“历史的火车头”,也是“人之创造性的源泉”,是人的最内在的“推动力”,是每一个努力扬弃外在世界的异化关系的真正属人存在的“核心”。革命的宗旨是创造“自由人的联合体”。

---

① *Praxis*, No. 1-2, 1969, p. 78.

对马克思革命思想的内涵与实质讨论最多的是彼得洛维奇。他指出,革命不等于夺取政权,因为政权的转变并不必定由先进阶级操纵;进而,即使先进阶级掌握了政权,如果不改变社会体制,也不能称之为革命,因而,真正的革命是社会的根本质变;然而,彻底变革现存社会,消灭一切剥削关系,不可能仅仅是对社会结构的改变,而必须同时是对人的改变。因而,真正意义上的革命包含上述两个方面。"改变社会和造就新型的人只有作为同一进程的两个方面才是可能的。"①

彼得洛维奇指出,常常有人把对社会的变革与对人的改变分割出来。一些人把革命理解为与人的本质无关的社会变革,设想可以根本地改变社会,而使人在本质上保持不变。另一些人则强调二者的因果联系,即通过革命创造新社会,又在新社会中培养新人。彼得洛维奇认为,这种理解在逻辑上是说不通的,因为按照这种理解,新型的人只是新社会的消极产物,而归根结底是革命的产物。但问题在于,谁进行革命?如果是现存社会的现存的人创造了革命,那么革命又是如何使之变为新人的?产品无论如何不可能同生产者从本质上相异。因而,彼得洛维奇强调,无论就其破旧,还是立新,对社会的变革和人的造就永远是革命过程不可分割的两个方面。真正的社会主义革命,一方面是"人赖以同时变革他生活于其中的社会和他本身的活动",另一方面是"新人与新社会赖以产生和发展的创造性活动"②。其中,人之改变是指人的存在结构的改变。革命的真实含义是创造一种本质上新型的存在方式,一种同所有非人的、反对人的或不完全意义上的人的存在方式相异的、"自由的、创造性的存在"。

第三,革命既不是一般的政治范畴,也不是普遍的社会学概念,而是深刻的哲学范畴。

彼得洛维奇指出,我们在最深刻的意义上把革命理解为自我异化的扬弃,理解为"真正的人的社会"和"属人的社会"的实现,这样,我们的理解已超出社会科学的界限,革命成了哲学范畴,首先成了历史哲学或哲学人本学的范畴。他认为,人的问题本质上是人的存在问题,即扬弃人的自

① Gajo Petrović, *Mišljenje revolucije*, Zagreb: Naprijed, 1978, p. 64.
② Gajo Petrović, *Mišljenje revolucije*, Zagreb: Naprijed, 1978, p. 77.

我异化，建立一种新型的人之存在方式的问题。另一方面，这即是说，人本学问题的解决离不开本体论的维度，因为人的存在的问题不能脱离一般存在的意义。他进而指出，必须从人的存在本身而不是在人的存在之外去揭示革命的本体论内涵。革命对于整个存在系列的意义不在于它作为某种发生于“所有领域的”东西，而是“作为人的存在的本质形式”①。

如欲真正理解彼得洛维奇的上述思想，就不能只停留在他对革命的论述上。实质上，他把革命限定为一个深刻的哲学范畴的做法同他关于人与实践，关于历史与自然的界想，一句话，同他的实践哲学思想是密切相关的。只有从实践派把人的感性世界理解为以人的实践为基础的世界这一思想出发，才能理解他们所揭示的革命的哲学内涵。总而言之，革命同实践是具有同等地位，具有同样深刻内涵的哲学范畴，二者构成了实践派的理论轴心。

三、真正的革命是一个开放的历史进程

显而易见，当我们循着实践派哲学家的思路，由作为特定政治现象的革命范畴进入作为深刻的哲学人本学和本体论范畴的革命概念时，必须进一步重新考察和界定这种意义上的革命在人类历史进程中的地位和它的历史时限的问题。这样理解的革命自然不可能是一种给定的状态，不可能是一次性完成或一劳永逸地实现的事件或现象，而是一个深刻的历史进程；同样，作为一种过程，革命也不会只存在于人类历史的某一时刻，而是与人和人类生存密切相关的东西，是人的存在方式本身。实践派哲学家认为，在这种意义上，革命具有永恒的开放性。

首先，在破旧的意义上。既然革命代表着人的自我异化的扬弃和自由的创造性的人之存在方式的确立，那么，革命的历史时限与存在方式显然同异化问题的历史命运密切相关。具体说来，只要人之自我异化不彻底扬弃，革命就不可能终结。在实践派哲学家看来，异化本质上是人的自我异化，异化的根源就深藏在人的本质活动中；同时，扬弃异化的可能性和动力也来自人的实践活动。因此，异化的扬弃同异化的产生一样，是一

---

① Gajo Petrović, *Mišljenje revolucije*, Zagreb: Naprijed, 1978, p. 74.

个开放的历史过程。虽然从总的历史发展趋势来看,人类会走向越来越大的自由,但人类永远不会达到一劳永逸地根绝一切异化形式的理想境地。人类的这种存在方式和历史命运已经决定了革命的永恒与开放性。

其次,在创新的意义上。按照实践派哲学家的理解,革命不仅是人的存在方式本身,而且是人之自由的和创造性的存在方式的最高形式。那么,在人类走向越来越自由的历史进程中,革命的地位显然不会削弱,而只会加强。实践派哲学家对此作了特别的论述。弗兰尼茨基断言,革命这一历史的火车头属于“人之存在和历史运动的最重要和最根本的因素”①。坎格尔加也在同样意义上指出,“革命是历史、人之世界和人本身赖以存在的本质”②。彼得洛维奇指出,“革命是最发达的创造形式和最真实的自由形式,是开放的可能性的领域和真正创新的王国。它本身是存在的‘本质’”,是“存在的最高形式”,这是因为革命自身就是充满创造性的时代,人们在革命的时代可以进行发现、创造与实现新的可能性,因而,“革命的终结”总是意味着“创造性的中断”。彼得洛维奇认为,在现实上,革命作为一个历史过程永远不会终止,“人如果想要通过充分地实现自己的可能性而继续存在,那么就应当把社会主义革命设想为一个永不完结的过程。只有革命地生存,人才能实现其本质”③。

综上所述,实践哲学家根据对马克思主义理论和社会主义实践的反思,从区分革命的具体形式和实质入手,比较深入地揭示了革命的内涵。同人们通常所理解的或接受的传统暴力革命观或政治革命观相比,实践派在很大程度上拓宽了革命的内蕴。应当如何评价实践派哲学家的这些理论探索呢?可以说,实践派在革命问题上所得出的许多具体结论都需要联系理论和历史进程来加以考察和商榷,他们拓宽革命内涵的做法是否成功也要由历史进程来检验。但是,无论他们的具体论点是否正确,他们在革命问题上所作的探索都有积极的意义。我们可以从以下三方面来考虑这一点:

第一,从理论的角度来看,虽然马克思也曾多次强调过革命的暴力特

---

① Predrag Vranicki, *Dijalektički i historijski materijalizam*, *Zagreb*, 1982, p.75.

② *Praxis*, No. 1 -2, 1969, p.75.

③ Gajo Petrović, *Mišljenje revolucije*, Zagreb: Naprijed, 1978, p.64, pp.75 -76.

征和政治内涵,但是从他的异化理论、实践学说和关于未来“自由人的联合体”等构想中可以看出,他所理解和追求的革命的确有更为深刻的内涵。

第二,从实践的角度看,在马克思身后一个多世纪的世界历史进程中,马克思主义者所献身的革命事业经历了一系列理论与实践、设计与结局的反差,这些历史现象无疑要求我们认真区分革命的具体形式和实质,对马克思主义革命观作出反思和再认识,以便使它在当代历史条件下具有真正的现实性。

第三,在当代历史条件下,人类面临许多难题和历史冲突。一方面,人的主体性和主体意识日渐增强,人逐步获得更大的自由、全面发展和民主氛围;但另一方面,人类处于异化普遍增强、全球问题和人类存在困境日渐裸露的境遇中。因此,为了把握和应付人类目前的处境和掌握人类的优化未来,重温马克思在异化理论和实践学说中所表述的革命思想是十分有益的。从这样的角度看,了解实践派在革命问题上的探索和尝试对我们的理论研究的确有积极的借鉴意义。

人的存在与辩证法

——论实践派的辩证法观

辩证法是现代哲学的重大问题之一,同时也是20世纪马克思主义理论界反复争论的热点问题之一。了解辩证法的深刻理论内涵以及关于辩证法的争论,不仅有助于我们建构当代哲学理论,而且有助于我们深刻理解20世纪人的存在境遇和人类文化精神的发展。

在20世纪哲学界关于辩证法的争论中,东欧新马克思主义的主要流派之一——南斯拉夫实践派对辩证法的理解具有很大的影响。东欧新马克思主义在基本哲学立场上都属于人本主义范畴,例如,南斯拉夫实践派的实践哲学、布达佩斯学派的激进哲学、波兰哲学家沙夫的人的哲学、捷克哲学家科西克的具体辩证法,等等。相应地,东欧新马克思主义对辩证法的理解都是从人的存在出发的。尤其是南斯拉夫实践派哲学家,他们的基本倾向是把辩证法同人的自由自觉的和创造性的实践活动紧密联系在一起。他们所理解和建构的辩证法从根本上说是以人为本的辩证法,而不是以物质或自然的运动为本的传统辩证法。在这种意义上,他们的辩证法同他们的人道主义本身就是一回事,我们可以称之为人道主义辩证法。实践派哲学家对于辩证法的具体理解涉及许多方面,我们主要从以下三个基本问题入手作基本把握。

一、对自然辩证法的质疑

20 世纪 60 年代初是南斯拉夫哲学界中实践派和辩证法派(辩证唯物主义派)开始形成并激烈交锋的时期。两派的争论涉及许多基本的哲学问题,而其中成为焦点的问题有两个,一是反映论问题,二是辩证法问题。辩证唯物主义派哲学家从各方面努力论证辩证法的存在,而实践派哲学家则持相反的观点,他们努力把辩证法限定于人的本质活动领域,由此而从不同侧面否定自然辩证法的存在。

在实践派哲学家中,坎格尔加最激烈最彻底地批判反映论,他同时也最坚决最彻底地否定自然辩证法。关于自然辩证法问题,他阐述了两层相互关联的观点。首先,坎格尔加引证马克思在《1844 年经济学哲学手稿》中关于自然的论述。他指出,对于马克思而言,自在的自然等于“无”。或者说,从人的活动的角度看,自在的自然可以说不存在,在这种意义上,自然不过是人的生产活动(劳动)的产物,是人的活动的结果,即对象化的结果。因此,只有人的实践的和对象化的活动才是自然世界、人类和人的认识与存在的基础。其次,从自然是人的活动的产物,而自在自然对人而言不存在这一基点出发,坎格尔加进一步作出推论,断言不存在自然辩证法。他指出,既然自在自然对于人而言等于“无”,那么我们谈论自然辩证法也就是谈论“无”(或“不存在”)的辩证法,这当然是不可能的,是毫无意义的。从这样的理解出发,坎格尔加认为,辩证法只有一个,这就是人的历史和人的实践活动的辩证法,我们不能因为自然中存在着运动就谈论自然辩证法。

其他实践派哲学家对自然辩证法也从总体上持否定和批判的态度,但是,他们的态度大多不像坎格尔加那样激进与彻底。马尔科维奇曾多次撰文讨论辩证法问题。他主要是从分析卢卡奇的观点入手来探讨自然辩证法问题的。在 20 世纪的新马克思主义者中,卢卡奇最先对自然辩证法提出质疑。他在 1923 年发表的著名的《历史和阶级意识》一书中,对于辩证法的范围作了限定,把辩证法归结为认识社会的方法,从这样的视角出发,卢卡奇对恩格斯的构想提出了批评,他最终得出了不存在自然辩证法的结论。马尔科维奇认为,从总体上看,卢卡奇对自然辩证法的质疑是合理的,但是他的一些观点是不恰当的,很容易引起混乱与争议。首先,马尔科维奇认为,卢卡奇把辩证法仅仅归结为认识社会的方法,这种观点是站不住脚的,过分狭窄地限制了辩证法的地位和作用范围。其次,马尔科维奇认为,卢卡奇笼统地批判自然辩证法,而没有对"自然"和"自然辩证法"范畴的内涵作出精确的限定。马尔科维奇指出,实际上,当人们谈论自然辩证法时,往往有不同的所指,其中至少有三种基本的理解:一是在自在自然过程的意义上谈论辩证法;二是涉及对这一自在自然过程的理论;三是指人对自然的改变和认识。马尔科维奇认为,卢卡奇在批判自然辩证法时,没有区分开这三种不同的自然范畴,所以他的结论引起很大的争论,遭致很多的批评。

马尔科维奇认为,依据上述划分,如果说自然辩证法就是指自在自然进程中的辩证法,那么这种意义上的自然辩证法显然是站不住脚的,是不存在的,而卢卡奇在这种意义上批判自然辩证法也是完全正当与合理的。他指出:"卢卡奇的全部批判论点均指向自在的自然过程的客观规律性意义上的自然'辩证法'。显而易见,在这里的确不存在主体与客体的相互作用,理论与实践的统一。不必讨论就可以断言,在这种意义上的确不应该使用辩证法范畴。"①在这里,马尔科维奇坚持运用青年马克思的人化自然的思想。他认为,不能在自在自然的意义上谈论辩证法,只有在人的历史活动领域才存在一个统一的辩证法。他强调指出,在马克思看来,真正的人化自然是那个存在于人的历史中的自然,这一自然是关于人的科学的直接对象,同样,人则是关于自然的科学的直接对象。由此,"人的科学和自然科学属于一个统一的科学,因而,自然辩证法和社会辩证法是同一个辩证法"②。不应当在人的活动领域之外再确立一个独立的自然辩证法。

然而,马尔科维奇认为,否定自在的自然过程中的辩证法,并不意味着我们在任何意义上都不能谈论自然辩证法。他指出,卢卡奇的失误在

---

① Mihailo Marković, *Humanizam i dijalektika*, Beograd: Prosveta, 1967, p. 162.

② Mihailo Marković, *Humanizam i dijalektika*, Beograd: Prosveta, 1967, p. 170.

于，虽然卢卡奇批判自然辩证法时，主要指自在自然的辩证法，但是他没有将人对自然的改变和认识同自在自然进程区分开来，从而他也否定了人对自然的改变和认识过程中的辩证法问题。马尔科维奇认为，否定自然辩证法并不意味着在“人化自然过程”中，即在人的认识与活动所改变了的自然过程中也不存在辩证法。相反，“在自然成为人的历史的组成部分的范围内，辩证方法不仅可以用于社会现象，也可以用于自然现象”①。这样一来，马尔科维奇就比卢卡奇更精确地界定和批判了自然辩证法，集中否认自在自然进程中的辩证法，而把人认识与改变自然的过程划归人的实践活动领域。但是，从基本立场上看，马尔科维奇同卢卡奇是一致的，他们均把辩证法归结为人的实践活动本身，归结为主体与客体的自觉的相互作用。

另一位著名的实践派哲学家彼得洛维奇同样对自然辩证法表达了否定性态度。他主要比较马克思、恩格斯和列宁等人对辩证法的不同理解。他指出，恩格斯把辩证法理解为关于一切运动的最普遍规律的科学，他认为辩证法适用于自然、社会和思维运动等一切存在领域。从这样的见解出发，恩格斯特别重视自然运动的辩证法，他反复强调辩证法在整个自然领域中占主导地位。因此，恩格斯用了十多年的时间试图建构一个自然辩证法体系。彼得洛维奇认为，在这方面马克思与恩格斯有很大的差别。同恩格斯一样，马克思也十分重视辩证法，在他的著作中到处充满辩证法思想，但是，马克思不像恩格斯那样，试图建立一种完整的辩证法体系，尤其值得重视的是，马克思关注的是人的活动的辩证法，而不是自然辩证法。而且，从马克思的基本哲学倾向来看，也不容许自然辩证法的存在。彼得洛维奇指出：“马克思在一些地方也偶尔谈到，辩证法的规律不仅适用于社会，也适用于自然。然而，他从未对自然辩证法有那么大的热情以至于想亲笔写点关于自然辩证法的东西。从所表述的思想可以看出，马克思关于人是自己的世界的创造者的理解排除了自然辩证法的可能性。”②在上述两种观点中，彼得洛维奇毫不含糊地接受马克思的观点，从

① Mihailo Marković, *Humanizam i dijalektika*, Beograd: Prosveta, 1967, p. 177.

② Gajo Petrović, *Filozofija i rarksizam*, Naprijed, Zagreb, 1976, p. 27.

人道主义立场出发否认自然辩证法的存在。

二、辩证法的本质精神：人道主义

南斯拉夫实践派对自然辩证法持否定和批判的态度，其宗旨是要从根本上扬弃传统辩证唯物主义忽略人之主体性和创造性的客观主义本质精神。他们普遍从人的自由自觉的实践活动的角度来理解辩证法问题，把真正的辩证法限定在人的社会历史领域（其中当然包括人对自然的认识与改变过程），这样一来，实践派的辩证法都体现着一种强烈的人道主义或人本主义精神。这种社会批判辩证法所强调的不是给定的客观规律性和经济必然性对人的统治与制约，而是人的自由自觉的实践活动对于自然和社会历史领域中的给定因素的超越与扬弃，是人对自己的存在与自己的世界的塑造与建构。许多实践哲学家从不同的侧面表述了他们的辩证法的人道主义或人本主义实质。

著名实践派哲学家马尔科维奇最明确地表述了上述思想。他早在20世纪60年代初就明确指出："当今马克思主义的根本哲学问题是：如何使辩证法具有人道主义特征，同时使人道主义具有辩证法特征。"在这种意义上，他认为："马克思主义哲学的最贴切的名称是辩证的人道主义。"①实际上，所谓辩证法的人道主义化就是将辩证法从客观的和自在的自然过程的辩证法转变为人的历史活动本身的辩证法，即人的自由自觉的实践活动的辩证法，换言之，要将人置于辩证法的核心。

如前所述，在实践派哲学家中，坎格尔加对自然辩证法的批判最为激进、最为彻底。正因为如此，他毫不含糊地把辩证法限定在人的活动领域，他指出："只有在存在人的历史的地方才存在辩证法，在人的历史活动之外没有辩证法。"②显而易见，这是人道主义辩证法构想的最核心、最基本的命题，它对于所有东欧新马克思主义者的辩证法观均具有代表性。

坎格尔加的上述结论是依据青年马克思关于人的对象化劳动的理解而做出的。他指出，人是一种对象性的存在，自由自觉的活动构成人的类

---

① Mihailo Marković, *Humanizam i dijalektika*, Beograd: Prosveta, 1967, p. 31, p. 14.

② Milan Kangrga, *Etički problem u djelu Karla Marxa*, Beograd: Nolit, 1980, p. 184.

本质。人把自然当做对象加以创造与改造，这同时也就使自己的本质力量对象化；人和自然的本质就在于人的自由自觉的和创造性的活动，在于对自然性和给定性的超越与扬弃；人创造自然的同时也就创造了自身，而这种创造活动表现为一种历史的生成，这也就是人的存在的辩证法。

从这样一种理解出发，坎格尔加强调人的实践活动的本体地位。如前所述，他认为，人所生活于其中的自然并不是与人无涉的、完全独立于人的活动的独立实体，而是人的对象化活动的结果。因此，对人而言，世界的统一性不在于物质性，这种实践的和对象化的活动本是人的认识、人的存在、人的世界的本体和根基。从这种理解向前推论，自然会得出辩证法即是人的实践活动的内在机制的见解。坎格尔加指出，辩证法只存在于作为实践的人之活动之中，在人的活动之外没有辩证法，因为在人的实践活动之外或者离开了人的实践活动不会发生和产生任何与人相关的事情，只有在人否定现实的、给定的、自然的、物质的、抽象客观的东西的实践活动之中，才存在辩证法。一言以蔽之，辩证法只能是人的实践活动的辩证法。

弗兰尼茨基对于辩证法问题同样作了深入的探讨，他在 20 世纪 60 年代初曾发表了一篇题为《论辩证法》的十分有影响的论文。相比之下，他对自然辩证法的否定与批判不像坎格尔加那样激进与彻底，但是他的探讨似乎更加周全一些。弗兰尼茨基指出，对于马克思的辩证法与黑格尔辩证法的关系，有一种简单化的理解，似乎马克思把在黑格尔那里头足倒置的唯心主义辩证法“颠倒”过来，归还给自然界运动着的物质，革命的变革就完成了。斯大林对马克思与黑格尔的关系更是作了庸俗化的理解，他取消了人的地位，否定了人的主体性，把历史规律理解为与人无关的自律的东西，结果，在他那里，哲学、特别是辩证法，不是以人为研究对象，而是以纯粹自然为研究对象的。弗兰尼茨基认为，这是马克思主义发展中一种十分有害的倾向。而卢卡奇等人把辩证法归结于人的存在和历史活动领域，这实质上代表着马克思主义哲学发展中的一个十分积极的倾向，即人道主义方向。

弗兰尼茨基并未笼统地否认自然辩证法的存在，而是对此作了具体的分析。他认为，辩证法作为普遍的原则，不但存在于人类历史中，而且也存在于自然中，在自然中也有它的因素和成分，在某种意义上，自然的结构性和发展都具有辩证的性质。因此，不能把辩证法仅仅归结为一个原则，而否定自然的结构与发展的辩证法。

但是，问题在于，这些普遍适用的原则对于辩证法而言并不是最重要的。弗兰尼茨基指出，作为最一般原则的辩证法只能说明存在的结构性与发展性，而无法直接说明人的存在问题，这是因为，人是自然存在，但是人的自然性并不构成人的本质，恰好相反，人的本质正在于对这些自然本性的超越与扬弃。因此，辩证法的核心任务是在实践和人的存在中去理解辩证法。弗兰尼茨基指出："正是辩证法要求对于人的哲学解释要找到那个历史杠杆赖以支撑的阿基米德支点。马克思在实践范畴中找到这个支点，而在人本身找到了杠杆。"①

通过上述分析，弗兰尼茨基得出一个重要结论："如我们所见，辩证法问题在本质上表现为人的问题，表现为与人相关的问题。"②弗兰尼茨基认为，这才是辩证法所真正要解决的问题，这种以人的问题为核心的辩证法要批判现存世界的物化与异化，为人的自由的生成，为自由自觉的实践真正成为历史运动的基础而创造条件。他反复强调了人的问题的重要性，他指出："对人而言，他的历史存在是根本的哲学问题和人的问题。仅仅作为自然存在的人不是历史性的人，并且作为纯粹自然存在的人不可能是不死的。死亡不是历史范畴，而是自然范畴，因而它在本质上不是真正的人的问题。人只有作为历史存在，作为自由和创造性的存在才是永生的。因此，自由问题是人的根本问题。"③这样，虽然弗兰尼茨基肯定了自然存在领域的辩证结构与辩证因素，但是从根本上，他同其他实践哲学家一样，建构起以人为本的辩证法，即人道主义辩证法。

三、辩证法的核心原则：否定与批判

实践派所建立的人道主义辩证法或社会批判辩证法突出强调哲学的规范功能，即强调人的活动对于自然和社会历史进程的参与、改革与创

---

① *Problemi filozofije marksizma*, Beograd, 1967, pp. 78 – 79.

② *Problemi filozofije marksizma*, Beograd, 1967, p. 70.

③ *Problemi filozofije marksizma*, Beograd, 1967, p. 80.

造，把人的创造性活动作为人类全部历史运动和人的世界的基础。因此，在这一人道主义辩证法中，首要原则或核心原则不是客观性原则，恰恰相反，社会批判辩证法正是要超越这种至上的客观性原则。实践派辩证法的首要原则或核心原则是否定原则或批判原则，它强调人的实践活动对现存世界，对现存一切的给定性和异化性质的批判、扬弃或超越。实践派并不否认辩证法的其他原则，例如，马尔科维奇曾阐述了辩证法的整体性原则、历史性原则、矛盾原则、否定之否定原则、客观性原则、具体性原则等。但是，在所有这些原则中，实践派首先强调的是这一发自人类实践本性的否定原则或批判原则。在这一点上，他们与法兰克福学派著名代表人物阿多尔诺比较接近，后者提出了“否定的辩证法”的思想。

如前所述，坎格尔加认为，辩证法的本质特征不是运动，单纯的自然运动构不成辩证法。辩证法的本质特征是否定之否定，即人的自我否定。他认为，这一否定之否定或自我否定是人与动物在存在方式上的本质差别。没有否定之否定，没有自我否定，也就没有辩证法。动物和自在自然不否定自己的现存世界和直接环境，而是完全由这一现存世界和直接环境所决定，并以这些给定性和直接性作为自己的本质。而人则相反，“人由于自己的活动的，生产的，辩证否定的和历史的本质而不与自己的环境（自然的和社会的）等同起来，而是否定、改变、重新塑造、创造这些环境”①。正因如此，只有在存在人的历史的地方才存在辩证法，而否定之否定或自我否定成为最本质的或最基本的辩证法原则，成为人的活动与存在的原则。

马尔科维奇也是从人的活动本性的角度出发，强调辩证法的否定原则或批判原则，他认为，辩证法应当成为人道主义的辩证法，它的根本特征是革命的和批判的，这一批判不仅是理论的，而且是实践上的参与。由此，批判原则不是可有可无，或只在特定历史时代运用的辩证法原则，而是人道主义辩证法永远不可缺少的核心原则和根本精神，对此，马尔科维奇曾作了论证。他指出，由于人的实践活动的超越本性，“人不可能永远停留于自己存在的某种给定形式的相对局限性、界限和未完善性。由此，

---

① Milan Kangrga, *Etički problem u djelu Karla Marxa*, Beograd: Nolit, 1980, p. 202.

他寻求改变每一现存客体，以便扬弃其中被认为是局限的、否定性的东西。但是，如果人没有关于将来所应生成的东西的任何观念和意识，那么他就不可能了解到现存中什么是局限，什么是积极的和什么是消极的。反之亦然。只有关于未来的意识才会导致对现存的批判，在这种意义上，对于任何人类存在境遇而言，哲学都曾经是而且将永远是批判意识”①。

在实践派哲学家中，彼得洛维奇对于辩证法的批判本性或否定原则探讨得最多，他于1964年为《实践》杂志所写的创刊词指出：“我们要求的是这样的哲学杂志，在这里，哲学是革命的思想：对现存一切的无情批判，对真正的人的世界的人道主义预见和革命行动的激发力量。”②这样，实践派哲学家就使自己的哲学探讨直接切入现实的历史进程，具有强烈的现实感，同现代人的历史命运，同当代社会历史进程息息相关。为了回应理论界对实践派批判精神的指责，彼得洛维奇指出对批判应作正确的理解。有一种庸俗的和朴素的见解，认为批判就意味着简单地说某物不怎么样或不好。而辩证法的批判原则有更深刻的含义，当它宣布无情地批判现存的一切时，并不是说：“要对一切都说‘不’，而是认为对每一给定的状况都应进行这样的分析以便揭示其本质，以便能既在它的根本局限性和缺陷中，又在它的肯定的发展的可能性中，对它加以说明。”彼得洛维奇认为，实践派正是在这种意义上理解批判范畴。“当断言现存的一切都要经受无情的批判，并不意味着目前现存的一切都应被抛到垃圾堆里，或被当做没有价值的东西丢掉，而是说应当通过马克思主义的分析来断定现存中什么是有价值的，是应当保留的，而什么是不好的和不能保留的。”③

在这种意义上，彼得洛维奇进一步强调，在社会主义条件下，辩证法依旧是批判哲学，而不可能成为“革命的教育学”，它非但不能丢弃批判原则，反而应当更加彻底地坚持这一原则。他指出，有人试图区分建设性的批判和破坏性的批判，这并没有多大意义，因为真正意义上或马克思意义上的批判本身就包含肯定和否定两个方面。同样，也不应对“批判现存

① *Problemi filozofije marksizma*, Beograd, 1967, p. 13.

② Gajo Petrović, *Čemu Praxis*, Zagreb: Praxis, 1972, p. 13.

③ Gajo Petrović, *Čemu Praxis*, Zagreb: Praxis, 1972, pp. 162 – 163.

在的一切"作什么限定,它在任何条件下都是适用的。因此,彼得洛维奇指出:"在我们社会中比起马克思所生活于其中的社会要求而且可能有对现存一切的更彻底、更激进、更无情的批判。我们没有那些封闭资产阶级理论家视野的偏见,因此我们能够彻底地分析我们社会的所有基本问题,从而发现在我们目前的历史条件下一切需要克服的东西和一切构成它进一步发展的基础的积极东西。"①

从上述引证的坎格尔加、马尔科维奇和彼得洛维奇的观点不难看出,对否定原则或批判原则的强调代表着实践派关于哲学功能的最基本的理解,这一特点同对辩证法的人道主义本质精神的弘扬一道,构成了实践派辩证法观不同于传统辩证观的最本质特征。

实践派哲学家从人的存在的角度去界定辩证法的做法在理论界引起了很大的争议,固守唯物主义与唯心主义对立模式的研究者倾向于把实践派划入唯心主义阵营,而着眼于理论与时代精神之间密切关联的研究者则倾向于认为,实践派的许多具体结论固然不可取,但从总体上可能不失为一种具有创造性的理论探索。我们认为,虽然实践派的许多见解,如关于自然辩证法的理解、对辩证法本质特征的界定等,都存在着问题,但是,实践派从人的存在的角度理解辩证法的做法并非完全没有价值,相反,在评价实践派的辩证法观时,我们至少应当指出以下两点。

首先,实践派对于辩证法的理解与马克思对人与实践的理解有着本质的关联。正如许多实践派哲学家注意到的那样,马克思很少揭示纯粹自然运动的规律,而是致力于对人的本质活动,即自由自觉的对象化活动的认识,只是在人的实践活动实际地改变自然进程和对象世界的意义上,马克思才谈论到自然,即人化自然。

对人的本质的理解,是马克思学说的核心。马克思把人理解为实践的存在。他使用过不同的范畴:实践、劳动、类本质活动、对象化活动,等等,它们本质上是一致的,指的是规定着人的本质的"自由自觉的活动",即实际地创造和改变对象并创造人本身的活动。这是人特有的存在方式,它构成了人与自然、人与人统一的基础。马克思认为,人是自然的存

---

① Gajo Petrović, *Čemu Praxis*, Zagreb: Praxis, 1972, p.163.

在，但是人的本质并不在于自然性，而在于对自然性和给定性的超越与扬弃，人以自己的对象化活动而不断地建构和重构人与自然的统一。按照马克思的理解，人具有内在和外在双重尺度，“动物只是按照它所属的那个种的尺度和需要来建造，而人懂得按照任何一个种的尺度来进行生产，并且懂得处处都把内在的尺度运用于对象”①。正是在这种意义上，马克思得出结论：“这种活动、这种连续不断的感性劳动和创造、这种生产，正是整个现存的感性世界的基础。”②正因为如此，马克思在《1844 年经济学哲学手稿》中完全是从人的劳动出发去批判黑格尔的辩证法的。

其次，实践派对于辩证法的理解与 20 世纪人的存在境遇有十分密切的关联。在某种意义上，20 世纪的人类历史似乎失去了往昔的单纯性、简单性或同质性，开始展示出某种复杂性、歧义性和异质性。简而言之，我们面对的是一种自相矛盾、自相冲突的人类生存境遇：一方面是传统理性主义高歌猛进、科学技术飞速发展、人的本质力量在对自然的技术征服中充分增长与外显；另一方面则是非理性主义思潮的泛起，人的异化普遍增强，人面对一个日渐庞大的异己世界，面临着技术理性、意识形态、大众文化等异己的文化力量的统治。

20 世纪人类的这种奇特的生存境遇显然要求人类重新审视自己的原有理论、原有信念，它显然呼唤人类理性对人自身生存问题的关注和人类普遍异化的现状的无情批判。西方人本主义马克思主义和东欧新马克思主义的人道主义辩证法或社会批判辩证法无疑是对 20 世纪人类生存境遇的一种自觉的、带着沉重历史责任感的应答。在这种意义上，无论这些思想家的具体结论是否正确，他们的理论探索都将在 20 世纪人类思想史上占有一席重要的地位，都会给我们以有价值的启迪。

---

① 《马克思恩格斯选集》第 1 卷，人民出版社 1995 年版，第 47 页。

② 《马克思恩格斯选集》第 1 卷，人民出版社 1995 年版，第 77 页。

马克思主义分化与危机问题的新探索

南斯拉夫实践派兴起于20世纪50年代末,迄今已有五十余年的历史。对马克思思想和马克思主义的研究、批判与阐述始终是实践派哲学家理论活动的核心。50年代后期,他们主要阐发马克思的人本主义思想,批判斯大林主义;60年代与70年代,他们在进一步突破反映论和自然辩证法等旧有理论的同时,致力于把马克思主义哲学重建为"实践哲学"或"革命的思想";而进入80年代后,实践派的许许多多重要代表人物在总结自己的思想与理论生涯的同时,开始对马克思主义进行总体性的反思。

20世纪80年代对马克思主义进行总体性再认识并非偶然。70年代与80年代之交,随着布洛赫、马尔库塞、萨特、弗洛姆等人相继谢世,以60年代为轴心的东西方新马克思主义者灿若群星的时代已告结束。今天仍健在并十分活跃的著名新马克思主义者只剩下西欧的哈贝马斯、施密特等寥寥数人和南斯拉夫实践派、匈牙利布达佩斯学派等东欧新马克思主义者。这无疑是对20世纪马克思主义的分化和历史命运进行全面反思的最好时机。实践派哲学家是这一分化的历史见证和重要参与者,因此,他们的见解尤其值得重视。过去的七八年中,实践派关于马克思主义再认识的核心是它的分化与危机问题。

一、马克思与马克思主义的分化

马克思主义在20世纪经历了严重的分化,以至于我们根本无法一般地、不加限定地谈论马克思主义。著名实践派哲学家P. 弗兰尼茨基和G. 彼得罗维奇对这一分化的历史研究较多。他们俩对分化的基本走向的概括不尽相同,而且对分化性的理解也存有很大差异:弗兰尼茨基用马克思主义多元化来概括这一分化的格局,认为这是马克思主义发展所必不可少的条件;彼得洛维奇亦承认分化对马克思主义发展有积极意义,但也不是一般地谈论多元化,而是倾向于把这一分化理解为马克思思想的自我异化与扬弃异化相互交织的历史。

弗兰尼茨基把马克思主义理解为历史意识,他认为,任何伟大的历史思想在演进过程中都不会只固守一种形式,任何历史思想均无法在给定的历史总体之外得以理解,特定历史背景的改变必然在特定历史意识之中引起变化;而处于不同历史时代和历史背景之中的人也必然赋予特定历史思想以不同的解释。这种多元发展并非消极的现象,相反,它是每一种哲学思想、社会思想和科学思想丰富发展的“根本前提”。而马克思主义不只是哲学,它作为对资本主义社会的综合批判和革命思想,是与当代社会和革命运动深刻地交织在一起的,这就更容易导致不同的解释。因此,弗兰尼茨基在回顾了过去百年间世界历史和工人运动所经历的许多重大变化之后指出:“马克思主义哲学的多元化不仅是显而易见的历史事实,而且也是历史必然。”①

弗兰尼茨基认为,马克思主义多元化始于19世纪末20世纪初。当伯恩施坦抛弃辩证法,考茨基把辩证法主要理解为发展理论,而普列汉诺夫和列宁把马克思主义哲学等同于批判现实主义时,马克思主义哲学的多元化就开始了。后来,斯大林主义作为一种反人道主义的意识形态和经院式的哲学而公开反对马克思主义的多元发展。卢卡奇和布洛赫等人

① *Filozofska istraživanja*, No. 3, 1987, p. 371.

则重新开创了马克思主义哲学的多元化局面。弗兰尼茨基在《二十世纪的马克思主义》一书中勾画了三条基本的马克思主义哲学路线。

第一条路线是普列汉诺夫、列宁以及俄国其他哲学家所确立的辩证唯物主义和历史唯物主义。斯大林亦属于这条路线,但他使之蜕变为经院化。由于马克思早期著作长期不为人知,所以第二国际理论家否认马克思是哲学家,而普列汉诺夫和列宁虽然承认马克思主义有哲学基础,但他们只接受了恩格斯晚年的哲学构思,即把马克思主义哲学理解为关于自然、社会和思想运动普遍规律的辩证法。

第二条路线从 1923 年卢卡奇的《历史与阶级意识》和科尔施的《马克思主义和哲学》开始,为法兰克福学派等流派所继承。这一派反对自然辩证法和反映论,其核心思想包括两方面:一是把辩证法归结于历史领域,把总体性、否定和矛盾的辩证法理解为"历史辩证法""人类实践辩证法";二是把人的历史存在的本质限定为实践。

第三条路线以布洛赫、列菲伏尔等人为代表,他们认为上述两条路线均有片面性。他们也把实践当做理解人的本质与存在的基本范畴和哲学的出发点,但认为由此并不必完全回避一般唯物主义关于世界的物质统一性的命题,因为实践不仅是人与人的关系,也是人与自然的关系。

弗兰尼茨基认为,上述第二条和第三条路线不同于第一条路线之处在于它们对历史辩证法和批判理论的关注;而第三条路线不同于第二条路线之处在于它不把辩证法限定于历史领域。

弗兰尼茨基还进一步分析了马克思的社会理论和当代个体社会主义实践的多元化。他认为,社会理论方面的差别首先来自工人运动、社会主义和共产主义运动所处的特定的不同环境。仅在欧洲,目前至少存在三种类型的社会主义实践或理论:第一种模式是国家社会主义,仍然坚持一党制和国家对经济发展的垄断;第二种是南斯拉夫自治社会主义;第三种是西方高度发达国家共产党人的社会主义设想,它以自治、多党民主等等为特征。

彼得洛维奇在《马克思与马克思主义者》一书中,对马克思主义的分化作了不同的概括。他认为,对马克思本人思想有各种各样的解释和阐述,其中最有影响的有四种。第一种是第二国际马克思主义,它把马克思的思想解释为一种社会理论,是科学历史观(唯物史观)与政治经济学的结合。这一解释来源于恩格斯对马克思的“两大发现”(唯物史观与剩余价值学说)的概括。第二国际理论家都否认马克思有自己的哲学,把马克思的理论归结为“经济决定论”。第二种是普列汉诺夫和列宁所阐述的马克思主义,他们为唯物史观和政治经济学提供了辩证唯物主义哲学基础,而这三者又共同构成科学共产主义和共产主义政党实践活动的理论基础。这一解释仍然来自恩格斯,因为恩格斯在把马克思的创新归结为唯物史观和剩余价值理论之后,自己致力于建立一种以自然辩证法为核心的一般哲学。第三种解释把马克思思想理解为实践哲学。虽然马克思从未以“人”或“实践”为题写过专著,但他的著作中的确包含人是实践的历史存在的思想,从马克思关于实践、历史、自由、创造性、异化和扬弃化的论述,的确可以发展为实践哲学。第四种解释把马克思思想界定为“革命的思想”。它是实践哲学的进一步发展。按照实践哲学的观点,人是自由的创造性的实践存在,但是,在一些哲学家看来,实践的最高形式是革命。这里革命不是一般意义上的政治变革,而是人的本质性的存在方式,实践哲学和革命的思想两种解释主要由从卢卡奇开始的非正统马克思主义者(包括“西方”马克思主义和东欧新马克思主义者)所发展。

通过上述分析,彼得洛维奇提出一种颇为独特的理解马克思主义的方式。上述第一、第二两种解释(第二国际和列宁对马克思的解释)是通常人们所谈论的马克思主义,二者均来自恩格斯的基本立场;而后两种解释(实践哲学和革命的思想)则主要从马克思本人的思想出发。因此,彼得洛维奇断言:“恩格斯是马克思主义的真正创始人,普列汉诺夫和列宁(同 K. 考茨基一起)是他的最重要的继承者。”①而马克思则不是马克思主义的真正创始人。进而,他把马克思主义理解为马克思思想的异化形式,而把从马克思出发的解释,理解为这一异化的扬弃。“马克思主义是马克思思想的自我异化形式,但是,这一异化从不彻底,在其翼下,孕育着异化的扬弃。在最杰出的马克思主义者那里,已经表现出以马克思的精

① Gajo Petrović, *Marx i marksisti*, Zagreb: Naprijed i Beograd: Nolit, 1986, p.8.

神为根据的新的创造思想的开端。”①

基于对马克思与马克思主义之间关系的这种独特见解,彼得洛维奇进一步形成了对马克思主义现状和命运的独特见解。由此,他对马克思主义危机问题的理解与实践派其他哲学家的见解也不尽相同。

二、马克思与马克思主义的危机

近年来,实践派哲学家比较关注马克思主义危机问题。几乎所有参加这一讨论的实践派哲学家都持有一个共同见解,即不能笼统地不加区别地谈论马克思主义的危机。他们都区分了马克思的思想和这一思想在后来的演变,比较一致地认为,所谓马克思主义的危机首先是社会主义国家中作为意识形态的马克思主义和作为具体社会主义建设理论的马克思主义的危机;而后者的危机在很大程度上与马克思主义在斯大林主义那里所经历的蜕变直接相关。

实践派哲学家Z.哥鲁波维奇对此作了清楚的区分。她认为,在“真正的社会主义”国家中,作为意识形态的马克思主义陷入“深刻的危机”之中,它由于无力促进对现存异化世界的改变而无法成为自己时代的革命思想;同时,被归结为社会科学的实证主义马克思主义也无法成为时代的精神,因为它无法对当代世界的变化作出解释。哥鲁波维奇指出,与上述两种情形相反,“作为特定的理论思维方式的马克思主义并未穷尽自己的全部创造潜力,它有可能达到当代思维水平,这一点已为一些最新的趋势,包括那些富有成效的批判所证明,这些趋势表明新的思想突破的可能性,借此能够以更为当代的方式来反思我们这一处在十字路口的时代”②。

然而,在对问题的更深入探讨中,实践派哲学家之间的差别就显现出来了。分歧的焦点在于如何把握马克思主义危机的深度,也就是说,如何把握马克思与马克思主义危机的关系。关于这个问题基本上有三种不同的见解。

---

① Gajo Petrović, *Marx i marksisti*, Zagreb: Naprijed i Beograd: Nolit, 1986, p.6.

② *Theoria*, No.1-2, 1983, p.47.

第一种观点认为，处于危机之中的或者过时的只是作为马克思思想的自我异化形式的马克思主义；马克思的革命的批判的思想并没有过时，而是我们时代所缺少和所需要的精神。

彼得洛维奇认为，当代有许多人认为马克思的思想已经“过时”，他们的基本立足点是把马克思当做一位社会预言家。这些人认为，马克思曾预言了资本主义的灭亡和世界范围内社会主义的建立，但这一预言迄今一直没有实现，而且也没有希望在近期实现；在发达国家中，马克思设想的革命一直没有发生，而在一些不发达国家中，虽然发生了革命，但并未能建设马克思所设想的社会主义。彼得洛维奇认为，在社会预见的意义上，上述论点是对的，因为人是自由的创造性的实践存在，人的未来只可能部分地预见，而真正的未来是不可预见的。即使最小尺度上的预见也可能被人的创造活动所打破。不仅如此，彼得洛维奇还从反面提出问题，如果马克思真的是社会预言家，那么即使他的全部预见在今天均已兑现，他不同样面临着“过时”的问题吗？

在彼得洛维奇看来，全部问题在于，马克思本质上不是上述意义上的社会预言家，而是现存社会的批判家和革命家。“马克思思想的实质不在于预见人的必然的未来，而在于揭示人的、属于人的可能性，揭示那些人只有通过自己的自由的活动才能够实现的可能性。”[1]彼得洛维奇指出，马克思在致卢格的信中已明确宣称，他不想教条式地预见未来，而是希望“在批判旧世界中发现新世界”。这是马克思一生坚持的立场，《资本论》正是对分裂的自我异化的世界的批判。因此，“在马克思的思想中，社会主义不是关于必然未来的预见，而是作为真正的人的可能性和实现这一可能性的要求”[2]。

彼得洛维奇指出，马克思思想的一些方面受到19世纪占主导地位的实证主义思潮的影响，这些方面成为第二国际和第三国际教条主义—实证主义的马克思主义的基础。但是，这些不是马克思思想的主流。他的思想的伟大之处在于，在我们抛弃了其中所有站不住脚和错误的东西之

---

① Gajo Petrović, *Marx i marksisti*, Zagreb: Naprijed i Beograd: Nolit, 1986, p.39.

② Gajo Petrović, *Marx i marksisti*, Zagreb: Naprijed i Beograd: Nolit, 1986, p.41.

后，仍然有十分重要的、可以帮助我们更好地理解我们时代根本问题的思想。由此，彼得洛维奇得出结论："马克思是伟大的自由和革命的思想家，他依旧比19世纪和20世纪任何一个著名思想家都更具现实性。"进而，"马克思的革命思想，作为对我们依旧生活于其中的异化社会的批判，作为可能的（而不是必定的）真正人道的社会的要求，以及作为能形成这种要求的新型思维方式，在今天依旧具有突出的思想和革命潜能"[①]。

第二种观点认为，应对马克思主义危机作具体分析，不能把马克思主义的危机归咎于马克思的思想，但它的确与马克思思想中的内在矛盾相关联。

马尔科维奇指出，不应把马克思主义视做过时的世界观和意识形态来谈论它的危机，实际上，当今世界并没有抛弃马克思的思想，相反，资本主义社会本身的问题与危机、60年代席卷全球的青年运动、不发达国家对发展道路的探索等等，都有助于提高当代世界对马克思思想的兴趣。但是，由此并不否认可以在特定意义上谈论马克思主义的危机。

马尔科维奇指出，人们通常在三种意义上（从三方面）谈论马克思主义（马克思理论）的危机。一些人认为，苏联的所谓"真正的社会主义"国家的官僚制和对外扩张是马克思理论的实践中的实现，因此，应当抛弃马克思的理论。马尔科维奇认为，造成苏联官僚制和对外扩张有各方面的原因，例如，缺少民主传统，经济落后等等，布尔什维主义只是条件之一，而且它并不是马克思理论本身。因此，在这种意义上谈论马克思理论的危机是不恰当的。另一些人把马克思理论等同于共产党和社会主义国家的官方意识形态，即作为哲学的辩证唯物主义，作为一般社会科学的历史唯物主义和作为社会实践纲领的共产主义理论。他们由此而谈论马克思思想的危机。马尔科维奇指出，马克思的哲学不是辩证唯物主义，不是关于自然社会和人的思维运动普遍规律的科学；马克思的历史观不是以经济基础和上层建筑、历史必然性和阶级斗争为内涵的唯物史观；马克思关于共产主义的设想也根本不同于现存的国家社会主义。因此，这些理论的危机并非马克思理论本身的危机。第三种情形是一些人试图揭示马克

① Gajo Petrović, *Marx i marksisti*, Zagreb: Naprijed i Beograd: Nolit, 1986, p. 45.

思理论的内在矛盾和困难,揭示由于19世纪整个文化传统和时代所造成的局限性,以此来证明马克思理论已经过时。马尔科维奇认为,马克思理论内部的确存在一些困难,需要认真分析以重建马克思主义,但是马克思理论从本质上并未过时。

马尔科维奇分别考察了马克思的哲学人本主义和历史哲学的内在缺陷。马克思为了克服费尔巴哈人本主义的抽象性,把人性归结为"社会关系的总和",但这样一来又成了纯粹的实证主义(甚至是结构主义),因为这里把人性当成给定的。进而,马克思从本质上把人理解为创造性的自由的社会存在,而把破坏性、不自由、自我主义和异化归结为人的现存,这样一种关于人的本质的见解具有过分的乐观主义特征。最后,马克思的人本主义缺少历史辩证法,因而存在一个恶性逻辑循环:把人定义为实践的存在,把实践定义为自由的、创造性的活动,把自由定义为自我实现;而自我实现又是人作为实践存在的实现,或人的自由活动的潜能的实现。

马尔科维奇认为,摆脱内在矛盾的出路在于把马克思的人本学建构成真正的历史辩证法。它的出发点依旧为:人是实践的存在,实践是自由的、创造性的和社会的活动。但是,在这里,"人是实践的存在"不是被理解为"一种客观地给定的本质的表述,而是人的普遍现存的可能性。这一可能性可以但并不必然得以实现,如果我们不只是理解这一可能性,而且也参与它的实现,如果我们不是作为孤立的个体,而是作为代表现实社会力量的联合的个体,那么这一可能性可以得到实现"①。

马尔科维奇进而分析了马克思历史哲学的内在困难。他认为,在马克思的历史哲学中,除了上面所论述的由于实证主义的影响而导致的严格决定论立场之外,另一主要缺陷是把历史归结为阶级斗争。由此马克思忽略了历史本身更丰富的内涵,过分强调革命的暴力特征,进而得出了"过渡时期无产阶级专政"的思想。马尔科维奇认为,无产阶级专政的设想是马克思的最大失误,因为他忽略了建立这种专政可能出现的官僚制等政治异化问题。

基于上述分析,马尔科维奇得出结论:历史的经验一直在不断地修正

---

① *Theoria*, No. 1 – 2, 1983, pp. 23 – 24.

马克思的理论,而现在需要“彻底重建它”。但是,这并不意味着它已过时,相反,“马克思的基本理论观点依旧非常好地跟随着时代。没有这一思想,关于当代社会的激进的人道主义批判意识依旧是不可设想的。这一批判意识依旧只能遵循马克思,而不能遵循他之后的别的思想家”①。

第三种观点认为,马克思主义的危机是深刻的,甚至马克思本人的思想也不能幸免,因此,今天需要“激进的修正主义”。

斯托扬诺维奇认为,同20世纪任何一种社会理论和哲学一样,马克思主义也处于危机之中。并不像一些人所断言的那样,处于危机之中的不是马克思主义,而是马克思主义者。实质上,马克思主义所经历的危机是全面的、深刻的,“甚至马克思的思想也不能幸免”②。

斯托扬诺维奇致力于分析马克思主义的布尔什维克化(斯大林主义)问题。他认为,对于斯大林主义所造成的马克思主义意识形态化和专制社会主义实践,马克思从理论上无法完全推卸责任,“马克思建立他的理论的方法,不仅使其有可能通过重新解释、归纳和改造而布尔什维克化,而且在一定程度上还有助于这种变化”。在这方面,马克思的错误思想之一是“过渡时期的无产阶级专政”思想。这一思想为意识形态提供了肥沃土壤,马克思没有对无产阶级专政的现实可能性作出足够的分析。因此,一方面,他没有估计到这一思想在其实现过程中可能带来的消极后果;另一方面,没有意识到,“无产阶级专政思想本身就是一个乌托邦。不但其最终目的是一个乌托邦,而且通过这个目的的道路也是一个乌托邦”。

斯托扬诺维奇认为,无产阶级专政思想在马克思的思想中并非偶然的特例。他从马克思的人本学、共产主义观念和历史决定论三个方面分析了马克思理论内在的“开放的辩证法”和“封闭的辩证法”的冲突。首先,马克思持有一种过分乐观主义的人的本质概念。他无疑认识到,人不仅是创造性的、社会的和自由的存在,同时也是破坏性、自私的和不自由的存在。但是马克思的做法是把前一种内涵归结为人的“本质”,而把后

① *Theoria*, No. 1 – 2, 1983, p. 26.

② *Theoria*, No. 1 – 2, 1983, p. 125.

一种内涵归结为人的“存在”。结果，辩证法在这里由开放走向封闭。其次，在马克思关于共产主义的观念中，同样可以发现这种冲突。“作为辩证法家，马克思明确否定共产主义是历史的终点或目标。但是，他甚至在晚期著作中也偶尔把共产主义描绘为所有基本矛盾，包括人的本质和存在的冲突都将消失的社会。”最后，马克思一方面维护自然主义决定论立场，把社会规律视为具有“铁的必然性”的“自然规律”；另一方面又坚持一种较温和的决定论，把社会规律仅仅视做“趋势”。

根据上述分析，斯托扬诺维奇得出结论：“在当今时代唯一真正活着的马克思主义是不完全的（马克思主义）和激进的修正主义的（马克思主义）。”①而这一“修正主义”的基本内涵是，一方面，“当代的辩证法必须是彻底开放的”；另一方面，“对共产主义社会乌托邦的兴趣”应让位于“民主社会主义理论的发展”②。

综上所述，实践派哲学家对20世纪马克思主义分化与危机问题的见解各异，但彼此之间并未构成对立。他们之间有一些共同点：首先，在对待马克思主义分化问题上，他们不是简单地确定一种“正统的”马克思主义，以此为标准来取舍其他流派，而是力图揭示和把握这一分化的全貌，由此可以更好地了解马克思主义的历史与现状。其次，他们都对十月革命以来马克思主义在社会主义国家的理论进展和实际运用（特别是斯大林主义）持批判分析的态度。最后，他们都未回避马克思本人理论的内在缺陷和矛盾，同时也未放弃马克思的立场，只是对这些缺陷和矛盾的性质的理解不尽相同。无论如何，随着社会主义改革的历史进程的发展，必然伴随着对马克思主义理论和社会主义实践的全面反思和再认识，了解实践派的观点无疑有一定的借鉴意义。

---

① *Theoria*, No.1-2, 1983, p.125, p.128.

② *Theoria*, No.1-2, 1983, p.125, p.128.

历史唯物主义、实践哲学和革命理想*

从本文的标题来看,似乎这里将要探讨三个不同“概念”或“理论”以及它们的相互关系。的确要谈到这一点。但是,我们感兴趣的不只是这三种理论的某些内在联系。我们之所以对它们的相互关系感兴趣,主要是考虑到它们同它们所共同依据的思想——马克思的思想——的关系,以及考虑到它们同现实(将要谈一点现实),同当代世界的关系。对马克思思想的这三种解释中哪一种“最好”和最出色(假如存在着这样的解释的话)它们中哪一种解释能最好地说明我们在其中生活的世界(假如它们中有某种解释能为我们提供一些有意义的东西的话)。

对于有无马克思思想的最好(最典型)的解释的问题,我们马上加以“如果有这样的解释的话”的限定,因为不应事先就排除有多种对马克思思想同样好的解释的可能性,或许可能甚至“最好的”(最出色的)解释这一概念本身就没有意义。对于哪一种解释能为我们最好的说明当代世界

---

* 本文系翻译文章,作者为南斯拉夫“实践派”重要代表人物 G. 彼得洛维奇(Gajo Petrović),衣俊卿译。——编者注

的问题，我们也做了同样的限定。因为不应当事先就抛弃马克思的一些批评者所提出的论断：当今马克思思想无论在其哪一种解释中都已过时了，它从本质上说不适用于我们生活于其中的世界。

我事先把什么是对马克思思想本身的最好解释的问题同什么是对当代的最好解释的问题区别开来，并非想说明这两个问题完全不同和毫不相关。这里谈的是同一个根本问题，即关于马克思思想的实质及历史说明的问题的两个不可分割的“方面”或“因素”。关于这一点我在二十多年前就写过：“如果关于‘真正的’马克思的问题有一定意义的话，那么它既不可能是单纯的历史事实，也不可能是纯粹的主观价值问题。真正的马克思既不可能是历史‘事实’的堆积，也不可能是某种自由想象的产物。他既不可能是那个‘自在的’、完全‘客观的’马克思，也不可能是为某人所喜欢的和对某人有用的纯‘主观的’马克思。不论前者还是后者都不可能说明真正的马克思。‘真正的’马克思，那是马克思奉献给历史的东西。‘真正的’马克思哲学，那是马克思对哲学思想发展的贡献。”①

在不管以什么方式开始讨论对马克思思想的上述三种“解释”（我们暂且这样称呼它们，尽管这些叫法并不一定是没有争议的）之前，至少应简略地回答下述问题：为什么偏偏把上述几种解释拿到一起来探讨？对马克思还有各种不同的解释：不仅被解释为历史唯物论者、实践哲学家和革命思想家，而且也被解释为辩证唯物论者、政治经济学家、政治经济学批判家、政治思想家、科学社会学的创始人、共产主义思想家，等等。为什么只挑选出上述三种解释来探讨呢？

原因——既不完全是“主观的”也不完全是“客观的”——或许在于所谈到的是这样的解释，似乎它们今天依旧能够带着下列意图而活动：（1）揭示马克思思想的本质与核心；（2）成功地表明马克思对了解当今世界的相关性。

其他一些对马克思的解释，尽管在当代关于马克思的讨论中还相当流行，但至少在我看来，它们不再能够充做满足上述要求的够格的候选

① “青年马克思和老年马克思”，载《政治报》（*Politika*）1960 年 1 月 1—3 日；或《哲学与马克思主义》（*Filosofija i Marksizam*），1965 年进步出版社版，第 380 页。

者。例如,关于马克思是辩证唯物主义者的解释在某些国家和在某些共产党中(特别在执政的共产党中)还依旧是官方解释,因此,或许在世界范围内(不是在南斯拉夫!)这一解释在数量上还占优势。除了许多教条主义——官僚主义的假哲学家外,一些著名的创造性的马克思主义思想家,例如E.布洛赫,起码在名义上还持这种解释①。关于这一概念的各种缺陷,例如非批判的唯物主义形而上学、非历史的自然辩证法和机械的反映论,在南斯拉夫和其他地方五六十年代就有相当多的论述。那时我本人对此也写了许多。对于已写的现在没有更多要补充的(也没有要删节的)。从那以后再没出现这一概念的某种新的,更为新鲜的种类(或许除了阿尔都塞的结构主义模式以外,它在此期间也不太时髦了),因此从这方面说,没有必要重新批判分析辩证唯物主义。当然,如果目前恢复,甚至以旧有的众所周知的形式恢复这种原则上早已被扬弃的概念的趋势继续发展,那么或许有朝一日这种外部的原因会迫使我们重新同它们打交道。但是,目前还不必要。

另外一种解释认为马克思首先是"政治经济学家",是资本主义(甚至社会主义)的科学的政治经济学的创始人。关于这种解释我现在不想重新讨论,因为我早已指出过马克思不是政治经济学家,而是政治经济学批判家。当然,或许也有人会问,那样的话为什么不把马克思是政治经济学批判家的解释当做一个重要的解释呢?的确,我绝没想丢掉这一解释,相反,我力图把它表述得更清楚。批判某种政治经济学的理论可以从另一种政治经济学的理论出发,从一种在政治经济学范围内更高的立场出发。但批判政治经济学本身则不能从政治经济学自身的立场出发,而应从一种非政治经济学的立场出发。我们的问题就在于,马克思批判政治经济学的立场是什么:历史唯物主义、实践哲学,还是革命思想?或许这三种立场中哪种也不是?

我们首先从马克思主义是历史唯物论这一解释开始探讨这一问题。对马克思思想的这一解释是最古老,同时也是最流行的(因而也是最重要

① 在我的文章"恩斯特·布洛赫思想中的希望原则"(载《哲学研究》[*Filozofska istraživanja*]杂志1980年第2期)中有关于布洛赫和辩证唯物主义的更详细的论述。

的)解释之一。这一解释的声望和影响自然要归功于某种自身固有的质量,但无疑也要归功于它的作者——恩格斯的声望和影响,他在自己的一些著名著作中阐述了这一概念,这些著作在马克思在世时就发表了(《卡尔·马克思》一文,《反杜林论》和《社会主义从空想到科学的发展》),而在马克思墓前的著名讲话中又重复了这一概念。当然,根据恩格斯的观点,不能把马克思的思想只归结为历史唯物主义。他认为马克思有两大发现,“人类历史发展规律”的发现和“当代资本主义生产方式及资本主义社会运动的特殊规律”的发现(“剩余价值理论”),而除了这两项主要发现外,马克思在其他各个领域中(甚至在数学中)也有许多发现。然而,恩格斯在上述著作和其他著作中把历史唯物主义和剩余价值学说明确地确定为马克思的两大发现,而历史唯物主义又是第一和最重要的发现[①]。

恩格斯关于马克思首先是历史唯物论者和政治经济学家的解释没有多大改变地在第二国际理论家中占主导地位。他们只是在说马克思抛弃一切哲学好不好和是否需要为马克思“添补”哲学的问题上有分歧,但基本上一致认为真正的或成熟的马克思不是哲学家而是历史唯物论者和经济学家[②]。第二国际唯一认为马克思有自己的哲学(“辩证唯物主义”)的著名理论家是普列汉诺夫。而由于他的学生列宁,这一概念在第三国际成了占统治地位的对马克思的解释。然而,应当强调指出,第三国际对马克思的解释并未根本区别于第二国际的占统治地位的解释。第二国际的“历史唯物主义”和“政治经济学”被加上了“辩证唯物主义”作为其哲学基础。在第三国际被斯大林教条化了的马克思主义由于它的不人道的实践而丧失了声誉,而且有一系列的批判分析表明,辩证唯物主义在哲学上站不住脚并与马克思思想不符之后,西方马克思主义和西方马克思学中的主流是肯定传统的第二国际的观点,即认为马克思是历史唯物论者和政治经济学家,甚至那时的一些“辩证唯物主义者”也返回到了对马克思的这种看法(即理解框架)。从马克思首先是历史唯物主义者这一见解

---

① 参见:《马克思恩格斯选集》第3卷,人民出版社1995年版,第776页。

② 这一点我已多次详细论及。见我的:《普列汉诺夫的哲学观点》,1957年文化出版社版,尤其是《西方社会民主党》一章,第244~252页。

出发也产生了当代一些想要“重建”和革新马克思思想的企图，即试图使马克思思想现代化和适合时代精神[1]。

为了不致产生误解，应当记住，恩格斯不但是第二国际关于马克思是历史唯物主义者和政治经济学家的解释的发明人，而且也是普列汉诺夫、列宁以及第三国际关于辩证唯物主义是马克思学说的哲学基础的观点的首倡者。因为恩格斯在把马克思赞颂为历史唯物主义和科学政治经济学的创始人，而把自己说成是第二小提琴手、甚至是把马克思的创作普及化的通俗演奏家的同时，在他同杜林的论战中大胆地卷入一般哲学争论（和颇为自负的一般哲学判断），而在一些死后才发表的手稿中，例如在《自然辩证法》中，开始建立自己的辩证的自然哲学。众所周知，这里说的并不是一些偶尔写下的批注，而是多年的劳动成果，恩格斯本人对这一工作也赋予很重要的意义。难以避免的结论是：恩格斯之所以开始这一工作，是因为在他看来，在这方面，马克思那里留有哲学空白，需要填补。因此可以说第二国际的理论家（普列汉诺夫和其他几人除外）在其对马克思的解释中抄袭了恩格斯的明确的评价，而普列汉诺夫、列宁和第三国际则采用了恩格斯通过他的理论尝试表达出来的蕴含的解释，并试图实现恩格斯未完成的哲学设想。

然而，这里首先使我们感兴趣的不是历史唯物主义的历史性历险，而是这一理论作为对马克思的解释和作为对历史本质问题的回答的价值。“狭义的”、“庸俗的”或“教条主义”类型的历史唯物主义是关于经济因素在历史中占绝对统治的理论（“经济决定论”）。对这一理论，首先是恩格斯，接着是马克思的其他解释者作了令人信服的批判。因此我们对它不必考虑。“广义”形式的历史唯物主义，也就是我们在恩格斯和其他著名马克思主义者那里看到的历史唯物主义，把历史看做各种因素的相互作用，其中经济因素在一定历史时期最为强大，因此只是在“归根结底”的意义上开辟道路。恩格斯在致约·布洛赫的著名的信中指出，“根据唯物史观，历史过程中的决定性因素**归根到底**是现实生活的生产和再生产……这里表现出这一切因素间的相互作用，而在这种相互作用中归根

---

① 这些尝试中最有影响的自然是哈贝马斯的《重建历史唯物主义》。

到底是经济运动作为必然的东西通过无穷无尽的偶然事件（即这样一些事物和事变，它们的内部联系是如此疏远或者是如此难于确定，以致我们可以认为这种联系并不存在，忘掉这种联系）向前发展"[①]，等等。

对于这一广义形式的历史唯物主义，或者确切一点说，对于它想要成为马克思的一般历史理论（同时也是到目前为止最好的一般历史理论）的奢望，我在以前的一些著作中已多次批判过[②]。在那些著作中，我本人试图指出历史唯物论不是马克思关于人和历史的一般理论，而是他对阶级社会自我异化的人（作为"经济动物"的人）的批判，也就是他关于自我异化的人类历史（更确切地说是"史前史"）的批判理论。根据马克思的理论，人作为人并不必定是"经济动物"，相反，那只是阶级社会自我异化的人（他正是因为停留在经济动物的水准上而成为自我异化的人）。人作为人在本质上并不必定在外部相互作用方面分裂为几个相互对立的领域，因此，甚至"经济领域"也并不必然"归根到底"是历史的决定因素。相反，只要人的历史（至少在最根本意义上）还由它的某一领域决定，那么我们还始终处于史前史阶段，处在作为人的自由的和创造性的活动的真正人类历史的门口。在马克思看来，人作为人是自由的创造性的实践存在物，而真正的人的历史只有在人开始自由地创造与实现自身与自己的属人世界时才能开始。

我提到自己早年更为详细地论述和说明对马克思的这一解释的著作，绝不是想把这一解释完全归功于自己。当时南斯拉夫（和非南斯拉夫）的许多其他哲学家也得出了类似的结论，并发展和深化了马克思思想作为实践哲学的解释。在这一概念范围内，详细探讨了人的自由、创造性、异化、消除异化等问题。对这一切我不想在这里加以重复。直到今天，无论是在我们这里还是在世界上，对马克思的这一解释并没有获得新的理解，并没有突破不清楚和讨论不够的局面。一些解释者认为对于作为实践存在物的人的分析可以纳入历史唯物主义理论中作为它的丰富和

---

① 《马克思恩格斯选集》第4卷，人民出版社1995年版，第695～696页。

② 特别见"作为经济动物的人和作为实践的人"一文，载《我们的论题》（*Naše teme*）1962年第1期（稍加删节载于《哲学和马克思主义》[*Filosofija i Marksizam*]，1965年萨格勒布青年出版社版）。

补充。而另一些人则认为这种马克思的学说应当成为建立一个作为最终发现的、同时也是对马克思的合适的解释的实践哲学的基础。然而,在我看来,关于马克思实践思想的这两种解释(且不说那些试图抛弃和指责这一思想的"解释")都是不能令人满意的。

我认为,历史唯物主义理论同实践哲学无论如何是可以"联结"起来的,但只能在实践哲学的基础上联结起来。换言之,历史唯物主义理论可以作为一个"成分"而"纳入"实践哲学,但实践哲学则不能"纳入"历史唯物主义之中。历史唯物主义或"唯物史观",正像后一名称所特别强调的那样,试图理解历史,认为历史只能唯物主义地解释。正如历史唯物主义所理解的那样,"物质性"就在于一定的物质成分或因素,即经济因素在历史中归根到底起决定作用。把人划分为不同因素并在最终意义上发现历史发展的物质决定因素,这并不是历史唯物主义的偶然因素,而是它的本质。这样一来,除了形式上和名义上,我们不清楚在这一理论中如何纳入关于人是完整的存在物以及自由的创造性是人的本质规定的观点。事实上,在历史唯物主义观念的范围内谈论"实践",原则上只不过是把它理解为(只能把它理解为)人的一定活动或一定活动的集合(比如说经济的和政治的活动)。同样,自由在这里只能被解释为对必然性的认识(即以被认识的必然性为基础的活动),而创造性只能理解为由多方面(物质需要,物质规律等等)决定的对给定因素的改造。在这里,实践哲学只剩下这一术语本身。在历史唯物主义观念的范围内,也无法把社会主义设想为人的存在的崭新的和完全的形式(人的自由的和人道的存在方式),而只能是新的"社会经济形态"。由此,通向社会主义的道路也不能被理解为自由人的活动,而只是社会经济机制和体制的事先决定的合乎规律的自我发展。

然而,如果说不能把实践哲学纳入历史唯物主义的狭窄范围内,那么实践哲学本身则含义非常广,足以把历史唯物主义作为自身的成分,作为自己的一个特殊理论而包含于自身之中。在实践哲学中,人被理解为自由的创造性的存在物,他通过自己的活动实现自身和自己的世界。然而,正因为是自由的存在物,人也可能自我异化,成为自我异化的不自由的存在物,成为经济动物。正因为人自我异化,历史唯物主义作为对自我异化的社会和人的解释及批判有其存在的理由和相对的价值。但是,从实践哲学的整体中分离出来的、孤立的历史唯物主义,只能描述阶级社会中经济决定的作用和剥削的机制,甚至连这种社会和自我异化的人是非人道的这一根本命题也不能阐述。孤立的历史唯物主义不但不能作为关于社会和人的一般理论,甚至不能充做关于阶级社会和阶级的人的完整的见解,因为它对那个社会的状况只是按其现存的状况加以描述,而不能把握其历史制约性和局限性(因为它不能理解根本不同的,消除了异化的社会的可能性)。

一些人在接受实践哲学的根本因素的同时,赞成保留“历史唯物主义”这一传统名称来表达它的内容。这一术语在这种情况下制造了不必要的混乱,是不适用的。假如其核心概念是超越了物质和精神之间差别的实践概念,那还是什么历史唯物主义?可以理解,在历史唯物主义或唯物史观中形而上学的(或本体论的)物质概念不必成为核心概念。但是,在一种唯物主义的历史观中,某种“唯物主义的概念”,关于物质实体的概念或者物质活动的概念,势必要成为中心概念。然而,马克思所理解的实践概念不是同精神活动相对立的物质活动,而是人的一切自由活动的结构。

可是,如果说把马克思思想解释为实践哲学比解释为历史唯物主义更深刻,对于马克思思想和当代世界更适合、更贴切,那并非意味着实践哲学本身已经是对马克思可能有的最好解释。或者更确切地说:这或许是对马克思相对来说最好的解释(如果我们严格地理解“解释”一词),但是,正如马克思不只是他以前思想家的解释者,同样,今天愿意以马克思的精神及水准进行思维的人们也不能只是他的思想的解释者。比对马克思思想的任何解释都更好,更正确的思想,乃是那种没有仅仅停留在解释上的思想——革命的思想。

众所周知,把马克思思想解释为实践哲学已有相当长的历史(或者只是史前史?):从意大利的马克思主义者拉布里奥拉和葛兰西,经过早期的卢卡奇和布洛赫到列菲伏尔和南斯拉夫“实践派”。看起来,正是在实践派这里,实践哲学得到最完全和最始终一贯的发展,但同时也最清楚地表现出它的某些困难和局限。

为了发展实践哲学,实践派创办了《实践》杂志作为它的机关刊物。然而在这一杂志的第一期上——或许很多人至今尚未注意到这一点——实践哲学已被超越了。可以以《实践》第一期的发刊词为例,它表述了"实践派哲学家"的出发点。但是从这个简短的发刊词①可以看出,"实践派哲学家"已不只是"实践派哲学家",他们同时又成了别的什么人物。

上述发刊词在说明创办这一新杂志的需要时,除了其他之外,这样写道:"尽管已有许多杂志,但在我们看来,还没有我们所需要的那种杂志:即不只是哲学杂志,而且是探讨南斯拉夫社会主义和当代世界与今天的人的迫切问题的哲学杂志。"接着说:"按照这一理解,我们要求的不是那种意义上的杂志,即哲学只作为特殊研究领域和独立学科同其他一切学科及人的日常生活问题截然分离。我们要求的是这样的哲学杂志,在这里,哲学是革命的思想:对现存一切的无情批判,对真正的人的世界的人道主义预见和鼓舞革命行动的力量。"

显而易见,《实践》杂志的要领在这里没有定义为实践哲学,而是革命思想。"实践派哲学家"的关注中心不是实践而是革命。当然,紧接上述引文的另一段话则表达了不同的意思:"之所以选择'实践'这一名称,是因为'实践'这一马克思思想的核心概念最确切地表达了上面所说的哲学概念。"但是,原有立场在这里同那一新立场共存,显然缺少一贯性。

把实践哲学"改造"成革命思想,这是"前进"呢,还是"倒退"?革命思想是抛弃了实践哲学还是把它包含于自身?或者也许这是两个不同的但可以和平共存的概念?

如果说马克思的"哲学"真的是革命思想,而革命是这一哲学的中心概念,那并不意味着需要把实践概念从马克思思想中清除出去。关于马克思思想是实践哲学的观点并非简单地错了。因为它还停留在半路上,所以不够充分。在这一见解中,人被看做实践的存在物,而实践是自由的创造性的活动。自由的创造性的实践的最高形式(同时也是它的本质)在马克思看来是革命——彻底消除自我异化的社会和自我异化的人,实现真正的人道的人类共同体和自由的人。对实践并不是只能作这样的理

① 《实践的宗旨》,载《实践》杂志1964年第1期,第3~6页。

解，还可以有许多不同的理解。正因为如此，“革命思想”这一名称本身就比“实践哲学”的称谓优越。当然，问题不只是在于名称。无论我们如何称呼马克思思想，重要的是考虑马克思最感兴趣的东西：作为革命的实践的可能性。

然而，把马克思思想解释成实践哲学的缺点并不仅仅在于“实践”的名称，也不仅仅在于（这一点重要得多）它在根据马克思的精神把实践理解为革命上有所动摇。它的另一缺陷包含在“哲学”这一术语中。

众所周知，马克思谈到过哲学的“终结”、“克服”、“扬弃”和“实现”。第二国际理论家把这理解为要求简单抛弃或排队一切哲学。同这种对马克思主义的实证主义解释相反，普列汉诺夫和列宁坚持马克思主义的哲学性。然而，使哲学复归于马克思主义的同时，列宁把马克思主义本身分为三个主要“部分”（哲学、经济学和政治学）。并非所有马克思哲学的拥护者都这样在马克思主义的哲学、经济学和政治学等部分之间划出严格的界限。但是，一般说来，那些主张恢复马克思主义的哲学方面的大多数人，都坚持哲学对马克思主义的经济学、社会学及政治学的独立自主性。革命被看做社会现象，只是在马克思的政治和社会理论范围内探讨革命的问题。哲学则被用来探讨“最一般的”问题。

关于马克思哲学是革命思想的见解，意味着彻底抛弃了传统的观点，把哲学和革命置于不可分割的联系之中。在这一既是新的又是古老的见解中，哲学不再生活于抽象的一般性领域之中，它首先研究我们时代的基本的可能性（和现实），而这就是革命。从另一方面看，不能把革命只理解为政治的和社会的现象。真正的革命是对人和社会的根本改造，是新的更高的生活方式的实现。在这种意义上说，如果只停留在社会科学或者只停留在某种特殊的哲学学科，诸如政治哲学或社会哲学中，就不能理解革命。革命问题是中心的哲学学科——本体论和哲学人本学的中心问题。然而，即使这样说也不够精确。更确切地说：只有那种不划分为各个哲学学科，并且不同社会科学及社会实践相分离的哲学，才能完全理解革命现象。换言之，只有那种不再是传统意义上的哲学的哲学，成为革命思想的哲学，才能真正理解革命现象。这意味着上面提到的《实践》发刊词中的话需要加以修正。我们并不要求那种其本身就是革命思想的哲学，而是需要借助革命思想超越传统的哲学。

这后一种论断也可能重新被错误地理解为实证主义地消灭哲学的要求。然而,没有理由从上面所述得出这一结论。革命思想肯定哲学的存在,并使哲学具体化(成为哲学中本质的东西)。它远不是非哲学的东西,在许多方面比以往的任何哲学都更为哲学。正因如此,它就不能仅仅是哲学的东西。

但是,有人提出不同看法:即使我们承认革命思想是对马克思的最好解释,或者是他的革命思想的最好的继续,那并不一定意味着这一思想同我们生活于其中的世界相关。相反,似乎今天马克思意义上的革命已没有任何希望,由此,“革命思想”也就同当代现实没有联系。我们生活在普遍怀疑和听从命运的时代,一切伟大的革命设想都显得完全不现实(且不说是可笑的)。谁能控制住失控的技术呢?这技术摆脱了理性的控制,走上它自己破坏和摧毁人类生存前提的道路。谁能对付得了那些愚蠢地争吵(同时又是兄弟般团结)的政权以及它们的原子弹、火箭、警察、官僚机构和令人怀疑的国际外交使团呢?难道唯一的出路不是同这些必然的不自由妥协,屈从于它并试图顺应现存的东西吗?或者如果我们“本性上”是不可改变的“乐观主义者”、“理性主义者”和“能动主义者”,那么,在我们的“乐观主义”中加上一点“现实主义”的成分,而不是去梦想关于“世界本质”的彻底改变,立志进行反对最大的“不公正”和“不幸”的斗争,力图在可能范围内稍微“减轻”或“缩小”这些不公正和不幸,这不是好事吗?

前不久一个记者问我:“人们越来越经常地用疯狂一词来表达我们所处时代的特征。这里有多少真理性?如果有,难道这不是人对由于物化所造成的屈从的最后反应和反抗吗?”说明我们时代特征的大量个人的疯狂在许多情况下的确是对那种叫做“物化”的东西的反抗的标志。这是精神病态的疯狂,它是一个说明人不能同普遍异化的疯狂共处的标志,因而也是对它的激烈“反应”。然而,这种个人疯狂将是唯一的反抗形式,还是人将战胜疯狂,在全球范围内和在人的本质深处把它克服,这一点在哪里都没有得到说明。革命思想试图揭示这种根本的疯狂以及它同人的可能性的不相称性。并不能预先保证这一任务的成功。更不能确保革命自身的成功。革命思想不只是革命的准备，而且也是革命本身的开始。至少革命向何处去，那已不单单是思想问题了。

原载前南斯拉夫《文汇》(*Rukovet*)杂志1983年第1～2期。

马克思主义多元化意味着什么*

在展示迄今为止马克思主义内部的差别、种类甚至所有思潮之前，需要简要地指出从马克思本人的思想所能推导出的结论。迄今为止只是作为预设的马克思主义多元化是同马克思的基本概念相悖，还是以他的思想为前提条件？

当马克思和恩格斯在早期发展阶段通过艰巨的学术努力而达到自己对历史、人及人的物质和精神的实践的新见解时，根本的结论——这是他们区别于到那时为止的哲学家们的根本所在——在于，必须把历史理解为物质—精神相统一的过程，理解为人类创造总体，只是为了特殊研究，我们才可能在方法论上划分这一过程的不同方面，但应当时刻意识到，这里说的是一个在现实中不可分的划分。人无论在物质上还是在精神上均无法超越特定的社会总体，无法超越具体的物质生产关系和社会的、政治的、精神的和其他关系的复杂结构而活动。“人们是自己的观念、思想等

* 本文系翻译文章，作者为南斯拉夫“实践派”重要代表人物 P. 弗兰尼茨基(Predrag Vranicki)，衣俊卿译。——编者注

等的生产者，但这里所说的人们是现实的、从事活动的人们，他们受着自己的生产力和与之相适应的交往的一定发展——直到交往的最遥远的形态——所制约。意识在任何时候都只能是被意识到了的存在，而人们的存在就是他们的现实生活过程。”①

这样就第一次澄清了关于我们将称之为历史意识的社会意识的理解，这些意识像人的历史实践的物质方面一样以社会存在为特征。“道德、宗教、形而上学和其他意识形态，以及与它们相适应的意识形式便不再保留独立性的外观了。”②它们没有与人的整个历史相分离的独立发展，也不存在那种创造着历史而又对自己的活动、对自己的历史现实不加思考，不形成关于这一现实的各种观念的思想以及努力理解和证实自己的历史实践的人们。意识形态思想的各种形式总是“为存在所制约的”（“Seinsgebunden”），虽然我们不能说历史中出现的每一个别思想均如此，但可以说每一历史思想都是如此。正是在这一差别中体现出一个思想的历史效用。例如，资产阶级关于社会契约的社会哲学思想曾有过强有力的和决定性的历史效应，而同一时期的一些乌托邦共产主义观念则不曾有历史效用。

然而，人关于自己历史存在的一些意识总是如此，因为不可能把每一意识均归结为它的历史基础。人的意识的创造性，它同自己的现实历史条件相分离的能力，它深远的预见能力也都是人的意识的特征，因此，并非所有意识均拥有我称之为历史意识的意识的特征。然而，正是由于意识具有上述“远离”自己的历史现实的能力，在每一有影响的历史意识中，在所有伟大的哲学、社会的和其他观念和创作中，存在着剩余，它们作为“文化剩余”（布洛赫）无法完全被归结于自己的历史基础。这正是我们今天，在数百年甚至上千年之后仍能分享古人的哲学和文学创作的最重要的原因之一。古代哲人和诗人的思想与文学创作在其个体性的创造中也包含了人类普遍性。这是人的思维创造的结果，人的想象并非只是反映，它本质上是创造。

---

① 《马克思恩格斯选集》第1卷，人民出版社1995年版，第72页。

② 《马克思恩格斯选集》第1卷，人民出版社1995年版，第73页。

人的意识的这一特征也是思想可以在一些非常有影响的唯心主义体系中实体化,并由此把所有现实均看做这一实体化的意识的产物的原因之一。马克思和恩格斯为了达到自己的立场,就必须批判这些实体化的意识,尤其是当时占统治地位的费希特和黑格尔体系中的实体化意识。众所周知,马克思和恩格斯原为青年黑格尔主义者,他们对上述哲学以及自己哲学信念的清算提炼为《德意志意识形态》中的结论,这一清算过程自 1842 年就已经开始了。得到的根本结论是,各种形式的社会意识,各种意识形态形式没有自己的历史,而是那些发展自己的物质生产的人们,"在改变自己的这个现实的同时也改变着自己的思维和思维的产物"。因此,我们不能从"作为有生命的个人的意识"出发,而必须"从现实的、有生命的个人本身出发,把意识仅仅看作**他们的**意识"①。

综上所述,任何历史性思想均无法在给定的历史总体之外加以理解;其次,这些历史环境即特定的历史背景的改变必然在特定的历史意识中引起改变。既然马克思的思想是特定形式的历史意识,对此连反马克思主义者也不否认,因为不能否定它的历史存在有效期,那么可以得出如下结论:或者从马克思的时代起社会条件没有变化,而工人运动在几个国际期间的地位完全一样,在一些社会主义革命获胜之后,工人、社会主义和共产主义运动中什么也没改变——因此在马克思主义中也没有任何改变。或者,历史事实教导我们,过去百年间,世界上发生了许多重要的巨大的变化,工人运动也经历了一系列转变。

正因为后一种情形属于历史事实,所以谈论 20 世纪马克思主义的历史统一性,或认为只有一条马克思主义路线和一种马克思主义观念是唯一正确的,都是毫无道理和无知的。

当马克思思想的拥护者、个人和整个运动都经历了深刻的和激烈的转变与灾难,难道马克思主义作为特定形式的历史意识能够不发生变化,或者能以同样的方式加以阐述吗?

然而在那些作为马克思主义者而又与马克思本身相矛盾的人们(甚至我们这里也有这样的人)看来,马克思和恩格斯在历史思想问题上对当

① 《马克思恩格斯选集》第 1 卷,人民出版社 1995 年版,第 73 页。

代哲学观念的理论贡献只适用于迄今为止的哲学、道德、宗教等等，而不适用于马克思主义本身。马克思主义在其“统一性”和“纯粹性”、“完善性”与“完整性”上，超越于历史之上，就像圣灵超越于自己的基督徒之上一样。但是，只有那些马克思主义神甫们才知道什么是“纯粹的”、“真正的”和“正统的”马克思主义！

因此，从马克思的立场（同时也总是恩格斯的立场）可以得出这样的见解，历史条件的改变必然会导致对一个特定历史思想的理解和阐述的改变。在马克思主义那里，迄今为止这一点尤为明显，因为马克思的思想不只是哲学，它作为对资产阶级社会的综合批判和革命的思想是与当代的社会和革命运动深刻地交织在一起的，我们将简略地考证一下马克思思想的这两个方面，当然，这并未穷尽其全部思想。

就马克思思想的哲学方面而言，它无疑是马克思主义的本质所在，同时也是马克思作为思想家的根本创新所在，当然由此并不能低估他的杰出的、深刻的和富有独创性的政治经济学批判。马克思的哲学思想产生于欧洲历史的一个时期（19 世纪 30 年代—40 年代），他和恩格斯从青年黑格尔主义和革命理想主义转而建立自己的哲学立场，它立根于人是实践的存在，而历史是人的活动的见解，在这一活动中总是活动着历史总体的所有因素——从物质生产到政治、法律和其他社会意识形式，如果不了解他们通过转向新的、无产阶级的阶级立场而向新的理论立场转变的全部历史条件，就不能完全理解他们的转变。例如，如果不了解马克思同黑格尔唯心主义、费尔巴哈的人本主义和赫斯所倡导的实践哲学所作的艰难斗争，就必然会像后来常常发生的那样，根本不重视马克思关于费尔巴哈的提纲。

19 世纪末 20 世纪初，当黑格尔哲学及其所有的哲学组成部分在社会民主党内被视做稀奇古怪或不为人们所知，或至少不为人们充分了解时，马克思的思想和预设的哲学方面经历了第一次转变。从伯恩施坦抛弃辩证法，考茨基把辩证法主要解释为发展理论，普列汉诺夫、特别是列宁把马克思的哲学立场（特别是认识论）等同于批判现实主义时，马克思主义哲学的多元化就开始了。

在伯恩施坦那里形成一种关于社会冲突的见解，只是在战后它才在社会民主党中占统治地位。政治民主的发展以及社会民主党的成功——这里只提及主要之点——导致了理解社会运动和社会发展的哲学立场的转变。由于不甚了解辩证法哲学,他们认为,辩证地理解历史进程的革命方法同改良和民主进入社会主义的道路的可能性无法协调起来。由于没有区分本质和现象,没有区分作为变革社会经济关系的革命和实现这些变革的方式(暴力的和非暴力道路),由于看不到暴力进入社会主义道路的可能性——他们抛弃了马克思革命的和唯物主义的辩证法,同时犯有一个严重的理论错误,把进入社会主义的一种道路、一种斗争方式绝对化。而那些在当时,尤其在后来只坚持社会变革的暴力道路的人们也犯了同样的错误。后来在共产主义和社会主义政党中常常出现的缺乏哲学教育的情形,导致了他们这种对历史发展的复杂性和非单面性的不理解或片面观点。

同样的情况也发生于"委员会共产主义"的一些拥护者(潘涅库克、高尔特、吕勒)那里,只是他们具有相反的特征,即强调阶级反对阶级的革命斗争而放弃其他斗争形式,为此列宁在著名的关于共产主义运动中的左派幼稚病的小册子中竭力强调历史的复杂性和不可预见性,等等。

伯恩施坦及其在社会民主党中的右翼追随者的这一理论错误,以及领导阶层的官僚化和对历史进程的理解,导致了 1918 年底、1919 年初在群众革命运动面前的投降,以及同资产阶级的合作和对革命的扼杀。这是一个巨大的历史失误,它给两战期间整个欧洲历史打上了不遂人愿的烙印。

在这种马克思主义之前,还有一些小的变种,他们接受了 20 世纪初同马克思主义哲学联谊的新康德主义和经验批判主义观念。对于马克思思想的哲学来源极其无知——20 世纪初《手稿》和《德意志意识形态》尚不为人所知——可以从当时社会民主党运动中最大理论权威之一考茨基的思想中看出,他在一封信中指出,他看不出马克思与马赫的哲学立场之间有本质的差别。

那一时期马克思主义积极拥护者的这一理论缺陷最明显地表现在列宁反对马赫主义对一些俄国理论家和俄国社会民主党成员的强大影响和捍卫马克思主义哲学立场的努力之中。列宁在捍卫马克思主义的唯物主义方面时并未意识到——因为社会民主党的一般理论水平基本上是这样——他更多地是从马克思之前的唯物主义立场而不是马克思的立场出发对之加以捍卫的。严格坚持反映论使他根本没有意识到,那不是马克思的立场,而且当时已为世人所知的马克思关于费尔巴哈的提纲正是批判和超越马克思主义之前的哲学立场,即从德谟克利特和伊壁鸠鲁到马克思之前的全部唯物主义。假如马克思停留在这样的立场,那么他无论何时都不会实现关于人和历史理解的变革,不会在那一时代建立起新的历史观。因为,唯物史观的理论基础是人作为实践的存在,作为变革者的存在的能动概念,人在改变自然和自己的社会现实的同时,也改变自身。在这一观念中,“反映”可以被看做为这样一种认识:它是理论过程的要素之一,但绝不是这一过程的基础。直到1914年基本上了解了黑格尔的辩证法概念时,列宁才在自己的哲学笔记中揭示了哲学地解释马克思主义的新的可能性,尽管他那时还不了解一些哲学可能性和层次(如社会哲学、人本学,等等)。

对此我们不必吃惊。列宁不是职业哲学家,而是革命家——而且是20世纪最伟大的革命家——因此他最感兴趣的是马克思的辩证方法,以便获得这一最锐利的理论武器来分析和理解他活动于其中的复杂历史现实。在杰出的列宁看来,辩证法是必需的,但是他的许多追随者则认为根本不需要!因为列宁同自己的政党一起创造历史,因此他深刻的辩证法、批判性和反教条主义特征最清楚地表现在历史实践本身以及对这一实践的反思中。因而,他的著作,尤其从1917年到逝世为止的著作,是马克思主义辩证法应用于历史实践的具体领域的最好的典范。

但是,在列宁那里只是作为探索,因而可以说是片面的、并未上升为绝对的东西,在他死后十年变为教条、经典,被宣布为一种马克思主义哲学观和唯一正确并且必须遵循的马克思主义,这是反对马克思主义多元化的第一个清晰的、但对马克思主义而言也是悲剧性的宣告。

我认为,把在斯大林著名小册子中经典化的这一种类型斥之为与马克思主义无关的东西而加以抛弃,从根本上说是不正确的,甚至是幼稚的。首先,那一时期所写的与马克思主义哲学有关的东西大多可以在马克思和恩格斯的著作中找到。那是一个以大量引证作为论据的时代。问题正在于如何解释马克思和恩格斯思想中的具体东西,从中得出什么,得不出什么,哪些问题已被揭开,哪些问题根本没有涉及,或者被当做黑格尔的遗迹或反马克思主义的东西而加以排斥,等等。

其次,从未有任何一个宣称为马克思主义的哲学理论像那时的斯大林主义那样得到如此广泛的大规模的承认。共产国际的所有政党,这意味着全世界的共产主义运动都无条件地把斯大林的小册子奉为马克思主义理论思想的最高表述。我们不应忘记,斯大林被尊为马克思主义经典作家第四! 对这一切需要反思!

所有这些只是表明,工人运动的水平就是这样,以至于无法提供条件,正如今天在相当大程度上也要求没有任何哲学素养的成员,甚至大多数领导(哲学研究是艰巨的和长期的研究,不是通过几条通俗原理和观点可以掌握的学问)能够深入对马克思和恩格斯所作的贡献进行复杂的哲学分析,能够研究德国古典哲学,而这些对不具备哲学教养的人几乎是做不到的。大多数成员不可能也不必这样去做。但是那些具有成为这一运动的哲学家的才能的人们,如果不了解这些哲学前提,则必然低于历史所要求的水准。

既然认为共产主义运动必须有自己的哲学方面(这对一个新的进步的共产主义运动是十分必要的),它只能通过自己的哲学创造性人才来获得自己的哲学,后者是具有自我意识的不可重复的个体。对于整个运动,对于运动的大多数成员而言,总是需要哲学的普及化,而这在一定意义上总是简单化。这只是意味着社会和政治运动不能也不应试图成为哲学思想的拥有者和哲学问题的仲裁者——因为即使哲学会议也不能这样做——而只能从由马克思时代起直到今天的复杂哲学储备中接受特定的成分,以便更好地确定历史方向。由于这一切,运动在这方面和在自己的其他倾向中,必须是批判地、开放地和民主地采取自己的立场,而把哲学理论留给那些具备特定的哲学前提并且认为从马克思的精神所产生的思想最适用于当代进步意识的当代历史变革进程的人们进行创作。而政治社会运动从中为自己的整个意识形态接受什么成分,这取决于特定运动的发展程度。但是,主张为理解和解决哲学问题而提供框架则不只是狂妄的问题了。一些个人和团体,例如斯大林的团体是这样做的,他们对人类思想的发展根本没有任何深刻见解，更不具备对马克思理论思想发展前提的理解。

这不仅对马克思和恩格斯而言是显而易见的（恩格斯曾写信给德国社会民主党的领袖，指出谁也不能强制他以别的方式思考，或不发表自己的见解），而且对杰出的 A. 拉布里奥拉而言也是如此，他承认党内同志“在牵涉党的政治路线的一切问题上，在一定限度内和给定条件下可以是严格的，甚至是专横的”，但是，如果这些同志仅仅因为是同志而要求成为科学的仲裁者，拉布里奥拉则从原则上根本拒绝他们，因为“无论何时，包括在所谓的未来社会中，在科学的问题上都不能运用表决的方式”。

如果我们否定斯大林主义的哲学观念具有创造性的马克思主义的特征，则首先是参照我们今天业已了解的关于马克思的哲学方面的理解来进行的，这些对 20 世纪 30 年代的创造性的马克思主义理论家而言大多已经不陌生了。尽管斯大林的哲学观念仍是马克思主义哲学和一般马克思主义的一种类型，然而，无论如何按照欧洲的尺度它是最原始和最有局限性的类型，但是那时却得到了或许任何一种类型的马克思主义都不会再得到的普遍承认。最好不再有这样的类型！

斯大林主义哲学观念是一种意识形态化和经院式的哲学，这更多地在于它不具备从马克思和恩格斯那里所能得到的东西。首先，它缺少马克思思想的全部人本主义—人道主义问题，从哲学—历史问题着眼，这些问题对马克思和恩格斯克服哲学唯心主义和到那时为止的唯物主义传统至关重要。其次，把特定立场绝对化与教条化是非马克思主义立场。更不必提及斯大林主义在马克思主义文献本身中严格限制任何不同见解、任何探索以及直接批判的和创造性的对话。马克思的辩证法是批判的、开放的、探究的，因而也是革命的。而这一点是斯大林主义以及所有迄今不发达的社会的、共产主义的或非共产主义的运动所缺乏的。重复和新形式的教条主义、限制创造性探索及理论的差别性，一句话，限制马克思主义思想的多元发展——而这是每一哲学的、社会的以及科学的思想丰富发展的根本前提——总会在不发达的运动中存在，理由很简单，这些运动尚未达到把握这些进程的民主的、哲学的和科学的水平，它们的现实还不可能“提供”这一点！而为了达到上述人类思想的文化的民主发展，为了它们的自由、开放性、多元性和批判性,我们的欧洲近代思想已经奋斗了五个多世纪。

除上所述,还应强调,哲学以及艺术是有独立见解的、独立的和创造性的个体的创作。尽管在历史中有些伟大人物的哲学标志着里程碑,并且以自己的创造性而影响数世纪,但是,面对着新形势、新发现和新问题,创造性的人类精神不能只凭借重复、制定和拓宽这些哲学天才的哲学成就而存在。对马克思的哲学而言,情形也是一样的或类似的,特别应当注意的是,它不是以某种精心制作的形式而是更多地以建议和手稿的形式存在。

历史和哲学的进一步发展导致了新的认识、新的动力和新的情形;这需要富有独创性的解答与合理化。这些重大转变和新思潮可能是片面地发展的(这在人类认识的发展中常见),但是它们仍不失为新的里程碑。最典型的例证是卢卡奇的《历史和阶级意识》,它一出版就立即受到苏联马克思主义者的攻击——这本身已表明这关系到对历史—哲学问题的两种不同见解,因而关系到马克思主义哲学思潮的多元性。卢卡奇的批判者德波林、季诺维也夫等人清楚地看到卢卡奇天才著作中的一些片面性和弱点,但是由于他们没有理解一个思想发展的本质,而是采取了那时关于什么是马克思主义的仲裁者的立场(预示着后来的斯大林主义),结果完全忽略了这本著作中关于辩证法问题,尤其是关于异化和物化问题的历史辩证法的丰富的新内容、新见解和新的理论动力。他们由于自己的独断论立场和偏见而没有理解到,马克思主义哲学同样只能通过各种各样的新探索和新思潮而得以发展,在这种意义上,卢卡奇的著作勾画了一种十分重要的类型,我们可说,它开始了后来通过法兰克福学派和其他思想家而变为比斯大林时代所制造的辩证唯物主义和历史唯物主义的经院式结合更能代表“自己时代思想”的整个马克思主义哲学路线。这一思潮以人和历史问题为根本定向——这对马克思的思想是最重要的最根本的。完全可以理解,对这一思潮的拥护者而言总是存在一个问题,即如何解决马克思哲学亦无法简单回避的其他本体论问题。但是同样真实的是,在历史中只有极少数哲学家在自己的身后留下完整的哲学体系。

布洛赫试图用一个无所不包的辩证的—历史的—唯物主义思想来克

服这一片面性。这一思想是以乌托邦和希望命题及其他一些本体论内涵而加以丰富的，这是布洛赫富有独创性的哲学贡献。他的《希望原理》是对人和历史，而且也是对自然（尤其在其他著作中）的独特的富有创建性的理解，因而它标志着根据马克思的意向精神同时又包括一些在马克思那里所没有的新内涵和哲学见解对自然和人的存在所进行的哲学反思。这部著作那时对东欧的马克思主义而言是那样全新，以至于立即遭到谴责！不必继续列举迄今为止马克思主义哲学发展和一些富有独创性的思想家的哲学观念的全部丰富内涵，例如葛兰西、列菲伏尔（日常生活批判或者都市主义哲学）、萨特（独特的辩证理性批判）、科西克（具体的辩证法），等等，以及一些围绕《实践》杂志的富有独创性的南斯拉夫马克思主义哲学家，在他们那里有关于实践哲学、革命哲学、当代世界辩证法、人道主义、社会主义和异化问题的许多富有独创性的命题。

如欲进一步建立起这些命题，则有必要提出一个问题，这些不同的“马克思主义”依据什么而称之为马克思主义，所有这些不同的马克思主义思潮和种类依据什么而称之为马克思主义。有必要指出，所有马克思主义者当然都接受马克思的某些立场，但所有根本的范畴和概念都处于“理论活动”之中，即是说，它们都经受着不同的解释，而为什么和如何经历不同的解释正是马克思主义多元化的事实和必然性之所在。这里是特定的社会的和个人的传统以及主体本身结构的不同因素，它们迄今起着作用，而且在将来也还将存在着对每一范畴进行不同理解与解释的可能性，尽管人们都引证它们。这只是说，社会结构和作为权力、力量和关系总体的历史是如何复杂与多元。这同时也表明马克思思想的复杂性与深度，它能够开拓理解特定哲学与社会问题的新视野。

所有这些均表明，马克思主义哲学的多元化不仅是显而易见的历史事实，而且也是必然性。马克思的哲学是唯物主义和辩证法哲学的一个种类，无论如何是当代最重要的种类。同所有其他哲学一样，马克思的思想只有在多样化中，在以新的认识，以关于新的历史现实和人的独创性见解来加以丰富之中才有自己的前途。遵循这一哲学传统路线的每一创造性的哲学思想都不能再仅仅是马克思主义，而应当成为基于马克思的精神和他的思想路线的更高的理论和哲学思维。人类的创造性思想必然导致在马克思那里不曾存在的、我们无法从马克思那里引证的新命题和答案。当今在每一个认为根据马克思思想的精神和意向所作的理论努力能获得最富成效和最中肯的结果的重要思想家那里，情况均如此。马克思的哲学观点在上述思潮的多元化和创新中才有自己的前途，因此，任何固守一种理论作为真正的和正统的马克思主义的做法——都意味着马克思主义的历史终结。

关于马克思的社会理论以及具体的历史实践，情形并无两样。如果说在哲学这里，特定的新马克思主义哲学立场取决于许多历史、文化和理论条件，同时也取决于个别哲学家的独立性和创造性——那么关于马克思主义社会理论的差别与不同思潮则首先来自特定的工人运动、社会主义和共产主义运动所处的不同的环境。

首先应指出，20 世纪初社会主义理论在相当大程度上尚未建立起来。除了巴黎公社的暂短一幕，社会主义的历史实践尚不存在，对巴黎公社马克思天才地加以分析，并得出具有深远意义的结论，这些结论直到今天对许多马克思主义者还是十分深奥的。简而言之，马克思提出了关于这种革命的设想，即工人阶级夺取政权，并利用这一政权和国家以实行劳动的经济解放，即通过建立自由生产者的联合体而实现经济和政治异化的扬弃。当然，由此国家也将逐步从历史舞台上消失。

这一思想在马克思主义运动中并未得到足够的理解和接受。欧洲社会民主党由于自己夺取政权的议会斗争和在一些国家中议会方式的成功，而更多地关注国有和夺取政权，以便能作为占统治地位的政治力量通过国家干预、国有化和其他形式的社会化来推翻资本主义生产方式。尽管德国社会民主党在 19 世纪末由于恩格斯对他们制定的“爱尔福特纲领”中的国家社会主义思想的尖锐批判而形成的强大影响，放弃了国家社会主义概念，但是 20 年后，官僚化的党的领导阶层愈来愈选择了主要依赖国家和议会民主夺取政权的道路。这在德国革命前夕是如此明显，以至于列宁严厉批评他们断言无产阶级需要国家，但却不像马克思恩格斯那样强调这必须是走向消亡的国家。

对于马克思主义内部这一国家社会主义路线，列宁不但以国家消亡是社会主义发展的根本进程之一的思想，而且以工人和士兵苏维埃（委员会)是社会主义新国家和社会组织基础的思想加以反对。列宁的社会主义概念在历史实践上来源于巴黎公社,特别来源于俄国两次革命,那时自发地产生了工人和士兵代表苏维埃,这一思想在“委员会共产主义”的社会主义概念中得到最一贯的表达,当时最著名的马克思主义革命理论家,从R.卢森堡和A.潘涅库克到H.高尔特、O.吕勒、A.葛兰西等人都是“委员会共产主义”的倡导者。他们的社会主义理论概念严格立根于一些工业行业的工人委员会,这些委员会通过自己的代表形成地方的和其他的委员会,直到共和国委员会的最高机构。

这一理论至今尚未得以彻底贯彻,包括在南斯拉夫的实践中也未做到,尽管它迄今为止在发展自治方面走得最远(这一“最远”还只是最初的历史起步)。中欧的无产阶级革命落后了,因此尽管工人委员会曾作为那时一些宪法的观念,但它们在新的资产阶级共和国中被完全窒息了,完全消亡了。在布尔什维克俄国,列宁的政党在大多数工人阶级的支持下取得了政权,但是由于众所周知的内外部条件,社会经济和政治关系越来越带有国家社会主义的特征。经过反革命和国内战争,在历史舞台上只剩下布尔什维克党,这就使它能够,而且只是能够使自己的政治垄断变得无所不包,使无产阶级专政转变为一个政党的专政,最终为党的一个派别的专政。十分遗憾,斯大林的派别就这样成功了,它为了自己的统治而逐步铲除所有其他派别,并采取了愈来愈不民主的统治方法。列宁逝世后的十年间,建立起一种国家社会主义制度,它在斯大林的领导下,在他的不民主的、相当或根本不人道的(就莫斯科的进程而言,也可以说是罪恶的)政治引导下,使得最初的社会主义基础已成问题。那时欧洲的社会民主党人也在考虑一种国有化社会主义,但这是民主类型的,以议会和思想政治多元化为内涵的,而在第一个社会主义国家中,国家社会主义却取得了党的一个派别专制的所有形式,它为了自己的政治野心而牺牲了社会主义和马克思主义得以进入苏联舞台的大多数原则。

我以前曾证明,国家社会主义,包括民主类型的国家社会主义观念不是马克思和恩格斯的概念。然而,这并不意味着在不发达的历史条件下,这种社会主义不能成为向更深刻的社会进程和社会主义进程及变革的特定过渡形式。然而,斯大林主义者却把这一非马克思主义的思想及其实践宣称为马克思主义的最高实现,是一切社会主义发展的典范,而所有与此相悖的观点都被它庞大的宣传机构斥之为修正主义、托洛茨基主义、无政府工团主义、反苏维埃主义,等等,关于革命概念的情形亦如此,在他们看来,革命只能按照十月革命的方式进行。所有那些轻率地相信,他们的马克思主义概念是唯一"真正的马克思主义"而且可以通过强制将之推行到其他人那里的人们——尽管按常规每个人应采取自己的思想并为之奋斗——都认为,斯大林主义时期(而且不只是那时)其他亦自称为唯一马克思主义的思想是错误的,许多人由于这些思想而丧生。

既然"占统治地位的思想不过是占统治地位的物质关系在观念上的表现,不过是以思想的形式表现出来的占统治地位的物质关系"①,那么显而易见,这种不民主的统治必须以完全不民主地建立起的意识形态来加以捍卫和论证。上述"社会主义"观念以及前面提到的哲学观念不过是在观念上表达了一种实际的社会状态,它们不仅必然被强力推行而且被宣称为唯一正确的和革命的马克思主义。结果到那时为止,社会主义和马克思主义运动中以思想的多元化为特征的所有实践均被当做社会民主党的错误而抛弃,由此在自己的所有方面建立起独断的马克思主义。那时在现代史上第一次在马克思主义中彻底宣称反多元化的立场,第一次把一个特定的思想宣称为唯一的马克思主义,唯一必须遵从的思想,因此,它也就被当做在马克思主义和社会主义中创造与产生的一切东西的普遍适用的标准。

他们通过抑制关于社会主义实践和当代世界其他问题的自由思考而反对社会主义实践的多元化,这意味着也反对社会主义理论的多元化——其结果只能产生出在这种行动中所能产生的东西:普遍的贫乏和普遍的落后。因此,有机会阅读一点出自我们本国人和外国人之笔的反对多元化的著作的人们,包括我们南斯拉夫的马克思主义独断性的拥护者,多元论的反对者,都应当清楚,这种有限的和教条的立场会导致什么。它必然把他们引导到斯大林—日丹诺夫的反动观念,这一观念由于坚持马克思主义的独断性而必然导致把自己的思想和实践绝对化,其结果是

① 《马克思恩格斯选集》第1卷,人民出版社1995年版,第98页。

威胁到马克思主义和社会主义本身。

任何坚持历史发展中马克思主义的独断性而不是多元性原则的人都必须把自己的立场宣布为唯一正确的、唯一马克思主义的立场。如果这些力量同时拥有政治权力，那么思想专制，进而社会专制就是合乎逻辑的后果和历史的必然性了。社会主义有了马克思主义思想和理论的多元化、甚至一般理论和哲学观点的多元化，总会比只有一种观点能更好地发展，因为那一种观点必然是教条主义的和强制的马克思主义。最好每一种思想都进入对话，进入批判的对立之中。因此，对马克思主义思想而言，不但绝对必需自我发展的自由，而且也需要其他理论观点的存在，它可以与之对立，但也可以利用它们的成果。

在迄今为止的实践中，仅在欧洲我们就可以谈论几种类型的社会主义发展的社会主义概念。

第一种是国家社会主义类型，它直到最近还坚持一党制和国家对经济发展的垄断的必要性，把国家所有当做社会所有，把社会主义计划理解为国家计划，坚持拥有作为指挥中心的和执掌政权的党的传动系统。这一概念应更正确地称之为政党—国家社会主义。在这种发展条件下，社会的官僚化及其众所周知的结果是必不可免的。例如，当工会只是一种传动装置时工人运动就消亡了。而在不存在自由的理论创作之处就会产生经院哲学，无论是宗教的或是马克思主义的。遗憾的是一些社会主义者团体，甚至马克思主义者团体从欧洲社会和欧洲思想的数世纪发展中几乎什么都没学到！

第二种是南斯拉夫类型，它也是一党制，但宣布并倾向于把国家社会主义（官僚的或国家主义）的关系转变为自治的关系，由此就建立起新的社会经济关系，改变所有上述范畴（计划、所有制、扩大再生产、民主，等等）的特征。这两种类型的社会主义都形成于不发达国家，它们只有很薄弱的资产阶级的和民主的传统，而且面临许多复杂的问题，因为由于来自发达资本主义的竞争，甚至军事威胁，社会主义不得不为社会关系的更深刻的变革创造前提条件（工业化，形成更强有力的工人阶级的知识分子，克服经济和文化落后，等等），同时又必须建立新的社会主义社会经济关系。由于没有先前的历史经验，迄今为止这还表现为十分艰难的、复杂的和长期的历史任务。

第三种是西方高度发达国家中的社会主义设想,对此还只能作为理论设计而加以谈论。通过赋予国家以一定的作用,这种制度将立根于自治的发展基础之上,拥有多党制,因而在主要的生活领域都将有十分发达的民主关系。如果在上述几种社会主义类型的基础上,我们再补充一点中国、古巴、阿尔及利亚等国的社会主义实践和理论中的许多相似点以及不同点,那么,要否定社会主义实践和社会主义理论只能意味着意识形态偏见,它会导致对现实视而不见。

显而易见——如果有条件地和能动地理解——特定的"模式"主要适应于(当然是在非强制的条件下)特定社会的整个发展水平。当然,特定国家到了发展的一定层次,这一发展就会产生超越原有模式的要求。从上述所言不应得出任何相对主义,也不应以为各个国家的社会进程的引导者就像在历史的餐厅里选择冷热香肠那样选择自己中意的"模式",如同伟大的 R. 卢森堡指出的那样。多党存在,更大的政治和文化民主,在不发达的国家和社会中通常是不能接受的。尽管存在着内在的愿望和信念,认为最好是百花齐放——但最终却只开红花。

同样,即使在南斯拉夫,虽然我们为扩展和加强社会主义民主而斗争,没有民主就不能有社会主义的强有力的和成功的发展,但是由于我们的传统和历史,无论采取什么方式,更不必说抽象的方式,我们也很难做到这一点。如果我们希望使社会主义更富有成果,更和谐和较少危险地发展,那么就不能接受抽象的民主观点,而应坚定不移地和努力地发展我们已制定的社会主义民主,即是说,在社会的所有层次和所有领域,包括生产、政治、文化和公共意识领域实行自治民主。只是在这里需要坚定地和彻底地克服各种集团的、阶级的、有时包括短见的民族的私利。然而,正如迄今为止的历史经验所教导的那样,这的确是标志着整个一个历史时期的进程。

摘译自前南斯拉夫《哲学研究》(*Filozofska istraživanja*)杂志,1987 年第 3 期。

社会主义革命意味着什么*

迄今为止，主要发生在不发达和相对不发达国家中的社会主义革命，在社会主义世界中引起了各种各样的反响、感受、疑惑和问题。那些参加革命的人们曾期望彻底的社会变革，新型的、人道的和统一的社会关系，工人阶级从雇佣关系中的解放，工人阶级和劳动者在经济和其他社会关系中的统治，一句话，人们期望着劳动对资本、对官僚制、对特权等等的统治。这里我并不想列举对这一社会的所有期望，也不必强调指出，人们的希望和期待总是大于实现它们的可能性。然而，尽管如此，有理由期待新型的社会主义社会将消除雇佣关系，消除人对自身之外的任何力量的屈从，它将使人从战争的恐怖和不人道中解脱出来，逐步建立一种更人道的、精神上和物质上更丰富的生活，一个诚实和睦的，而不是依赖的、两面性的和统治的社会。然而，这些期望并没有实现，或者说在相当大的程度上没有实现。这就必然提出问题，是否在马克思的设想中有某种错误和

---

* 本文系译文，作者为南斯拉夫“实践派”重要代表人物 P. 弗兰尼茨基（Predrag Vranicki），衣俊卿译。——编者注

失误?

正如我同其他一些人已指出的那样,今天当我们思考马克思的历史概念时,我们会发现这一范畴过分地以决定论为基础,尤其是在著名的《〈政治经济学批判〉序言》里的一些重要概括中。然而,我们都清楚,特别是恩格斯在马克思逝世后多次写道,他们过分地强调了这一经济因素,由于它是一个新的概念而不得不特别强调。但是,马克思和恩格斯在自己的许多著作中都清楚地认识到,人们创造自己的历史,人的因素并不是简单地被决定的,历史事件总是多种因素的结果,甚至这一结果并不总是可预见的。

然而,尽管有这些警告,马克思主义者们更多地倾向于严格的决定论概念,根据这一思想,最合乎逻辑的是,革命应当在当时世界上最发达的国家,即西欧和美国发生。这在某种意义上应当是历史决定论的逻辑。然而,这些预见没有实现,列宁被迫根据新的历史情况和经验为这一概念补充了新的内容——帝国主义链条上的最薄弱环节。

进一步的事实,社会主义在殖民地和最不发达国家的突破,或确切地说,以社会主义力量为主导的革命表明,为了解释这些历史进程,我们必须考虑全部历史条件和其他国家的特定经验,以使我们能够理解特定进程的趋势。在这种情形下,可以主张历史进程的相对的超决定论,这对理解这些历史进程是不可避免的。

因而,迄今为止,主要由马克思主义概念促成的革命的社会主义力量从事活动的条件是各种各样的。差别如此之大,以至于当我们根据其发达程度和传统把这些国家加以比较时,我们研究的是几个世纪以来分裂的、不可比较的历史社会。然而,认为在任何情况下,在社会主义斗争和建设阶段都可以采用同样的革命处方的观点并不少见,尤其在斯大林的教条主义中。

为了更成功的未来,必须根据迄今为止的所有的已经够多的经验来确定一些任何历史活动者在自己的革命发展阶段都会面临的关于社会主义革命问题的原则。在武装革命和夺取政权之后——我说的是不发达国家——再也不应重犯那些使其活动者和整个社会受到巨大报复的重大错误。

迄今为止的经验告诉我们，许多革命马克思主义者经历了不同的命运。那些或多或少有唯意志论倾向的马克思主义者认为，作为马克思主义者，在夺取政权后能够也应当立即实现马克思所设想的消灭经济异化、资本主义生产的无政府性、竞争、危机等等的社会。马克思根据巴黎公社和政治上最发达的（法国的）工人阶级的经验，认为革命的特征必须是工人阶级（而不是以工人阶级的名义）掌握政权，它将不但利用国家保护革命成果，还将使之作为消灭经济屈从性和剥削的工具（组织自由生产者的联合体）——而在不发达的条件下，基本上是政治先锋队（政党）掌握了政权，国家作为非工人阶级，由于社会的普遍不发达，还不能成为马克思所说的进程的杠杆。

从左派共产主义者和社会主义者到无政府主义者，许多革命家仅仅依据理论观点，认为马克思的和其他的社会主义设想可以马上开始实现。① 他们忘记了作为马克思主义者并不意味着无论在什么条件下都要实现马克思的无阶级的共产主义的设想，而意味着要根据具体的历史条件发展和保证革命进程。在这种情况下，“马克思主义的”意味着分析特定的社会、它的发展层次、阶级力量的关系、国际环境等等，以及正视现实的（而不是构想的）历史可能性，从而在社会发展中采取最符合这些可能性的措施。所有革命浪漫主义（它在革命成就的一定范围内是必需的）在建设的进一步发展中都会导致可以避免的不必要的危机、失误和冲突。

第二类马克思主义者（尤其在过去的马克思主义社会民主党运动中）认为，作为马克思主义者意味着要等待生产力和工人阶级水平的充分发展，以便使工人阶级可以通过政治的、议会的道路执掌政权。

上述两种马克思主义者都坚持马克思的理论概念，但却没有像马克思主义者那样从事活动。第一种人重视马克思的和自己的理论设想，而忽视了历史条件；第二种人则机械地运用马克思主义的历史分析方法，忽略了特定的可以导致更激进的历史运动的历史条件。

马克思主义者之间的这种冲突在俄国十月革命中表现得最明显。布

① 无政府主义者的确这样设想也如此行动，他们认为革命的第一个即武装的阶段，就应当立刻把国家从历史舞台上铲除，建立无政府主义公社制度。

尔什维克党中一直存在多种思潮,它们之间存在明显的差别。激进的左派(布哈林、洛莫夫、奥新斯基等人)不但反对布列斯特和约,认为同资产阶级的任何协定都是对革命原则和道德的出卖,而且他们的拥护者同列宁相反,认为通过社会主义国家可以非常快地实现马克思关于消灭商品生产、价值规律、市场、雇佣关系和建立计划经济(作为国家计划)的设想。这其中的许多观点后来为斯大林所接受,只有布哈林曾认为,通过这种国家社会主义和群众参加管理(对此斯大林从未设想过)可以克服官僚制的变形。而在其他许多思潮中有的认为,通过工会可以实现工人对经济的管理(施略普尼柯夫,克隆塔耶娃和"工人反对派"的其他成员),认为在这一层次上已经可以消灭商品和货币(免费使用公寓、燃料、运输、参加文化娱乐等等)。

列宁不得不同这些人以及其他一些人不断进行严肃的讨论与争论,那时,他已写了一系列政论文章,其中有《国家与革命》。然而,列宁也同样为一年前写这一重要著作时所未设想到的形势所制约。同所有的设想(托洛斯基的不断革命的命题除外)相反,社会主义革命在欧洲一个不发达国家中开始。列宁很快意识到,在这种情况下,尤其在资产阶级战争时期,不能直接实现马克思所提出的社会主义的一些重要设想,首先是工人阶级和其他人民的自治。面对革命的这种形势,列宁探索一切可能的出路,以便一方面保证社会主义的发展路线(苏维埃、工人控制、工农监督、保证工人在国家主要机构中的大多数等等);另一方面,保证经济至少在确保满足城市居民的饮食和军队反对反革命斗争的需求的程度上运转。

面对这种形势,列宁认为,对社会主义社会来说,甚至实行国家资本主义也是向前迈出的一大步,这在前面所说的那些纯粹的共产主义者看来,是真正的亵渎。我认为,后来的社会主义历史经验充分证明,要使一个能在世界市场同发达的资本主义经济竞争的经济运转,仅有工人的革命热情是不够的,工人的自治不能代替科学的和有效的管理。缺少它们,社会主义就无法建立历史上新型的社会关系。

因而,列宁认为,对于革命和苏维埃社会的第一阶段来说,使企业或大企业继续保留在私有者手中,但使其生产计划、原料供应、对外贸易等等受国家控制,这已经足够了,是向前迈出的一大步。也就是说,从根本上由国家政权决定经济政策，但生产的组织由那些已有足够经验和知识的人来掌握。在这方面，历史情况也证明列宁是正确的，因为资产阶级战争一结束，苏维埃社会和党就被迫开始了新经济政策时期，根据这一政策，一些国有化企业又重新由它们的所有者管理[①]。

列宁在探索维护和发展苏维埃社会的最佳发展途径的内部斗争和努力中所作的分析和他所采取的立场，使他至今仍属于最伟大、最开放的马克思主义思想家和革命家。列宁在《论粮食税》中写道，任何共产党人都不会否认，"苏维埃社会主义共和国"这一名称标明苏维埃政权实行向社会主义转变的坚定性，而不是"认为现行的经济体制是社会主义性质的"。列宁至少是试图，而且在相当程度上成功地找到一般理论同具体、个别理论之间的中介环节——这对任何马克思主义的历史活动都是必要的。在马克思主义的意义上，这一中介同时表明它不属于那种丧失根本目标的实用主义，而属于那种在发展的每一阶段上的"实用的"解决方法，通过这些方式，社会主义可以向前迈进。

虽然在列宁的革命司令部中有许多杰出的天才，但列宁比别人更清楚地意识到，在经济领域还必须做许多事情。因为，就经济建设来说，社会主义制度的基础"在这方面的最主要最根本的工作还没有完成。而这是我们最确定不移的工作，无论从原则和实践来看，或者从现在俄罗斯苏维埃联邦社会主义共和国和国防方面来看，都是最坚定不移的工作"[②]。

在分析迄今为止的社会主义革命，或至少是以社会主义力量为主导的革命时，我们必然得出的结论之一是，马克思的和马克思主义的（思想）并不是等同的。这样，我们就接触到这一讨论的根本命题。当我们谈论马克思，显而易见也是谈论马克思主义，因为他是它的创始人。但是，这并不意味着特定的马克思主义立场或活动也必定是马克思的，就是说，马克思主义的并非必定是马克思的。一些革命力量在特定历史条件下，其行为可以是彻底的马克思主义的，但在这一时期实现的和所能实现的并不是马克思的社会主义设计或概念，这并不意味着这些活动对于进一

---

① 那时列宁把这称之为国家资本主义（以及资本主义的国有化企业），同今天我们把这一概念只用于现代资本主义的国有化企业的理解不同。

② 参见《列宁选集》，第 4 卷，人民出版社 1995 年版，第 577 页。——译者

步实现马克思共产主义设想的发展来说没有历史进步意义。这两种因素的混同会导致(正如它已经导致的)社会发展中的不良的和妥协的现象与进程。关于这一点后面还要说。

因此,在不发达或相对不发达的历史条件下显然不可能直接实现马克思的概念,相反,迄今为止的所有社会主义革命,由于上述原因,都以不同形式和不同发展程度的国家社会主义开始。应当把国家社会主义理解为革命发展的这样一个阶段,在这个阶段上,革命的政治力量(政党)起决定作用,它们以政治手段行使权力,通过主要生产力的国有化,在经济关系中,首先在国家的经济政策中占主导地位。根据马克思的社会主义要领这一政治上和经济上的主导地位应属于工人阶级,而在上述情况下,工人阶级大多不发达或相当不发达,它们为政治先锋队所取代。由于所有这些原因,正如迄今为止的社会主义历史所表明的,国家社会主义成了试金石。已有好几代马克思主义政治家和理论家没能通过这一历史考验。

由此提出根本性的问题:当我们谈论社会主义革命时,究竟意味着什么?这一问题并不是抽象地提出的,因为在这方面基本的原则与设想已相当清楚了。这里说的是社会主义革命迄今为止的具体发展,是迄今为止的革命所遇到的具体问题。这里说的是对迄今为止的国家社会主义发展阶段的评价。与这些问题相关,意识形态在相当大的程度上抑制了对现实进行清楚的、批判的和公正的分析。这一意识形态活动方式的根本特征是什么?

根本的错误和历史失误就在于,第三国际后期强迫人们接受这样的观念,认为这种国家社会主义制度是马克思的无产阶级专政概念,因而也是共产主义第一发展阶段的实现,而且在这一条件下可以也必须实现所有否定资本主义生产方式的和建立社会主义生产方式的东西:计划经济,限制甚至取消市场、商品货币关系以及所有生产资料(细小的和大型的)私有制。国家社会主义被当做是业已发现的关于历史之谜的解答,而不是革命和历史转变发展中的最初的、不发达的或本身是不充分的阶段。这种立场和观念的意识形态性质正在于此。这清楚地表明,它不是那种无论在分析资本主义还是社会主义都同样重要和必不可少的马克思主义的批判的方法。这种意识形态性是由社会越来越强化的官僚制造成的，对官僚制来说，批判的思想总是不受欢迎的、不舒服的和危险的，从这种意识形态性质出发，提出了一个必须遵守的命题：马克思主义辩证法在社会主义中不再是批判的和革命的思想和方法，而转变为“教育的”！这样，在社会主义中马克思不再是革命思想家，而成为官僚制幼儿的教育家。

随之，也产生了所谓的马克思主义思想顶峰的其他美景：社会主义社会中消除了生产力与生产关系的矛盾与冲突，强化阶级斗争和国家，国家所有制等同于社会所有制，只存在一种马克思主义哲学和马克思主义概念，艺术只有一个社会主义方向（社会主义现实主义），所有资产阶级文化都是颓废的。这里我们不去列举其他许多与马克思主义没有共同之处的东西，例如，实现了生产资料完全的国有化或集体化，社会主义就建成了，历史地实现了。那时曾经确定了进入共产主义的具体日期，由此，这种官僚制的思维，尽管也装扮成马克思主义，但却陷入了建立在初等数学基础上的理论计算的不可容忍的浅薄。

所有这些已经不是真正的马克思主义的，而是意识形态化了的思想都来自一个根本的错误：把国家社会主义结构等同于马克思的社会主义概念的实现，因而设想社会主义的根本建设只要通过国家社会主义机制的机械的、有机的发展，而不是对它的克服，就可以实现。正是在这一点上，马克思和恩格斯对国家社会主义概念的批判态度，表明他们思想的深度和远见。对他们来说，十分清楚，雇佣关系和经济政治异化的根本问题是不能靠国家社会主义来解决的。这是社会主义革命的根本的历史使命。

如果我们要真正坚持马克思的历史分析，也就是说，要执行和实现工人阶级的解释和开始实现更自由的、更人道的和更团结的社会共同体，那就要提出一个问题：如何能保证真正的而不是口头上的劳动解放的革命进程？

当然，如果不具备起码的基本历史条件，即使最好的愿望也不会实现。正如我们所见，在不发达和相对不发达的历史条件下，国家社会主义迄今为止一直是必要的，但这不意味着迄今为止在这些制度中所做的一切都是必然的。然而,当革命过程只能以此为起点时,应当非常清醒地意识到如何将之继续发展。革命的力量面临着两种可能性。

一种可能性是,非马克思主义地把社会关系的这一国家社会主义制度宣布为马克思设想的实现,而它向更高阶段(发达的和现实的社会主义)的发展就在于通过运用生产资料国有化而使这一制度强化。这样的历史结果根本不是马克思的自由的和人道的设想的实现,根本不能成为当代人类为新型社会关系而斗争的任何典范。我在自己的其他著作中已指出①,对这种国家社会主义和官僚国家主义社会关系的分析,其落脚点只能是这样的论断,即在经济方面国家社会主义和国家资本主义几乎是同样的体制。正因为这一点,由于工人阶级的异化的存在,这些体制通过强化集权的和垄断的特权,可能转变为比许多资本主义体制更糟的可怕的怪物。正因为如此,马克思主义者对这种社会现实必须持彻底的批判态度,努力使之尽早克服。

如果我们按马克思主义的逻辑思考和行动,那么历史地提出的第二种可能性就是,在还不能马上克服和超越的国家社会主义体制中,努力创造许多历史手段,以导致工人阶级首先在经济关系中的控制,以及实现自由的民主的社会气氛,它将在新的历史条件下,以社会所有制和联合为基础,而不是以私人利益为基础,促进自由个体的发展。

这些过程不仅在上述不发达国家中,而且也在相当发达的国家中将是各种各样的。在不发达国家中,很大程度上取决于到那时为止的传统、社会内部的冲突(经济的、政治的、宗教的等等),也取决于领导力量的艺术和能力,以便尽可能现实地估量自己的可能性,不要强加给社会它所不能承受的组织形式。正像几乎在所有的情形中表明的那样,正是由于上述不发达性,资产阶级的政党制度和议会制只是纯粹的幻想和某些抽象民主原则的奴隶,正如普遍国有化是类似的意识形态成见的奴隶一样,因为在这种国家垄断的条件下,社会还无力改变为数众多的小手工艺者、小农和中农、商人和工业者。恩格斯已经清楚地认识到,甚至在发达国家中

---

① 《马克思主义和社会主义》(*Marksizam i socijializam*, 1979);《作为不断革命的自治》(*Samoupravljanje kao permanentna revolucija*, 1985)。

也必须首先实现工业和农业中的主要生产资料的社会化,而其他的则要在发展过程中根据可能性加以实现。①

在发展的最初一些阶段中,革命力量必须实行主要的、最大规模的生产力的国有化,以免它们在私有者手中会为反革命服务,同时也要改变国家的压迫机器。然而,在这一阶段中,依靠国有化还不能实现经济的活力和满足许多的、各种各样的、细小的人的需要,其中包括日常生活的需要(各种手工艺的、商业的服务,物品的多样化等等)。

消灭私有制并没有立即改变社会意识。在不发达国家中,社会意识中还充斥着私有者意识形态的要求。私人利益、要求加速克服遗留下来的贫困等等比起那种在社会所有制和社会力量中寻找长远的和根本的前途的意识要强大得多。因而,尤其在小的集体中,常常发生把社会的生产资料和企业本身更多地当做自己的(小组的)财产,同时将之当做尽快满足自己私人利益的手段的情况。伴随着这种在社会主义不发达阶段必须考虑到的意识,以及它的各种各样的为个人的和自私的目的而利用社会财产的后果,这一部分经济的发展要比私人小企业更加困难。

社会主义制度中私有制(农村中的私有制、小手工业、小农经济、小商贩,服务业等等)的存在当然根本不是社会主义强化和发达的标志,而是它在这一历史时期不能用更有效的、更好的社会生产代替这部分生产的标志。只要社会成分还不能以充分的、令人满意的方式活动,私有成分就是历史地公正的和社会主义所必需的。显而易见,私有成分有其消极的内容,它表现在私有者的个人主义、对物质财富的难以满足的追求等等。但是,问题在于,社会要为这一活动划定合理的范围(限定资本的规模,同时规定土地占有的数额,相应的税收制度,等等)。对于社会主义力量来说,问题在于通过社会的发展逐步使得封建主义和资本主义的残余变得无足轻重。

---

① 恩格斯在1890年8月21日致奥托·伯尼克的信中写道:“一旦我们掌握了政权,只要在群众中有足够的拥护者,大工业以及大庄园这种形式的大农业是可以很快地实现公有化的。其余的也将或快或慢地随之实现。而有了大生产,我们就能左右一切。”(《马克思恩格斯选集》第4卷,人民出版社1995年版,第694页)可见,恩格斯那时就把革命过程设想为,首先使工业和农业的主要资本社会化,而其他的社会化过程可以或快或慢地达到,这取决于许多其他历史条件和可能性。

对于发达国家根本不适合的、对它们的发展来说代表着巨大倒退的一党制，意味着使政治民主无法发展，至少涉及建立新的各种各样政党的可能性时是这样。但是，这并不意味着一党制必定限制公共生活的民主——尽管迄今为止基本上是这样的。这是迄今为止的革命的一个很大的经验。当然，合乎逻辑的应当是相反的情形，因为革命力量以大多数劳动人民的名义行动，反对资产阶级和地主阶级的少数，因而他们一般能获得支持。然而，在这方面，迄今为止的所有革命政党都犯了错误，因为对它们来说，更简单的和更容易的是使其行动不要受到社会批评，并从支持者那里获得对自己的行动的民主的认可。共产国际的宗派主义、不容忍的精神，以及认为自己的每一行动都符合历史要求的自信，在许多方面使得迄今为止的共产党在活动中无法形成需要的和必需的民主。通过决策的绝对垄断，更容易进行统治，这就产生了自我满足和官僚制的不可触动的感觉，而后果总是严重的，常常是灾难性的。缺少自由讨论，没有自由的社会批评，窒息了党和社会的民主，社会必然会经历不必要的危机。

由此，如果我们相信马克思的社会主义设想是最基本的，是当代人类的唯一的人道主义出路，那么在不发达的(当然也包括发达的)条件下，马克思主义的和其他的革命力量必须清楚，只有对特定阶段的现实的、创造性的、没有限定的马克思主义分析，才会使他们实现预期的目标。然而，分析不只是党的中心工作，而是所有劳动人民的事情。这意味着，作为马克思主义者，不得不首先发展基本上不是马克思设计的社会关系形式，因为马克思设想社会主义发展将在最发达国家中开始。但是，作为马克思主义者，不能为自己的国家社会主义实践所蒙蔽，不应把还未实现的东西宣布为已经实现的东西，如劳动的解放和人的自由。必须清楚，在此基础上，国家社会主义还仍然是没有被克服的资本主义社会(阶级的、等级制的)，并伴随着历史地继承下来的几乎所有的异化结构和关系，革命力量应当开始克服国家主义的关系，而不是使之强化。只要还没有实现新型的社会经济关系，也就是社会所有水平上的发达的工人自治和以生产力高度发达为基础的社会其他领域的发达的自治关系，那么，社会主义革命在本质上就要继续进行。只有这些过程才标志着实现马克思关于新型的、自由的、社会共同体的设想，在这一共同体中，占首要地位的将不是国家、不是民族、不是信仰，而是同其他个体团结联合的、自由的个体，因而，他们的自由是整个共同体自由发展的条件。

那么，当我们谈论社会主义革命时，意味的是什么？当然不只是革命力量夺取政权，同样，也不仅仅指消灭生产资料的私有制，尽管所有这些都是更深刻的革命过程的条件。社会主义革命本质上意味着把人，劳动的人，置于历史事件的中心，而不再强加给他任何力量和统治；在经过这些在迄今为止的历史阶段中不可避免和无法克服的异化力量（国家、政党、教会等等）的长期统治之后，人最终成为自己的历史、自己的生活、自己的发展、自己的思想的，并且具有创造愿望的和享乐的主人。

这种历史转变，这种对国家社会主义社会关系的超越和克服是以人为中心的，而不再以任何政治或宗教机构为中心，这就是我们称之为自治而最终成为自由生产者的联合体的东西，那时，所有的人在缩短了的劳动时间内是生产者，而其他时间用于特殊的兴趣和爱好。如果没有这一内在的平衡机制，社会主义的历史火车头就会以灾难告终。这至少是迄今为止社会主义在不发达国家中发展的经验。

我并不认为发达国家中的情形会完全两样，因为问题在本质上是一样的。这些国家可以保持政治（政党）的多元化，因此将有更发达的精神和政治气氛，更广泛更发达的民主，工人阶级和其他劳动阶层的更发达的意识，劳动人民的各种组织的更有力的政治控制和相应的责任以及更有力的影响和活动。然而，他们也将面临自己的问题。社会主义力量必须现在就开始修正迄今为止的满足于一部分主要资本国有化的实践。工人阶级还没有把国有化企业当做自己的企业，不仅在所有权意义上，而且也在社会性和对它们管理的意义上。如果对企业来说只是改变了主人，尽管它的地位有较大的社会保障，那么当右翼保守力量的政权通过议会试图以非国有化使历史车轮倒转时，工人阶级仍然基本上是消极的。如果工人阶级成为这些企业的真正的主人（而不是占有者），那么右翼保守力量的所作所为就不会不遇到社会阻力。一句话，克服国家社会主义关系和现状的问题在发达国家中也将同样是根本的和具有决定意义的问题，尽管这些问题将在更好的社会条件中解决。

我们可以毫不夸张地断言，迄今为止的南斯拉夫的经验为理解这些进程提供了最多的实例。尽管自治原则在三十多年前已经宣布,但是,不发达的条件,不发达国家在发达资本主义国家占主导地位的世界市场上的艰难处境,从曾经统治着而现在仍然统治着共产主义运动的各种各样的意识形态成见和神话中解脱出来的必要性,国家社会主义官僚制在尽快克服这些问题和运用巨大的科学和社会潜力方面的拖拉作风——所有这些导致了许多困难和危机,使得解决这些问题的任务更加尖锐。

社会的整个不发达性,以及由此产生的大部分工人阶级(大部分还是半农民)对自己和社会的历史利益和目的缺乏意识,成为我们发展中的突出的消极因素,这就导致了许多问题(例如,国家的经济垄断,权力分散问题等)在多民族国家中基本上要从政治方面来加以解决(共和国越来越强的统治和干预),而没有通过建立生产者(工人阶级)在所有社会领域的强有力的和有效的管理而使社会在社会经济水平上联合起来。因而,当提出关于建立联邦生产者(联合劳动)委员会的必要性时,许多民族的官员认为这会威胁到自己的民族利益(这种断言官僚制比工人阶级更能保护民族的和全社会的利益的说法,完全是一派胡言),而且认为这将改变联邦的特征。似乎是我们将带着这种联邦特征直接进入共产主义!对那些真正按马克思主义方式思考的人来说,我们不应当把我们的整个未来设想为存在着国家的、共和国的和民族的社会组织形式。应当实现马克思主义和社会主义关于劳动解放、关于生产者的强有力的联合自治和国家与政治消亡的设想。

我已有足够的理论经验和历史经验,我清楚地知道这些设想不会很快实现。国家、政治、民族在社会主义中都有自己的地位,只是应当确定它们应有的功能。正如我们在讨论中所见,这种功能不在于用政治机构代替阶级组织。如果那样的话,进两步退一步的进步必然变为进一步退两步。国家的任务是保护革命免受外部敌人和内部可能出现的反革命的破坏,以及其他一些职能,特别是在法制领域的功能,对此这里不必特别指出。但是,国家的任务不是保护革命脱离革命者和社会主义者。他们的权力和任务是选择社会主义共同体发展的最清楚的概念并为其基本的实施而奋斗,这当然取决于特定国家的所有历史可能性。归结到一个最根本的特征,这里所说的发展,本质上是一种历史的、新型民主的发展和加深，它不但有其政治的和文化的内涵，而且同迄今为止的所有民主形式不同，它也包括自己的经济内涵。以当代世界最发达的生产力为基础的发达的生产者自治，是这一社会区别于迄今为止所有社会的真正的、本质的、决定性的特征。它是这样一种新型民主，即只有在此基础上，不是损害他人而是同他人团结的、自由的个体才能发展和丰富起来。

译自前南斯拉夫《文化工作者》（*Radnik Kulture*）杂志 1981 年第1 期。

第四编

文化哲学视野中的现代性问题

现代性的维度及其当代命运*

现代性毫无疑问是我们时代最重要的焦点性话题之一，它在文学的、哲学的、政治学的、社会学的、法学的、经济学的争论话语中，都已经成为出现频率最高的核心术语之一。不同领域的研究者常常会突然意识到，我们研究的许多理论和实践方面的重大问题，实际上都直接地或间接地与现代性问题构成深刻的关联。

如果我们稍稍向前追溯一下，就会看到，在"现代性"取得正式的、公认的命名之前的相当长时期，我们在理论上和实践上实际上已经从很多方面遭遇到现代性问题。20世纪的许多著名批判性思想家，如胡塞尔、韦伯、齐美尔、卢卡奇、葛兰西、霍克海默、阿多尔诺、哈贝马斯、利奥塔、福柯、德里达、波德里亚、吉登斯、鲍曼等，都在以不同方式关注现代性问题，他们关于欧洲科学危机、启蒙理性、工具理性、技术理性、意识形态、大众文化、现代国家等问题的思考，实际上都可以概括为现代性批判。在实践层面上，20世纪西方发达国家的文化危机，以及后发展中国家在现代化

---

* 该文原载《中国社会科学》2004年第4期，此次收录有增补。——编者注

进程和全球化进程中所经历的价值争论和文化冲突，在很大程度上都与现代性的本质和命运问题密切相关。正如吉登斯断言的那样，全球化在某种意义上是“现代性的全球化”，“现代性正内在地经历着全球化的进程”①。随着全球化时代和世界历史进程的开辟，现代性在全球范围内成为焦点性话题。

然而，虽然在全球范围内人们对现代性问题的关注与兴趣有增无减，但当我们真正面对这一问题时，依旧有些茫然。现代性问题似乎还没有完全露出其清晰的地平线，依旧是一个开放的、相互冲突的、相互关联又纠缠不清的“星丛”。在各种争论中，无论对于现代性毫不动摇的捍卫还是坚定不移的否定，虽然从不同角度提出了许多值得重视的理由，但是，总是给人某种过于泛化和过于宏大的感觉。这或许源自这样的情境：现代性的捍卫者和批评者差不多都是在非常一般的和普泛的意义上探讨现代性问题，没有揭示出现代性是怎样作为基本的图式和机理无所不在、无孔不入地渗透到现代社会的各个层面，怎样作为基本的生存模式深刻地影响现代人的生存和生活。问题的深入显然有赖于在现代社会的深层机制和根基上对现代性作更为耐心和细致的反思。

一、现代性问题的定位与划界

虽然国内外的学者目前都已经把现代性问题非常清晰地“课题化”了，但是，当我们具体展开关于现代性问题的讨论时，我们面对的依旧是观点的离散和缺少整合的现象。不同学科或不同学科领域，以及不同研究者对于现代性的理解和切入的角度、层面等都差异非常大。例如，文学视野中的现代性既可以是理性和启蒙，也可以是每一时代都会面临的先锋性；哲学研究更加关注启蒙与理性文化，在文化精神层面上思考现代性问题；社会学、政治学和法学则偏重于在社会生活和社会制度（社会组织模式）的意义上探讨现代性问题。

其实，浏览一下在世界范围内产生重大影响的思想家和理论家关于

---

① Anthony Giddens, *The Consequences of Modernity*, Stanford, Calif: Stanford University Press, 1990, p. 63.

现代性的阐释,我们同样可以发现理解的多视角性和歧义性。例如,哈贝马斯虽然强调现代性是一项尚未完成的设计,但他更倾向于从作为“时代意识”的文化精神方面理解现代性,把现代性“用来表达一种新的时间意识”[①]。吉登斯则明确把现代性理解为一种制度安排,“‘现代性’指大约从17世纪开始在欧洲出现,此后程度不同地在世界范围内产生影响的社会生活或组织模式”[②]。利奥塔也在精神层面上界定现代性,但他的兴奋中心是作为“宏大叙事”的现代性。他认为,关于理性、自由、解放的允诺等“元叙事”(meta narratives)或“宏大叙事”(grand narratives)“是现代性的标志”[③]。

应当说,关于现代性理解和界定的多样性,固然与研究者的不同视角密切相关,但同时也折射出现代性问题的特性:它是多维度的而不是单向度的;它是现代社会的本质规定性而不是其表面或某一侧面的特征。在这种意义上,我们可以在揭示现代性的具体内涵和存在方式之前,先从现代性与现代社会的本质关联的角度把现代性定义为现代社会的内在机理,它代表着渗透到现代社会所有方面的本质规定性。显而易见,要对现代性进行多维度的和深刻的透视,必须首先对现代性问题进行划界和约定。

首先,现代性具有特殊的历史定位。尽管现代性本身具有流动性,但是,成为我们时代的焦点性问题的现代性并不是泛指社会的不断超越和开放的特征,并不是像一些研究者所说的那样,任何时代都有现代性,现代性就是时代性或“时代感”。相反,现代性是特指西方理性启蒙运动和现代化历程中所形成的理性的文化模式和社会运行机理。换言之,人类迄今为止最深刻的社会转型(包括精神飞跃和制度更新)发生在从传统农业文明向现代工业文明的转折,即现代化。现代性就是西方工业社会在现代化进程中生成的与传统农业社会的经验本性和自然本性相对的一

① 尤尔根·哈贝马斯:《后民族结构》,曹卫东译,上海人民出版社2002年版,第178页。

② Anthony Giddens, *The Consequences of Modernity*, Stanford, Calif: Stanford University Press, 1990, p.1.

③ 《后现代性与公正游戏——利奥塔访谈、书信录》,谈瀛洲译,上海人民出版社1997年版,第167页。

种理性化的社会运行机制和文化精神。

在这种意义上,我们今天谈论的现代性是非常明确地与特定历史时代相关联的。哈贝马斯从强调现代性作为一种“新的时代意识”的角度认为,可以把现代性的生成大致定位在从文艺复兴到 18 世纪这一历史时期;而吉登斯从现代性作为特定的制度安排的角度则断言,现代性大约于 17 世纪开始出现在欧洲。

其次,现代性具有相对确定的内涵和规定性。目前学术界有一种“多元现代性”的观点,主要是反对以西方社会为范例的所谓普遍主义的“现代性方案”,提出中国、印度或者东亚等发展中国家在现代化进程中都应该有自己的“现代性”。不可否认,不同民族由于其自身的历史和文化积淀,在引入或生成作为文化精神和制度安排的现代性时,不可避免地带有各民族的特点,或者说,在具体的现代化模式的选择和安排上,各个民族显然可以具有自己的特色。但是,这同所谓的“多元现代性”根本不是一回事。如上所述,现代性的特殊历史定位已经决定了它有特定的和确定的本质规定性,后发展中国家在推进现代化的过程中必然已经把这种现代性的本质规定性作为预设的合法的价值确定下来,而现代性的全球化又进一步强化了这一事实。因此,在后发展中国家的现代化进程中,以及在全球化的历史进程中的许多文化冲突,从根本上说,不是一种“现代性”与另一种“现代性”的冲突,而是现代性与前现代的文化精神和社会机制之间的冲突。

再次,现代性具有多维度和全方位的特征。现代性作为理性化的文化精神和社会机理不是偶然地、单维度地附着于现代社会的某些领域或层面,更不是作为单纯的、无形的精神气质飘浮于社会或时代的天空,而是内在地、深层次地,甚至是“致命地”渗透到现代社会和现代主体的每一个方面或每一个向度,体现在价值规范层面、文化精神层面、主体意识层面、制度安排层面、社会组织类型等各个方面。在这一点上,我们应当充分重视福柯的知识考古学、谱系学、微观政治学给我们的启示。他从批判现代知识和理性权力结构的角度,提醒我们,现代性无论是作为现代社会的机理,还是作为一种控制现代社会的权力结构,都是全方位地渗透到现代社会的每一个层面的。

对现代性概念作出这种限定和界定是非常必要的。因为,如果不从现代社会的深层的和内在的机理、结构、图式、活动机制、存在方式、文化精神等方面对现代性作多维度的、深层的、全方位的透视和统摄性理解,那么,我们就现代性的某一维度、某一方面的分析无论有多深刻,都注定是片面的。更为严重的是,依据关于现代性的单向度的和片面的把握而作出的关于现代性的价值判断,无论是捍卫、重建还是批判和否定,都是"无根基的",都很容易屈从于某种情绪化或情感化的判断,不会对社会的现实进程产生实质性的关联,不可能对社会的进程产生积极的和实质性的助推,只能引起更多的文化价值混乱与冲突。

二、现代性的生成机制

在具体展开现代性的多重维度之前,我们有必要对现代性的生成机制作一简要的探讨,这一思考的目的是从另一个侧面把握现代性的特殊历史定位、基本规定性和现代性与不同民族发展的多样性关联。

我们在这里首先应当思考一下现代性生成这一历史事件对于人类社会的进化到底意味着什么的问题。在某种意义上,我们必须承认,现代性的生成在人类历史上代表着一种深刻的"断裂",它成为传统社会和现代社会之间的分水岭。关于以农业文明为特征的传统社会与以工业文明为特征的现代社会之间的区分,西方许多著名社会学家从不同侧面作过比较。德国社会学家特尼斯曾把传统社会与现代社会区分为以民风、习俗、惯例、宗教等维系的"乡土社会"和以契约、法规和公共舆论维系的"法理社会"。韦伯认为,西方近代社会历史变迁的核心是理性化过程,是传统社会以传统、习惯和情感为基础的行为让位于现代社会以理性目标取向为基础的行为的进程。帕森斯对社会进行了类型学的探讨,他从情感、利益、规范、地位、义务等方面制定了由传统社会向现代社会的"方式变项",例如,在情感模式方面由情感性向非情感性的转变,行为评价方面由特殊主义向普遍主义的转变,社会地位和职分的决定因素由天赋向后天成就的转变等。显然,这些思想家从不同视角所揭示的作为现代社会的本质规定性的理性化正是我们所命名的现代性。

从习俗和经验到理性的转变是人类社会的内在图式、运行机理、立根基础、文化精神的根本性转变,是迄今为止人类历史进程最深刻的一次断裂性飞跃,其历史意蕴是其他任何历史事变都不可比拟的。哈贝马斯曾这样描述过:“最初,或者说在18世纪末,曾经有过这样的一个社会知识和时代,其中预设的模式或者标准都已经分崩离析,鉴于此,置身于其中的人只好去发现属于自己的模式或标准。由此看来,‘现代性’首先是一种挑战。”①吉登斯对于这一断裂作了更为明确的断言,他认为,“由现代性而产生的生存模式,以前所未有的方式,把我们抛离了所有传统形式的社会秩序的轨道。在外延和内涵两方面,由现代性引发的变革比前此时代的绝大多数变革特性都更加深刻。在外延方面,它们导致了跨越全球的社会联系方式的建立;在内涵方面,它们正在改变我们日常生存中某些最熟悉和最具个人色彩的特征”②。

关于这一引起社会文化精神和内在运行机制的断裂性转变的现代性的具体生成机制,许多理论家从不同角度自觉或不自觉地作了许多富有启发性的探讨,这些是我们研究现代性问题的宝贵的精神资源。例如,韦伯提出“世界的祛魅”的著名论述,把现代性的生成看做理性的世俗文化价值领域取代宗教世界观图景的过程;胡塞尔在分析欧洲科学危机时,曾详细地揭示了前科学的生活世界中的自然态度如何通过笛卡儿的数学的普遍化和伽利略的普遍的数学化和形式化而被科学的世界所取代,进而,这种纯粹的理性成为“近代欧洲人人性的基础”;哈贝马斯的交往行动理论在探讨社会演化时所使用的重要范畴是系统与生活世界,他认为,社会演变曾经历过一种重要的分化,这就是随着复杂性和合理性的增长,机制化的经济和行政权力系统从作为文化再生产的生活世界中分化出来,进而把生活世界下降为一种下属系统。实际上,在哈贝马斯关于体系与生活世界分化的论述中,以及胡塞尔、韦伯等人的上述分析中,都在某种程度上或某一方面包含着关于现代性的生成机制的阐述。

然而,必须承认,关于现代性的生成机制的最深刻的阐释应当首推吉登斯的脱域理论(disembedding)。吉登斯在著名的《现代性的后果》中曾

---

① 《现代性的地平线——哈贝马斯访谈录》,李安东等译,上海人民出版社1997年版,第122页。

② Anthony Giddens, *The Consequences of Modernity*, Stanford, Calif: Stanford University Press, 1990, p.4.

从时—空分离、脱域机制的发展、知识的反思性运用三个维度展示现代性的生成机制及其内涵，其中，脱域机制处于核心的地位。按照他的理论，现代性的生成实际上是一个社会行动从原始地域性情境中脱离出来，然后用“人为的”理性化的抽象体系“再嵌入”（reembedding）的过程。在前现代社会或传统社会中时间是与空间紧密联系在一起的，大多数人“总是把时间与地点联系在一起”，同时，“空间和地点总是一致的”。这是一种典型的“在场的”经验式的和自然的生存方式。而随着标准化时间或虚化时间（empty time）的出现，时间与地点相分离，同时，也出现了虚化的空间，空间也与地点相分离。这是一种深刻的历史变化，社会行动开始从经验化的地域情境中脱离出来，人们开始脱离直接的“面对面的”交往关系，从“在场”走向“不在场”。时—空分离为理性化组织运行提供了动力机制，为社会脱域创造了条件，形成更大的社会活动空间，提供了多种变迁的可能性。吉登斯指出，“所谓脱域，我指的是社会关系从相互作用的地域性关联中‘脱离出来’，并跨越无限的时—空距离对这些关联进行重组”①。

当经历了从自然的地域性关联中脱离出来的过程，社会所面临的根本问题是必须用一种新的“人为的”运行机制和运行规则或模式去取代原有的自然的和经验的社会机制，如哈贝马斯所说的那样，当预设的模式或者标准分崩离析的时候，“置身于其中的人只好去发现属于自己的模式或标准”。吉登斯指出，脱域的社会要成功地存在下去，必须用理性化的抽象体系来进行再嵌入，由此形成了理性化的生存环境和社会运行机制。他认为，再嵌入的抽象体系的核心是基于信任机制的理性化体系。“我想用再嵌入这一概念来补充说明脱域概念。所谓再嵌入，我指的是重新占有或重新构造已脱域的社会关系，以便使这些关系（无论是多么局部性的或暂时性的）与地域性的时间和空间条件相契合。我还要对我称之为当面承诺和非当面承诺的东西作出区分。前者指的是由建立在共同在场条件下的社会关系所维系与表达的信任（trust）关系；后者则是指在我统称

---

① Anthony Giddens, *The Consequences of Modernity*, Stanford, Calif: Stanford University Press, 1990, p.21.

为抽象体系的象征标志或专家系统中的信赖(faith)的发展。”[①]具体说来,吉登斯列举了最具代表性和普遍性的理性的抽象体系,如以货币符号为典型代表的象征系统(symbolic tokens)和现代社会中在法律、建筑、交通等各种社会领域中无所不在的专家系统(expert systems)。不难看出,现代社会的理性化、契约化的制度和文化精神都是建立在这些信任机制和抽象体系基础之上的。

显然,关于现代性的生成机制的上述分析对于我们深刻理解现代性问题是至关重要的。它从一个重要的角度印证了我们的推论,即现代性不是现代社会的某一方面的、可有可无的、枝节性的特征,而是现代社会的全方位的和本质性的规定性,它以内在机理、深层结构和图式、自觉的文化精神等方式渗透到现代社会的各个层面,成为现代社会的血脉。进而,它向我们昭示了一个重要的事实:后发展社会和落后国家的现代化决不是一个简单的复制和单纯的经济增长的问题,而是现代性的全方位的生成问题。同样,只要一个民族步入了现代化和全球化的世界历史进程,现代性的问题就不是一个我们可以抽象地探讨和简单地取舍的问题,而是一种历史演进机制的问题。

三、现代性的多重维度

通过关于现代性的生成机制的分析,我们清晰地看到现代性的产生在前现代的传统社会与现代社会之间所引起的深刻断裂。在这种意义上,现代性包含着相互关联的多重维度,例如,与个体生存相关的个性和主体性的文化精神或文化模式、理性化的社会生活和文化价值、理性化的经济运行机制、契约化的政治运行机制,等等。在这里,我们的主要意图不是尽可能多地罗列现代性的丰富内涵,而是从现代社会的运行机制和现代主体的生存模式中揭示出现代性的主要维度及其有机的和本质的联系。显而易见,这是一种文化哲学的思考方式,因为,在最深层的意义上,文化是历史地凝结成的稳定的生存方式,是一切社会活动和社会存在领

---

① Anthony Giddens, *The Consequences of Modernity*, Stanford, Calif: Stanford University Press, 1990, pp. 79 - 80.

域中内在的、机理性的东西，是从深层制约和影响每一个体和每一种社会活动的生存方式。而现代性所标志的理性文化模式，正是现代社会的主导性文化模式和文化精神。

现代性的维度是一个我们无法简单穷尽的问题。我们在这里首先在最广义的尺度上，划分出现代性相互关联的两个基本维度，即精神性维度和制度性维度；进而，我们在每一个基本维度中，还将揭示出有机联系的若干重要的维度。

1. 现代性的精神性维度

很多思想家在思考现代性的问题时，主要着眼点是现代社会的本质性文化精神，如康德关于“启蒙”的理解、胡塞尔的“纯粹的理性”、霍克海默和阿多尔诺的“启蒙理性”、哈贝马斯的“时代意识”、利奥塔的“宏大叙事”，等等。应当说，现代性首先作为一种理性的文化精神，这是完全合乎历史逻辑的，因为，从传统社会的经验结构中脱域出来的现代社会的理性存在方式的最根本的特征就是理性或精神获得了一种自觉性或反思性。从文化精神的内涵上看，现代性的精神性维度包含人们通常所熟悉的理性、启蒙、科学、契约、信任、主体性、个性、自由、自我意识、创造性、社会参与意识、批判精神等；从文化精神的载体来看，现代性的精神维度体现为作为个体的主体意识、公共的文化精神和文化价值、系统化的历史观，等等。因此，我们必须多维地透视现代性的精神维度。

(1) 个体的主体性与自我意识。个体的主体性和自我意识的生成或走向自觉，是现代性的本质规定性之一，是全部现代文化精神的基础和载体，换言之，个体化是理性化的必然内涵。不可否认，从人类文明的萌芽时期，主体性已经以某种方式成为人类社会的本质规定性之一。但是，在漫长的原始文明和前现代的农业文明时代，这种主体性往往是以自在的方式和群体的形式而存在，表现为群体本位的主体性和自我意识。在这种前现代的经验文化模式下，绝大多数个体是按照经验、常识、习俗、惯例而自发地生存。只有当个体超越纯粹的自在自发的日常生活的阈限，同科学、技术、理性的自觉的精神再生产或自觉的类本质对象化发生实质性的关联时，现代社会和传统社会的断裂才实质性地发生，现代意义上的人才真正产生。在这种意义上，福柯关于人和主体的论述有一定的道理，即

“人”是现代时期推论出来的产物，是一个理性构造。

人作为个体从自在自发的生存状态进入到自由自觉的生存状态，这是人类社会历史进程中的重大事件，它成为现代社会运行的支撑性因素，是现代社会的创新能力、内在活力和驱动力的源泉。特别重要的是，这种个体的自觉状态不是少数社会精英的特殊状态，而是现代社会公民的普遍的生存状态。正是在这种意义上，很多学者强调，与文艺复兴在现代性的生成方面的重要的启蒙作用相比，宗教改革在平民层面上的启蒙作用甚至更为重要。康德在《什么是启蒙》一文中就是在个体主体性的意义上定义启蒙。他强调，“启蒙运动就是人类脱离自己所加之于自己的不成熟状态”。所谓的“不成熟状态就是不经别人的引导，就对运用自己的理智无能为力”[①]。在这种意义上，我们可以进一步理解马克思的实践哲学的深刻性，他强调，“这种活动、这种连续不断的感性劳动和创造、这种生产，正是整个现存的感性世界的基础”[②]。

（2）理性化的和契约化的公共文化精神。当主体性、个性、自由、自我意识、创造性、社会参与意识、批判精神等成为现代人的生存方式的本质性特征和规定性时，整个社会的普遍心理、价值取向和文化精神必然发生根本性的变化，经验式、人情式的宗法血缘的前现代的文化基因让位于自觉的、理性化的人本精神。在这种背景下，公共文化精神的主导性价值取向，或者哈贝马斯所说的现代社会所建立的“属于自己的模式或标准”，必须兼顾考虑两个方面的问题，一方面是如何最大限度地保护现代个体的主体性、个性、自由、自我意识、创造性、社会参与意识、批判精神等文化特质，另一方面是如何保证那些追求自我利益和自我实现最大化的自由个体形成一个合理和合法的共同体。由此就衍生出以平等、契约、信用等为核心的人本化的、理性化的社会文化精神。这种社会文化精神和价值取向要提供以个体后天成就为基础的平等竞争和发展的氛围，提供非直接化和非面对面的普遍交往和交流的信任基础，提供以每一个体有限出让权利和普遍同意为前提的社会契约精神。

---

① 康德：《历史理性批判文集》，何兆武译，商务印书馆 1990 年版，第 22 页。

② 《马克思恩格斯选集》第 1 卷，人民出版社 1995 年版，第 77 页。

由于现代社会的理性化转折直接地以近现代的实验科学为重要背景，因此，上述人本化的、理性化的社会文化精神从兴起之时就被科学精神和技术理性所渗透。无论是自我设计的目标的实现，还是平等的、契约的文化精神的形成，都离不开理性的和科学的精神。至于普遍的信任和信用精神和机制，更是离不开科学精神和技术理性的支撑。如吉登斯分析的那样，在“脱域”之后的现代社会，“随着抽象体系的发展，对非个人化原则的信任，以及对匿名他人的信任，成了社会存在的基本要素”①。而这些现代人的生存不可或缺的抽象体系，无论是以货币符号为典型代表的象征系统，还是无所不在的专家系统都直接依赖于科学精神和技术理性才能实现。因此，我们可以用人本精神和技术理性来表征现代社会普遍的理性精神。众所周知，韦伯曾把现代社会的合理化的价值精神区分为价值理性与工具理性，在某种意义上都与现代文化精神的特征直接相关。

（3）意识形态化的社会历史叙事。理性化的现代性文化模式的重要特点之一便是其无所不包的统摄性。具体说来，现代性的文化精神维度不只是表现为个体的主体意识和理性化的社会文化精神，它还会进一步整合为一种关于历史的演进、社会的发展前景和人类的终极目标的总体性的、同一的、系统化的、理论化的、纲领化的文化精神或社会价值，或者说，整合为一种系统化的、自觉的意识形态，一种自觉的、理性化的世界观和历史观，一种具体设计和规范人类历史目标的“宏大叙事”。用曼海姆的话来说，这是一种“总体的意识形态概念”，它“指的是一个时代或者一个具体的历史—社会群体所具有的意识形态”②。

这种意识形态化的自觉的社会历史叙事在近现代以来表现为多种形态，如奠基于启蒙理性和契约精神的关于人的自由和人类解放的理性设计、以绝对理性的普遍运动为核心的关于绝对真理的阐发、关于历史的合目的性与合规律性的历史决定论，等等。其共同之处在于相信理性万能，相信理性是一种绝对的力量；同时相信理性至善，把理性及技术当做是人

---

① Anthony Giddens, *The Consequences of Modernity*, Stanford, Calif: Stanford University Press, 1990, p. 105.

② 卡尔·曼海姆：《意识形态和乌托邦》，艾彦译，华夏出版社 2001 年版，第 66 页。

的本质力量、人的自由和全面发展的确证;进而,它支持一种乐观的人本主义或历史主义,它相信,人性永远进步、历史永远向上,现存社会中的不幸和弊端只是暂时的历史现象或时代错误,随着理性和技术的进步,人类终究可以进入一种完善完满的境地。这样一种万能、至善、完满的理性在黑格尔哲学中成为生成一切的"绝对理念"。

应当说,理性化的文化精神从个体的和社会的一般的文化模式和价值取向上升为普遍的、总体性的、意识形态化的文化精神,是理性化进程的内在必然性。一般说来,在前现代的经验社会中,虽然也会偶尔由某些先知和圣人提出"理想国"和"大同社会"之类的社会历史叙事,但是,往往只是想象和理想的乌托邦,整个社会的自在自发生存状态和"无语的"历史演化并不要求关于社会和历史的自觉的和理性的设计,这是一种"自然历史进程"。而在"脱域"之后的理性化社会中,理性内在的分析和反思本性必然驱使理性不仅规范个体的和群体的行为和活动,而且直接指向社会总体和历史目标。正如康德在《纯粹理性批判》中所分析的那样,理性在认识过程中,不会满足于在感性阶段和知性阶段用纯直观和纯概念来把握现象界中有条件的、相对的东西,而必然要求超出现象界,达到对物自体的认识,即认识无条件的、绝对的和完整的统一体。但是,理性自己没有用以把握无限对象的工具,而只能借用知性用以认识现象界的存在物的工具,即纯概念。这样一来,以有限的工具去把握无限的存在物,其结果只能陷入"二律背反"。

可以看出,当理性无限扩展到可能达到的极限,的确会导致很多张力和"二律背反",这正是 20 世纪意识形态批判理论兴起的重要原因。同样,利奥塔等后现代主义者对现代性的批判集中于"宏大叙事"(grand narratives)或"元叙事"(metanarratives),也正是看到这种理性化的意识形态在现代性问题上的紧要性。他指出,"在《后现代状况》中我关心的'元叙事'(metanarratives),是现代性的标志:理性和自由的进一步解放,劳动力的进步性或灾难性的自由(资本主义中异化的价值的来源),通过资本主义技术科学的进步,整个人类的富有,甚至还有——如果我们把基督教包括在现代性(相对于古代的古典主义)之中的话——通过让灵魂皈依献身的爱的基督教叙事导致人们的得救。黑格尔的哲学把所有这些叙事一体化了,在这种意义上,它本身就是思辨的现代性的凝聚”①。

总之,通过上述分析,我们可以看到现代性的文化精神维度的丰富性和无所不在的特征。恩格斯在分析法国启蒙思想家时代的理性启蒙时对理性化有一段精彩的描述,他指出:“他们不承认任何外界的权威,不管这种权威是什么样的。宗教、自然观、社会、国家制度,一切都受到了最无情的批判;一切都必须在理性的法庭面前为自己的存在作辩护或者放弃存在的权利。思维着的知性成了衡量一切的唯一尺度。那时,如黑格尔所说的,是世界用头立地的时代。”②

2. 现代性的制度性维度

通过上述分析,我们无疑感受到现代性的力量和无所不包的特征,但是,这还远远不是现代性的全部维度,如果关于现代性的分析不同时引入其制度性维度,这种分析注定是残缺不全的。毫无疑问,现代性作为“脱域”之后的理性化社会的主导性文化模式不仅要作为文化精神和价值取向渗透到个体的和群体的行为和活动之中,而且必然作为自觉的制度安排而构成社会运行的内在的机理和图式。正是在这种意义上,吉登斯干脆断言,“现代性指社会生活或组织模式”;而韦伯则不仅从世界“祛魅”的角度分析了现代性的伦理和文化精神内涵,还详细地从经济合理化、管理科层化等角度揭示了现代性作为理性化制度安排的普遍性。需要加以限定的是,我们这里所说的现代性的制度性维度,不同于吉登斯在《现代性的后果》中所分析的资本主义、工业主义、监督机器和军事力量等现代性的外在的表现维度,而是指现代性体现为社会各主要层面和主要领域的内在机理和活动图式的内在性维度。

实际上,我们只是在理性分析的意义上,可以相对地区分出现代性的精神性维度和制度性维度,而在现实社会运行中它们是密不可分的。一方面,文化精神的自觉构成社会运行的灵魂。正如韦伯在分析为什么理性化没有在中国等非西方国家出现时指出的那样,“如果这些理性行为的类型受到精神障碍的妨害,那么,理性的经济行为的发展势必会遭到严重

---

① 《后现代性与公正游戏——利奥塔访谈、书信录》,谈瀛洲译,上海人民出版社 1997 年版,第 167 页。

② 《马克思恩格斯选集》第 3 卷,人民出版社 1995 年版,第 719 页。

的、内在的阻滞"[①]。另一方面,自觉的理性化的文化精神如果不通过制度安排而成为社会运行的内在图式和机理,也会成为某种无根基的浮萍,这种情况在许多后发展中国家的现代化进程中常常出现。因此,我们必须在内在统一的意义上,进一步展示现代性的制度性维度。当然,这一维度也同样具有十分丰富的内涵,我们只能择其要者作简要分析。

(1)经济运行的理性化。与传统社会的自给自足、自在自发的日常的自然经济相比,经济活动的理性化无疑是现代社会的本质特征之一。很多思想家都注意到现代经济受内在的科学理性和计算原则支配的特征。例如,齐美尔的货币经济是对经济现代性的一种重要解读。他认为,成熟的货币经济是现代社会的特色。在货币经济的前提下,社会行动以计算关系的形式被表达,这种货币经济的发展是理性化的思想和行动增长的结果。"货币一方面产生着一切经济行为的一种从前不知道的非人格性,另一方面产生着人员的一种同样是提高了的自主性和独立性。"[②]吉登斯在《现代性的后果》中,高度肯定了齐美尔关于货币和现代性的关系的论述,他把货币作为"脱域"之后的社会的抽象体系之一,即象征标志的典型形态。

应当说,关于理性的经济行为或经济的理性化,韦伯作了最深刻的阐述。他认为,资本主义企业作为一种合理的组织,是"自由劳动之理性的资本主义组织方式",这种方式只在西方出现,它形成于经营活动与家庭的分离。经济理性化的突出特征是可计算性,即合理簿记。韦伯强调,"只要资本主义的获利活动是按照理性来追求的,相应的行为就总要根据资本核算来调节"。具体说来,"做任何事情都必须考虑收支问题:在一项事业开始时,要有起始收支;在作出任何决定之前,要有一番计算,以弄清是否有利可图;在该企业结束时,要有最后的收支估价,以确定获得了多少利润"[③]。

---

① 马克斯·韦伯:《新教伦理与资本主义精神》,于晓、陈维纲等译,三联书店1987年版,第15页。

② 齐美尔:《社会是如何可能的》,林荣远编译,广西师范大学出版社2002年版,第68页。

③ 马克斯·韦伯:《新教伦理与资本主义精神》,于晓、陈维纲等译,三联书店1987年版,第8页、第9页。

特别要强调的是，韦伯在论述理性的经济活动时，还特别分析了经济合理性的两个方面的基础。一是经济合理性依赖于现代技术和科学的发展，“其理智性在今天从根本上依赖于最为重要的技术因素的可靠性。然而，这在根本上意味着它依赖于现代科学，特别是以数学和精确的理性实验为基础的自然科学的特点”①。二是经济合理性依赖于内在的文化精神，一种从宗教改革产生的世俗化的和理性化的经济伦理，即新教伦理。“这种世俗的新教禁欲主义与自发的财产享受强烈地对抗着；它束缚着消费，尤其是奢侈品的消费。而另一方面它又有着把获取财产从传统伦理的禁锢中解脱出来的心理效果。它不仅使获利冲动合法化，而且（在我们所讨论的意义上）把它看做上帝的直接愿望。”②不难看出，韦伯的分析不仅深刻地揭示了经济的合理性，而且从一个特殊的视角为我们展示了现代性的多维内涵之间的紧密联系，例如，理性化的文化精神或价值伦理与理性化的经济运行之间的本质关联。

（2）行政管理的科层化。与经济运行的合理化同样重要的是现代社会行政管理的合理化。在前现代社会中，社会的行政管理不会成为突出的问题，因为，在自给自足、自在自发的日常的自然经济条件下，与日常生活未分化的原初的经验结构及其自发的经验原则和自然原则调节着效率低下的社会运行。而随着与家庭活动分离的独立的、理性化的经营活动的出现和快速发展，哈贝马斯所讨论的体系与生活世界的分离也随之出现，越来越复杂的管理机制的形成必然采取科学的理性原则和技术手段来加以调节和管理。行政管理中现代性确立的标志是科层化的理性管理取代了传统的经验管理。而对科层化首先作出经典阐述的依然是著名社会学家韦伯。

科层制（bureaucracy）是一个在社会主义国家中被长期误读的概念。原本是一个西方现代社会的行政和生产管理的组织形式的理性化模式，由于在十月革命期间被译做“官僚制”而被完全变成一个贬义的范畴。

---

① 马克斯·韦伯：《新教伦理与资本主义精神》，于晓、陈维纲等译，三联书店 1987 年版，第 13～14 页。

② 马克斯·韦伯：《新教伦理与资本主义精神》，于晓、陈维纲等译，三联书店 1987 年版，第 134 页。

像关于经济的合理化的分析一样，韦伯同样慎重地关注到由于工具理性或目的理性的膨胀而引起的经济合理化和管理科层化的负面作用，例如：垄断信息、抗拒质变、行为专断等。但是，尽管如此，韦伯关于科层制与现代性关系的分析具有不可磨灭的意义和价值。他从管理人员的专业化、规章制度、等级制的分工与监督机制、档案管理等方面揭示了高度理性化的、高效的行政管理机理。他指出："纯粹的官僚体制的行政管理，即官僚体制集权主义的、采用档案制度的行政管理，精确、稳定、有纪律、严肃紧张和可靠，也就是说，对于统治者和有关的人员来说，言而有信，劳动效益强度大和范围广，形式上可以应用于一切任务，纯粹从技术上看可以达到最高的完善程度，在所有这些意义上是实施统治形式上最合理的形式。"①

科层制的确是现代性的重要规定性，而这往往是被研究者们乃至后发展中国家的实践者们在现代化实践中所忽略的。彼得·布劳和马歇尔·梅耶在《现代社会中的科层制》中揭示了现代社会大规模的社会组织越来越发达的趋势。他们指出："科层制是指在大型组织中对工作进行控制和协调的组织原则。由于现在大多数的大型组织都需要控制和协调，所以科层制不只是指政府部门，工商组织、自愿者组织，任何组织，只要有行政任务，都有科层制。"②在这种意义上，他们断言，"在当今社会，科层制已成为主导性的组织制度，并在事实上成了现代性的缩影。除非我们理解这种制度形式，否则我们就无法理解今天的社会生活"③。

(3)公共领域的自律化。现代性作为社会内在的机制和活动图式不仅体现在具体的经济运行和行政管理中，而且体现在社会公共管理之中。社会的公共管理又可以区分为两个层面：公共生活领域和公共权力领域。这两个领域既相互关联又相互制约，前者表现为个体化的私人领域的自觉和自律，后者是国家权力的独立化。应当说，在前现代社会中是不存在

---

① 马克斯·韦伯：《经济与社会》(上)，林容远译，商务印书馆1997年版，第248页。

② 彼得·布劳、马歇尔·梅耶：《现代社会中的科层制》，马戎等译，学林出版社2001年版，第2页。

③ 彼得·布劳、马歇尔·梅耶：《现代社会中的科层制》，马戎等译，学林出版社2001年版，第8页。

公共生活领域和公共权力领域之间的特殊分化与相互制约，只有沉默的、自在自发的私人家庭生活与集权的非理性的专制国家权力。在现代社会中，现代性的重要标志之一是自觉自律的公共生活领域和民主化、契约化的公共权力领域的同步生成。

相对独立的公共生活领域的出现是以理性化进程中的个体化为前提的，它是理性化的公共文化精神的寓所。具有自觉的主体性和自我意识的个体的生成，需要一种以平等的交互主体性为基础的理性的公共活动空间，来表达主体性的内涵和价值需求，或者抵御公共权力的自律化所造成的体系对生活世界的殖民化。这是普遍理性化的社会的本质性特征之一。葛兰西的市民社会理论持久不衰的影响力正在于他敏锐地发现了作为文化伦理和意识形态领域的市民社会。在经济基础和国家政治权力之间存在着相对独立的公共领域，它既包括政党、工会、学校、教会等民间社会组织所代表的社会舆论领域，也包括报刊、杂志、新闻媒介、学术团体等所代表的意识形态领域。这一领域体现为一种文化上的领导权，它赋予国家权力以合法性，从而使现代国家走向理性化，具有社会的"托管人"的特征，不再是单纯的暴力专政机器。

关于公共领域的最经典的论述来自哈贝马斯。他通过对近现代历史上的文学、政治、消费者、批评者等活动领域的考察，确立了与公共权力相分离的、自律的、理性的、平等的、对话的公共领域。他说："资产阶级公共领域首先可以理解为一个由私人集合而成的公众的领域；但私人随即就要求这一受上层控制的公共领域反对公共权力机关自身，以便就基本上已经属于私人，但仍然具有公共性质的商品交换和社会劳动领域中的一般交换规则等问题同公共权力机关展开讨论。这种政治讨论手段，即公开批评（das öffentliche Räsonnement）的确是史无前例，前所未有。"①哈贝马斯非常重视公共领域对于完善现代性的意义，正因为如此，他对在国家干预和大众传媒等因素影响下公共领域的转型，例如：利益专门化、传媒的操纵和选择压力等问题表示担忧，因为，由此出现的后果是以工具理性为特征的系统对以交往理性为基础的生活世界的侵入，即"生活世界的殖

① 哈贝马斯：《公共领域的结构转型》，曹卫东等译，学林出版社1999年版，第32页。

民化”问题。

(4)公共权力的民主化和契约化。在经济的理性化、行政管理的科层化和公共领域的自律化的基础上,现代性在社会整体的运行和管理层面上的体现就是公共权力的民主化和契约化,这也就是我们通常所说的理性化的政治文明的确立。正如葛兰西所分析的那样,在现代性的背景下,由于市民社会的出现,国家权力的性质发生了重要的变化,表现为“伦理国家”、“文化国家”,“牵制力量”和“领导权”的结合。具体说来,现代性背景下的理性化的公共权力的重要特征是法治国家和民主国家的确立。

虽然如许多批评家所指出的那样,现代发达国家的民主和法治存在着很多的限制性条款,并常常出现摆脱自律的公共领域的监督走向集权的倾向,但是,民主、契约、法治的确是现代性的本质属性。很多学者充分意识到民主和法治的不可替代和不可或缺的价值。例如,东欧新马克思主义代表人物赫勒曾认真分析了资本主义的形式民主的内涵和价值。她认为,形式民主的含义并不是说不具备实质内涵,而是指它是一种法律化、程序化的政治体制,其主要内容有人权、多元化、契约制、代表原则,等等。它使国家从单纯的阶级统治工具转变为社会总体自我调节的工具,成为社会总体的“受托管理人”(trustee)。形式民主承认自由的公民权,由此而形成了个体全面和自由发展的观念,并促进政治平等。赫勒概括道:“市民社会的相对独立与自律本身是具有双重内在逻辑(双重机制)的存在形式。它保证私人经济领域的相对独立性。相应地,它的逻辑之一是市场、私有财产的专有特征、不平等和统治的普遍化。同时,它建立了消极的但却是平等的个人自由,这样,它的第二重逻辑是这一自由(人权)在权力的民主化、平等化和非集中化的过程中的发展与加强。”①当然,必须看到,当公共权力彻底理性化,现代性在制度性维度上也容易趋于整合,一体化为总体性力量。这一总体化和同一化的公共权力如果与意识形态化的社会历史叙事相结合,就可能导致现代性最可怕的风险性后果,即启蒙理性的“自我毁灭”。

---

① Agnes Heller, *A Theory of History*, London: Routledge & Kegan Paul, 1982, p. 284.

四、现代性的当代命运与中国语境

当我们从关于现代性的维度的揭示转向现代性的中国语境和当代命运的分析时，实际上是从关于现代性的事实判断转向关于现代性的价值判断。在20世纪后半叶，一方面由于发达国家的现代文化危机，另一方面由于后发展或欠发达国家的现代化目标的普遍确立，围绕着现代性的当代命运展开了激烈的争论，关于现代性的价值判断已经成为一个根本性的问题。关于现代性命运的争论主要围绕着两个方面的论题。争论的主题之一是关于现代性自身是否依旧保持着不可替代的、肯定的价值问题。在胡塞尔关于科学世界与生活世界的分析、韦伯关于价值理性和工具理性的分析以及关于“宰制社会”的论断、哈贝马斯关于交往合理化与劳动合理化以及关于系统与生活世界的分析、霍克海默和阿多尔诺的启蒙辩证法批判、马尔库塞的单向度人的批判、哈贝马斯和利奥塔等人关于现代性与后现代性的争论、福柯关于现代权力结构的“全景敞视主义”(panopticism)或“全景监狱”特征的微观政治学分析、波德里亚的“完美的罪行”批判、鲍曼的“现代性与大屠杀”的探讨等理论争论中，关于现代性的价值的肯定与关于现代性的激进批判，一直没有间歇过。争论的另一个重要主题是现代性与后发现代化国家的关联问题。从韦伯关于现代性为什么没有在西方之外的社会中生成的问题的文化分析，到20世纪后半期的后殖民批判、新儒学思潮的兴起等等，关于后发现代化国家应当继续捍卫现代性的观点与拒斥现代性的主张就一直没有停止过论战。

上述关于现代性的内在维度的分析，对于我们理解现代性在当代的复杂命运具有十分重要的意义，在某种意义上，只有依据关于现代性的这种深刻的“事实性”分析，我们关于现代性的当代命运问题所作的“价值判断”才能避免情绪化和简单化的误区，才能更为冷静和扎实，更具有实践价值。我们在这里拟在中国的语境中，依据上述关于现代性维度的事实判断，展开关于现代性命运的价值判断。我们可以把争论归结为几个关键的问题。

第一个问题：现代性在中国社会运行和社会生活中是已经生成并且在某种意义上同西方发达国家一样开始走向“启蒙的自我毁灭”，还是尚未生成或者只是停留在少数知识精英的学术研究中的文化理念?

对于这一问题,我们的结论是:在中国的境遇中,现代性本质上“不在场”或尚未生成。当然,当我们作出这样的断言时,并不是从一种简单的“历史虚无主义”的立场出发,否定过去一个多世纪中国社会的深刻变化和现代化进程的巨大进步。从“五四”新文化运动开始,关于科学、民主的现代性启蒙一直以各种方式存在于中国的社会历史进程中;科学技术的发展和社会生产力的提高使中国社会经济快速增长、综合国力增强、人民生活水平普遍提高、社会普遍进步与发展、国际地位不断提高,等等;现代市场经济机制的目标的确立,一方面开始推动经济运行机制的理性化,另一方面开始促使权力运行机制的制度化、规范化、契约化、程序化和理性化。

我们还特别欣喜地看到,现代市场经济的建构正在从根本上触动和改变中国传统的文化结构和文化模式。一方面,今天社会意识形态的聚焦点不再是政治斗争和思想斗争,而是科学技术和经济的发展,它给哲学理论研究和大众生活以前所未有的自由度和宽容度,多元的经济利益,多元的需求,多元的生存样式、多元的价值观念不再被限制与禁止,而是被默许、宽容,甚至被鼓励。另一方面,作为现代工业文明立根基础的市场经济本质上是一种“主体经济”,在发达工业文明条件下,社会活动主体开始超越传统的经验主义和自然主义的活动方式,通过接受现代技术理性和人本精神而由自在自发走向自由自觉,在这一转变过程中,以现代实业家为主体,逐步形成相对自律和自觉的市民阶层(或公民阶层)。这一相对独立的和自觉的市民阶层不再满足于作为某种外在的精英文化的被动的听众和受众,而是开始形成自己本身的自觉的文化精神,即市民文化或公民文化。

然而,尽管如此,我们还是没有充足的理由断言,现代性已经成为中国社会的主导性文化精神和社会运行机理。从根本上说,后发展社会和落后国家的现代化决不是一个简单的机械复制和单纯的经济增长的问题,而是现代性的全方位的生成问题。就中国的状况而言,现代性对很多人来说并不陌生,但是,它只是以碎片的、枝节性的、萌芽的形态或方式出现在某些个体的意识中,出现在社会理论和精神的流动之中,出现在社会运行的某些方面或某些侧面，而没有作为社会的深层的和内在的机理、结构、图式、活动机制、存在方式、文化精神等全方位地扎根、植入、嵌入、渗透到个体生存和社会运行之中。因此，同上述分析的现代性的多重维度及其现代性的全方位性和深刻性相比，我们可以断言，在中国境遇中，现代性尚未作为一种主导性文化模式和文化精神全方位地渗透到社会运行和个体生存中。

对此，我们先不作更多的理论分析，而首先从中国社会结构的一个基本事实出发加以说明。这就是中国社会依旧存在的十分严重的“城乡二元结构”。具体说来，当我们判定现代性在中国社会的现实境遇时，不能仅仅从人文知识分子的理解和对西方发达国家的观察出发，也不能仅仅从发达地区的城市区域的人力资源状况和社会运行机制的状况来得出普遍性的结论，而必须把视野投放到在社会城乡二元结构中从比重上占主体的农民、农村和农业的状况。这种传统农本社会的文化模式和社会结构不仅会大大降低我们对城市化群体的现代性程度的估计，而且，它本身是中国社会运行和活动方式的深层的、隐性的根基，在这里，我们看到了传统与现代之间的对抗与冲突，看到了传统的顽强的生命力。

总体说来，中国社会的主导性文化样态依旧是以经验对抗理性、以人情对抗法治和契约。稍加具体分析，可以区分为这样几个层次：首先，在制度性维度上，我们离现代性最远；其次，在精神性维度上，我们同主体精神、个性意识、科学精神、自由观念、民主意识等并不陌生，但是，这些理性化的文化精神远没有在我们的个体生存、公共生活、社会运行和制度安排中作为本质性的机理和规定性而扎根，事实上处于一种“无根的”浮萍状态。特别要提及的是现代性在中国语境中的两种异化状态：一是我们社会中存在着一种很可怕的思维样态，即理论上的教条主义和形式主义与行动上的经验主义的奇特结合；二是中国人文知识分子中存在的一种脱离现实生存根基的文化批判情结，即“启蒙的自我循环”。这一“启蒙的自我循环”的可怕与可悲之处就在于：当社会的内在机理或生活世界的内在文化精神从根本上还依旧处在远离现代性的“前现代”情境中，前现代的经验性和人情化文化模式在许多方面依旧十分强有力时，我们的一些人文知识分子的批判已经完成了从现代性启蒙到现代性批判、从强调主体性的文化激进主义立场到文化保守主义立场的完整的心路历程。但是,与发达国家的历史情形不同,当我们在"启蒙的自我循环"中自以为已经很"后现代性"时,猛然会发觉我们可能是原地踏步,又可悲地回到了"前现代的"经验式文化模式中了。

第二个问题:如果说现代性在中国尚未生成,而在发达国家已经出现危机的征兆,那么,我们可以通过理论讨论或实践决策而对现代性进行选择和取舍吗?

我们发现,在目前的争论中,的确存在着可以对现代性加以取舍的观点,很多情形中,无论是捍卫现代性或重写现代性的一方,还是拒斥现代性的一方,其理论的依据和思考的方式都有滑入情绪化和简单化的嫌疑,突出表现是,人们往往自觉不自觉地把现代性当做我们可以简单地通过讨论而加以取舍,决定"要"或"不要"的问题。而造成这一误区的重要原因是人们对于现代性往往做了"单向度的"分析,只关注它的某一方面的文化精神维度,而没有真正揭示出现代性在现代社会中无所不在的深层根基状态。

应当承认,我们关于现代性的多重维度的揭示,还是粗线条的描述,但即使如此,通过上述关于现代性的维度的初步揭示,已经可以清楚地确定探讨现代性命运问题的合法性限度:现代性绝不是我们可以简单地通过理论探讨和决策就能"取舍"的问题,而是必须通过更为深入的、冷静的分析才能作出合理的价值判断的问题。进而,只要一个民族步入了现代化和全球化的世界历史进程,现代性的问题就不是一个我们可以抽象地探讨和简单地取舍的问题,而是一种历史演进机制的问题。在这一点上,哈贝马斯十分深刻地强调,虽然现代社会和经济发展中"存在着根植于体制性的,自我生成的危险",但是,现代性"仍然包含着规范的、令人信服的内涵",因而,他得出一个十分重要的结论:现代性"并非某种我们已经选择了的东西,因此我们就不能通过一个决定将其动摇甩掉"①。从这样的基点出发,我们的分析必须从关于现代性的所谓"一分为二的"分

① 《现代性的地平线——哈贝马斯访谈录》,李安东等译,上海人民出版社 1997 年版,第 123 页。

析，即简单地梳理和罗列现代性的积极价值和负面影响的情绪化和简单化的解析模式中摆脱出来，而从内在性分析的角度揭示现代性的内在冲突及其原因、内在超越性与自我完善的趋向，并为后发现代化国家在全球化背景下关于现代性的命运作出更为理性和冷静的价值判断。

第三个问题：如果现代性是所有会入全球化世界历史进程的民族和国家无法随意取舍、无法回避的命运，那么，现代性在当代的命运真的像它在西方发达社会的某种文化危机中展示的那么不可救药吗？人类真的会进入斯宾格勒所说的文明的普遍“没落”状态吗？

我们认为，问题并非如此悲观。正如哈贝马斯所言，现代性是一项尚未完成的设计，无论对于发达的国家还是对于走向现代化的落后国家，现代性的价值都远远没有完全展示出来。现代性由于其内在的矛盾而不可避免地出现某种危机，但是，同样，其内在的动力机制也使它有能力不断超越这些冲突和危机。这种冲突和危机的不断产生和不断超越既是现代性的生命力所在，也是人类社会的内在驱动力所在。我们可以从以下几方面略加论证。

首先，现代性不可避免地存在内在的张力和冲突，在某种条件下会走向极端甚至导致破坏性后果。这并不是某种外力强加于现代性的后果，而是现代性自身的逻辑和不可回避的命运。从一开始，现代性就不是作为一种至善至纯、可以解决人类所面临的一切问题的全能的力量登上历史舞台。相反，正如哈贝马斯和吉登斯分析的那样，当人类历史达到一定的自觉程度，当社会从原初的自然关联中“脱域”出来时，原来“预设的模式或者标准都已经分崩离析”，人类必须用一种新的“人为的”运行机制、规则或模式去取代原有的自然的和经验的社会机制，必须用理性化的抽象体系来进行再嵌入，形成理性化的生存环境和社会运行机制。这种理性的机理从一开始就具有复杂的内涵，在不同层面上面临着张力和冲突。一种情形是，现代性的不同维度之间存在着张力，甚至冲突。例如，各种社会领域中的理性运行机制的规范化力量与个体的主体意识和个性化之间、科层化的高度理性化效率与个性创新之间、公共权力的民主化和不可调和的个体利益的多元化之间的张力。另一种情形是现代性某一维度的过分发达和自律导致的社会发展的失衡。例如，韦伯分析的工具理性的过度膨胀导致人对自然的过分征服、哈贝马斯分析的劳动的"合理化"导致的交往行动的"不合理化"及其生活世界的"殖民化"问题，等等。还必须特别强调的一种情形是，现代性的理性机理具有一种阿多尔诺所激烈批判的"同一性"的整合力，内在地倾向于同一化为意识形态化的社会历史叙事与高度一致的公共权力，以及标准化的科学技术相结合的总体性力量，由此完全可能出现启蒙理性"弗兰肯斯坦"式的"自我毁灭"的极端性后果，如"奥斯维辛"、"格尔尼卡"、"古拉格群岛"等历史悲剧。

其次，虽然现代性由于其内在的张力和冲突而出现了深刻的危机，但是，它对现代社会和现代人生存的不可替代、不可或缺的价值依旧没有丧失。我们承认，20 世纪众多的现代性批判理论或文化批判思潮都具有产生和存在的现实基础，以及某种理论的合理性和价值。但是，一种冷静的和合理的现代性分析或现代性批判的任务绝不是把现代性当做一个不加区分的整体简单地固守或抛弃，而是对现代性维度及其面临问题的具体分析、分类、限定、修补和完善。实际上，现代性不同维度的张力和冲突等具体问题完全可以通过现代性内在的平衡机制的调节和社会公共文化精神的有意调整而动态地缓解。进而，人类历史迄今为止的演进状况和发展趋势尚未展示出现代性的完全终结的迹象，也没有为我们提供一种完全不同于现代性的文化精神、制度安排和生存方式的可能性。可以断言，无论如何限定、修正与批判，人们通常所熟悉的理性、启蒙、科学、契约、信用、主体性、个性、自由、自我意识、创造性、社会参与意识、批判精神等现代性的内在要素依旧是人类社会运行的主要支撑力和前行的动力，我们依旧无法设想，离开上述现代性的本质性维度，人类将会怎么样，将会如何生存。

因此，我认为，现代性批判的主要任务不是去论证如何彻底抛弃或超越作为理性的生存方式、文化精神和社会内在机理和图式的现代性，而是一方面防止现代性的某一维度过分膨胀，对于现代性其他维度以及人与人、人与类、人与自然的关系造成损伤和破坏，另一方面阻止现代性的内在理性机制及其权力结构过分集中化、同一化和总体化，以免现代性整合成一种集权的而又无所不在的精神的和实体性的力量，导致对于人类生存的价值和意义基础的颠覆，以及对于现代性所内在追求的关于个体的和类的积极的价值目标的破坏。在这种意义上,20 世纪的许多文化批判理论作了深刻的和富有启迪性的探讨。例如,在避免后现代理论的某些极端结论的前提下,我们必须承认,在各种后现代批判理论中共同追求的多元差异的文化精神和价值理念对于修正现代性的消极后果,保证理性化的健康与合理的限度,具有重要的意义。"后现代理论描绘了那些被许多古典社会理论所忽视的微观现象和边缘现象,肯定了常常被过去的宏大理论所压制的差异性、多元性和异质性。"①再如,哈贝马斯所倡导的交往理性对于防止工具理性或目的理性的膨胀,对于阻止生活世界的"殖民化",即防止以金钱和权力为媒介的理性化的经济系统和行政系统对作为文化再生产的生活世界的侵蚀,具有重要的价值。他特别强调通过"批判的公共性"、自主的公共交往中的开放的"对话机制"重建公共领域和交往理性,"以民主的方式阻挡系统对生活世界的殖民式干预"②。吉登斯在制度和社会运动的层面上,主张重视劳工运动、言论自由和民主运动、和平运动、生态运动等社会运动的作用,同时,"需要权力的协调使用","以寻求最大限度地把握机会并把具有严重后果的风险降至最小"③。

再次,如果我们再进一步从现代性的内在机制的角度思考现代性批判主题,就会进一步印证上述结论。实际上,无论是造成现代性的内在冲突或风险的原因,还是批判或修正现代性的推动力量,都来自现代性的内在本性和机制。甚至宣称与现代性势不两立的所谓的"后现代转向"实际上并不是现代性之外的某种力量使然,而是现代性内在的超越本性的必然结果,因此,所谓"后现代性"不是现代性的自我否定,而是它的自我完善。

现代性的本质标志与前现代的文化模式的根本区别在于,它体现了人的生存中的开放的超越性维度。人作为一种从大自然链条中挣脱出来

---

① 道格拉斯·凯尔纳、斯蒂文·贝斯特:《后现代理论——批判性的质疑》,张志斌译,中央编译出版社 2001 年版,第 333 页。

② 哈贝马斯:《公共领域的结构转型》,曹卫东等译,学林出版社 1999 年版,"1990 年版序言"第 21 页。

③ Anthony Giddens, *The Consequences of Modernity*, Stanford, Calif: Stanford University Press, 1990, p. 162.

的、以自由自觉的实践活动为本质的存在，本身就内在地具有不断超越给定性的特征。而在现代性的理性的文化模式中，理性使人的超越本性以更加自觉和更加彻底的方式淋漓尽致地展示出来，它要求个体发展自主性，摆脱依靠外力的“不成熟状态”，它要求人类用一整套合理的规范来表述文化的价值和安排各个层面的制度，这是现代社会和现代主体的动力和活力之所在。但是，与此同时，按照吉登斯的“社会知识的循环性”和“社会知识的反思性”，必然会出现个体活动和社会运行的“未预期的后果”，出现由于理性的规范化功能和总体化趋势而带来的可能的风险，出现启蒙理性走向“自我毁灭”的情形或出现人们所说的现代性的“自反性”特征。而这种状况肯定不是短暂的历史时期，而是理性的生存方式的必然状态，同时也是人类不断创新的可能性空间。吉登斯认为，反思性是人类活动的内在规定性，但是，由于前现代社会具有“以过去为定向”的特征，因此，“在前现代文明中，反思性在很大程度上仍然局限于重新解释和阐明传统”。而“随着现代性的出现，反思性具有了不同的特征。它被引入系统再生产的根基，由此思想和行动总是处在连续不断地彼此相互反映的过程之中”。在这种情况下，“社会实践总是不断地受到关于这些实践本身的新认识的检验和改造，从而在结构上改变着自己的特征。……现代性的特征并不是为新事物而接受新事物，而是对整个反思性的确证，这当然也包括对反思自身的反思”①。

关于现代性的深刻反思性或内在超越性的分析，的确给我们以很深刻的启示。它不仅说明了现代性的内在冲突和风险的可能性，而且也使我们丢掉一切不切实际的幻觉，即以为我们批判已经发现了完全不同于现代性的“新大陆”的幻觉。实际上，关于现代性内在冲突和风险后果的各种自觉的、深刻的批判之所以可能，正在于现代性的理性图式内在的深刻的反思性和超越本性。正因为如此，很多思想家和理论家都断然否认所谓“后现代性”与“现代性”之间彻底断裂的结论。后现代的文化批判如果存在着重要的价值，决不是表现在发现了与理性化的现代性截然不

① Anthony Giddens, *The Consequences of Modernity*, Stanford, Calif: Stanford University Press, 1990, p. 37, pp. 38 - 39.

同的文化精神和社会机理，而在于其对现代性的风险后果的深刻揭示和对现代性的反思性本性的淋漓尽致的发挥。所以，我们看到，不仅哈贝马斯所代表的现代性的捍卫者强调“理性的潜能”，把现代性视做“一个未完成的方案”（an unfinished project），即使与哈贝马斯的捍卫立场针锋相对的后现代主义代表人物利奥塔也承认，“重写现代性”的提法要优于“后现代性”、“后现代主义”之类的提法。他有一段意味深长的解释：所谓“后现代性”不是在“现代性”之后到来的东西，“相反我们必须说后现代总是隐含在现代里，因为现代性，现代的暂时性，自身包含着一种超越自身，进入一种不同于自身的状态的冲动。现代性不但以这种方式超越自身，而且把自己变成一种最终的稳定性，举例来说就像乌托邦计划，也像解放的大叙事包含的明确的政治计划致力达到的最终稳定性那样。现代性在本质上是不断地充满它的后现代性的”①。

总之，上述分析为我们重新审视现代性与后发现代化国家的关联问题提供了一种新的视野。实际上，无论现代性在20世纪展示出自身的何种局限性、风险、消极后果，现代性依旧是现代主体和现代社会根深蒂固的、安身立命的内在支撑；无论20世纪各种各样的文化批判（包括后现代主义）关于现代性的批判如何激进和彻底，无论我们对现代性作了多少理论上和实践上的修正，我们依旧没有能够从根本上在现代性的范畴和范式之外思考与生存。这种结论并不透露我们是否在情感上就是一个现代性的捍卫者，而是代表了一种冷静的“事实性”的分析与判断。从这样的基点出发，转向现代性问题的中国语境，我们会为我们通常在现代性问题分析上的表面化、情绪化和简单比附的做法及其可能带来的消极后果出一身冷汗。其实，当我们自以为已经读懂了现代性问题，当我们以为可以凭借所谓的“后发展优势”对现代性加以自主地“取舍”时，当我们强调必须承受发展的代价或必须经历不可超越的历史阶段而捍卫现代性时，当我们把现代性的生成与发展等同于对自然的过度征服而加以拒斥时，当我们把现代性简单当成西方的“后殖民霸权”加以拒斥时，当我们从生态

① 《后现代性与公正游戏——利奥塔访谈、书信录》，谈瀛洲译，上海人民出版社1997年版，第153页、第154页。

学的角度来谈论中国的技术理性是否已经过分发达时，当我们以为可以"全面地"、"一分为二"地切割现代性并且只选取对我们有利的成分时，我们实际上已经远离了现代性的真实问题和现实的中国语境。因此，关于现代性在后发现代化国家的命运问题是我们必须更加审慎地对待的问题。

如果作为现代社会的本质性文化精神和社会内在机理的、具有内在反思性和超越性的现代性依旧是现代社会和现代主体的生存之基，如果像吉登斯断言的那样，全球化在某种意义上是现代性的全球化，那么，中国的文化批判理论如何走出关于现代性的"to be or not to be"的简单化误区，重新审视现代性问题，就真的成为生死攸关的焦点性问题了。

全球化的文化逻辑与中国的文化境遇

随着信息时代的降临，人类生活于一个呈现出强烈的全球化趋势的世界格局之中。全球化目前已经成为发达国家和发展中国家共同关注的一个关系到全人类发展和每一个民族生存的热门话题。然而，关于全球化的理解却存在着许多歧义，有人把全球化局限于经济活动层面，有人则把全球化从经济层面进一步拓宽到政治和文化等领域；在对待全球化的价值态度方面则存在着更多的差异和争论，有人积极欢呼全球化时代的来临，把它视做不可抗拒的世界历史潮流和将给人类带来前所未有的发展空间的积极趋势，提出了全球经济、全球政治、全球社会、世界公民社会、世界公民政党、全球社会契约、地球文化、世界文化、全球价值、全球意识、新世界主义等一系列令人眼花缭乱的美好设想；但也有人对全球化持恐惧和拒斥的态度，将全球化视做发达资本主义策划的新的全球殖民主义化，有关文化殖民主义、文化帝国主义、新欧洲中心主义、“帝国主义的变种”、“全球化的陷阱”、“普遍臣民化”等批评声此起彼伏。然而，无论人们对全球化持什么样的态度，正如里斯本小组的专家们断言的那样，

“全球化不再是抽象概念,而是一个铁的事实”①。对于中国而言,随着信息化进程和加入 WTO 步伐的加快,全面会入全球化进程已不是理论探讨的问题,而是必须现实地应对的实践问题。

在关于全球化的争论中,最为复杂的问题是全球化的文化内涵问题,因为,它不仅是全球化的重要组成部分,而且关于全球化的文化内涵的认定和价值取向直接决定一个民族对于整个全球化的基本态度和实践进程。因此,全球化对于各个民族除了带来经济和政治上的利益纷争之外,所引起的最深刻的矛盾是现实的文化冲突和理论上的文化争论。我们在这里使用的是深层次的文化概念,主要指历史地凝结成的、在特定文明时代特定民族中占主导地位的基本的生存方式。这种意义上的文化不是政治经济的简单附属现象或与政治经济相并列的特殊领域,而是内化到人的生存领域和社会的各个活动领域中的深层的机理性的内涵或层面。从基本活动领域来说,文化首先是人的基本生存方式或“生活的样法”,它制约着人的行为方式和思维方式,具体表现为人应答问题和解决问题的基本思路、思维模式、价值取向、评价标准、心理结构等;其次,文化是不同主体间交往的方式或模式,表现为交往观念、情感模式、道德规范、交往规则等;再次,文化是政治经济等社会活动的内在机理,表现为社会规范、组织机制、民族精神等。文化是一个非常深刻和宽泛的范畴,它在每一个社会中,一方面体现为人的现实活动的文化模式,另一方面在哲学等理论形态上表现为自觉的文化精神。显而易见,文化的冲突和转变在各种社会变化中是最为深刻的。

一、全球化的文化逻辑

全球化首先是经济的全球化。然而,全球化的内涵决不只限于经济层面,它必然以某种方式渗透到政治和文化领域,必然包含着深刻的文化内蕴。全球化的生产、贸易、金融等经济体系的建立必须有所有参加者所共同认可并遵守的共同的规则,由此导致经济运行体制及相关法律体制、

① 里斯本小组:《竞争的极限:经济全球化与人类未来》,张世鹏译,中央编译出版社 2000 年版,第 16 页。

公共规则等体制的全球化。这其中包含大量的法律规范、经济理念、运行规则、价值因素等等,实际上就是以体制或制度形式存在的文化。忽略了体制层面和文化层面的全球化,经济全球化很难真正建立起来。对于这一点,中外许多学者和研究者有共同的见解,例如,一些学者断言,"全球化话语的一个副产品就是文化的回归"、"文化全球化在目前已成为一个带有普遍性的现象"、"文化的全球化在很大程度上是由经济全球化所驱动的",等等①。

应当说,马克思和恩格斯早在《共产党宣言》中谈到资产阶级所开辟的世界市场和全球范围的经济交往与经济一体化时,就预见到文化的全球化趋势,他们明确指出,"过去那种地方的和民族的自给自足和闭关自守状态,被各民族的各方面的互相往来和各方面的互相依赖所代替了。物质的生产是如此,精神的生产也是如此。各民族的精神产品成了公共的财产。民族的片面性和局限性日益成为不可能,于是由许多种民族的和地方的文学形成了一种世界的文学"②。马克思和恩格斯在这里所说的"文学"的德文形式是 Literatur,其含义不是狭义上的文学作品,而是泛指科学、艺术、哲学、政治等方面的文献,因此,实际上是指我们所说的文化。在信息化时代,人类文化呈现出前所未有的、强烈的整合现象,某种超越民族性的世界文化开始生成。现代信息技术所支撑的数字化和网络化生存方式则为这种文化整合与世界文化的生成奠定了基础。

现在的问题是,这种文化全球化的发展趋势包含着一种什么样的内在逻辑,将给各民族的文化带来什么样的命运?是否会出现人们所担心的文化帝国主义或文化霸权主义?全球化的文化景观是否会出现"西化"的文化霸权的一统天下?我们认为,情形并非如此悲观,文化的全球化过程必然是一个矛盾冲突的和开放的过程。

第一,文化的全球化不可能是所有民族文化的趋同化,而是一种跨文化对话和交流的机制,是各种文化通过平等交流而共同维护关系到人类社会的共同利益的一些基本文化价值。很多学者清楚地认识到,全球化

---

① 王宁、薛晓源主编:《全球化与后殖民批评》,中央编译出版社 1998 年版,第 22 页、第 130 页、第 296 页。

② 《马克思恩格斯选集》第 1 卷,人民出版社 1995 年版,第 276 页。

时代的文化整合和世界文化的生成,并不意味着一切民族的本土文化的彻底消亡和一种无地域差别和无民族差异的大一统的世界文化的建立。实际上,在任何条件下,文化的世界化和文化的民族化、世界文化和本土文化、共性的文化和个性的文化都是共生的,互为存在条件的。全球化时代的世界文化不是单一的、一元的文化的专制统治,而是多元文化的互动所形成的一种关切到人类生存和人类社会发展的共同的价值取向和价值追求。

与前此的文化景观不同的是,在全球化背景中,民族的、地域的、本土的文化,将扬弃自身的、封闭的、保守的、僵化的、固执的状态,在向世界文化的开放与交流中,一方面促使世界文化的健康发展,形成人类社会发展的共同的氛围和文化机理;另一方面使自身得到修正、丰富与完善。著名后现代主义代表人物杜威·佛克马指出:“在所有文化中,在所有文化成规系统中,我们至少可以假设一种一切文化都共有的成规。也许这一可为所有文化都接受的成规便是,自己文化的基本宗旨是可以得到讨论、解释、辩护、重新思考甚至批评和补充的。如果这样的辩论和批评全然不可行的话,那么同样在一个范围狭窄的层面上,相关的文化仅仅包含受到机械地考察的一套规则。这种文化实际上是僵死的。”①基于这样的分析,他断言,人类正在走向一种“新世界主义”。正是在这种文化对话、交流、冲突、修正和自我修正的过程中,人们可以在人与自然、生态,人类交往等许多关系到人类生存的基本价值观念上达成共识。里斯本小组的专家们试图提出基本的世界性契约,例如,以消除不平等为内涵的基本需求契约、以宽容和国际文化对话为特征的文化契约、以全球调控为宗旨的民主契约、以共同生活和可持续发展为目标的地球契约等②。

第二,文化的全球化不可能是文化的“西方化”,不会是“西化”的文化霸权的一统天下,而是多种文化通过冲突和对话而形成的新的文化格局。不可否认,在迄今为止的现代化进程中,的确程度不同地存在着赛伊

① 王宁、薛晓源主编:《全球化与后殖民批评》,中央编译出版社 1998 年版,第 252 ~ 253 页。

② 参见里斯本小组:《竞争的极限:经济全球化与人类未来》,张世鹏译,中央编译出版社 2000 年版,第 180 ~ 196 页。

德的“东方主义”所描述的世界文化格局中的不平等现象，即文化的中心/边缘、西方/东方、强势文化/弱势文化、文化生产国/文化消费国等非均衡的二元文化结构现象。同时，在目前的全球化进程中，由于“先发展”的优势，西方发达国家的文化霸权还会自觉或不自觉地以某种方式给发展中国家带来威胁和损害。但是，必须认识到，这种文化格局不可能通过欠发达或发展中国家和地区的文化的自我封闭和隔绝而真正打破，相反，文化全球化所包含的文化冲突和文化对话的机制则可能为消解西方的文化霸权提供条件。在这方面，我们特别要注意到20世纪的一些新的历史的和文化的变化：各种文化批判理论和思潮对于发达工业社会的文化危机的反思和批判、发展中国家和地区现代化道路的多样性探索以及它们的民族觉醒和对发达国家的文化反抗、全球性或区域性的非政府组织在国际经济和政治事务中影响力的增强、信息化和网络化生存所导致的文化交流的非中心化或平等化趋势，等等。在这种背景下的文化全球化不可能继续固守西方的文化中心或霸权地位，相反，会在文化相对主义的氛围中为多元文化的平等对话与争论提供机遇。正如安东尼·吉登斯在《现代性的后果》中指出的那样，在现代化的进程中，的确存在着西方制度和文化向世界蔓延的问题，但是，全球化的进程在破坏各民族国家的特殊性的同时，也引入了“世界相互依赖的新形式”，它使传统意义上的“西化”成为不可能。他写道，“现代性，从其全球化倾向而论，是一种特别的西化之物吗？非也。它不可能是西化的，因为我们在这里所谈论的，是世界相互依赖的形式和全球性意识”①。

第三，文化的全球化不是现代性的彻底断裂，不是所谓“后现代性”对现代工业文明的理性精神的彻底超越和取代，而是现代性或现代理性精神的自我完善，因此，它同发展中国家和地区的现代化目标并不矛盾，相反，为信息化时代更为成熟的现代化提供了机遇。近年来，在国际范围内，包括中国理论界，以后现代主义为代表的文化批判思潮强调，全球化时代的世界文化是对于现代工业文明的理性主义文化精神的根本性的否定和超越。一方面是20世纪各种文化精神对于理性主义本身的局限性

① 安东尼·吉登斯：《现代性的后果》，田禾译，译林出版社2000年版，第153页。

及其所导致的实践上的负面的、消极的后果的批判，另一方面是信息化时代给人类生存方式和人类社会的运行方式所带来的巨大变化，使后现代主义者及观点接近者形成了上述见解。这种文化价值判断影响到人们对于发展的文化定位，甚至导致不发达国家现代化进程中的“非现代化”或“反现代化”的心理倾向。

深入分析可以发现，无论后现代主义所倡导的平面化的文化精神，还是全球化时代的文化整合所导致的文化景观，同现代工业文明的理性主义文化精神之间都没有形成一种彻底的文化断裂。具体说来，传统农业文明的自然主义和经验主义文化模式的基本文化要素是经验、常识、习惯、天然性情感、宗法血缘关系等自在的文化要素，而现代工业文明的理性主义文化精神的基本文化要素是理性、信息、科学、规则、契约、平等、创造性、主体性等自觉的文化要素，二者之间存在着本质的区别。与此不同，所谓后现代主义文化精神或全球化的新文化精神的内在要素同现代工业文明的理性主义文化精神的基本文化要素并没有什么不同，它们本质上是一致的，无论是作为人的行为方式和思维方式、作为不同主体间交往的方式或模式，还是作为政治经济等社会活动的内在机理，信息时代或所谓的后工业文明时代的基本文化要素和文化特质都从根本上属于理性的、契约性的和创造性的文化范畴，所不同的是后现代文化精神或全球化时代的文化精神开始扬弃现代工业文明的理性主义文化精神的某种极端性或专断性，从而赋予理性文化精神以更合理和更完善的形态。哈贝马斯明确断言：“尽管西方社会的结构和基本条件发生了种种变化，但它的文化潜力却保持不动，凝结于自我意识、自我实现和自我决定这些思想中的价值取向甚至更加清晰。我们的社会如果想为21世纪全球性的问题找到解决办法，就要依靠这个思想渊源。”因此，他认为“对继续进展的现代性必须加以继续引导”[①]。吉登斯也断言，我们实际上并没有迈进一个所谓的后现代时期，而是处于“现代性的后果比从前任何一个时期都更加剧烈化更加普遍化”的时期，因此，他强调“必须重新审视现代性本身的

① 乌·贝克、哈贝马斯：《全球化与政治》，中央编译出版社2000年版，第87页、第89页。

特征"[①]。甚至后现代主义著名代表人物利奥塔也表示:"重写现代性"这一表述"比通常人们进行这类思考时所用的如'后现代性'、'后现代主义'、'后现代'更可取"[②]。

因此,与其说全球化时代或后现代的文化精神是对现代工业文明的理性主义文化精神的否定和超越,不如说是后者的进一步发展和自我完善。我们发现,从20世纪初胡塞尔的现象学、海德格尔和萨特的存在主义等人本主义文化批判思潮,经法兰克福学派等西方人本主义马克思主义的文化批判,直到后现代主义的文化批判,尽管相互之间存在着诸多分歧,但是,它们自觉或不自觉地共同推动了理性主义文化精神的自我批判、自我修正、自我完善的进程。在这一进程中,文化精神发展的主要之点,一是通过把价值、审美等文化因素引入理性范畴,承认理性的有限性并限定理性的作用和活动范围而消解理性的独断性,反对理性对人的异化和统治,不再把理性当做万能的、至上的、至善的、绝对的力量;二是引进关注人的生存,承认人的有限性和不完善性的积极的批判意识,扬弃以绝对的自我和个体主体性为核心的乐观的人本主义和历史主义,确立以人的开放性为核心的新历史观。而全球化时代和信息时代人类的普遍的、平等的、平民化的、非神圣化的、非专断性的交往为这种新的理性文化精神奠定了基础。这种判断对于发展中国家正确应对全球化是至关重要的。

二、全球化背景下中国的文化境遇

从全球化的文化逻辑来看,全球性的文化交会与文化整合对于中国的现代化进程既是一种挑战,也是一种重要的发展机遇。现代市场经济的建构和信息化的实现是一个深刻的历史进程,它既要从根本上改变现有的经济运行机制,也需要一种新的文化支撑力。随着改革开放的深化和经济国力及国际地位的提高,我们只有利用全球化的机遇,主动地、积极地投入到全球性的文化对话和文化整合中,才可能一方面汲取世界先

---

① 安东尼·吉登斯:《现代性的后果》,田禾译,译林出版社2000年版,第3页、第2页。

② 让-弗朗索瓦·利奥塔:《非人》,罗国祥译,商务印书馆2000年版,第25页。

进文明成果,另一方面保持我们的独立性,增加我们的文化的影响力,形成一种新的文化精神,推进我们的现代化和信息化进程。但是,必须看到,社会转型期的中国文化无论在实践模式上还是在理论精神上都面临着某种冲突和分裂,这成为我们应对全球化课题的重要的阻碍因素。因此,我们需要从时下中国文化的冲突和全球化背景下中国的新文化精神的定位两个方面来展开关于中国的文化境遇的分析。

1. 社会转型期的文化冲突和裂变

市场经济的建构引起了社会全方位的深刻变化,包括人的行为方式和思维方式、人际交往方式、社会运行机理等各方面的文化变化。由于中国现代化的特殊历史定位,这种文化转型表现为文化模式和文化精神的冲突。中国社会的现代化转型有着特殊的历史定位:它与西方发达国家的现代化有一个很大的时代落差,即我们不是在西方工业文明方兴未艾、朝气蓬勃之际来实现由传统农业文明向现代工业文明的现代化转型,而是在西方工业文明已经高度发达,以至于出现自身的弊端和危机,并开始受到批判和责难而向后工业文明过渡之时才开始向工业文明过渡的。这一特殊的历史定位在中国社会的转型期引起了前所未有的文化冲突,使中国社会在短时期内无法形成一种支撑现代化进程的相对统一的主导性的文化精神或文化模式。

第一,精英层面的文化精神的冲突与分裂。中国社会转型的特殊历史定位带来了前所未有的文明冲突和文化碰撞,它使原本应以历时的形态依次更替的农业文明、工业文明和后工业文明及其基本的文化精神在中国的嬗变和演进,由于中国置身于开放的世界体系之中而转化为共时的存在形态,不同的文化精神同时挤压着中华民族。结果,不但普通民众面对文化的冲突无所适从,即使知识精英也由于对不同文化精神的利弊的不同理解而相互分裂。在这种情形中,当一些人文知识分子从文化启蒙立场出发批判中国传统文化的经验主义内涵,致力于以技术理性和人本精神为内涵的工业文明精神作为中国现代化的主导性文化精神时,另一些人则开始放弃文化启蒙立场,新儒学所代表的以"天人合一"为特征的中国传统文化和消解现代性的后现代主义文化精神分别从前现代和后现代的视角批判与拒斥现代工业文明的理性主义文化精神。

第二,大众层面的文化价值的离散与平面化。今天中国大众的社会生活和日常生活获得了前所未有的自由度和宽容度,多元的需求、多元的生存样态、多元的价值观念不再被限制与禁止,而是被默许、宽容,甚至鼓励。在这种背景下,现代社会的理性的、创造性的文化价值观念开始为一些现代主体所认可。但它们并没有在大众中构成一种具有崇高价值和巨大感召力的主导性价值取向。相反,传统经验式的文化模式和现代的金钱观同时出现于大多数中国民众身上,后现代的文化心态也通过大众文化、通俗文艺、文化快餐等,作为日常生活的添加剂而悄悄地超前地进入中国民众的生活之中。在今日中国民众的生活世界中,可以看到各种时代的价值观念在冲突、碰撞、游荡。

第三,传统文化模式的复活与反弹。在分析上述两个层面的文化冲突时,还应当特别指出的是,以经验和人情为主要内涵的传统文化模式恰恰在中国社会步入知识经济和信息时代之时似乎更强有力地渗透到时下的经济、政治等各个领域的活动之中,伴随着20世纪90年代文化保守主义思潮的兴起,传统文化模式在各个活动领域和各个活动层面复活与反弹。对此我们可以列举两个方面的突出表现:其一,以经验对抗理性。有着几千年农业文明传统的中国民众往往习惯于消极的、被动的、无主体的文化模式。“日出而作,日落而息”的封闭的自然经济和周而复始、循环往复、习以为常的衣食住行、饮食男女、婚丧嫁娶等日常生活,使得中国民众常常容易不思改进、知足常乐、小富即安,而对各种革新有一种恐惧的、拒斥的心理和经验式的文化模式,习惯于凭借着经验、传统、常识、习惯而自在自发地生存与活动。这种前现代的经验式的文化模式至今还强有力地影响着许多民众,渗透到我们的行政管理、经济决策、文化创造等各个层面的社会活动中。其二,以人情对抗法治和契约。几千年传统农业文明中调节人际关系的主要因素是天然情感和宗法观念血缘关系,这种人情式的交往模式作为传统文化的遗产至今还强有力地影响着中国民众的交往行动,影响着社会的政治活动和经济活动的健康发展。市场经济要求剔除不平等的情感因素和人情关系对社会政治、经济等活动的干扰,而我们目前的现实情况则是,人情因素比以往更加强有力地出现于社会生活的各个方面,从幼儿入托、儿童择校、学生高考、工作调转等个人生活,到企业经营、行政管理、法律诉讼、职务提拔、职称评定、干部录用等社会活动,无处不留下人情的影响和痕迹。

此外,必须看到,中国现代化进程中一直存在的背反、两难和矛盾冲突的社会文化心态在某种程度上加剧了文化的冲突。在文明史的大部分时间中,以"天人合一"为核心精神的中国传统自然主义和经验主义文化模式和具有理性主义传统的西方文化精神,主要表现为世界上两种不同的文化模式,它们在共时态的分化中分别支撑着东西方两大文明形态。但是,到了近现代,西方文化转换出以个体本位、个体自由和技术理性等为基本内涵的现代理性主义的文化模式,并逐步成为不发达民族现代化的追求目标。由此,中国传统文化与西方文化的差别开始从原来两大世界性文化模式的共时态的分化转变为两个文明时代,即传统农业文明和现代工业文明的代表性文化模式。东西方文化模式之间差别的历史意蕴在现代化进程中由共时态差别向历时态间距的转变,这一事实对于中国社会的文化心态产生了巨大的影响。在漫长的农业文明时代,中国人一直保持着中国文化优越论的文化心态。即使到了鸦片战争时期,中国的落伍已经招致几乎无还手之力的打击和灭顶之灾时,我们的封建统治者和文人还继续沉浸在"文明大国"、"礼仪之邦"的迷梦之中。当时中国自称为"天朝上国","天子"自誉为"天下共主",而西方发达工业国家及其他国家依旧被划分为"藩属国朝贡国"和"化外蛮夷之邦"。而当鸦片战争、甲午战败等一系列历史事变使人们不情愿地看到了中国同西方在物质文明、在文化精神方面的巨大差距和落后时,中华民族素有的文化优越心态受到了严重的打击和挫败,社会文化心态发生了巨大的逆转,从狂妄自大向悲观自卑滑落。尤其当西方现代物质文明和精神文明是以一种野蛮的方式,通过鸦片、战争、歧视等途径和方式强加于中国,中国民众的文化挫败感是同屈辱感交织在一起的。这也是人们常常不能用冷静的理性分析西方文化的优劣,而简单地拒斥它和仇视它的重要原因之一。

"被迫的现代化"进程中社会文化心态的巨大逆转导致了社会文化心态的剧烈冲突,形成了历史理性尺度和民族情感尺度相互冲突、很难兼而得之的"背反"的文化心态。它使中国民众处于两难的境地:如果坚持历史理性的发展尺度,承认现代理性主义文化模式的优越性和先进性,并主动地用以改造中国传统文化模式,会在某种程度上为社会的发展提供一种推动力,但是,在这种情况下,民族的情感和自尊将受到巨大的挫折;而如果坚持中华民族的尊严和情感的尺度,继续保持民族文化的优越感,继续固守中国传统文化的本体地位,拒斥西方理性主义精神文化,则我们可能在同发达国家的竞争中更加落伍,处于更加不利的地位,从而在特定的条件下更加挨打。应当说,社会文化心态的这种难以走出的“背反”情结在近现代的确十分痛苦地折磨着中国民众,至今还在某种意义上影响我们在全球化背景中的文化抉择。

2. 中国的新文化精神的定位

从上述分析可见,全球化进程并没有否定中国过去百余年现代化进程所追求的文化转型的目标,即确立现代理性主义文化模式,以取代中国传统自然主义和经验主义的文化模式。相反,它有可能使我们的理性启蒙的目标和内涵更加合理化,能够更加自觉地汲取发达国家的现代化实践的历史经验和教训,吸收全球化的积极的文化价值内涵。

应当承认,无论各种文化理论和价值观念怎样争论和冲突,根据世界历史进程和中国社会的发展趋势,我们还是可以断言,中国社会所需要建立的新文化模式或文化精神,主要包含以下几个方面:第一,确立理性的、科学的文化模式。现代市场经济和全球化经济本质上是一种理性经济或知识经济,它要求现代主体在经营、管理、生产、服务等各种社会活动和社会运行中都能依据科学思维,实现以准确的信息、精确的计算与预测为基础的理性决策,以获取最大的效率和利润。第二,确立具有主体性的、创造性的文化模式。现代市场经济和全球化经济本质上是一种主体经济,与无主体的自然经济不同,它要求人的主体性和创造性的巨大投入,它要求人们不断超越已有的观念和成果,不断变革与更新。第三,确立法治型的、契约型的文化模式。现代市场经济和全球化经济本质上是一种体现社会契约精神的法制经济,它要求社会的一切活动和人的一切交往行动都遵循理性的法则,纳入法制的轨道,在社会运行和人际交往中建立适合现代市场经济之理性原则的平等的、民主的、契约的、法制的交往模式。

基于上述分析,我们认为,以现代市场经济为基础的中国社会的主导性文化精神,依旧应当以现代性为基本要素,以科学理性和人本精神为主要内涵,它突出表现为理性的、科学的文化模式;主体性的、创造性的文化模式;法治型的、契约型的文化模式。无论当代人类经历着什么样的文化冲突与文化嬗变,上述文化要素依旧是当代人类最重要的文化要素,不仅对于正在走出传统农业文明的发展中国家是如此,对于已完成现代化的发达国家也是如此,因为同传统自然经济相比,作为现代社会基础的市场经济本质上表现为理性经济、主体经济和契约经济,即使在以多元和差异为本质特征的后现代文化模式中,理性、主体性、契约性等文化要素也是不可或缺的。关键的问题在于,我们既不应把这些文化要素当做彼此分离的文化碎片,也不应把它们建构成以技术理性主义、极端个体主义和绝对人类中心主义为硬核的现代主义文化精神(实际上,在现代历史条件下也不存在建构典型现代主义的现实基础)。中国文化哲学所要建立的是保持科学理性和人本精神之间必要的张力,同时吸纳后现代的多元与差异性的文化要素的、有限度的和发展了的现代主义或理性主义文化精神,从而在尽可能的限度上弱化工业文明的弊端,这是因为,一方面,在人的基本活动方式和社会运行机理的深层面上,中国社会不可能完全超越工业文明而直接步入后现代社会,另一方面,中国社会也不可能摆脱信息化和全球化而重复典型意义上的现代化阶段。

总之,我们不应当因为全球化所带来的文化挑战而逃避与其他文化的交流与碰撞,而应当依据全球化的文化逻辑,充分利用全球化的文化对话与文化争论的机制,以及信息化时代所提供的各种先进的文化要素,超越转型期的各种文化冲突和文化困惑,在全球化的范围内形成有影响力的中国新文化精神。我们不仅要在基本的文化精神上进行梳理,形成一种以现代化和信息化为轴心的文化精神,而且要推动这种新的文化精神和文化模式在人的活动中、人际交往方式和社会运行机制中现实地生成。经过改革开放以来二十多年的现代化和社会转型历程,我们开始在许多方面看到现代社会运行机制中理性、契约等文化要素的端倪和萌芽。随着全球一体化、信息化的进一步推进和中国加入 WTO,理性的和契约的社会运行机理肯定会成为中国社会发展的基础,成为理性的和创造性的文化模式生成的基础。同时,至关重要的是,由于市场经济条件下需求、利益、文化观念和价值的多元化,以及现代行为方式的创造性和竞争性,普通民众开始通过实际的功利活动，在经济层面上逐渐萌生出自觉的主体意识、价值观念和社会参与意识。实际上，理论研究工作的任务不是简单地把某种现成的文化精神外在地灌输给生活世界之中的人们，以作为外在地指导人们行动的理论教条，而是以生活世界的内在变化为基础，引导人的自我启蒙和自我教化，促使精英文化和市民文化（公民文化）的交汇与整合，从而使理性的、契约的、创造性的文化精神在生活世界的根基上生成，以作为现代中国公民的基本生存模式，并作为现代中国社会各个活动层面的内在的运行机理。

走近罗蒂

——关于分析哲学、后现代主义和文化哲学的对话

编者按　斯坦福大学比较文学系教授理查德·罗蒂是当代著名哲学家。1979 年,罗蒂撰写的《哲学与自然之镜》对传统的认识论与实在观产生了巨大的颠覆作用。20 世纪 80 年代以后,他的视野更是超越出纯粹分析哲学的范围而走向世界,1991 年剑桥大学出版社出版的罗蒂的论文集第二卷《论海德格尔及其它》涉及许多重要的欧洲大陆哲学家,如海德格尔、德里达、弗洛伊德、福柯、哈贝马斯等。1998 年出版的罗蒂的第三卷论文集名为《真理与进步》,收集了他与许多当代哲学家的争论文章,包括哈贝马斯、普特南、德里达、泰勒、戴维森、瑟尔(John Searle)、丹尼特(Daniel Dennett)、麦克多维尔(John DcDowell)和布兰顿(Robert Brandom)等。这使他成为当今世界上最有影响的哲学家之一。加拿大著名哲学家泰勒(Chalrles Taylor)指出,罗蒂总是能够以一种全新的、出人意料的角度来看待我们习以为常的事情和研究。这可能是人们对他的哲学一直非常感兴

趣的原因之一。哈佛大学教授斯坦利·卡维尔(Stanley Cavell)甚至说,罗蒂是自詹姆斯和杜威以来最伟大的美国哲学家。

罗蒂先生的《哲学与自然之镜》的中译本于1987出版后,他的反本质主义、反基础主义、后哲学文化等观点在中国哲学界产生了很大的影响。人们对罗蒂先生的观点从不同角度作了不同的概括,或称之为后现代主义,或称之为新实用主义,等等。2004年7月7日—9日罗蒂先生在访问黑龙江大学期间,作了题为“分析的哲学与对话的哲学”的演讲。黑龙江大学文化哲学研究中心主任衣俊卿教授(以下简称“衣”)和丁立群教授(以下简称“丁”)对罗蒂先生(以下简称“罗”)进行了专访,就后现代主义、分析哲学、文化哲学、新实用主义等问题与罗蒂先生展开了学术对话。

——美国现在最有意思的哲学家还是分析哲学家,但是,我并不想把分析哲学家的问题和大陆哲学家的问题看做两回事儿

丁:您是从分析哲学传统中脱离出来的,我感觉在《哲学与自然之镜》等一系列重要的著作中,您在语言表达方面仍有分析哲学传统,但是在今天的报告中,我感觉罗蒂先生的主流趋向很接近大陆哲学,并对黑格尔哲学比较感兴趣。当然,分析哲学的话语仍然没有在您的哲学里消失。我的问题是:在您的思想里面,分析哲学是一种表达形式还是一种实际内容。比如像这样一种表达方式“是而且仅仅是”、“伪问题”等都是分析哲学的典型用语,根据分析哲学的标准,“是而且仅仅是”这个术语表明了对确定性的追求;“伪问题”这个术语则暗示着用分析哲学的标准判定什么是伪问题。如果按照罗蒂先生的思想看,是不应当有伪问题的。在您的思想里,大陆哲学和分析哲学是怎样结合起来的?可否对您的思想未来的发展趋向作一简单的描述。

罗:美国现在最有意思的哲学家还是分析哲学家,所以他们在一起讨论的时候使用的还是分析哲学的术语和分析哲学的方式。但是他们讨论时的内容与分析哲学没什么关系,他们不考虑语言的意义这种东西。所

以我只是用这样一种术语。刚刚去世的戴维森和现在仍在工作的布兰顿都是分析哲学家,但是他们跟我所批判的分析哲学家很不一样。他们还是用这种术语,但内容已经不是分析哲学的了。

我现在用三分之一的时间写有关分析哲学中的争论的文章,在某种意义上来讲我仍然是分析哲学家。我与之抗争的分析哲学只是分析哲学中的反历史主义倾向。

很不幸的是,美国的哲学博士并不了解西方哲学史,他们认为只要解决分析哲学问题就行了。这一点是很不幸的,但是,与之相应的是,在美国最有趣的哲学家还是分析哲学家。

丁:我感觉分析哲学的语言与它要表述的内容是相一致的,大陆哲学的语言和它表述的内容也是相一致的。我很想了解您以后将如何进一步理清这二者之间的关系,以及您思想今后的发展方向。

罗:不,事实并非如此。对我来说,我不想把分析哲学家的问题和大陆哲学家的问题看做两回事儿。只能说,对于二流哲学家来说是这样。他们仅仅是做当他们是学生时老师交给他们的事情。他们之间只是有不同的问题而已。而一流哲学家,那些有趣的哲学家,他们并不解决问题,而是改造问题。对我来讲,戴维森和德里达同样激进,他们扫除了很多问题、很多过时的哲学语言。我们知道,戴维森属于分析哲学的语言传统,德里达属于法语传统。我认为,原创性的哲学家,并不试图解决问题,实际上,他们是对整个问题进行了重新描述。对我来讲,那些有趣的哲学家都或多或少地背离了他们所成长起来的传统和他们被告知的问题。他们只是打算讨论和考虑自己的问题。接着上面的例子,戴维森从来没有读过德里达,德里达也没有读过戴维森。他们在两个完全不同的环境中成长起来以致他们不能相互理解。但是从历史角度看,他们只是同一历史进程中的组成部分。

丁:请您谈一谈您对分析哲学未来几年发展趋势的展望。

罗:我并不认为我将试图作某些原创性的工作。我一直都这样认为,我的工作基本上是把别人的工作综合起来,并试图寻找维特根斯坦、海德格尔、杜威、德里达和戴维森等人之间的关系。这并不是说,我的工作没有任何计划,我是在试图寻找某种模式性的东西。而现在我用我全部的实践来回应别人对我的批评，这就是我所有的工作。我现在基本上是根据情况进行写作的。有人整理出版了一本伽达默尔的纪念文集，我就写一篇关于伽达默尔的文章，有人出版一本戴维森的纪念文集，我就写一篇关于戴维森的文章。

——我从来都不明白后现代主义这个词是什么意思，实际上现代性仍在继续

衣：现在中国的一些学者从中国语境对您的哲学思想进行评价，有很多种不同的观点，但大家公认在《哲学与自然之镜》这本书中，您对本质主义、基础主义进行了深入的批判，因此人们习惯于把您看做是美国后现代主义的代表人物。那么，我感兴趣的问题是，您如何对待这种评价；您是如何理解现代性的。

罗：我并不认为在现代性和后现代性之间作出区分是必要的。对我来说，二百多年来西方哲学一直在朝着反本质主义的方向发展着。这是一个很长的发展过程。正如我今天早晨给学生们讲演时说的那样，我从来都不明白后现代主义这个词是什么意思。我知道是什么东西使一些哲学家被称为后现代主义者，但是我不明白的是这种划分对我们有什么帮助。

我认为在描绘社会民主的乌托邦方面，最主要的工作是由约翰·斯图瓦特、米勒和杜威这样的社会哲学家完成的。我认为德国的阿多尔诺、霍克海默和法国的福柯并没有为政治思想增加任何新东西。在我看来，关于现代社会的可能性的反思在一百年的时间里没有什么大的改变，我们并没有改变我们对乌托邦的看法。

在美国，阿多尔诺和福柯被认为是对启蒙思想进行了破坏性的批判。在我看来，他们对启蒙思想中的理性主义哲学进行了有趣的批判，但是他们并没有对启蒙思想中的政治观点作出有益的批判。我一直认为启蒙时代的价值是每个人都需要的。

所以，我认为现代性仍在继续。我们仍然在试图实现法国大革命和美国解放运动时确立的社会政治理想，包括民主、自由、平等、公正等。从

政治观点看,20 世纪末的哲学和 19 世纪中期哲学之间的区别并不重要。

衣:我非常高兴能够听到您关于现代性和后现代性的观点,我也非常赞同您的观点。我最近在《中国社会科学》第 4 期发表了一篇题为“现代性的维度及其当代命运”的文章,我表达了关于现代性的类似的观点。我认为不存在一种完全脱离现代性的后现代性,所谓后现代性只是现代性的不断自我完善、自我超越的形式。

罗:是的,你说得很对。后现代性仅仅是对现代性的强化。我可以寄给你我最近写的一篇题为“启蒙与后现代主义之间的关联”的文章。其中有关于这一方面的论述。

——我的对话哲学与哈贝马斯的交往哲学没有什么区别,所不同的是,对我而言,重要的不是真理而是对话

衣:中国哲学界对您的对话哲学也非常感兴趣。您的“conversational philosophy”和哈贝马斯的“communicative philosophy”是否是基本上一致的。另外,我非常关心的是,这种对话的文化模式在西方社会能够存在和展开的基础和根据是什么。反过来,这种对话的文化模式对西方社会的进程会产生什么样的影响。如果人们越来越接受这种文化模式,越来越诉诸对话而不是武力,那么您认为这种认同将是源自于一种什么样的文化基础,并将对这种基础产生什么样的影响。

罗:究竟对话和暴力哪一个会最终获胜,这取决于我们的运气,取决于政治力量在未来几十年中的运作方式。在我看来,我们正处于危险的境地。我们可以看到,建立全球秩序的企图正在导向某种诉诸武力的政策。

我认为,我和哈贝马斯之间的差别是不重要的。他仍然认为我是一个相对主义者,我仍然认为他是一个康德主义者。但是现在这种差别已经小到无法被察觉的程度。我们何必担心这种差别的存在呢?哈贝马斯和我都受到布兰顿的启发。而布兰顿则是第一个黑格尔主义的分析哲学家。他证明了黑格尔主义者应该是一个分析哲学家。此外,布兰顿把维特根斯坦和海德格尔相互综合。哈贝马斯和我都认为布兰顿的做法是对

的。布兰顿曾以这样的言论而著称。他说,对话对于人类来说是一件大好事。对我而言,重要的不是真理而是对话。这是我和哈贝马斯之间的最大的差别。虽然我们之间还经常写一些文章相互批评,但我想我们在百分之九十九的事情上是一致的。我认为布兰顿和哈贝马斯像戴维森和德里达一样,他们都是激进主义者。他们由于其独创性而不属于任何传统,我既不能把他们看成分析哲学家也不能把他们看成大陆哲学家。

——不需要站在文化之外的、具有特权的“大写的哲学”;我们需要的是在文化之中促进文化激进转变的“小写的哲学”

丁:我们知道经典实用主义有两个部分组成,一个是经验主义,一个是实用主义,而实用主义正是经验主义的引申。我们知道杜威有关于“原经验”的理论,但我注意到您很少提到这一理论。另外,杜威是一个文化哲学家,关于哲学与文化之间的关系,杜威在《哲学的改造》中的观点是:哲学就是文化协调的一个机构,哲学应当是一个大写的哲学。而您在《后哲学文化》这本书中关于哲学与文化之间的关系的观点和杜威是有差别的。所以我想请您简单地评论一下您的新实用主义和詹姆斯以及杜威的经典实用主义之间的异同。

罗:我认为,区分经典实用主义和新实用主义的另一个方式就是指出:新实用主义割断了与经验主义之间的联系。经典实用主义仍然保留了关于直接的和感性的经验的观念。但新实用主义者完全不同。布兰顿在他最欣赏的一部关于心灵和语言的、长达七百多页的著作中对经验这个概念只字未提。

在我看来,哲学和文化之间的关系并不是协调文化的各个部分,而是指出我们应当如何改变文化以使其达到和谐。我认为,当文化正常的时候,哲学没有什么特别大的功能。但是当文化的各个部分之间发生张力的时候,当文化的不同部分之间发生矛盾和冲突的时候,哲学家就会指出我们不能再坚持、而是不得不放弃某些文化传统。所以我觉得最有意思的哲学家是那些激进的哲学家。他们飞翔于常识之上,并且说:“对不起,你不能这样。”

当我说要用小写的哲学代替大写的哲学时,我想说的是哲学家已不再声称文化要与物的特征、人的特征等相协调了。我认为所谓大写的哲学就是站在文化之外把文化和那些不是文化的、而是自然的东西相比较。一旦您放弃把文化和自然相比较的观念,而仅仅是把现在的文化和未来可能的文化相比较,那么,哲学就不再是大写的哲学了。

丁:您在《后哲学文化》这本书中提到小写的哲学只是一部分人的兴趣。这部分人喜欢把各种事物连接起来。而在今天的演讲中,您认为文化危机时期哲学会站出来解决问题,那么,是不是可以说后一种观点是对前一种观点的超越,或者说后哲学文化理论已有所变化。

罗:我想你是对的。对我来说,确实存在把这两种描述调和起来的困难。我所能作的最好的回答就是:激进的哲学家试图去改造,一般的哲学家则只是去重组。我想说的一件事情就是:我并不认为文化中有这样一个部分,它被称为哲学并具有此功能。我们称一些人为哲学家是因为他们关于如何改变文化持有一些激进的观点。但是让我们看看尼采,他在很长时间里并不被称为哲学家,直到海德格尔说:"把尼采作为哲学史中的一员来阅读",我们才把尼采的著作从图书馆的文学类书架转到哲学类书架上。我认为那些独创性的哲学家并不在乎什么是哲学,什么是文学,什么是历史,他们只是做他们的事而已。他们之所以是哲学家是由于我们这些后来人把他们称为哲学家。尼采对西方知识分子思考自身的方式造成了如此大的改变,我们为什么不能称他为哲学家呢?

丁:他本人也未必想当哲学家。

罗:是的,他从来不读任何哲学著作,他也无法进入这些著作,但是他所完成的工作却与哲学密切相关。

衣:在对文化与哲学的关系的理解上,我非常同意您的观点。也就是说文化中不应该存在某种特权。我一直主张哲学应该回归生活世界、回归文化。而我所理解的文化是在一个时代中,影响大多数人的行为,影响整个社会的政治、经济的运行方式的文化精神和文化模式。哲学不是在文化之外指导文化,而是使这个时代的文化精神达到自我反思、自我批判、自我超越,使之不断转变、不断更新。

罗:我想也许对你来说有两种有趣的哲学家,其中一种会说:"看,我们的文化与过去相比变化多大呀”；另一种则会说：“是什么东西使我们的文化与过去如此不同”。这两种人都可以称为哲学家，但是我认为后一种才是重要的哲学家。他们，就像马克思说的那样，不是去认识文化而是去改造文化。当我们回头看这些人时，我们说他们使其时代精神达到自我意识，但是，他们并不是这样看待他们自己的，他们认为他们是反对它的。

——把现代思想家的观点与中国传统思想家的观点简单地类比并没有什么意义；现代民主制度的建立意味着对传统的激进批判

衣：在中国学术界，我被认为是典型的激进主义者。这主要是由于我对中国传统文化的批判。在我看来，中国传统文化至今影响着中国人的行为。它的过分经验化、过分人情化、缺乏理性化、缺乏平等和契约精神的价值特征使很多现代性的价值观念，如法制观念和民主观念等，在中国无法真正的确立起来。我一直希望文化哲学能够用一种比较激进的批判来改造中国传统的自在性的和有限性的文化精神。

罗：我的中国朋友朱新民曾经说过，中国社会的一个问题就是缺少公民观念，这对于民主制度的成长非常不利。我并不清楚这种说法是否正确，但是如果情况真的如此，我就能够想象民主制度的建立意味着对传统的激进的批判，因为它确实需要在西方已经由来已久的一些观念，这些观念在古希腊被普遍接受。而中国没有这些观念，这之间的差别是非常大的。

衣：是的，情况确实如此。在中国传统文化中没有平等的公民观念，只有臣民观念。

罗：这就是我不能理解安乐哲的原因。他总是把儒家思想和杜威的哲学弄到一起。对于我来说，生活于民主社会中的公民概念是杜威哲学的核心概念。而当我读《论语》的时候，我找不到这个概念，因此我也不知道怎样用儒家思想的术语表达这个概念，因此我总是对安乐哲迷惑不解。

衣：实际上当前中国学术界在此问题上也是有两种不同的观点。和我持相似观点的人认为,中国的问题不在于现代性已经过度发达而必须对之加以批判,而是现代性不足或没有真正的现代性,因此需要批判的恰恰是前现代的传统文化;另一种观点认为中国可以不要现代性,应该回到传统文化,完全依靠礼俗、经验也能建立和谐的社会。显然这两种观点是极端对立的。与此相关,现在中国学术界特别流行把老子的"道"与海德格尔的晚年思想联系起来,这也是一个非常有趣的现象,它表明一种回归前现代的传统文化的倾向。

罗:我并不认为海德格尔关于存在的思想有什么用处。我是说,我更看重海德格尔对传统的批判,而不是他关于思想和存在的思考。日本的京都学派经常把"禅"和海德格尔弄到一起。当然,你可以把海德格尔思想中的神秘成分和任何东西放在一起,但是老实说,我不知道这样做是否值得。

海德格尔写过《哲学的终结和思的任务》。我在讲这本书的时候,我对我的学生说,海德格尔说哲学的终结时他是对的,当他说思的任务时他是错的。

衣:您今天有一句话给我的印象很深。您谈到,对启蒙理性的批判可以成为一个哲学上的话题,但在现实中是没有多大意义的。正如您所说,我们可以把海德格尔和任何神秘的东西进行比较,但这种神秘的东西与现实之间相差还是很远的。

罗:我不知道哈贝马斯关于现代性的哲学讨论的著作有没有译成中文。

衣:有,中译本的标题是《现代性的地平线》。

罗:我认为那本书对海德格尔和福柯处理得非常好,他们两人都是与实际的政治问题没有什么联系的。我认为这是哈贝马斯最好的一本书。

衣:由于时间有限,很多问题不能继续讨论了。我们非常高兴能有这样一个机会和您面对面地交流,这种交流与仅仅是读您的著作相比更有助于理解您的观点。

罗:非常感谢能有这样一次交流的机会。这是我第一次和中国的学者就哲学问题进行比较深入的讨论。

东方与西方：现代性与后现代性

——中国语境下过程哲学和文化哲学的一次对话

编者按　美国的过程哲学研究所推崇的是一种建立在怀特海和哈特肖恩过程哲学基础上的整合性的思维方式和生活方式。过程思想有助于保持真善美、宗教直觉与科学洞见以及东西方文化传统之间的和谐，它同时也倡导一种看重人类共同体和自然世界的社会政治和经济秩序。中国的文化哲学研究的兴起一方面与世界范围内发达工业文明条件下的文化危机直接相关，另一方面与中国社会走向现代市场经济和全球化时代而引发的文化转型密切相关。它关注文化模式、文化危机和文化转型问题，尤其致力于推进中国传统的经验性和人情化的文化模式向现代理性化和契约化的文化模式转型。这两种哲学在理解范式和价值取向上都存在着很大差异，但是，也存在着对话的可能性。2004 年 5 月 31 日，在黑龙江大学，美国过程研究中心主任小约翰·科布(John B. Cobb, Jr.)(以下简称“科”)和黑龙江大学文化哲学研究中心主任衣俊卿教授(以下简称“衣”)围绕着东西方视野中的现代性和后现代性问题开展了一次独特的对话。

衣:我在会议上介绍了中国的文化哲学目前的研究情况。但是由于文化哲学和过程哲学的范式不同,我不知道科布先生听了有什么想法?是否存在着从过程哲学的视角开展同文化哲学对话的可能性?

科:在会议上关于文化哲学我学到了不少东西。我认为这种对话是很有前景的,但也会很困难。你们探讨的东西集中在中国的一个很具体的问题上,这是对的。我们过程思维在某些方面也会集中在很具体的问题上,但过程思维总体上是很概括性的东西。在中国,你们主要集中在文化的现代化问题上,过程思维则是对现代化的一种反对性反应。两者间的对话可能是很重要的,但在开始之时,我们就应该注意到两者的不同。

衣:您能具体谈一下过程哲学对待现代化或现代性的基本价值态度吗?

科:我们认为,随着世界的现代化,世界将毁掉自己。说到文明,随着农业的出现,自然界就一直在变得愈来愈糟糕。当然,当农业刚出现时,世界很富庶,人口也很少,人们可以不断地迁居到新的土地上去,同时也毁掉了更多的土地。但是现在世界已经很贫瘠,为了增加生产,我们越来越采用更加毁灭式的方式。同时,我担心现代化会毁掉中国的那些传统。

衣:我想有必要对我们谈论的核心范畴,即现代化和现代性进行一下界定。西方更多地把现代化与工业化连在一起,工业化就意味着一种征服自然,这个时代我认为已经过去了。经典的现代化的确等同于工业化,但现在我们不是在这个层面考虑这一问题的。

科:能阐述一下您对现代化的理解吗?

衣:关于现代化问题,我首先想引进一个概念:历史尺度问题。我认为,处在不同的人文时代或文明发展时代的人们对现代化的理解是有很大差异的,每一个民族在每一个时期所面临的问题是不一样的。中国人现在面临的问题和西方人所面临的问题的侧重点是不一样的。这是一个出发点问题。我想在这里我不用现代化的概念,而是换一个概念来说,可能会把问题说清楚。不用 modernization,现代化,而用 modernity,现代性。我想说,在现代化的过程中,作为理性的文化启蒙的现代性不仅仅包含一个维度,即征服自然这一个维度,也就是工业化这个问题,它还有整个社会的运行和每一个体的生存方式,它中间包含着一种不同的文化,文化模式,文化精神。中国面临的一个问题是,无论是在个体的活动中还是在社会的运行中都缺少现代性,比如说它缺少一种自由,缺少一种个性,缺少一种创新,缺少一种理性的机制。社会的政治经济运行中缺少一种理性的规则,缺少信用、信誉。我再举一个例子,现在中国已经不是一个没有法律的时代,法律非常多,但是人们不信任,不去执行法律,有法不依,实际上是缺乏现代性的问题。再比如说,在我们的公共管理、行政管理中,没有一种理性的规则,没有一种效率。在中国一说起韦伯谈的 bureaucracy, 就翻译成官僚制, 我们总是批判它,实际它本身是一种非常高效化的理性机制,中国社会中是没有的。其实,我是赞成韦伯的观点的。我们把它批判成一种官僚制,然后整个地抛弃这种东西,更多地依赖一种经验式的管理。这样一来,在中国个体的活动中,和整个社会的运行中,其中起作用的是两个因素,一个是经验,一个是人情。

科:如果你有人,你就能把事情办成。办事情依据人际关系,而不是法律规章。当然,到处都如此,只是在这儿,这种现象更普遍,情况更严重。在西方,我们做事更客观一些。

衣:人情,简单地说,它带来的消极作用就是不遵守规则,再严重的就是官场腐败,而它是直接的原因。基于这些,我认为可能在中国,所谓我们用现代化或现代性,实际上就是说,一方面怎样避免工业化进程中对自然过度地征服的倾向,另一方面,我们必须积极地推进理性化的进程。

科:但是我仍然认为这与过程哲学不同。我们对启蒙的反应是否定的,因为它毁掉了人类社会,试图从严格的个人主义的角度重新思考社会。

衣:您是指文艺复兴时的启蒙主义吗?

科:是文艺复兴之后,从 18 世纪到现在一直占主导地位的思想,现代政治思想,现代经济思想,大学结构等等,都反映了这种启蒙思想。

衣:我知道这些, 因为我一直研究西方马克思主义,您说的这些我都非常熟悉。但是,我想这些观点的处境与中国的处境不一样。

科:但是,对于这些不同问题的某些答案是与启蒙主义解决封建主义后期的问题的办法在某种程度上相类似的。

衣:其实我想我们谈到这里,问题已经比较清楚了,我们的共同点和分歧点都已经比较清楚了,这确实是一个文化差异和历史背景差异的问题。

科:我想是的。这就是为什么我们的对话是非常有价值的,但也很困难。

衣:我想说一句话,在中国社会如果没有那么一个过程,某种意义上的启蒙过程,那么中国面临的最大问题是很难会入到世界历史进程之中。我们要想进入全球化,像 WTO 这种进程就会受到很大的阻碍。

科:但是你知道,我认为你们不应该加入到全球化的进程中来,我觉得全球化一直都是一个很可怕的东西。

衣:我觉得,问题在于,西方在物质文明高度发达的状况下,人们可以对全球化或工业文明等提出各种批评,但是要想让人们再回到那种原始的状况,谁也不愿意。

科:不,倒退回去是决不可能的。

衣:但是可能出现的情况是,人们坚持主张,西方不会倒退回去,但是要东方停留在原地不要向前走。

是所谓的“后现代化”(post - modernization)或“后现代性”(post - modernity)吗?

科:我想,过程思想家们比法国人更早地使用了这个词。但我们只是偶尔用,而且很随意。是法国人把它变成一个很系统的概念。

衣:我认为,“后现代化”不是对现代化的否定,而是另一个现代化。

科:如果您这样认为,其实词本身无关紧要。如果是另一个现代化,如果您的目的是要重复西方的现代化的话。

衣:即使你想用这个词表明一种不同的观点,表示一种不同的现代化,它还是一种现代化。

科:我不想把一个词弄得这么重要。我主要还是要寻找一些思想。在您的文章里,我发现的主要思想是欧洲的启蒙思想。所以对我们这些人,人们可以称之为“后启蒙思想”。你说的话让我想起的一件事是当我们对某件事的反应是一种否定的态度时,我们常常夸大其坏的一面,而感受不到我们从中获得了多少。

衣:有这种倾向。可能我们需要互相借鉴。

科:从整体上讲,美国人很重视现代性及其价值观。但是,我认为现代性及其价值观正把美国引向帝国主义。美国帝国主义的一个工具就是WTO,还有世界银行。从另一个角度,从过程思维的角度考虑,宇宙发生论与道德是紧密相连的,我们谈论的客观世界也包括道德问题。我觉得,中国大学过分效仿了美国大学。

衣:还是一个文化差异的问题。但这个问题我们今天谈得非常好了,我们已经知道今后怎样进行对话了。这是一个比较好的开端。这里我说一个例子,今天在会上几位西方学者谈到了中国的"道",老子的"道"。但是,实际上,对于中国的"道",西方学者理解的道与中国本身的道的意思相差非常远。我最后再举一个例子。1966 年中国发生了"文化大革命",在中国完全是一种摧毁一切文化的运动,而法国的著名哲学家阿尔都塞则认为这场运动非常好,不应该结束。这里存在着严重的文化和观念的差异。

科:从过程哲学的角度看,这是一件坏事,因为它毁掉了中国文化,但现在迅猛的新工业现代化同样在毁掉中国的文化。

衣:所以,我们需要更多的交流。

这个问题我想我们探讨到这也就可以了。换句话,我们不说中国的事情。假如说西方没有工业化,假如没有现代化,如果它依旧停留在中世纪之前,那么会是怎么样?

科:嗯,不会像现在的社会这样不稳固。现在的社会是所有社会中最不稳固的。

衣:是的,很不稳固。现代社会的确存在着现代性带来的风险,但是您能认为中世纪的生活更好些,因为它比今天的社会更稳固些吗?

科:我想很难说一个时期的生活比另一个时期的生活好一些,因为它们很不同。我们不认为消费越多生活就越让人感到幸福。

衣:您的想法更像中国的传统思想。

科:正是这样。这就是为什么我不希望看到传统的中国文化被毁掉。

我们认为过程思维,传统的中国哲学就是过程思维，但是中国传统哲学没有沿着用于揭示自然科学的方向发展,而西方过程思维也许可以帮上忙,在传统中国哲学与现代科技之间架起一座桥梁。我们知道我们很激进,在西方,人们不重视我们的过程思想。

衣:我最后提一个设想,一个假设。我在想,工业化和现代化肯定带来很多危险,但是假如没有工业化和现代化,那么人口的这种无限膨胀,如果靠传统农业,肯定人们要把地球所有的东西都吃光。

科:我们必须要有工业,我们不可能走回头路,但工业可以有很多不同的形式。

衣:很多事情是走过了,回头看才能更清楚一些。

科:对待生态问题等,没有足够多的人关心它。你看,WTO 正在毁掉它。这是真的。对于 WTO 我担心的一个问题是,它会推动你实现农业现代化。而当你实现了农业现代化的时候,现在从事农业的五分之四的人将是多余的。人们将会用石油代替人力,所以人们会变得依赖石油,这一原料将很快消耗殆尽,几年之内价格会迅速上涨。同时数以百万计的中国农民会离开他们的土地,涌入城市,生活贫困。这正是 WTO 所希望的结果。

衣:我想我们的最终目标应该是一致的,生活在一个更好、更安全、更稳固的社会里,没有问题。我的问题是,我们如何才能实现我们的目标?

科:你们怎样才能提高农业生产,又不使农民离开他们的土地？这与现代化是很不同的一个问题。应该把农民留在他们的土地上,但不是通过武力,也不能用武力把他们赶出他们的土地。

衣:你有点像中国的老子。

科:我们喜欢传统的中国文化。我们不喜欢马克思主义或者资本主义。我们认为二者都是很严重的错误。

衣:问题是,我们再也不想回到中国的老子那种状态了。我们今天下午这样谈,非常好。很多问题以前没有这样对话过,今后再找机会这样谈。最后我还是发现了文化哲学与过程哲学的一个共同点,就是一种特别强的责任感,是一种对人类社会的责任感。

在启蒙的地平线上

——关于中国语境中的现代性问题的对话

编者按　应黑龙江大学《求是学刊》、黑龙江大学文化哲学研究中心、黑龙江大学哲学与公共管理学院邀请，美国哈佛大学燕京学社的黄万盛研究员于2005年11月16日—20日在黑龙江大学讲学，做客黑龙江大学阳光讲坛，作了题为“创造生活典范 铸造民族精神”的报告。讲学期间，黑龙江大学文化哲学研究中心主任衣俊卿教授（以下简称“衣”）与黄万盛研究员（以下简称“黄”）围绕现代性、启蒙精神、中国传统文化等问题，进行了一次深入的学术对话。

——无论是作为现代性的捍卫者还是作为现代性的批判者，我们今天都只能在启蒙已经开辟的地平线上来思考现代性问题

衣：近来，您和杜维明先生的对话“启蒙的反思”，还有您为卡蓝默的《破碎的民主》中译本写的序——“正在逝去的和尚未到来的”，以及您为傅勒的《思考法国大革命》中译本写的序——“革命不是一种原罪”等作

品在国内学术界反响很大。我想这可能是同国内学术界过去十几年的一个走向有关。80年代在国内占主流的是启蒙思想,而90年代以来,随着后现代主义和新儒学思潮的兴起,不论在哲学层面还是文学层面,都出现了从启蒙思想撤离的过程。因此这个时候关于启蒙的反思会引起比较大的回应。就我个人而言,情况有所不同。在价值判断上,我对启蒙的理解可能和你们的理解有一定的差异。我80年代在南斯拉夫留学期间主要研究东欧新马克思主义,回国后一直没有间断西方马克思主义的研究,应该说对西方马克思主义以及其他理论流派的各种现代性批判都是比较熟悉的。事实上我一直是把西方马克思主义作为文化批判理论来解读,我很欣赏西方马克思主义的启蒙理性批判或技术理性批判观点,尤其是在西方发达工业社会的语境中这些批判观点具有很大的价值。但是在中国语境中我仍然坚持文化启蒙的重要性,我过去十几年所开展的中国语境中的日常生活批判一直坚持续写现代性的立场。所以我想,今天我们的对话会是一次关于启蒙和现代性的真正的对话,包括理论交锋。其实我很想通过这次对话,对我自己的观点和价值判断进行一下求证。

在开始对话之前,我想明确一下我们对话的出发点。我认为我们之间无论在价值取向上可能存在多大的差异,但是都存在着重要的共同点:首先,无论是坚持启蒙还是反思启蒙,我想我们都属于那种良知型的知识分子,都不会拒绝理论所承载的重大历史责任和现实关怀;其次,我感觉我们之间的差距并不是坚持现代性和拒斥现代性那样的非此即彼的问题,杜维明先生的一个观点我很赞同,他认为启蒙创造的许多价值,如启蒙所弘扬的个人的尊严、自由、理性等价值,以及启蒙所开辟的民主政治、市场经济和公民社会等利益领域都是任何蓬勃发展的社会所不可或缺的。因此,是不是可以断言,我们今天所开展的现代性反思实际上完全是在启蒙的地平线上进行的,我们不可能脱离这个地平线来思考现代社会的任何问题。基于这样的判断,我想我们今天的对话无论对现代性是支持还是反对,都不应是一种情绪化的态度,更多的应该是对历史事实和社会现实的分析,是对现代性在东西方的命运的客观的判断。

黄:问题是这样,启蒙的反思不是一个跟现实生活没有关系的学术命题,启蒙运动的源头是从现实世界和生活世界中开展出来的。对现代性的反思本身也是多元的,正如现代性是多元的一样。比如说法国的解构主义者，他们的现代性反思一直上溯到古希腊的理性，然后是康德创造的理性结构，从罗兰·巴特到福柯、德勒兹和德里达等，这条线索可以称之为解构主义立场上的现代性反思；另一条线索是真正从现代性中流出来的反思，这条线索以哈贝马斯为代表，哈贝马斯仍然是个理性主义者，当福柯他们要解构理性主义的时候，哈贝马斯却要捍卫理性主义。他认为现代性事业问题是要反思的，但是启蒙的路没有完，要从启蒙继续往前走，要把康德的那种理性转变为沟通理性或交往理性，企图给现代性造成的社群分裂创造一个哲学上可以解决的途径。沟通理性实际上是出于启蒙理性的谱系之中，因此当哈贝马斯在反思现代性时对启蒙并没有成见。他是在启蒙的路向上批判现代性，因此他事实上是在反思现代性，而不是反对现代性；此外，还有第三条线索，是在现代性的实践形式，也即现代化的层面上反思启蒙的，如非常著名的丹尼尔·贝尔、现代性理论专家西蒙·艾森斯塔、已经故世的爱德华·希尔斯，他是从知识分子的角度对现代性有很多批评，还有在波士顿大学的皮特·伯格，这些人对现代性和现代化问题有着深切的关注，他们提出反思现代化的问题。杜维明先生和我们这些海外华人学者的身份和情况和他们有相似的地方，但也有不同之处。我们的情况是这样，我们都是在海外生活，在海外从事学术活动，所以他们关怀的问题，他们面对的问题，我们同样在面对，几乎没有一个可以少掉的。但是我们还有另一个关怀，就是我们的母语世界。我们关心中国今天的现状和她可能的转向，以及历史给予我们多少资源，这些资源有多少是负面的，多少资源是可以调动起来加入到我们今天的思考。因此我们面对的问题的涵盖性更大，如果能在世界的立场上思考问题，同时把中国的问题包括进来，就是我在解决中国问题的同时，后面有一个世界语境的预设，我解决中国问题时所创造出来的资源同时可以让世界分享，那么这样所涵盖的问题就比仅仅面对中国问题时要宽广。因此我现在正在承担的任务是建设出一个有广泛涵盖性的人文学体系。

——目前人们关于现代性或启蒙的反思，存在一个方法论上的简单化问题，即往往只在观念的层面上思考问题，没有深入到深层文化结构

衣：我想简单地概括一下我所理解的杜维明先生和您以及其他一些

反思启蒙的学者的基本观点,当然这种概括一定不够全面。我觉得你们一直在做两个方面的工作:一方面你们在检讨启蒙精神从一开始就缺失的某些价值,其过分的知识化倾向,过分的理性化倾向已经暗含着内在的价值资源、文化资源上的缺陷,比如说对个体性、自由等价值考虑比较多,但是宗教中的一些维度,比如说同情、宽容、公平等价值没有被纳入到启蒙精神之中,因此你们考虑如何从今天具有的文化资源的角度来补救现代性的问题;另一方面,你们认为,对于中国来说,启蒙也即五四运动时期具有一个很大的缺陷,就是完全切断了传统。所以杜维明先生和您认为不论在西方还是在东方,都存在一个调动文化资源推动现代性的发展的问题。而儒学就是我们可以利用的一种文化资源,它既可以回应西方的现代性危机,也可以促进中国现代性的建立和发展。

黄:我觉得你概括得非常准确。今天的西方学术基本上是一个宽泛的谱系学。以往的哲学比较静止地去面对一个事物,这样的方法现在使用得已经非常少了。谱系学在寻找当初现代性自身缺失的原因的时候,试图发现有没有来源于世界观、来源于哲学体系的困境。我刚刚提到的那些哲学反思的基本向度中的一个基本问题就是对工具理性的批判,对于把人的物质存在估计过高等倾向都有深刻的批评,包括宗教排斥问题。宗教排斥问题之所以重要,是由于把宗教排斥掉后,就只有人的世俗的生活维度了,为人类中心主义的出现提供了条件。整个现代性的预设后面有一个大的立论,就是除了马丁·路德宗教改革之后的基督教可以进入现代性外,其他的传统都不能进入现代性,这个观念到今天为止仍然有人在坚持。像福克·亚马,他甚至认为意大利的传统和西班牙的传统都不能进入现代化,现代化只有在英国和美国可能发生。这就导致现代化只有一个母体,这个母体就是基督新教,只有经过新教的转变,只有经过法国和德国的启蒙,才可能走向现代化。但是现代化的多元多样性已经出现,同时人们在问,有没有一个非本土化的现代性的问题?即使西方的资源在起作用,但是这个资源是不是可以完全排斥本土性?这成为我们考虑儒家的一个原因,这就是我讲的,我并不反对向西方寻找真理,但是我反对在向西方寻找真理的同时,预设我们必须完全反传统。如果把这两个事情结合到一起去,就会有很大麻烦,可能西方好的东西学不进来,中国真正好的东西又全丢了。

衣:我在这里想讨论一下思考现代性的方法论问题。我在查看有关启蒙的反思的各种观点时,发现一个问题:包括您和杜维明先生在内,人们往往习惯于在观念层面上思考现代性问题。例如,在说到为什么出现全盘反传统的问题,说到五四时期启蒙的片面性时,以及在说到我们今天应当发掘传统文化的资源以弥补现代性之不足时,我们中的很多人都是在观念的层面上考虑问题,似乎现代性是否完善,关键问题在于我们是否肯定和吸纳儒家的文化价值资源。我记得林毓生先生的《中国意识之危机》在20世纪八九十年代的学术界有很大的影响,他把以陈独秀、胡适和鲁迅为代表的这种文化激进主义称做"全盘性反传统主义",并认为,20世纪中国思想史上对中国传统文化遗产坚决地全盘否定的态度之所以反复出现与持续,是因为西方文明的侵入和中国文化传统的一元论和唯智论思想模式的影响。我感到这只是一种观念层面的解释,实际上,当年胡适、陈独秀等人面对中国的现实处境,他们对中国文化特有的稳定性和顽固性特征的理解是非常深刻的,他们意识到传统文化与西方理性文化的内在张力问题。我想提出的看法是:现代性不是一个单纯的观念层面的问题,不是一个我们可以简单地决定是否取舍的观念问题。我们可以这样提问:现代性是否完善或是否生成是不是仅仅是一个观念层面的问题,文化有没有一个更深的结构层次?如果五四时期的文化精英们再聪明一些,如果他们能更全面地考虑问题,能发掘传统文化,特别是儒学中优秀的东西,对传统的否定少一些,继承多一些,那么今天的现代性的境遇就会好些吗?这里有两种可能:一种可能是我们的现代性或许会更健全;另一种可能是我们连起码的现代化都没办法推进。

黄:我觉得您提的这个问题很重要。我想首先可以把这个问题分为两个层面:一个是我们对当时人们的现实处境有没有同情了解;另一个是当时那些人所塑造的观念形态,在后来的中国发展中所起到的作用,包括正面和负面的作用。这是两个问题,我即使同情了解他们的处境,但是我不一定赞同他们的观念所起到的各种影响。这是解释性的历史学所必须要做的,我在《反思法国大革命》的序言中特别讲到这种历史观念。正如你所说,五四精英们都是天才,我们是不是应当给予他们深切的体谅,而不是简单的批评,简单的批评不是历史主义的态度。我想叙述一下两个大的谱系和脉络:第一,我同意你说的五四精英是在一个现实的处境下作一个艰难的选择。这个选择是一个历史过程。我们知道中国最早面对现代性时的选择是文化保存主义,就是所谓的“中体西用”,当时看到西方的技术力量,希望把西方的技术力量引进来,然后在我们的文化母体上生根开花。但是这只是一些观念,根本没有时间来得及作一些真正的实践探索。这其中的一个重要原因是甲午海战的失败,这次失败使知识分子了解光引进器物是不够的,还要考虑机制的问题。接下来就是体制改革的问题,但是康梁变革由于和宫廷守旧力量相冲突最后失败了。人们不得不重新修正寻找现代性的航向。从孙中山起已经不是一般的体制改革,而是根本的改革国体的问题,通过革命把清王朝颠覆掉,建立了民国。原以为建立了民国,有一个新的政体了,终于可以开启一个健康的现代化航程,但是袁世凯的复辟和尊孔,促使中国的知识分子开始把文化反思的轨道直接和现代化对接。所以五四运动会把它的反思的重点放在传统文化上,这是一个实践谱系,它一步一步都试了,都不行,最后它只能选择现代化这条路,没有别的东西可以再试了。所以我们应该了解五四的反传统的历史原因,所以它有偏激。另一个原因更为复杂,就是我们一定要了解整个现代性在基础层面虽然跟大众的世俗生活有关,但是它基本上是一个精英运动。在法国百科全书派塑造出一套世界观,在德国康德塑造出一套理性主义,在欧洲马丁·路德领导宗教改革运动。因此我们就要了解五四时期,中国文化精英们的认同到底是什么样的。这个问题可以上溯到清朝中叶,事实上在那个时期,真正的儒家传统已经中断。康熙、雍正、乾隆三位皇帝知道掌握文化传统对于统治中国这样一个国家多么重要,所以他们自己开始读经,而且要求他们的子女也学习儒家智慧,等到他们开始掌握这个智慧的时候,他们就把知识分子主体从政治中心边缘化。所以在清朝中期开始出现知识分子不能运用文化资本来关怀社会问题,原来在朝廷当中的那个抗议精神现在不可能了。这是第一个断裂,这个断裂使文化主体的知识分子和文化资本之间的关系被切断了。文化资本只能由朝廷来运作,知识分子不能运作这些东西。第二个断裂是五四运动造成的断裂,这个断裂是既然我不能运用文化资本,这个文化资本完全是官僚在运用,那么这个文化资本对我的意义就不大,因为 1905 年科举的废除把知识分子跟朝廷政治的联系彻底切断了。所以在野的知识分子,跟一个由官方控制的文化资本在五四时期发生了尖锐的对抗。因此五四精英向西方寻找真理是非常合乎情理的，如果他们不这样做才是怪事。所以五四运动完成第二个断裂。本来还有文化资本，五四运动把文化资本送走了。到了1949年，我们完成第三个断裂，也就是在野知识分子这个载体也不能成立了。今天的商业化大潮开始出现的时候，最危险的可能是知识分子主动自觉地把自己的主体性瓦解掉。我们现在就处在第四个考验刚刚开始的门槛上。

——同西方理性文化相比，中国本土文化的一个重要特征是缺少自觉的内在反思性维度，基本上属于植根于自然经济和日常生活世界的地方性知识

衣：您对这三个断裂的描述非常好。但是，当我说为什么大家都在观念层面思考现代性的时候，我想引出另一个话题，我认为五四运动的缺陷在于它只是表层文化启蒙，而不是深层文化启蒙。我认为儒家文化在两千多年的时间中对中国文化有那么大的影响，不在于它作为一个观念本身。经过后来几次断裂，也不在于它作为观念本身，我认为这根本上是一个地方性知识的问题。所谓地方性知识也就是它同我们民族的深层的日常生活中的文化模式有着密切的同构关系，如果我们不考虑到这个关联，我们的判断就容易表层化。西方文化自从古希腊的时候起就有一个自觉的内在反思性维度，而中国文化从一开始就缺少这种反思维度。西方文化中的反思维度也塑造了西方人的思维模式和行为模式，以及社会运行机制和制度安排。因此现代性的规范在西方比较容易通过观念更新的自觉方式而建立起来。但中国的情况不是这样，在中国文化中，自觉的文化层面不起主导作用。儒学不是从运用某种自觉的理性规范去启蒙和塑造人们的行为模式、培养人的自由自觉的生存维度，而是把日常生活中那种自在自发的人际交往，血缘关系等活动图式合法化和理论化，并生发出一整套自在自发的礼俗文化体系。儒学扎根在衣食住行、饮食男女中那种靠经验、传统、习俗、家规等等自在的文化之中。我认为任何一种文化都有两个层面，一个就是自觉的观念层面，另一个是民众的行为本身所遵循的日常的和自在的层面。在西方文化中，自觉的层面经常修正自在的层面，而中国文化中没有这种张力，反而是把那种自在自发的方式合理化、

合法化、稳定化了。如果这一点可以成立的话,哈贝马斯的那句话就很深刻。哈贝马斯在《现代性的地平线》中说,现代性不是一个我们可以通过讨论和选择就加以取舍的东西,而是一个历史的、文化的生成的问题。大概在1904到1905年间,韦伯就曾经提出,为什么经济政治的发展过程在中国没有造成资本主义的理性化过程,其中一个重要的原因在于儒教和道教的传统主义。如果我们不考虑中国文化的传统主义的庞大根基,那么我们就很难理解现代性在中国所面临的真正困境,就容易流于表面化。我认为,儒学的传统文化资源并没有完全中断,它目前是以一种"不在场"的方式"在场",所谓不在场是指从观念上看,它已经被几次断裂,但是它仍然作为深层的传统文化模式以表面不在场的方式决定着个体行为和社会运行的方式。我认为儒家仍然是一种地方性知识,是同传统的日常的文化模式一体同构的,无法直接整合到现代性之中,而是内在地与现代性形成张力和冲突。我们可以作一些比较,在西方只有古希腊文化和希伯来精神能够斩断它的地方性知识的特征,因此才能普世化。更典型的例子是印度,印度产生了两种伟大的宗教:印度教和佛教。佛教很早就普世化了,日本接受了,中国也接受了,很多地方都接受了,但是在印度却没有根基,因为印度有一种更强有力的宗教——印度教。印度教植根于种姓制度之中,所以它在印度本土社会具有很强的生命力,但是却因此无法普世化,其他文化没办法直接接受。佛教由于主要存在于寺院中,在本土文化中没有深刻的根基,反而能够摆脱地方性根源。儒家文化如果要对解决西方现代性的危机有所贡献,首先要摆脱它的本土化的根基,只有剥离这种本土化的根基,才能具有普世价值。因此我们的问题不是把儒家文化拿出来重新解释一下,让它适应现代性的语境,而是要先进行批判的工作,使其能够真正摆脱地方性知识的身份。

黄:关于反思的这个问题,我完全同意你的意见。的确西方文化的反思的自觉性和能力是我们不能比的,这也是西方文化的一个重要支撑。我在北大的时候也讲了这个问题。1968年的"五月风暴"之后,西方出现了一大批思想家,完全是从"五月风暴"中获得资源的,像罗兰·巴特、福柯、德勒兹、德里达等。他们面对"五月风暴"后的两个大的思想谱系:一个是结构主义,从索绪尔到列维-施特劳斯,包括涂尔干在内,主张个人受社会的制约;一个是存在主义,从萨特、加缪、梅洛-庞蒂到雷蒙·阿隆,主张个人的自觉。这两者在法国一直处于紧张的关系之中,到"五月风暴"的时候,终于在思想和现实的层面上汇合,导致思想领域的大动荡。在此基础上出现了一大批思想家,至今对思想界仍有很大影响。比如说美国大学中除了分析哲学外,影响最大的就是这些人。还有一个例子就是二战中纳粹德国的屠犹。我们可以看看犹太人对纳粹屠犹的反思达到什么深度,有多少哲学著作是围绕这个问题写作的?德里达关于宽恕和死刑是以其为背景的;列维纳斯关于他者的研究也是如此,利奥塔对异教徒的研究,包括阿多尔诺的《否定的辩证法》都是这样。在西方,社会生活中出现的异常现象能够得到哲学层面的深刻反思,这方面是一定要引进公共价值才可能做到的。因此当年纳粹屠犹的事件在全世界的压力下已经不可能翻案。因此你说的反思问题确实是很关键的问题,中国确实缺少这种反思能力,这和我们民族的集体记忆有关。米兰·昆德拉曾经说过,记忆对遗忘的挑战就是自由对专制的挑战。这是一个集体记忆的问题。虽然说犹太人自从耶稣诞生以来,两千年里一直在流浪,但是并没有丧失对自己文化的记忆。在近代,中国文化确实出现了你所说的丧失反思能力的问题。我感觉这种反思能力的丧失与主动自觉斩断与文化资源的联系是有关系的。所以我完全同意你关于反思能力的分析,但是丧失反思能力背后的原因还需要进一步分析。

衣:犹太民族可以说是一个特例,一个民族靠着对文化资源的不断回忆,虽然没有自己的国土,但是却对世界产生这么大的影响。中国这样一个民族恐怕与犹太民族不同。我在文化哲学方面一直是个历史主义者,但是我又不属于决定论的历史主义。我不认为人类文化有一个决定论式的必然要经历的几个阶段,也没有哪一种文化更好或更优的简单判定办法。但是,不同的文化之间存在着相互交流、碰撞、模仿、学习的机制。一种更具生命活力的文化模式一旦生成,并展示出其对个体和社会运行的强大的改塑力和发展空间,就会被别的文化所仿效和模仿,其中的可普世化的文化资源就会对其他文化发挥改造和更新的功能。例如,从迄今为止各个民族的主要文化模式来看,希腊和希伯来文化在其内在反思性的自觉程度方面的确是两个特例,甚至可以说是某种文化突变的结果。西方文化对个体力量的解放和理性的自觉确实改变了人类历史的进程,因此成为文化楷模,而文化一成为楷模就具有导向作用,就会被其他文化自觉或不自觉地、心甘情愿地或被迫地追随和模仿。如果没有希腊文化的突变，我认为，人类的状态就会像古代中国和古代印度一样，虽然超越了动物界，但并没有很高的反思水平，更不会把地球改变到这种程度。因此说，西方文化的某些价值确实具有普世的价值。

同时西方文化也不仅仅是一种价值观念，而且也是制度安排和社会运行的内在机理。吉登斯在讲现代性时首先提到的是制度安排，他认为在现代社会和前现代社会之间是存在断裂的。人的活动从原来的那种以自在自发的方式，以面对面的承诺方式等展开的原始关联和日常情景中“脱域”出来，进行跨越时空、超越时空的交往，于是基于理性的符号体系和各种各样的专家系统而建立起一个人为的和理性的规范体系。在这个意义上，我们今天都在享受着现代性的成果。而儒家和道家文化是肯定前现代生活方式的，它们缺少反思性，它们不是叫人们怎样思考，而是让人们信赖经验，建立一个基于人情化和家庭本位的社会。当然它的好处在于没有人可以过分地张扬自我，整个社会追求和谐与稳定，但是儒家和道教也有很多阻碍社会发展的方面。为什么五四精英要求打倒孔家店，其实是与儒家文化的自在性、惰性分不开的。就像林语堂说的那样，一个中国的老人可以看着遍地的瘟疫、灾难和战争，而仍然悠闲地喝着茶，什么也不作为，让时间消磨一切。我在《现代化与文化阻滞力》中借用了斯宾格勒关于文化是一种心灵的说法，用“现代城市的农村心灵”来描述我们民族特有的文化景观，即一个建立在传统文化基座上的貌似的现代社会。换言之，表面上看我们已经很现代化了，但是其实在我们的制度安排中有很多是经验的东西，我们的决策中有很多是人情的东西，这与儒家和道家传统是有一定关联的。儒家和道家文化是整体上抵制现代化的，不进行激进的反传统现代性就无法找到植根的土壤。

我不明白杜维明先生为什么对胡适的“充分世界化”不理解。我认为胡适和梁漱溟是一致的，他们都看到了一点：中国传统文化具有特殊的超稳定性和拒斥革新的特征，如果不充分世界化，如果不矫枉过正，恐怕一步都前移不了，就不会有一种“中国本位”的新文化。梁漱溟讲得更清楚，西方、中国、印度代表着人类文化的三条路向，中国文化怎么走都走不到现代化的道路上。其实韦伯早就指出了这一点。我觉得在中国能否实现现代化这一点上，纯粹观念层面的解释是可疑的。

——对现代性内在价值的缺失和五四启蒙运动的局限性的分析，应当放到具体的历史条件下进行

黄：在这一点上，我们之间有一些分歧，但我觉得讨论这个问题是很有意义的。我们现在关于现代化发生学的讨论受到韦伯的影响很大。但是在今天的国际学术界，对韦伯的理解有一定转向。关于现代化的韦伯是在美国被帕森斯发掘出来的。

衣：是的，中国现在出版的《新教伦理与资本主义精神》就是从帕森斯的英译本翻译过来的。

黄：帕森斯从韦伯的庞大著作体系中找出关于新教伦理的著作，韦伯的学说一下子成了显学，这和帕森斯突出韦伯学术研究的现代性一面是有关的。但是现在人们批评帕森斯对韦伯的误解，韦伯真正重要的向度是比较宗教学。因此韦伯在研究宗教的时候，是有资料选择的。但是在帕森斯之后，有很多学者受韦伯的影响，认为现代性只有在西方的理性主义传统中才能产生，其中最重要的是罗伯特·贝拉，他写过一本极为有影响的书《心灵的积习》。但有趣的是到了晚年的时候，他把关于韦伯的那套理念的观点全部推翻，他认为那些观点已完全不能接受。韦伯原来的观点其实和孔德的世界观有很大关联。孔德认为人类历史分为原始宗教阶段、形而上学阶段、科学的阶段，这三个阶段是不能越过的。其实韦伯和马克思都是从孔德那里来的。

我同意你的观点，我们应该把现代性理解为有很大的实践性，而且对人的生活世界发生重大影响。它确实塑造了一套世界观，产生了一套政治制度和经济模式，它的确形成了一个特定的生活观念，从这四个方面来考虑现代性是比较全面的：一个是以理性主义为中心的世界观，一切必须经过理性的考验；在此基础上产生一整套政治哲学和基本观念，如自由、平等、博爱，如果没有启蒙、没有理性主义，这套基本价值是不能成立的；它同时塑造了一个实践的政治体制，就是民主制度，使得社会权力真正从少数人垄断的权力中心当中走向民间，成为全民化的权力结构和权力秩序，与之相对应的就是人权观念和参与的权利；另外就是合理化和科层化的观念，导致了市场真正成为人类最主要的经济生活方式，因此物质财富的供应大大地改善，于是人类能够摆脱马克思所说的绝对贫困，能在基本

满足生活需求的状况下面对世界,这样人们的心态就有很大改变。所有这一切都是现代性的基本价值和成就。但是如果用发展的眼光来看,它的问题也是存在的,即在经过现代性的充分发展之后,一系列的困境开始出现,比如说理性主义的排他性,我指的是关于情的世界不能进入理性的视野。所以从希腊哲学到德国哲学,基本不把情当做中心问题来研究。事实上这个问题在海德格尔、雅斯贝尔斯和哈贝马斯那里已经被注意到了:哈贝马斯所讲的沟通理性也是对康德的纯粹理性的修正;雅斯贝尔斯讲的"习得的本体论",要求人们回到习俗世界;海德格尔讲的是"存在的本体论",即以人的存在为中心来建立一个本体论。这些都是对康德哲学的修正和挑战,都看到了理性主义的局限。如果你把理性主义当做唯一合理的思维模式,那么最大的问题就是海德格尔所严厉批判的"技术主义"。理性主义还可能产生"科学主义"和"线性进步"观念。正如你所说的,我们应该反对历史宿命论,但是历史宿命论与理性主义之间是密切相连的。理性主义强调人的主观能力,强调人的设计能力,因此社会主义的理念是从理性主义中出来的,人可以在一张白纸上设计最美的蓝图,包括计划经济的模式都是和理性主义有关的。那么问题就在于,在接受理性主义的财富的同时,如何来避免理性主义的缺失,我们有没有资源来面对理性主义的缺失。

我在《破碎的民主》的序言中讲了很多关于民主制度的观点。民主制度是在希腊发展的,苏格拉底就是死于民主政治的,因此柏拉图对民主深恶痛绝,他认为最好的政治制度是哲学王。但是亚里士多德说,如果你要考虑权力产生的合法性,那就不能用哲学王的身份来建构权力,而是必须回到一个基本的程序当中,所以程序政治开始出现。程序政治是跟理性有关系的,我们相信理性能够设计、掌握程序。可以说,我们还没有发现比民主更好的制度,我们要接受民主,但是我们接受民主的时候,能不能对民主产生的各种弊端有清醒的认识,使这个民主变成有自我调整能力,一个充分的开放体系。所谓开放体系是说它可以面对各种资源,它可以把各种资源转化为调整其内在结构的一些力量。事实上西方已经在做。阿玛迪亚·辛在印度9世纪到16世纪历史中找到的国家在重大公共决策上的辩论,这些都可能改变民主的形态,使它变得更合理,使它真正符合启蒙最核心的价值,真正是体现自由、平等、博爱的统一的价值原则，目前这些原则出现了很大的问题，现在这些价值被完全分裂。启蒙运动提出“自由、平等、博爱”时，这三者是并列的，没有先后之分，“博爱”和“自由”、“平等”是同等重要的，三者是统一的，但是，在后来的发展中，缺失了“博爱”的维度。尤其在整个国外的政治事件当中。我讲过政党政治导致的政治分裂的问题。一般的是左派强调平等，右派强调自由。两党就在自由、平等之间来回跳，而启蒙运动提出的博爱基本被放弃了。没有一个政党说它的理念是博爱。中国现在必须接受现代性的成就，决不能像五四以前的守旧派那样拒绝现代性，但是我们又必须避免现代性的分裂。

我们必须了解五四精英的处境，他们的困难。我们刚才讲的谱系都是为了说明五四运动的背景。我在法国的时候曾经用三年的时间专门解读这段历史，甚至把地方志都用上了。我们经常说五四精英向西方寻找真理，事实上在五四运动发生的阶段上，五四的主要干将都还没有去过西方，只有胡适是个例外，至于陈独秀、李大钊、鲁迅、钱玄同等足迹最远的是到日本。他们是在日本看到经过明治维新改革后的日本的状况，他们认为日本明治时期的“脱亚入欧”是向西方寻找真理，因此把这个口号学过来。我甚至在陈独秀的很多文献中查到，他把日本启蒙思想家大量的话语中的“日本”拿掉，把“中国”填进去，直接搬到中国来。所以我在夏威夷东西方哲学家大会上发言时说，中国在五四运动期间没有全盘向西方寻找真理，而是全盘向日本寻找真理，是寻找日本化的西方化。如果你真以为他们在向西方寻找真理，有一系列的问题你不能解决。比如在西方整个启蒙过程中，无论是法国、英国、德国，没有一个国家的启蒙是反对家庭的。但是你看巴金的《家》、《春》、《秋》对家庭的反抗，这个问题根本是日本问题，女权主义的问题直到 19 世纪中期在西方才出现。但是中国五四运动中保护女性的声势已经非常大。所以五四真正受西方的影响其实并不大，所谓的西方影响是经过日本转手过来的，关于经济、社会、启蒙那些理念是与日本塑造的精神价值有关系的。胡适是个真正的例外，胡适在哥伦比亚大学读书。当时他非常勤奋，有一次因为在图书馆读书没有去领奖学金。学监给他写了一封信，写道，尔等享皇恩浩荡等等，完全是八股文的文体。胡适收到这封信后非常气愤——不就是个领奖学金的事儿吗，上升到道德的高度还咬文嚼字地干吗？不久陈独秀来了一封信，说我们要办《新青年》,我们要开辟新文化、新观念,你能不能给我们写一篇稿子,胡适在余怒之中写了一篇“文字必须改革”。陈独秀一看到这篇文章,认为胡适是抓住了问题的要害了,所以他马上给胡适发了个电报,让他把这个观念详细地写出来,这才产生了关于白话文改良的具体主张。

我们要知道五四精英当时都很年轻,敢于愤怒,敢于出新思想,创造的激情和破坏的激情同样激烈,但同时也不够成熟,考虑问题不够全面。因此出现一些非常奇怪的现象——我完全同意你说的把观念世界和实践世界分清楚。鲁迅和胡适是五四时期反传统走得最远的人:鲁迅是在心理学和意志论上;胡适是在经验论和实证性上,可是他们的日常生活却是极为传统的。所以五四的反传统实际上是在观念世界中进行的,是一个精英运动,它并不是从深厚的日常生活的基础中产生出来的。因此我们要总结五四的经验教训:一方面五四精英有创造的激情,这一点对中华民族的精神塑造有很大的冲击力,如果没有他们的努力,就没有我们今天对西方的了解和我们今天心态的开放,这是他们积极的一面,必须给予充分的肯定。所以向西方寻找真理必须继续,而且要真正进入这些真理的核心。不只是像五四那样仅仅塑造一个运动,提出口号后实际过程并没有开展。但是我们也要避免年轻的、激进的心态所导致的片面性和偏执。问题是,五四塑造了一个话语,也就是中国传统的东西统统不灵。梁启超从巴黎会谈回来后补充了一句,西方的话语有霸权。而五四时期中国的底层社会在考虑什么呢?底层社会一个是在考虑国辱,因此民族再次崛起的愿望是非常普遍的,同时这也是知识分子的渴望。另一个是长期的战乱导致生活的极度贫困化,底层老百姓迫切需要改善生活状况。但是精英们并不关心底层的生活状况,他们的主要精力全部集中在观念世界,认为通过观念爆发革命,认为通过灵魂深处转变国民性就可以改善中国的情况。所以五四时期从政治学和社会学的角度说,是中国历史上一个高危险时期。它的主要特征是整个知识精英的诉求和底层民众的诉求严重脱节。

衣:这正是我所说的表层文化启蒙的问题。

黄:在这个情况下马克思主义的意识形态进来了,这个意识形态把这两个脱节的方面整合起来了,即马克思主义与旧生产方式的决裂和五四与文化传统的决裂结合起来。所以马克思主义者基本上是一批反传统主义者。同时马克思主义又是唯物论的历史哲学，所以它是把底层大众的存在作为它的合法性的基础。所以说，马克思主义者讲要解放生产力，讲到打土豪、分田地，讲到重新分配财富。马克思主义的出现把精英的口号接过来，把底层社会的诉求作为它的政党理念，所以中国在这样的条件下开辟了一个马克思主义成为中国最强势的意识形态的历史阶段。如果我们真正考虑马克思主义进入中国的原因的话，五四运动的精英们有着重要的作用。所以我同意您的意见，也就是说，同情了解五四精英当时的处境，同情了解那些主张提出的对中国进步所产生的积极影响，但是历史地看问题，把五四的心态所塑造的意识形态跟中国后期的发展，在后五四阶段的发展历史经验结合起来，辩证地去了解它、历史地去了解它，然后考虑今天我们应该怎么做。我想我基本上与您没有太大的分歧。

——理想的现代化道路肯定是本土文化和世界文化的交融，但是，有没有一条既享受西方理性化的成果，又避免它的弊端的理性化道路

衣：我完全同意。实质上在五四运动本身的局限性问题上，我们可能都在考虑这个问题，但可能从不同的角度来考察。现在我换一个问题，我稍微跳开五四运动，还回到一个问题，按照刚才黄先生所说的思路。其实，我也非常希望我们能有那样一种状态，理想化的状态，就是说我们既享受了西方理性化的成果，又避免了它的弊端；既建立了一个民主制度，又避免了民主制度可能带来的消极后果。但我认为这又是一个观念层面的理想化问题。现实上，我总感觉文化大概总有一个整体性的问题，这时我想起梁漱溟关于中国现代化的反思，他说，洋务运动时人们热衷于搬用西洋的火炮、铁甲、声光化电；甲午战败，一些人看到了纯粹技术引进的局限性，开始搬运西洋的立宪制度和代议制度；但是，十年革命未能使这些制度在中国立根。梁漱溟认为，这些人在如此做的时候，全然没有看到这些造物和制度背后的文化根基，他们以为西洋这些东西好像一个瓜，我们仅将瓜蔓截断，就可以搬过来。其实，无论说“中体西用”也好，“中用西体”也好，问题是：我们能把文化这种无所不包的生活方式，这种整体性的文化体系切割开来，只选用它好的一面，而不用它不好的方面吗？再换一个角度，我认为，实际上人类永远处在一种不完善的状态，这是一个出发

点,人类永远是不完善的,你走哪条路都会给你带来问题。我经常给学生讲,人是什么呢?人就是不断给自己提出问题,不断去寻找终极答案,但永远不会有终极答案的这么一种存在。换句话说,人就是这样一种存在,他不断制造麻烦,又不断地在解决麻烦,但在解决麻烦的过程中又带来新的麻烦。这样我就想问:说西方的理性启蒙带来这么多问题,我们可不可以不要它?假如我们不能只取它的好处、避免它的坏处,我们能不能完全避开这条路?我就想起了您给卡莱默所写的序中讲到的故事,我觉得很有意思,这个故事是这样的:一群人在深山里,长期见不到太阳,决定去找太阳,但被太阳光刺得眼睛睁不开,等发现太阳时太阳已经落山了,他们追呀追呀还是没追上,正当他们精疲力竭时,却发现太阳从东面出来了。但社会不是如此,它不是一种自然循环现象,社会没有一种循环。我经常给学生举两个例子,让学生判断到底要什么,因为你不能什么都要。一个例子是海明威的《老人与海》——用西方的启蒙眼光和前现代的眼光看是不一样的,你说这位老人费了如此多的力气得到了什么,他早一点把那鲸鱼扔给那群鲨鱼,什么事情都没有,可以优哉地回来。他经过殊死搏斗回来之后得到的只是一副鱼骨架子,但你能说他是一个失败者吗?我还讲过另一个故事,这是人们常讲的一个故事,说是一个年轻人到海边,看到一个老头在渔船上正睡觉呢,身边的沙滩上有一堆鱼,他一到船上就将老人吵醒了,老人不高兴了。年轻人问老人:“这么好的天气,怎么还睡觉,你怎么不去捕鱼呢?”老人回答:“已经够吃了。”于是这个青年人就问:“你这一网就可以打这么多,那你要两网、三网、四网、五网能打多少呢?”老人说:“我打那么多网干什么,我已经够吃了。”年轻人说:“你打多了可以晒,晒完了可以卖,卖完了可以改善你的鱼网、鱼船呢。”老人说:“那我还可以干什么?”年轻人说:“再多你可以再组织一个船队,再多了你还可以组织远洋船队,到深海捕鱼呀。”老人说:“那我还干什么?”年轻人又说:“你可以指挥着你的舰队,在摇椅上晒太阳、睡觉。”老人说:“你要是不来,我现在就已经在这儿睡觉了。”说这两种态度,老人的态度代表中国的文化,年轻人的态度代表西方的文化,我们要取哪种?我也了解“五月风暴”,我也在关注目前法国的骚乱等等。但我感觉人类永远是如此,让我们选择像捕鱼的老人那种优哉地知足常乐呢,还是让我们去拼搏,让我们拼搏得一身伤痕,可能会犯一些错误,马上又修正自己的错误,到底选择哪个？我感觉从理论上，从理想上，我非常想去追求您所说的那种理想化状态的道路，那种既获得了各种文化资源的恩惠，又避免了各种文化资源的缺陷的理想化的状态，但在现实中，我认为很难，很难，除非我们回到万物齐一的状态，什么都不做。

黄：我想这是一个非常尖锐的问题。几年以来我在国内讲学的过程中，几乎这个问题我每次都会遇到，我相信它有很深的社会基础和思想意识形态的基础，值得我们面对。现代化基本上是跟精英有关，它的制度形态都是塑造出来的，而非自发形成的。因为跟精英有关，所以我们要考虑精英能力、精英参与的可能性问题，我们有没有可能在中国这个制度设计过程中真正参与我们的力量，这是一个方面的问题。另外一个方面的问题就是说，关于整个现代性的历史到底如何了解的问题。有几个经验，我是从实践的角度来讲，我们先不考虑观念的问题。这带有一厢情愿的意味，不是我们想避免就可以避免的，仅从实践层面来讲这个问题。第一个问题是说日本的问题。默多克拥有世界上最大的媒体，当时要进军日本，他头脑非常简单，他认为现代媒体的运作就是美国媒体运作的模式，它是不可阻挡的，完全面对市场，创造消费等等理念。他把这些理念完全也带到了日本去，经营了十年，惨败，他就是不可能得到他在美国所得到的那种效果。后来他的智囊部门就开始研究，发现他们有一个很大的问题：他们低估了日本的本土性，日本本土的力量在起作用，日本的口味在起作用，你强迫人家去吃麦当劳，人家就是不吃，你没有办法。所以他就开始调整策略，完全按照日本人喜闻乐见的形式组织节目，五年之后他成功了，基本上将日本的许多媒体都收购了。这个过程我们称为“全球化的日本化”，就是说它是一个全球理念，好比说我们把现代化理解为一个全球理念，你怎样去进驻一个地方，使全球化能够在你这个地方生根、开花，唯一的经验教训就是你一成不变绝对不行，你必须考虑这个地方的特殊性。但是接下来并没有结束，接下来是日本人学会了他的这种运作模式，日本人将自己本土的文化东西包装起来打回去。比如说日本的卡通，全世界都看日本的卡通，卡通市场基本上被日本垄断了，占到了 90%。美国大量的儿童心理学家、社会心理学家对此非常担忧，认为美国生产的下一代是卡通的产品，他们的世界观、判断标准、行为方式都被日本化了。这个阶段我们称为“日本化的全球化”，也就是说你的地方经验经过塑造可以重新产生光明。这里面有两个教训:一个就是如果你将现代性当成一成不变的模式,它不可能地方化,现代性的地方化是一个不可阻挡的潮流,我坚决接受这一前提。但在地方化的过程当中,你要了解地方的特性与优势,必须跟它配置,否则你走不进去。像巴西、阿根廷的现代化都没有搞成功,因为他们的现代化都是美国人设计的。还有前苏联也有这样的问题,它把美国的经验拿过来,所谓“休克疗法”、“震荡疗法”,结果如何我们也已经看出来了。所以是要接受现代化,这一前提没有问题,但是以何种方式接受现代化是一个大问题,这并非简单的问题,并不是说将你好的东西我拿过来用就可以的,而是必须与地方的东西结合起来,这是一个问题。经过现代化过程的洗礼,地方化的资源可能转化为世界性的资源,这是一个经验。我们讲到假如中华民族要现代化,她可能的选择是这样:是一成不变的拿西方的东西还是将西方的东西必须跟本土的东西有一个交融,有一个非常有机的知识分子参与其间的、主动设计的、主动选择的现代化过程,这是一个问题。

第二个问题我们来看西方的现代化。西方的现代化从欧洲发端,然后传到美国等等,然后欧洲。我想欧洲世界是一个现代化的世界,这个是毫无疑问的,它不再是一个传统的欧洲。我们再看一下欧洲的现代化是一个怎么样的情况,比如美国现代化过程当中的政治制度设计,其实基本上跟杰弗逊有很大的关系,而杰弗逊则基本上长期受法国的影响,他曾担任美国驻法大使,华盛顿当时专门将他从法国召回来,给他的任务就是起草美国宪法。所以他们反复吸取法国的经验,认为美国不能全盘照搬法国的经验,至少要避免法国的“大民主”,群众性的大规模动荡经验不能进入美国,所以美国的宪法立了很多的措施、想了很多的制度设计和安排来避免法国式的“大民主”在美国出现。我们看美国这条路基本上走得比较成功,在美国你想要搞群众运动,简直无成功的可能,所以美国的工会非常弱势,基本上没有什么发言权。这是一个经验,也是说,当一个国家在转移另一个国家的经验时,全盘照搬的可能性几乎没有。美国现代化的典范出来了,以后它带动欧洲的其他贫困地区也走现代化。我们现在看北欧的现代化,它的现代化与美国的现代化几乎完全不同,它不绝对依赖自由市场的力量,它强调政府的调控力量。

衣:“从摇篮到坟墓”的福利社会。

黄:对,但它也是一个现代化的社会。如果你将北欧的四个国家加在一起,它们的群体并不小,芬兰、冰岛、挪威、瑞典等这些国家。

衣:但它们也遇到了困境,而且遇到的困境非常大。正是因为它们修正了这种现代性,他们又遇到了新的困难。

黄:对,他们一定会遇到新的问题。昨天我在演讲中提到过这个问题,美国的现代性所面临的真正困难,我昨天用了近一个小时的时间在谈这个问题,而且使用了大量的数据和各种各样的报告,我们把这个问题凸现出来。所以我的问题就是这样,无论是观念的转移还是现代化典范在各个国家的运用过程都展现出一个经验:不能全盘照搬。既然你做不到全盘照搬,知识分子参与的责任如何来呈现,这是一个问题。

——中国社会目前的处境似乎不是用本土资源去补充现代性之不足,而是在深层文化结构上,中国传统文化基座无法成为现代理性文化的生存土壤

衣:我想我们谈到现代化的东西已经沟通了很多了,我赞同这一观点,任何一个国度它在经历现代化的过程中,不经历一个本土化的过程是不可能的。但是回过头来,我还是担心一个整体和一个细节的问题。现在中国是在整体上还是在细节上远离现代性?这是一个我一直在思考的问题,我很担忧,我感到我们是在整体上远离现代性。在这种境遇中,如果我们很卖力气地要把中国的本土文化资源"普世化",认为通过重新解释后的传统,不仅能治我们的病还能治西方的病,那可能从根本上就中断了现代性真正生成的可能性。因为现代性在中国社会遭遇的阻力是整体性的,不是哪个观念、哪一个人的观念而是社会的各个层面,是作为整体的社会文化在内在地阻止现代性。文化就是一种精神血脉,一种难以割断的心灵基因,因此文化这个东西是根深蒂固的。

我也在反思历史,中国文化的确具有很大的同化能力,佛教曾经给中国文化带来很大冲击,但最后还是融合进了中国的传统文化中了;蒙古军队的金戈铁马征服了中原大地,但是却没有带来什么新文化,依旧被汉文化所同化;再说女真文化或者金文化,也被汉文化所同化了。为什么恰恰到了理性化的现代化时,我们没有办法把它同化?这说明中国传统文化

与它所同化的那些文化都处在同一个前现代的状态中，而唯有理性化处在现代化状态，因此我们无从应对。所以在我心目中，总有一幅关于中国传统文化的奇特图景：中国几千年的文化都被压缩成一个平面，就像一个非常沉重的大地在那儿缓慢地运转，就像一首永远不变调的乐曲。所以我在《现代化与文化阻滞力》中用了《弯弯的月亮》的歌词："我的心充满惆怅，不为那弯弯的月亮，只为那今天的村庄还唱着过去的歌谣。"——这就是现代城市的乡村心灵。而我们又不得不如此。

如果说我们有能力固守中国本土文化，根本拒斥西方理性文化，干脆不与你来往，我们用自己的文化资源，用孔孟之道来作为生存的文化之基，并通过普世化去开出一个"三十年河东"，自然再好不过。但在全球化和不可抗拒的世界历史进程中，这可能做到吗？今天中国的孩子们不需要更多的启蒙语言，他们在摇滚、麦当劳、肯德基、粉丝、牛仔等这些流行的大众符码中已经开始全球化了，他们已经接受了一种特定的现代性，一种平面化的现代性。我认为，如果我们没有一种现代启蒙的继续的话，事情可能会更为可怕。为什么我一直欣赏现代性，我记得利奥塔在后来改变了他最初的说法，后来他说要"重写现代性"。因为后现代性是说后现代性是在现代性之后到来的东西，而重写现代性意味着现代性本身就是不断地充满着后现代性，它本身就处在一个不断反思、不断修正、不断自我完善的过程中。而中国文化没有这种反思性，所以它不是修正自己，而总是在文饰、在固守，为自己辩解，传统文化的超稳定性的力量真是太可怕了。我感觉总体上包括我自己在行为上都地地道道是处于这么一种传统文化的磁场中。严复、梁启超晚年最后都回归到中国传统文化的本位当中，而且还有很多包括我们当代的哲学大家原来都是非常激进的，最后都回到了中国的强调"天人合一"的那种智慧，那种精神境界。但是今后我们要实现全球化，比如说我们在 2008 年之后的金融市场的完全开放，比如 WTO 第二轮谈判就要进行了，如果我们以为自己拥有最美好的儒家文化，就以这么一种经验性的和人情化的文化状态，如何能应对未来的挑战？不仅在精神上如此，在现实中，恐怕真的要成为"世界工厂"而任人宰割。这不在于割断儒家文化传统，而在于我们的现代性不够，这是我的一个判断。

——在未来的发展道路上，我们还会处于现代性的价值和现代性的缺憾、全球化的文化资源和本土资源的张力之中，寄希望于我们能够调动起更丰富的文化和精神资源，使之成为我们时代的人文守望者

黄：我对你的判断没有任何不同意的地方。中国今天的确是现代性非常不够，而且现代化程度不够，这是我们面临的问题。我们的困难在于两条线作战。所以一开始我讲有涵盖的人文主义，一方面我们现代性不够，这是不争的事实。老讲政治体制改革，但到现在还没有起步，经济则刚刚开始搞一点市场经济，已经搞得有点过度了，贫富差距如此之大。这是一面，是我们真正应该面对的困难，我想中国的知识分子若置此困难于不顾，他很难说是一个真正有责任感的人。但同时我们还有另一面需要面对，这就是整个西方现代性所暴露出来的许多问题，中国学者有无这种自觉去创造一种有涵盖性的人文主义。这种人文主义是能将这两种困难性都考虑进去的。昨天我讲到人与资源的问题，这个问题非常严峻。我不知道你们的大学当中，除了在科学哲学的领域上去研究生态哲学以外，还有没有开设生态伦理学的课程。如果真正从生态伦理学的角度来理解今天这个世界，其实中国现在是世界上糟蹋资源最严重的地区。而美国的情况当然跟它的经济强势有关。我们实际上拥有的资源对于维持人类自身生存是极不乐观的。我曾经给过这样一个数据，联合国请了一批科学家统计出来的。如果今天我们要争取达到美国的现代化，我们至少需要二十个地球，这个资源的问题，也就是美国人今天的生活方式被迫所依赖的资源程度，至少需要二十个地球。

衣：是这样的。

黄：我们要考虑中国人要建设自己的现代化，要走一条什么样的道路，选择什么样的方式：是把人的生活改善作为唯一的目的，还是建立一个有节制的、均衡的生活方式。若选择有节制的、均衡的生活方式，那在理性主义所导致的现代化语境当中不具备这个问题。所以我们有无可能了解它的长处。我完全同意你的一个观点，绝对不要夜郎自大，你还什么都不是，你就以为你可以去代替西方，你可以拿出一套东西完全把西方彻底解构，完全不是这样的。而是说你能否成为多元中的一元，去参与共同建设。比如说季羡林先生说，三十年河东，三十年河西。现在轮到我们

了,比如说梁漱溟先生说西方代表着物质主义,等着物质主义已经过去了,就会轮到精神主义,就会轮到我们了。所有的这些观念我都不接受。

衣:我十分赞同你的这个观点。但这个问题可以从表面看和从深层看。从表面看是什么导致了人对自然这么讨伐,这么破坏。在西方环境问题是人类中心主义,征服自然的工业精神。但是实际上在中国还不完全是人类中心主义的问题,问题更多的在于能不能有一种自律的、反思的文化。季羡林先生曾经讲过一个感人的故事:第二次世界大战接近尾声的时候,德国快要投降时,许多德国人将要度过一个寒冷的、食物匮乏的冬天。怎么办呢?这时政府说可以砍一点树木,让林木勘测员在所有的老树和病树上画一个圈。但是当时连警察都没有了,谁来约束人们呢?没有任何人监管,等到战争过去后,发现竟然没有一棵好树木被砍掉。这里我们恰恰看到了西方理性文化中的自律和自觉的维度。中国文化表面上确实非常神圣,但中国文化中有一种文化虚伪现象,就是如本尼迪克特所讲的那种“面子”,它是一种耻辱感的文化,而非一种罪恶感的、自律感的文化,因此问题不是真正的技术性地征服自然,而是天然地破坏自然,而深层原因恰恰是没有建立起一种启蒙理性的那种约束的、自律的文化。契约在这里统统都没有用,包括协议在内,为什么中国许多企业会倒闭,我跟你签了合同,没钱我就不还你,你能把我怎么样?这恰恰又回到了我们原先的问题,不是你不让他去砍伐的问题,而是节制不了的问题。所以这个问题我总是感觉非常的困惑。

另外,我还想到一个问题,西方发达社会把世界征服完了,生活过得很富裕,然后让剩下的人节俭,去过精神生活。我总感到这是一个很滑稽的逻辑。现在到了信息化的时代,我们可能再回过头去过传统那种落后的日子吗?问题还不完全在这里,问题在于节俭的理念恰恰是新教伦理的,而中国虽然表面上说节俭,但实质上不是如此,你看慈禧太后一顿饭要吃二百多道菜。我虽然是很典型的、坚定的爱国主义者,但对于这种文化虚伪主义现象真是心痛,头痛,没有办法,它就像一块大海绵,你打它一拳头,它无反应,就像打太极拳一样,中国的太极拳最能体现这种文化精神,你怎么打都没有用。

黄:我想任何一个大的传统当中,事实上都有你讲的这两面,就是它真正作为价值所塑造的那一面和作为日常生活当中所养成的作为负面的一面。这就是我们讲有大传统和小传统的问题，一方面在整个中国大传统当中有儒家的礼仪的文明、天人合一，有同情心，你不能说它不是中国的传统，但同时也要看到中国还有陈胜、吴广的传统，还有农民起义的传统。所以任何一个大的传统结构都是一个复杂的结构，它有大的传统，也有底层社会形成的草根性的传统。即使在美国，既有代表自由、民主信念的大传统，也有美国中部所代表的保守、自大、对其他民族不了解所产生的傲慢传统，这也是它的传统。所以我们现在的问题的确是有一个分数，即你怎么把整个中华民族这一大的资源清理清楚。所以说我不能接受五四的全盘照搬和反传统，因为它没有清理的愿望。你可以向西方学习，但你不要全盘反传统，你可以看到传统当中有许多负面的东西，你也必须看到；但同时你也要对整个的传统结构有一个清醒的了解和把握，对西方的文化基本上也是这个心态。为什么呢？其实最根本的问题不是靠老百姓去做，老百姓在底层讨生活已经活得很辛苦了，这个任务不是他们所能做的，这个任务真正是知识分子的任务。知识分子应该具有主动的自觉，知识分子不应该延续五四的那种全盘性的反传统，认为不全盘反传统，就不可能现代化，而应认识到我们需要现代化，但我们也可以将传统中积极的因素调动起来跟现代化相互配合。

我再举一个小例子，在哈佛时，我跟一些教授有一个辩论是关于亚洲金融危机时期的韩国。你知道世界银行给韩国的贷款附加的条件是非常苛刻的，许多哈佛教授认为现在韩国完了，趴下了，亚洲趴下了，所谓东亚文明奇迹也完了，没有十年的时间他们翻不了身。这是他们的理念，这个理念后面的依据就是理性化的市场跟亚洲社会所产生的市场是不一样的，这个市场终于证明它经不起考验，还要回到理性化市场的原则上来，所以它需要十年的时间来调整，接受理性主义市场所配置的规则，世界银行给韩国贷款所附带的条件都是从此而来的。我们当时基本上不能接受此观点，我认为韩国不需要十年就可以恢复，三年就足够了。这个问题是什么呢？美国人基本上不能了解亚洲社会的动员能力，它们整个社会的动员，精英与社会底层有一个强势的动员能力。韩国的妇女把她们的耳环、项链、戒指，商人将自己家中所藏的金乌龟统统捐献给政府。新加坡也是如此的情形。新加坡的总理出面对工会的领导者们说，现在国家发生很大的困难，大家能否同意将自己的工资连续三年减掉7%？三年之后,政府一定会补偿给你,而且是以10%甚至15%的方式补偿给你们,你们是否能与政府同舟共济?几个大工会的领导说没有问题,他们肯定会说服工人,可以与政府同舟共济。像这样一套理念就是社会组织中的资本,所以就如罗伯特·普特南所讲的文化资本。你要想让这套理念在美国社会中出现,几乎没有可能,你看现在美国新奥尔良的水灾问题,再对比我国1998年处理长江特大洪灾的问题。一个是在民主社会,一个是在权威社会,在这里,我无意为权威社会作任何政治、制度合法性的辩护,也无意批判民主社会的无情。我只是讲它们的社会动员能力不一样,组织能力不一样,这些能否成为未来社会建设中的社会资本和文化资本参与到社会转型当中?假如我们不看它,你要启动它们就很困难。所以我说要有主动自觉,要有一个全盘性的视野,把各种问题有耐心地梳理清楚。无论如何,五四那种简单的归类主义,不能在今天再出现了,因为那种简单的归类主义对我们的世界观影响实在太大了,这是一方面的问题;另一方面中国有个特殊性,马克思主义进入中国后,实质上使中国的传统断裂掉,也就是说马列主义实质上对中国来说是一个新传统,不管马列主义中有多少中国的因素,比如说农民起义、农民造反的东西,它是在理论当中找到了自己的生存空间了。换言之,小的传统不仅没有被解构掉,反而在这个理论结构当中找到一个滋养的空间,原来有个大传统在控制它,有一个大的道德合法性在控制它,不让它膨胀起来,现在大传统被彻底地解构掉,小传统问题没有被严肃地批判,所以中国反传统的任务没有结束,中国反传统的任务还非常艰巨,传统中很多负面的东西没有解决。所以我们四面八方都面临着严峻的问题。

衣:确实如此。但我想韩国和新加坡与中国1998年洪灾的情况既有相似的地方也有不同的地方,它的社会动员有一个前提,就是没有经历过更深的、更大的考验。当我们每个人还有饭吃,有衣服穿时,只是生活条件恶化了一点的情况下,我们是能够动员自身的力量和社会力量的。但假如将我们置于一个荒岛之上,你不吃掉他,你就不能存活的情况下,很难说会有什么捐献。非典时为什么大家都不敢去抢,是因为谁出去谁就有可能被牺牲掉;洪水时我自己可以穿得很好,吃得不错,我捐献一点没有问题。但一旦遇上一个大天灾,没有吃的,食物只够二百个人吃的,但这里有一万人,这样的情况若放在韩国、新加坡,你也很难说它是否会再现美国的情形。这个问题属于假设,我就不多说了。

黄先生无须再担心现在的知识分子是否还在坚决地像五四时代那样激进地反传统。这个不用担心了,已经没有了。其实有时我感觉一种悲凉,我以前读过一本小说《最后一个匈奴》,我想不久之后中国人也许会写另一本小说《最后一个知识分子》。我的学生曾问过我:像你这种理想主义情怀和沉重的历史责任感还能坚持多久?三年五年之后也许你将回到那种衣食无忧、知足常乐、优哉游哉、自得其乐的生活当中,你也不考虑这些文化难题和历史难题了。应当说,我对现代性和启蒙本身所带来的优点和弊端,它可能带来的包括阿多尔诺所讲的"奥斯维辛"、"格尔尼卡"或者"古拉格群岛"等等都考虑很多。我现在还是这么想,如果说我一直固守着一种希望的话,还是希望我们社会能够生成类似于葛兰西所讲的健全的市民社会和哈贝马斯所讲的"公共领域",若这个层面真能发达的话,我们还会拥有很多人文守望者,不管他坚持的是儒家的东西还是西方的东西,都是可以的。但如果这些东西都没有了,或者都被商品化了,被技术化了,那我认为还不如留下一批像五四时期那样勇于破除传统的文化精英。

黄:完全同意。所以我最担心的是第四次文化断裂的考验。我认为真正的考验在现在,如果知识分子这个主体现在被解构掉了,那真是一个丧失灵魂塑造的群落。

衣:非常感谢黄先生。我感觉这次对话是我特别投入的一次,希望以后会有更多的机会。

破解中国现代化的内在文化阻滞力*

——记衣俊卿和他主编的《日常生活批判》丛书

衣俊卿1958年出生。1982年1月毕业于北京大学哲学系,1987年1月获贝尔格莱德大学哲学博士学位,现任(指2006年1月——编者注)黑龙江大学校长、黑龙江大学文化哲学研究中心主任、博士生导师。兼任中国现代外国哲学学会副会长、中国俄罗斯东欧中亚学会副会长、中国辩证唯物主义学会常务理事、中国人学学会常务理事、中国马克思主义哲学史学会理事、黑龙江省哲学学会会长。主要从事文化哲学研究,具体方向为:西方马克思主义和东欧新马克思主义的文化批判理论、现代化进程中的日常生活批判理论。先后发表了《实践派的探索和实践哲学的述评》、《东欧的新马克思主义》、《现代化与日常生活批判》、《历史与乌托邦》、《回归生活世界的文化哲学》、《20世纪的新马克思主义》、《文化哲学》、《20世纪的文化批判》、《现代化与文化阻滞力》、《人道主义批判理论》等学术著作十余部,发表译著《日常生活》和《宗教与当代西方文化》,并先后在《中国社会科学》、《哲学研究》等国内外四十余家刊物上发表学术论文一百六十多篇。曾获霍英东教育基金会高校青年教师奖,连续三届获

---

* 本文是《中国教育报》记者郭萍对衣俊卿教授的采访。

国家教育部人文社会科学优秀成果奖，先后五次获黑龙江省社会科学优秀成果一等奖；并获得国家级有突出贡献的中青年专家称号，入选国家“百千万人才工程”，入选教育部“新世纪优秀人才支持计划”，入选全国宣传文化系统“四个一批”人才培养工程等。

我的面前放着一套人民出版社 2005 年 3 月出版的黑龙江大学文化哲学研究中心学术文库:《日常生活批判丛书》，主编是黑龙江大学校长、黑龙江大学文化哲学研究中心主任衣俊卿教授。

从上个世纪八九十年代起，在改革开放的浪潮中，西方的哲学、政治、经济、文学等各种思潮、著述被大量介绍引进。一方面，为学术研究开拓了视野，提供了非常丰富的理论资源。但是，另一方面的隐忧，则是弱化了中国学者自己的话语权——你可以评介、可以介绍各种外来学说，但是针对中国现状、围绕中国现代化，中国人的自身现代化的相对系统的研究或者表述，却出现了缺失。在这个意义上，《日常生活批判丛书》的出版填补了这个空白，标志着中国学者在中国语境下建立的一个相对完整的文化哲学体系的成果。

在中国的学术界，“生活世界”已经成为一个非常时髦的术语，很多人理所当然地、不加反思、不加限定或不加界定地使用，结果，这些理论探讨在增大生活世界理论的影响的同时，也带来很多理论混乱。虽然，“回归生活世界”已经成为普遍关注的问题，但是实质上的问题远比想象的更为复杂。当我们认真思考和面对生活世界时，就会发现，人们常常在谈论着不同的生活世界，我们常常面对一些令人茫然的问题，例如，回归什么样的生活世界？回归生活世界要做什么？这一命题的准确含义是什么？

因此，这套丛书的出版还提供了中国学者对新的哲学范式——“回归生活世界”的一种较为清晰的表述和一个具体的示范。具体而言，就是在建构生活世界理论或开展日常生活批判时，解决了理论的“对象域”的问题。

促使我开始日常生活批判的动因主要是文化哲学研究的内在逻辑要求和关注中国人生存境遇和文化模式的现实情怀。我在开展关于实践哲学和新马克思主义的文化批判理论的研究中发现，自由自觉的和异化受动的两种生存方式和文化模式并不能涵盖人的全部文化模式，自在自发的生存模式和文化模式同样左右着人类历史的演化。这一发现把我推向日常生活领域，因为在日常生活中占主导地位的行为模式正是自在自发的生存方式和文化模式。

——衣俊卿

“我的心充满惆怅，
不为那弯弯的月亮，
只为今天的村庄
还唱着昨天的歌谣。”

在《现代化与文化阻滞力》一书中，衣俊卿用这首脍炙人口的通俗歌曲作为题记，形象地表达了他“深情地企盼，沐浴在新千年阳光下的龙的传人，能以世界公民的姿态，拥抱自由的、理性的、创造性的人生”的赤子情怀。

1979 年马克思的《1844 年哲学经济学手稿》中文版的发表，对正在北京大学哲学系学习的衣俊卿产生了很大的影响。青年马克思的实践哲学思想，尤其是当时成为哲学理论热点的异化理论以及存在主义等当代人本主义思潮，促使他独立地进行哲学思考，由传统教科书的哲学体系向实践哲学的立场转变。临近毕业时，当同学们都纷纷忙于毕业分配事宜时，衣俊卿坐在位于未名湖畔的图书馆写下了十几万字的关于实践哲学的手稿。他深信:实践哲学是马克思学说的核心。

1984 年，在原国家教委的资助下衣俊卿获得到国外深造的机会。那个时候，人们关注的目光都集中在欧美国家。可是当他得知南斯拉夫贝尔格莱德大学也有名额时，便毫不犹豫地选择了这个位于巴尔干半岛的国度，因为在贝尔格莱德大学集中了十几位造诣很深的，具有重要国际影响的实践派哲学家。为此他专门又多学了一门外语:塞尔维亚语。衣俊卿选择实践派哲学作为自己研究的对象，用了不到两年时间，完成了博士论文《二战后南斯拉夫哲学家建立人道主义马克思主义的尝试》。从那时起，就一直没有间断西方马克思主义和东欧新马克思主义的研究，先后承担了三项国家社会科学基金项目和多项教育部人文社会科学规划项目，发表了《实践派的探索和实践哲学的述评》、《东欧的新马克思主义》、《20 世纪的新马克思主义》、《20 世纪的文化批判》、《人道主义批判理论》

等著作。

衣俊卿的学术研究的最大特点是突破了传统哲学理解框架,坚持文化哲学理解范式,把西方马克思主义解读为一种深刻的文化批判理论,并分别展示了其意识形态批判、技术理性批判、大众文化批判、性格结构和心理机制批判、现代性批判、现代国家批判等批判主题。通过这些研究,主要致力于揭示发达工业社会条件下人的异化受动的存在方式和文化模式。

从1989年衣俊卿发表《日常生活刍议》一文开始,到2005年他主编的日常生活批判丛书在人民出版社出版,一种以中国现代化进程为背景,以人自身的现代化为宗旨的日常生活批判理论逐步成为中国哲学的新生点之一,成为一种独特的文化哲学表述形式。经过十几年的不懈努力,一种中国语境中的日常生活批判理论初步得以建立。

> 就中国的状况而言,现代性对很多人来说并不陌生,但是,它只是以碎片的、枝节性的、萌芽的形态或方式出现在某些个体的意识中,出现在社会理论和精神的流动之中,出现在社会运行的某些方面或某些侧面,而没有作为社会的深层的和内在的机理、结构、图式、活动机制、存在方式、文化精神等全方位地扎根、植入、嵌入、渗透到个体生存和社会运行之中。因此可以断言,在中国境遇中,现代性在本质上处于“不在场”和“无根基”的状态。
>
> 可是,人们目前的目光更多地投放到经济增长、技术发展、体制转换等社会层面的现代化,而对人的生存方式转变和文化转型等个体层面的现代化,即人自身的现代化关注却不够。显而易见,如果以文化转型为表现形态的人自身现代化不能与社会层面的现代化同步展开,那么,中国现代化的进程将可能再一次受阻,甚至停顿……
>
> ——衣俊卿

衣俊卿开展的日常生活批判是属于文化哲学范畴的理论。但是他关注的初衷却是很多中国人常常陷入深深思索的问题——为什么同样成熟的制度、成熟的做法,在西方运行得很好,到了中国却常常“变味”了呢?为什么进入21世纪的中国人,享受着最新的科学技术带来的物质文明,却依然怀着一颗“现代城市的农村心灵”?

类似的问题，类似的追问，曾经困扰着几代中国知识分子。就连韦伯等西方著名社会学家和哲学家也频频发问，为什么经济政治的发展过程在中国就没有造成资本主义的理性化过程？可以说，这样的思索，这样的反省，贯穿着整个中国近现代史。

衣俊卿也在思索和追问。他认为，中国的现代化与西方发达国家的现代化有一个很大的时代落差，即我们不是在西方工业文明方兴未艾、朝气蓬勃之际来实现由传统农业文明向现代工业文明的社会转型和现代化，而是在西方工业文明已经高度发达，以至于出现自身的弊端和危机，并开始受到批判和责难而向后工业文明过渡之时才开始向工业文明过渡的。因此，对现代性的捍卫和拒斥同时成为我们时代的重要文化特征。

在与哈佛大学学者的对话中，衣俊卿进一步从文化哲学的角度说明，西方文化自从古希腊的时候起就有一个自觉的反思维度，而中国文化从一开始就缺少这种自觉的反思维度。西方文化中的反思维度塑造了西方人的理性化的和自觉的思维模式和行为模式，以及社会运行机制和制度安排。因此以个体化和理性化为基本规定性的现代性的规范在西方比较容易建立起来。但中国的情况不是这样，在中国文化中，自觉的文化层面不起主导作用。儒学不是从观念层面出发塑造人们的行为模式，而是把日常生活中那种自在的人际交往，血缘关系等等合法化和理论化。儒学扎根在衣食住行、饮食男女中那种经验传统、习俗、家规等等之中，它把这些东西合法化、理论化。任何一种文化都有两个层面，一个就是自觉的观念层面，一个是人们行为本身所遵循的自在的层面。在西方文化中，自觉的层面经常修理自在的层面，而中国文化中没有这种张力，反而是把那种自在自发的方式给合理化、合法化、稳定化了。

为此，衣俊卿在他的著述中阐明，判定一个国家或地区的现代化程度的核心指标不应当是经济增长等外在的特征，而应当是人的行为和社会运行的内在文化机理的现代化程度，即现代性的生成状况；在这种意义上，无论我们是现代性的捍卫者还是它的批判者，都应当看到一个事实，即现代性在中国尚未形成一种“扎根”的状态；而造成这种状况的深层原因，是现代性的生成遭遇到社会内在的顽强的文化阻滞力。

基于上述推论，衣俊卿不仅在他的《现代化与日常生活批判》一书中给我们提供了具有中国特色的日常生活批判最基本的理论框架，并且在这本著述的姊妹篇《现代化与文化阻滞力》里，向我们展现了运用日常生活理论范式解析中国社会转型期的社会文化结构和图式。

> 我们的确可以把中国传统社会形象地称之为一个巨大的日常生活世界。这预示着，中国日常生活的变革与重建将是异常艰巨、缓慢、费时的历史事业。同时，这也进一步表明，中国日常生活的变革与重建对于中国正在进行的总体性现代化进程具有至关重要的意义，它将决定未来中国人的生存状态和中国社会的发展态势。
>
> 某种意义上，正是中国社会异乎寻常发达的传统日常生活世界作为自在自发的传统文化精神的寓所直接影响和左右着社会的进程，形成对现代性的顽强的文化阻滞力。
>
> ——衣俊卿

衣俊卿认为，在目前关于现代性的各种争论中，无论对于现代性毫不动摇的捍卫还是坚定不移的否定，虽然从不同角度提出了许多值得重视的理由，但是，总是给人某种过于泛化和过于宏大的感觉。这或许源自这样的情境：现代性的捍卫者和批评者差不多都是在非常一般的和普泛的意义上探讨现代性问题，没有揭示出现代性是怎样作为基本的图式和机理无所不在、无孔不入地渗透到现代社会的各个层面，怎样作为基本的生存模式深刻地影响现代人的生存和生活。

实际上，现代性作为西方理性启蒙运动和现代化历程所形成的理性的文化模式和社会运行机理，并不是体现为几条抽象的和宏大的精神特征或理论原则，现代性包含着相互关联的多重维度，如个体的主体性与自我意识、理性化的和契约化的公共文化精神、意识形态化的社会历史叙事的现代性，以及表现为经济运行的理性化、行政管理的科层化、公共领域的自律化、公共权力的民主化和契约化，等等。因此，不应当抽象地讨论现代性“好”与“坏”，不应当表面化地判断现代性在中国社会的生成状况，不应当笼而统之地提出对现代性的取舍态度。而应当深入到现实的生活世界，从人们的日常生活和社会生活中揭示出起支配作用的文化图式，进而判定现代性在中国社会中的现状和具体命运。这就是日常生活批判的现实关怀和价值维度。

1994年,衣俊卿在他的《现代化与日常生活批判》一书中,这样说:“中国社会本质上是一个巨大的日常生活世界。”而他在《现代化与文化阻滞力》一书中所做的全部工作都是通过传统日常生活批判来表达回归生活世界的文化哲学所具有的现实关怀。

十几年笔耕不辍,他得出一个结论:从作为个体的主体性与自我意识、理性化的和契约化的公共文化精神、意识形态化的社会历史叙事的现代性,以及表现为经济运行的理性化、行政管理的科层化、公共领域的自律化、公共权力的民主化和契约化等现代性的具体维度来判断,中国的社会运行和个体生存都依旧远离现代性,尚未与现代性建立起本质的关联;其原因,在于它遭遇到顽固的传统文化的阻滞力;这种经验式的传统文化基因、文化本能和文化结构的根基在于中国古老悠久的乡土社会的家族本位结构,是“自在自发的日常生活结构”。

因此,他从几个层面展开传统日常生活图式对于现代性生成的多方面的文化阻滞作用:

首先,通过中国传统农业文明的持久性、传统日常生活世界的异常发达、传统日常生活文化意识的非历史性、以家庭为本位的人情化、非日常生活社会活动的日常化、自觉精神活动的自在化等特征全面揭示了传统日常生活文化图式对于理性化的现代文化模式的严重阻滞机制;继而,又分析了在市场经济建构的社会转型期依旧严重存在的“城乡二元结构”、“现代城市的乡村心灵”、多元文化的并存与冲突、顽固不化的经验性文化模式、无所不在的人情化文化模式,揭示出传统日常生活世界的自在自发的文化模式对于现代性依旧具有的顽强的阻滞作用。

在这种意义上,我们的日常生活批判理论是真正体现马克思的革命地、批判地解释世界的理论宗旨。正如我们在揭示哲学范式的转变时指出的那样,日常生活批判不从给定的普遍性知识和一般理论结论出发,不去一般地描述生活世界的普遍的特征,而是对特定的日常生活世界进行深入的文化批判,揭示出其内在的文化图式及其对特定时代的个体生存和社会运行的影响,并展示其可能的变革空间。这种批判地解释世界的工作,正是哲学地改变世界的合理的方式。

——衣俊卿

在开展研究的过程中，衣俊卿非常重视“范式”的问题，即研究方法和研究对象的问题。

他说，同一般的意识哲学或理论哲学的研究范式不同，我们在开辟日常生活批判的理论领域的过程中，一直没有做更多的前提性理论划界工作，没有对日常生活批判的学科定位、理论边界、范畴体系、基本原则等作系统的表述，而是直接把日常生活视做历史的和现实的文化世界加以透视，具体描述和分析日常消费世界、日常交往世界和日常观念世界，揭示传统日常生活世界的基本图式和历史演化机制，探讨中国传统日常生活世界的内在文化机理和变革机制等。这样做的原因并不是一种不经意的疏忽，而是一种有意识的理论安排，主要想表明我们同一般意识哲学和理论哲学研究范式分道扬镳的决心，以及防止我们习以为常地从某些原则和原理出发，忽略生活世界原本的丰富性，重新陷入使生活世界抽象化、把“回归生活世界”变成一种时髦的口号的理论误区。

日常生活批判的主旨是什么？衣俊卿借用了一首电视剧的主题歌——

东边有山，西边有河，
前面有车，后面有辙。
究竟是先有山还是先有河，
究竟你这挂老车走的是哪道辙。
春夏秋冬，忙忙活活，
急急匆匆，赶路搭车，
一路上的好景色没有仔细琢磨，
回到家里照样还推碾子拉磨。
闭上眼睛就睡，张开嘴巴就喝，
迷迷瞪瞪上山，稀里糊涂过河。
再也不能这样活，再也不能这样过，
生活就得思前想后，想好了你再做。
生活就像爬大山，生活就像过大河，
一步一个深深的脚窝，一个脚窝一支歌。

衣俊卿用歌词的前半部分作为对封闭落后的自发自在、浑浑噩噩的典型传统日常生活主体的精确刻画；用歌词的后半部分展示经受现代文明大潮冲击的日常生活主体走出和超越传统日常生活活动图式的历史渴望。一首歌曲就这样准确形象地概括出日常生活批判的主旨。

在衣俊卿的著作中,类似以影视文学作品和看似琐碎的生活现象为佐证来提出和说明问题的,比比皆是。这些信手拈来的素材不仅令论述生动活泼,不仅折射出一个学者善于从实践中、生活中以及相关学科的方法中观察思索,汲取养分,而不是在“象牙之塔”里坐而论道的风格。更重要的是,它体现了衣俊卿坚持“对特定的日常生活世界进行深入的文化批判,揭示出其内在的文化图式及其对特定时代的个体生存和社会运行的影响”的研究范式。

从这样的研究范式出发,在《现代化与日常生活批判》和《现代化与文化阻滞力》中构造中国语境中的日常生活批判时,衣俊卿主要的注意力始终不是关于生活世界或日常生活世界的超历史的、一般的理论描述,而是明确地把自己的研究域限定在传统农业文明条件下形成的自在自发的日常生活世界的文化图式及其在现代化进程中的命运,这从两本著作的副标题也可以看出:“人自身现代化的文化透视”和“中国社会转型期的日常生活批判”。

在《现代化日常生活批判》中,他把中国传统日常生活世界既视做一个相对独立的个体再生产的实际领域,又视做制约个体生存和社会运行的内在的自在自发的文化图式。因此,他在相对的意义上区分出由日常消费活动、日常交往活动和日常观念活动构成的日常生活领域,和政治、经济、技术操作、经营管理、公共事务等有组织的或大规模的社会活动等非日常的社会活动领域,以及非日常的精神生产领域,并着重解释二者在内在机制和活动图式方面的重要差别,以及这些基本图式在不同文明时代对于人的生存和社会运行的不同的影响和制约作用。他认为,这种意义上的日常生活批判理论具有重要的学理意义。

第一,日常生活批判理论对人类社会结构作出一种新的划分,拓宽了哲学和其他社会历史理论的视野,它是一种独特的社会历史理论,一种以文化演进为重要内涵的历史解释模式。

第二,日常生活批判主张超越纯粹意识哲学或理论哲学的视阈,强调哲学与社会学、意识哲学与社会哲学、理论理性和实践理性、形而上的理论反思和实际的文化批判的结合,推动着哲学范式的转变。

我一直坚持认为，马克思本人的学说不仅在研究对象方面，而且在研究范式上都属于真正意义上的实践哲学。马克思对于思辨哲学体系深恶痛绝，在研究人的实践时一直立足于揭示它在具体历史条件下的活动机制，揭示实践活动的自由本质和具体的社会制约条件，从不把实践和历史本身的运动机制抽象和提升为外在于历史、高悬于历史之上的普遍逻辑和必然性。但是，在后来的发展过程中，马克思主义逐渐倾向于意识哲学范式，特别是在斯大林的《论辩证唯物主义和历史唯物主义》那里，马克思主义不仅经历了体系化，而且经历了自然科学化，结果，在马克思那里关于人和实践的具体的和历史的分析，变成了抽象的、普遍的原理和结论。这一原理体系往往忽略人的实践、价值和意义的特殊地位，忽略个性和个别化方法的地位。这种思辨理论哲学或纯粹意识哲学范式的最大弊端是抽象化，即把一切对象抽象化为一些普遍的理论教条，而完全剔除了研究对象自身的历史和文化的丰富性。

——衣俊卿

在衣俊卿的书案上，摆放着我国由德文直接编译的《马克思恩格斯全集》中文第二版已经出版的几卷。谈及多年研读的心得，他说，马克思在谈到解释世界和改变世界的问题时，并非把二者对立起来，而是包含着对哲学不同研究范式的理解。无论何时何地，哲学都不能放弃理性反思的存在方式，都不可能不去以某种方式解释世界。问题在于，屈从于纯粹意识哲学范式的哲学，往往从抽象的原则和结论出发去描述和解释世界，而关注生命的价值和意义的实践哲学和文化哲学范式则强调依据人的生存的价值尺度批判地解释世界，“使现存世界革命化”，实际上，批判地解释世界本身就是现实地改变世界的重要内涵。

哲学在今天为什么“受冷落”？为什么被“边缘化”？衣俊卿身在校园，感触良多。他尖锐地指出，这种状况很大程度上是理论自身定位的不合理造成的。“抽象化”和“教条化”是主要病症。

实际上，古往今来许多重要的社会历史理论都表达出对于人类的命运和社会发展的强烈的现实关怀，中国学术传统历来强调“学以致用”。马克思主义哲学也历来强调理论联系实际。人们常常引用马克思《关于费尔巴哈的提纲》中的那句名言:“哲学家们只是用不同的方式**解释**世界,问题在于**改变**世界。”这无疑是值得肯定的理论导向。但是,由于纯粹意识哲学或思辨理论哲学范式根深蒂固的影响,人们在表达哲学的现实关怀时也常常有失深刻或陷入误区:或是从普遍的原理出发,停留于普遍适用而又可有可无的外在的方法论指导;或是放弃哲学自身的独特领域,成为政治和政策的注释和补白;或是把改变世界和解释世界对立起来,放弃哲学的理性反思的本性,变成现实的应用学科,等等。

于是,我们远离现实的生活世界基础,孤立地思考经济基础、上层建筑、意识形态等非日常生活世界,我们实际上已经抽象掉了人类社会运行和人的生存的历史的和现实的文化丰富性,其理论剩余只能是没有文化价值和意义,没有血肉的抽象的原则、原理、教条、规律性、必然性等普遍性知识。我们发现,这种远离生活世界的纯粹意识哲学范式的影响是深远的,它已经形成了一种惯性,以至于当人们提出向生活世界回归时,却又不知不觉把生活世界抽象化为一种给定的理论范畴,习以为常地停留在非常宏大和一般的理论描述的层面上,抽象出生活世界的一些普遍特征,大而化之地勾勒出人之发展的过去、现在和未来的时空坐标系,并进行一些概念和范畴的推演和排列组合,偶尔外在地、表层次地联系一下实际,然后作一些永远正确、普遍适用而又可有可无的理论指导或理论呼吁。结果,我们的哲学原理中充斥着没有明确“所指”的结论和原则,呈现出一种“能指的狂欢”的状态。

衣俊卿自信地说,只有我们不是从给定的原则和抽象的理论范畴出发,而是从历史的和现存的生活世界出发,具体揭示特定生活世界的内在的文化图式和机理,才可能真正回归生活世界,回到在马克思的研究中处处明晰可见的,关注生命的价值和意义的实践哲学或文化哲学范式。

我曾这样表达我的学术心语:从根本上说,在人类文明史中一直与人类共存的哲学,并不是一种给定的、静止的、抽象的、僵死的理论教条和知识体系,而是内在于人类历史和人的生存之中的一种生生不息地涌动的批判性的理性活动和文化建构。哲学对于我而言,不是一个“名词”,而是一个“动词”;不是谋生的职业,而是最本真的生命活动;不是普遍的逻辑推演,而是个性的生命创造;不是封闭理论体系的建构,而是文化精神的生成。回归现实的生活世界、彰显文化的价值与意义、关怀人的生存境遇，永远是哲学的本分和天命。

——衣俊卿

如何将一个"名词的"哲学变成"动词的"哲学？除了学术研究，衣俊卿还获得了一个历史的机遇和一个广阔的平台——1996 年，38 岁的衣俊卿被任命为黑龙江大学副校长，1998 年，成为校长。这位年轻的大学校长把他作为一个学者"回归现实的生活世界、彰显文化的价值与意义、关怀人的生存境遇"的思考和心血倾注到这所大学的改革与壮大中，在中国高等教育由精英化迈向大众化的过程中，亲历亲为，留下了自己的深深印记。

"走出日常生活世界，超越自在自发的、经验式的日常生活状态的历史冲动，最终有赖于教育——特别是高等教育的启蒙作用。"衣俊卿在自己关于文化阻滞力的研究中写下这样的感悟时，他也抓住了一个千载难逢的历史机遇：我国高等教育实现历史性大跨越。于是，他以一个哲学家的思考作犄角，以一个改革家的激情为动力，在黑龙江大学这样一所寄隅边陲的地方大学里，为高等教育大众化、为每个学生走向自身现代化酣畅淋漓地描画着。

理论与思想的深邃影响着实践与决策的深度和广度。衣俊卿关于高等教育多元质量观的思考和观点得到了人们的认同。因此，同样是大众教育观和素质教育理念的确立，学分制等现代教学管理体制的建立，教学内容和课程体系的改革，双语教学的开展，国际化教育战略的实施等等，在衣俊卿这里更多了一份哲学的思辨色彩。在他看来，"高等教育的大众化进程，给我们展示了中华民族这个古老民族走出沉重的、封闭的、保守的传统日常生活世界，摆脱自在自发的经验式和人情化生存状态，以理性的、自由自觉的世界公民的姿态拥抱现代生活的可能性和希望"。而这也是他总能走在高教改革的前列，成为改革"弄潮儿"的潜在动因。

衣俊卿说，学术研究固然需要充足的时间作保证，但是，更需要一种生命激情的投入。自己同哲学有着特殊的机缘，哲学在某种意义上已经成为他生命的组成部分和重要的生存方式。

《日常生活批判》丛书完成了。但是正如他在《现代化与文化阻滞力》的“后记”中写的“文化哲学作为一种不息的批判,将‘总在途中’”。

我们期待着,这位“总在途中”的学者为中国文化哲学的研究和发展奉上更多的新篇。

论微观政治哲学的研究范式

政治哲学是当前我国哲学研究的热点领域之一。目前的研究主要集中于这样几个方面:关于新自由主义、社群主义、后现代主义、后马克思主义等西方政治哲学流派的研究和评介;关于政治哲学的对象、学科性质、主题、原则、功能等一般理论问题的讨论;关于马克思主义政治哲学的建构;全球化进程和中国市场经济体制的政治哲学反思,等等。这些方面的成果无疑在相当大的程度上丰富了我们对于政治哲学理论问题,以及对于政治现象、政治生活和社会生活的理解。但是,不可否认的是,目前的政治哲学研究大多属于西方政治哲学观点的一般评介和借鉴,尚缺少关于重大理论问题和实践问题的具有穿透力的建树。

推动政治哲学研究走向深化,可以有许多途径。我认为,其中之一,应当是政治哲学研究范式的转换。

一、政治哲学复兴的范式意义

20 世纪 70 年代以来,政治哲学研究在西方全面复兴,这是一个不争的事实。罗尔斯的《正义论》发表后,诺奇克等人的自由至上主义、哈贝马斯的话语政治理论、社群主义等同罗尔斯的新自由主义正义理论展开了全方位的争论；福柯、德勒兹、加塔利等后现代理论家对于知识权力、欲望政治等问题开展了政治哲学分析；拉克劳、墨菲、雅索普等后马克思主义者通过领导权、社会主义策略、资本主义国家等问题的研究在西方马克思主义中实现了政治哲学转向。这些不同侧面、不同流派的共同努力，推动了当代政治哲学的复兴和发展。

问题不在于如何判定政治哲学当代复兴这一事实，而在于如何把握这一复兴的深层意蕴，如何为政治哲学在当代哲学研究中进行定位。应当说，这样的思考在我国目前的政治哲学研究中相对比较少。关于政治哲学的复兴所带来的转变和当代政治哲学的定位，国内外学者从不同的角度有一定的涉猎。例如，有的学者注意到在罗尔斯等人的新自由主义政治哲学中，西方政治哲学主题发生了从“自由”到“正义”的重大变换；有的学者关注到当代政治哲学与伦理学或价值哲学不可分割的联系。也有的学者通过对现代性批判理论和西方马克思主义的“后现代”转向的分析，概括出从文化批判向政治批判回归的基本理论逻辑。

然而，我认为，上述分析还不足以揭示当代政治哲学的重要性，我们应当在研究范式的层面上把握当代政治哲学复兴的深刻意义。首先必须承认西方政治哲学在许多方面呈现出多样化的特征，我们不能强制地把各种政治哲学流派纳入一个统一的模式之中。然而，换一个角度看，我们又必须承认，无论这些政治哲学流派有多大差异，它们当中的确存在着某些不同于传统政治哲学的共同的特征和重要的发展趋势，这些特征和趋势在深层次上以特有的方式折射出我们时代理论和实践的一些重大变化。因此，捕捉这些特征和趋势应当是当代政治哲学研究的一个重要的任务。我认为，在当代西方政治哲学的许多流派中正在自觉不自觉地发生着研究范式的转变：从宏观政治哲学向微观政治哲学转变。我们不能断言这是西方政治哲学的唯一发展趋势和基本特征，但可以断定，这肯定是不容忽视的重要特征和发展趋势。对于这一趋势作认真的分析，可以为我们的政治哲学研究开启新的地平线。

为了把握当代政治哲学研究的这一范式转换，我们首先有必要对宏观政治和微观政治，或者对宏观权力和微观权力的概念加以简单的界定。一般说来，政治哲学是对人类社会的政治现象或政治事物的本质规定性和政治体制的合法性基础进行形而上的反思，对政治体制的建构和政治活动的开展进行价值判断,并提供理念基础的哲学反思活动。政治现象和政治事物具有丰富的内涵,但是,政治的主要功能是对于人与人之间的关系的调解,通过不同形式的制度安排调控社会秩序,因此,政治的核心是权力和控制。所谓宏观政治是指国家制度的安排、国家权力的运作等宏观的、中心化的权力结构和控制机制;而所谓微观政治是指内在于所有社会活动层面和日常生活层面的弥散化的、微观化的权力结构和控制机制。在现代性的视阈中,宏观政治主要表现为理性化的权力运作和制度安排,而微观政治既包括不同形式的知识权力,也包含自发的文化权力。

按上述区分,我们可以在某种意义上断言,传统的政治哲学,以及传统的史学、社会学等,都以宏观政治哲学的研究范式为主导。它们主要以国家权力的运作、政治制度的安排,以及与此密切相关的正义、平等、自由、民主、法治、权威、权利、义务等基本的政治概念为对象,而忽略社会生活其他层面的边缘化的权力结构和日常生活领域中的微观的控制机制,或者将这些微观权力视做被宏观权力决定的,微不足道的附属物。在当代政治哲学中,虽然关于宏观权力的思考依旧是研究的主题,但是,我们看到了一种强有力的发展趋势,在福柯、德勒兹等人的微观政治学,以及后马克思主义政治哲学中,开始了对微观政治现象和微观权力结构的自觉关注。福柯关于军队、监狱、医院、学校等边缘化领域中的规诫性的、规范化的、分散化的微观权力的分析,以及德勒兹等人关于欲望政治的分析和波德里亚关于边缘与差异政治的分析,都属于典型的微观政治哲学批判。凯尔纳和贝斯特在《后现代理论》中断言,1968 年的“五月风暴”之后,许多左派的新社会运动开始“拥抱微观政治学,把它视为真正的政治斗争领域”。他们指出:“微观政治关注日常生活实践,主张在生活风格、话语、躯体、性、交往等方面进行革命,以此为新社会提供先决条件,并将个人从社会压迫和统治下解放出来。”①

在对宏观政治和微观政治、宏观政治哲学和微观政治哲学作了基本的区分之后,必须明确指出,这种区分只是相对的,实际上并不存在着截然不同、彼此分离的微观政治和宏观政治,即使德勒兹和加塔利等力主微观政治学的后现代思想家,也强调微观政治和宏观政治之间不存在着固

① 道格拉斯·凯尔纳、斯蒂文·贝斯特:《后现代理论——批判性的质疑》,张志斌译,中央编译出版社 2001 年版,第 30 页、第 150 页。

定不变的区分,强调政治既是宏观政治,也是微观政治。同时,我们提出微观政治哲学,并非要彻底否定或完全取代宏观政治哲学的研究主题,而是要思考哲学研究范式的转换问题。在反思启蒙和现代性的意义上,我们必须承认传统宏观政治哲学的内在局限性。具体说来,宏观政治哲学致力于对中心化的宏观权力的宏观的、普遍化的思考和理性建构,它由于否认或忽略了多元差异的、分散化的微观权力同宏观权力之间的多元互动机制而把理性权力和宏观政治建构为历史的、普遍的、决定性的力量。这种意义上的宏观政治哲学成为现代性危机的集中的理论表征。

首先,宏观政治哲学视野中的宏观政治或宏观权力在某种意义上构成了现代理性文化的宏大叙事的内核。换言之,宏观权力和宏大叙事具有不可分割的、内在一致的本质关联。当代各种文化批判流派,常常把对现代性的批判集中于"宏大叙事"(grand narratives)或"元叙事"(meta－narratives)的批判。从深层次看,各种奠基于启蒙理性和契约精神的关于人的自由和人类解放的理性设计、以绝对理性的普遍运动为核心的关于绝对真理的阐发、关于历史的合目的性与合规律性的历史决定论等宏大叙事,之所以能够成立并成为现代社会历史运动的强有力的理性设计,重要的原因在于,这些宏大叙事在深层次上建立在一种关于宏观权力的信念上。换言之,正是关于宏观政治和宏观权力之必然性、普遍化、决定论的力量的信念支撑了现代性的各种宏大叙事。正因为如此,德勒兹和加塔利在自己的微观政治学中一方面批判组织化和层级化的主体及主权的权力,把它描绘成"国家机器";另一方面反对具有国家式思维方式(state-thought),强调普遍化秩序、总体性、等级制的"哲学帝国主义"。他们明确指出:"我们不喜欢抽象。不喜欢一、整体、理智、主体。"①因为,"这种思想已经与它从国家机器借来的模式相一致,因此,其目标和道路,导体,渠道,机构等整个研究方法都是由国家机器界定的"②。抛开这些论述中的一些极端成分,可以发现,其中关于国家权力同普遍化哲学之间的关联的认识具有深刻的启迪。

其次,宏观政治哲学在现代性背景中已经成为纯粹意识哲学和思辨

---

① 吉尔·德勒兹:《哲学与权力的谈判》,商务印书馆2003年版,第100页。

② 《游牧思想——吉尔·德勒兹、费利克斯·瓜塔里读本》,陈永国编译,吉林人民出版社2003年版,第306页。

理论哲学范式的典型体现。文德尔班在他的《哲学史教程》中断言，从古希腊起，西方哲学史上一直存在着两种不同的哲学范式：一种是追求普遍性知识的、思辨的理论哲学或意识哲学范式；一种是关注生命的价值和意义的实践哲学或文化哲学范式。前者的理论意义主要指向严密的理性逻辑、普遍的真理和知识体系，主要围绕着“那些一部分属于对现实世界的认识问题，一部分属于对认知过程本身的研究问题”而展开，在理论形态上表现为形而上学和认识论；而后者是由苏格拉底和智者派开辟的实践哲学范式，其理论意义主要指向人的天职和使命、正当生活的价值和意义，主要围绕着“在研究被目的所决定的人类活动时所产生的问题”而展开，在理论形态上表现为伦理学或道德哲学、社会哲学、美学、宗教哲学等①。政治哲学显而易见属于实践哲学范式，它本应该反对理性思辨的过分普遍化特征，展示人类社会和生活世界的丰富内涵。但是，在传统宏观政治哲学那里，政治哲学不知不觉地变成了另外一种理论哲学，心甘情愿地受“自然科学化”的理论哲学或意识哲学范式的支配。近代理论哲学习惯于用自然科学所形成的无限的世界图景来构造哲学理论体系，把自然科学所揭示的因果现象、必然性、线性决定特征、还原性、可计算性、普遍性等，放大为统一的、一元的、无限的世界的普遍规律，由此建立起以理性逻辑、绝对真理、普遍规律为核心的形而上学和认识论体系；同时，又通过抽象化除去生活世界、伦理道德世界、人的历史领域的特殊性和个别性，使之成为数学化和理念化的无限自然世界图景中的一个案例。在这种背景下，传统宏观政治哲学也习惯于抽象掉内在于社会生活各个层面和日常生活世界之中的多态化的、多样性的、边缘性的、微观的权力结构和控制机制，把中心化的、宏观的权力运作和国家制度安排等宏观政治活动，以及周期性的经济活动机制，即一种理性化的政治权力或经济权力放大为人类社会历史运动的普遍的、绝对的规律和力量。

通过上述关于宏观政治哲学范式的内在局限性的分析，可以得出这样的结论：如果我们依旧停留在宏观政治哲学的视野内，如果我们依旧受那种追求普遍性知识的、思辨的理论哲学或意识哲学范式的统治，所谓拒斥宏大叙事或回归生活世界都只能是一种比较空泛的理论呼吁。在这种

① 参见文德尔班：《哲学史教程》上卷，罗达仁译，商务印书馆 1987 年版，第 31 页、第 32 页。

意义上,我们应当充分认识微观政治哲学范式的意义。可以断言,无论是现代性的生成,还是对现代性的修正,都不会简单地体现为一种忽视或排斥各种微观权力的总体化的、中心化的宏观权力的建立。同样,要保护自由、公正、平等、民主的社会秩序和自主的生活世界体系不受某种总体化的政治权力或经济权力的“殖民化”,其有效途径不是用一种新的中心化的宏观权力来取代另一种宏观权力,而是激活社会各个层面和生活世界的各种微观权力的话语和力量,形成多元差异的社会调控体系。

二、微观政治哲学的理论资源

实际上,微观政治哲学的研究范式并不是我们提出的全新的东西,而是20世纪的哲学、历史学、社会学、政治学等许多理论领域中已经自觉地出现的重要趋向。只是在中国的语境中微观政治哲学、微观史学、日常生活批判等理论范式还相对陌生,人们习惯于用“放之四海而皆准”的普遍理论哲学范式去构造普遍的理论,讲述宏大的故事和事件,而把与每个人的生存息息相关、构成我们每个人生存之文化根基的日常生活世界置于理论的视野之外。“对20世纪下半叶的历史回忆,多半被大事件所笼罩,揭秘和再估价,翻案,争论,沉重的回望,意味深长的咀嚼,都让人心情复杂。在众多的图片中,出现得最频繁的同样是大事件,或重要人物——人民是作为一个巨大的数量存在的,他们共同承担相似的命运,彼此间缺少差别,日常生活被遗忘,物质、感性、细节、氛围,都从时代的集体记忆中消失。”①其结果,我们的社会科学充斥着普遍化的、飘浮的能指,呈现出“能指的狂欢”。在某种意义上,抽象化和远离生活世界已经成为我们的哲学社会科学研究的一种通病和顽症。

因此,在中国的语境中讨论微观政治哲学范式,首要的任务并非冥思苦想的、从头开始的构造,而是总结和梳理20世纪西方文化精神和理论中已有的与微观政治哲学相关的理论资源,并加以整合、吸纳和借鉴。我认为,至少以下四个方面的理论资源为微观政治哲学范式打下了坚实的基座。

其一,年鉴学派的新史学范式。从表面看,这一选材似乎与政治哲学

---

① 吴亮主编:《日常中国》,江苏美术出版社1999年版,序言第9页。

关联不大,但实际上,历史学与政治学或政治哲学关系极为密切,在某种意义上,传统历史学就是历时态的政治学和政治哲学。尤其需要指出的是,传统史学与传统宏观政治学往往有着共同的主题和共同的爱好,都以宏观政治为核心。前者基本上围绕着君主、伟人、大事件而展开,主要表现为宏观政治史;后者主要围绕着国家制度安排和政治权力的运行而展开,更多地表现为传统史学的积淀。因此,当法国年鉴学派在 20 世纪初开始对传统史学发起挑战时,其影响深远的新史学在研究范式上同时就对传统宏观政治学和政治哲学构成了冲击。法国年鉴学派先后经历过三四代著名史学家的演绎,提出了很多重要的史学思想和经典的历史分析,我们在这里不能一一展开,而只想挖掘“总体史学”和“长时段史学”两个基本范畴的范式意义。

“总体的历史”或“总体史学”是法国年鉴学派创始人吕西安·费弗尔和马克·布洛赫提出的新史学的主要研究范式。从表面看,总体或总体性的提法似乎蕴涵着一种总体化的、线性决定论的、宿命论的历史观,实则不然。他们所提倡的是反对传统的政治事件史的历史观,主张把历史研究的视野从政治活动扩展到人类历史的每一个细节、每一个层面和每一种人文社会科学研究领域。年鉴学派第三代核心人物雅克·勒高夫在概括总体史学时指出,“新史学所表现的是整体的、总体的历史,它所要求的是史学全部领域的更新”①。具体说来,“这里所要求的历史不仅是政治史、军事史和外交史,而且还是经济史、人口史、技术史和习俗史;不仅是君王和大人物的历史,而且还是所有人的历史;这是结构的历史,而不仅仅是事件的历史;这是有演进的、变革的运动着的历史,不是停滞的、描述性的历史;是有分析的、有说明的历史,而不再是纯叙述性的历史;总之是一种总体的历史”②。

“长时段史学”是年鉴学派第二代代表人物费尔南德·布罗代尔对总体史学的进一步发展,这一概念对于 20 世纪史学的变革具有重大的影响。他认为,在社会现实中,存在着多元的社会时间,认识社会现实和历史的时限性,比什么都更重要。在多元的社会时间中,布罗代尔特别关注的是瞬时性和长时性两种对立的时限。他认为,传统史学属于一种短时

① J. 勒高夫等主编:《新史学》,上海译文出版社 1989 年版,第 5 页。
② J. 勒高夫等主编:《新史学》,上海译文出版社 1989 年版,第 19 页。

段历史学,它主要关注事件或政治时间,即历史上的革命、战争等突发现象,因此是一种事件史。而人类社会中存在着一些长时段历史现象,主要是结构或自然时间,指历史上在几个世纪中长期不变和变化极慢的现象,如地理气候、生态环境、社会组织、思想传统等。在短时段和长时段之间,还存在人口、物价、生产变化等特定周期和结构现象,有的学者把这一类现象概括为中时段,而在布罗代尔那里,这些现象同长时段现象之间没有十分严格的划分。布罗代尔明确反对传统史学的政治事件史,他强调,短时段的历史无法把握和解释历史的稳定现象及其变化,长时段现象才构成历史的深层结构,构成整个历史发展的基础,对历史进程起着决定性和根本的作用。"历史学的本质要求它给予时限及其赖以分解的各项运动特殊的关注;在我们看来,长时段是社会科学在整个时间长河中共同从事观察和思考的最有用的河道。"①

法国年鉴学派新史学的范式意义在于它不再孤立地围绕着大事件等宏观政治来建构自己的历史解释模式,而是把政治现象放到地理环境、文化传统、经济结构等深层次、长时段的历史现实中加以把握,"将习俗、心态当做历史的衡量标准,将技术、能源形式……以及对社会的基本现象和问题所持态度……看做历史分期的依据"②。当然,在这些论述中有许多值得我们商榷的地方,但是,这种总体史学和长时段史学的确为我们展示了社会政治运动和经济活动的深层次的文化基础,把研究视野从重大历史事件和关于政治、经济、军事、外交的宏大叙事,转向具体的和微观的日常生活世界和社会运动的各个领域,并揭示了文化、日常生活等因素的更为深远的历史意义和历史作用。因此,布罗代尔强调地理环境的特殊文化内涵,强调"广阔无垠的文化领域也具有相同的稳定性或残存性"③。他在著名的《地中海与腓力普二世时期(1551—1598)的地中海世界》中,把地中海世界描绘为一个社会、文化和经济密切联系、相互作用的缓缓流动的历史进程,其中,传统的政治事件和军事冲突对历史并不发生根本的影响。他的《15 世纪—18 世纪的物质文明与资本主义》共分三卷,其中第一卷就是《日常生活的结构》,主要讨论 15 世纪—18 世纪人们的日常

① 费尔南·布罗代尔:《资本主义论丛》,中央编译出版社 1997 年版,第 201 ~ 202 页。
② J. 勒高夫等主编:《新史学》,上海译文出版社 1989 年版,第 27 页。
③ 费尔南·布罗代尔:《资本主义论丛》,中央编译出版社 1997 年版,第 181 页。

生活，包括这一时期人们衣食住行的各个方面和细节，把日常生活作为解读这一时段历史的重点。

其二，生活世界理论和日常生活批判范式。年鉴学派的新史学对政治军事等大事件背后的日常生活、生产方式、文化等长时段历史要素的分析，在研究范式上与20世纪的生活世界理论，特别是日常生活批判范式有着深刻的一致性。把日常生活世界从背景世界中拉回到理性的地平线上，使理性自觉地向生活世界回归，是20世纪哲学的重大发现之一，胡塞尔、维特根斯坦、许茨、海德格尔、列菲伏尔、哈贝马斯、赫勒等许多理论家从不同层面推动了这一哲学转向。日常生活批判范式的要点在于，它不再孤立地探讨和强调政治、经济等宏观社会历史因素的决定作用，而是把所有的社会历史因素都放到生活世界的文化意义结构中加以审视和评价。

生活世界理论和日常生活范式不是某个理论家的偶然想法，而是带有很大普遍性的哲学转向，因此，我们面对着许多各有特色的生活世界理论范式。具体说来，在胡塞尔那里，作为主体(间)性的意义构造的生活世界是一个文化世界，它包含着给定的、非课题化的、前科学的、前逻辑的价值、意义、先见(或前见)等文化结构；维特根斯坦晚年关于日常语言和言语游戏的理论，把日常语言理解为基本的生活方式，这一理论在价值取向上很接近胡塞尔的生活世界理论；海德格尔所关注的此在的日常共在的世界是主体间以自在、沉沦或异化的方式交往和生存的世界，他突出的主题显然是此在日常共在的方式，即生存的特殊模式；萨特的"他人理论"对于生活世界中的交往问题的理解与海德格尔属于同一种类型；列菲伏尔把日常生活界定为个体生存和再生产的平面，个人是在这个平面或层面上被发现和创造的，其中，人的生成的焦点是基本的生存方式，即文化模式；许茨明确把日常生活世界界定为给定的主体间际的世界，界定为一个文化世界和一个意义结构；赫勒在分析作为个体再生产的领域的日常生活时，一直把它视做一种生存和存在的方式，是一种自在的类本质对象化；科西克在《具体的辩证法》中关于"伪具体性世界"的批判，对于日常生活世界的特征，以及日常生活与历史的关系作了深入的探讨；而哈贝马斯则直接把作为知识储备的文化视做生活世界的基本的构成要素。

这些理论家尽管对生活世界的透视点或着眼点有很大的差异，但是他们在最根本的意义上，都把生活世界理解为文化世界。即是说，哲学理性关注生活世界或日常生活世界的缘由不是其外在的、具体的、琐屑的日常生计和活动，而是体现在衣食住行、饮食男女、婚丧嫁娶、日常交往等活动背后的作为人类给定的知识储备、文化先见、价值取向、非课题化的规则体系、传统习惯等等。这样一来，生活世界必然与人的生存的意义和价值问题密切相关，同时与社会历史运行的内在机理紧密相连，它作为个体再生产的领域或层面，作为主体间交往的背景、视野或境域，作为社会再生产的基础，作为社会历史运动的深层基础，影响、制约、约束、规范、驱动、左右着个人的再生产和社会的再生产，以及社会历史的演变。显而易见，日常生活批判为微观政治哲学提供了重要的理论维度，无论是反思现代性还是理解人类社会的政治活动和制度安排，都离不开这一深层的文化基础。

其三，后现代的微观政治学。如果说年鉴学派的新史学范式和日常生活批判范式属于微观政治哲学可以借鉴的研究范式，那么，福柯、德勒兹、加塔利、利奥塔等后现代的微观政治学则构成了微观政治哲学的一种重要的范例。人们在研究福柯、德勒兹、加塔利、利奥塔时，经常争论他们对现代性的激进否定是否具有理论的片面性，或者考证福柯前期和后期对于启蒙和主体性的看法是否发生了转变，等等。我以为，这些还不是最为关键的问题。福柯、德勒兹、加塔利、利奥塔等人的现代性分析的最大特点是把关注点从中心化的宏观权力转向了多态化的微观权力。关于权力形态作用机制的认识、关于现代性的争论焦点、关于反抗理性权力的策略等，都因这一转变而发生重要的改变。限于篇幅，我们在这里只简要地介绍福柯关于现代性的微观政治学批判理论。

福柯《知识考古学》的引言是从评价年鉴学派的长时段新史学范式开始的。他认为，历史学家对于长时段的普遍关注的直接后果是开始抛弃线性连续性的观念，并充分肯定断裂和不连续性，“不连续性曾是历史学家负责从历史中删掉的零落时间的印迹。而今不连续性却成为了历史分析的基本成分之一”[①]。与不连续性密切相关，福柯还明确反对传统史学的宏大叙事，反对把所有的现象都聚拢到一个中心之下，例如聚拢到一

① 米歇尔·福柯：《知识考古学》，谢强、马月译，三联书店2003年版，第8页。

种原则、一种意义、一种精神、一种世界观、一种包容一切的范型之下，他主张一个离散的叙事空间①。正是在不连续性和离散的叙事空间中，福柯通过知识考古的方式，而不是线性决定论的方式，为我们展现了新的微观样态的权力结构。在福柯的视野中，现代性的知识权力或理性权力不是那种围绕着国家权力而形成的中心化的、压迫性的、法权模式的宏观权力，而是在本质上呈现为生产性的权力，是分散的、不确定的、形态多样的、无主体的、弥散于日常生活不同社会层面的微观权力。他认为，这种微观权力的运作方式也发生了很大的改变，它无需借助于法律和肉体的力量，而是借助于具有领导权（或霸权）地位的各种规范和政治技术，借助于对躯体和灵魂的塑造，因此，微观权力是一种规训性的、规范化的、无所不在的权力网络。正因为如此，福柯并不热衷于对现代性或启蒙作总体性的评判，而是在精神病院、军队、学校、监狱、性、人文学科等特殊领域和边缘领域揭示无所不在、无所不包的微观权力机制。

与上述微观权力形态相适应，在后现代的微观政治学的视野中，现代性批判或启蒙批判的策略也不同于宏观政治学。具体说来，现代性的危机并不体现为中心化的国家权力体系对于社会各个层面的专制压迫，而是体现在复杂的、规训性的、规范化的、全方位的微观权力网络对于个人的监视、判断、评估、规训，这是一个没有“基本的自由空间”的全景监狱。福柯认为，既然权力是分散的、多元的、微观的，那么政治斗争形式也应当是分散的和多元的，在这里根本不存在大规模拒绝的中心和反叛的核心，而只有多元的抵抗，多元的自主斗争。福柯在谈到生态运动等反抗斗争时，曾指出，“反对日常权力的斗争并不以获取权力为目标，确切地说是拒绝权力。单纯的国家权力不是它的目标”②。

其四，后马克思主义的政治哲学。尽管我们并不情愿使用“后马克思主义”的称谓，但是，考虑到从众原则的简单化效果，还是可以这样使用。一般认为，1968 年的“五月风暴”之后，西方马克思主义的文化批判话语在很大程度上让位于政治哲学的话语，例如，特别典型的是拉克劳、墨菲、雅索普等人通过领导权、社会主义策略、资本主义国家等问题的研究在西方马克思主义中实现的政治哲学转向。我们知道，“后马克思主义”范畴

① 参见米歇尔·福柯：《知识考古学》，谢强、马月译，三联书店 2003 年版，第 10 页。

② 杜小真选编：《福柯集》，上海远东出版社 2003 年版，第 468 页。

的边界还不十分清晰，有的研究者把一些具有后现代倾向的理论家也都划入这一范畴之中，同时，后马克思主义的各种政治哲学也不尽一致。但是，可以肯定地说，微观政治哲学在后马克思主义政治哲学中是一种很重要的倾向。我们可以通过拉克劳和墨菲的领导权理论略见一斑。

虽然后马克思主义主张重新思考国家、社会、阶级等经典宏观政治哲学的基本范畴，但是，拉克劳和墨菲反对把国家当成是社会理论解释中的真实和独立的因素，反对依靠经济决定论、上层建筑理论、阶级工具论、国家自主论等观点来解释国家，而主张以领导权作为政治哲学的核心范畴。他们指出："我们进行研究的基础在于给予政治连接因素以优先权。在我们看来，政治分析的核心范畴是领导权。"[①]众所周知，领导权（hegemony，一译"霸权"）是早期西方马克思主义代表人物葛兰西关于西方革命战略构想中的核心范畴。我们在这里不去具体展开他的市民社会理论和领导权理论，只想指出一点，当葛兰西把市民社会及其文化领导权定位于国家上层建筑和经济基础之间时，他已经自觉不自觉地打破了传统宏观政治的一统天下，把领导权从国家、政权、政府活动等宏观权力结构中游离出来，并与社会的文化结构连接起来。我们发现，拉克劳和墨菲在关于领导权和社会主义策略的探讨中，也同样赋予领导权不同于传统宏观政治的内涵，他们从反本质主义的立场出发，强调社会关系的偶然性逻辑，强调建立在各种政治因素连接的基础上的领导权的核心地位，强调权威关系的不可根除性，以及达到和谐社会的不可能性，由此摧毁了建立在宏观权力和本质主义、客观主义基础上的线性决定论，为对抗基础上的激进的和多元的民主斗争提供了可能性。由此不难看出，他们的社会主义策略在某种意义上属于围绕着领导权而展开的微观政治斗争，他们明确指出，特别值得关注和再思考的是多元的新社会运动，例如，应当特别关注"新兴的女权主义，少数种族、少数民族和性少数的抗议运动，人口边缘阶层发动的反制度化生态斗争——所有这些都意味着社会斗争存在于更广阔的区域范围，它们正在开创潜在的、甚至不只是潜在的，而是更自由地走向

---

① 恩斯特·拉克劳、查特尔·墨菲：《领导权与社会主义的策略》，尹树广、鉴传今译，黑龙江人民出版社2003年版，第二版序言第5页。

民主和平等社会的趋向”①。他们非常重视这些斗争的重要性，“《领导权与社会主义策略》的核心原则之一是需要把等同的链条与各种反对不同从属形式的民主斗争联系起来。我们认为，反对男性至上主义、种族主义、性歧视的斗争以及环境保护，需要与左翼领导权设计中的那些工人连接起来”②。

三、微观政治哲学研究范式的基本要点

我们从以上四个方面简要地展示了微观政治哲学的理论资源和典型样态。实际上，限于篇幅，还有很多方面无法在这里展开。不过从上述的简要点评，我们已经可以对微观政治哲学有一个初步的印象。在这里，作为这篇论文的结语，我们试着描述出微观政治哲学研究范式的几个主要特征，几个主要的理论要点。

首先，微观政治哲学在人类社会历史的大视野中，通过拆除宏观政治和宏观权力的核心地位来解构各种普遍化的宏大叙事，借助年鉴学派的总体史学和长时段史学的研究范式，把政治放到人类社会历史的多元形态中加以考察和把握，形成多视角多维度的社会历史理论。在这种意义上，微观政治哲学也是一种特殊的社会历史理论。微观政治哲学一方面反对把宏观政治权力或宏观经济要素从社会历史的关联之中抽出来，放大为无条件的历史决定因素，而把其他因素边缘化为被决定的、次要的因素；另一方面，反对运用自然科学的普遍化方法，排除历史因素的多样性和历史选择的多元性，把历史描述为类似自然进程的因果必然规律和线性决定论的进程。微观政治哲学充分重视在长时段历史进程中，各种社会历史因素的各种可能的，包括偶然的连接，重视历史进程中的各种选择、模仿，包括各种权力模式和机制的生成，以及权力的抵抗等因素的作用，从而把人类历史真正理解为不同于自然进程的人的生成的历史。

其次，微观政治哲学在政治现象和政治事物的视野中，充分重视各种边缘的、微观的、多形态的、多元差异的政治权力的地位和作用，形成微观

---

① 恩斯特·拉克劳、查特尔·墨菲:《领导权与社会主义的策略》，尹树广、鉴传今译，黑龙江人民出版社 2003 年版，导论第 1 页。

② 恩斯特·拉克劳、查特尔·墨菲:《领导权与社会主义的策略》，尹树广、鉴传今译，黑龙江人民出版社 2003 年版，第二版序言第 14 页。

与宏观相结合的政治理解模式。应当说,这一点是微观政治哲学最主要的贡献,它深刻地揭示了政治体制和权力机制的多元差异的特征,反对把政治的运作简单化为中心化的宏观权力的确立和更替。一方面,任何一种政治体制或社会控制模式的建立,例如,民主体制、法治模式的建立,都不可能凭借一般的理论号召就得以确立,如果忽略了社会各个层面,包括日常生活中的各种微观的、多元差异的权力结构的特点和价值取向,是无法真正扎根的;另一方面,对于任何一种不合理的政治体制或社会控制模式的改造和变革,都不可能是一种宏观权力对另一种宏观权力的简单替代,换言之,如果不考虑各种微观的、边缘的权力机制的作用,这种改革和变革是不可能真正成功的。

这一认识对于我们深刻把握20世纪人类重大理论问题和实践问题所环绕的核心问题,即现代性问题,具有重要的启示。在微观政治哲学的视野中,无论现代性的确立,还是现代性的危机,都不可能是一个中心化的、宏观的机制。具体说来,现代性本身包含着相互关联的多重微观的维度,例如,个体的主体性与自我意识、理性化的和契约化的公共文化精神、意识形态化的社会历史叙事、经济运行的理性化、行政管理的科层化、公共领域的自律化、公共权力的民主化和契约化等。同时,现代性的危机,即理性的危机,也不是一种中心化的宏观权力的专制统治,而是弥散于社会生活和日常生活各个层面的微观权力的理性规训和规范。凯尔纳和贝斯特在评价德勒兹和加塔利的欲望政治理论时指出:"像福柯那样,他们的中心关怀是:现代性是一种史无前例的统治阶段,这种统治以弥散于社会存在和日常生活的所有层面的规范化话语和制度的增殖为基础。"①因此,现代性不是一个摆在那里可以由我们讨论决定是加以捍卫,还是彻底抛弃的具体存在。正如哈贝马斯分析的那样,虽然现代社会和经济发展中"存在着根植于体制性的、自我生成的危险",但是,现代性"仍然包含着规范的、令人信服的内含",因而,现代性"并非某种我们已经选择了的东西,因此我们就不能通过一个决定将其动摇甩掉"②。同样,在中国的

---

① 道格拉斯·凯尔纳、斯蒂文·贝斯特:《后现代理论——批判性的质疑》,张志斌译,中央编译出版社2001年版,第100页。

② 《现代性的地平线——哈贝马斯访谈录》,李安东等译,上海人民出版社1997年版,第123页。

语境中，关于现代性和启蒙的争论同样不是一种笼统地坚持还是拒斥的普遍化问题，不是一种理论哲学的宏大叙事，相反，首要的任务是在社会生活和日常生活的各个微观层面上具体分析现代性的多元维度在多大程度上得以确立，在多大程度上形成了控制机制，在多大程度上产生了危机，进而，我们可以在多大程度上调动各种世界的和本土的文化资源对之加以修正和完善。

再次，微观政治哲学通过各种微观权力机制的分析而深入到日常生活世界之中，由此凸显出政治和文化的关联，因此，微观政治哲学在某种意义上也是回归生活世界的文化哲学。西方马克思主义创始人卢卡奇在《审美特性》中曾把日常生活比做一条长河，他认为，科学、艺术等更高的对象化形式都是从这条生活长河中分化出来的，哲学世界、艺术世界、科学世界、政治系统、经济体系等非日常世界的确都是从生活世界逐步分化出来的。同非日常世界中政治、经济等不同领域的相对分离状态不同，日常生活世界呈现为一个未分化的文化意义结构，因此，日常生活之中的各种微观权力机制实际上也是一些文化活动机制和文化领导权。正因为如此，后马克思主义虽然在西方马克思主义中实现了政治哲学的转折，但是，由于对领导权等微观政治的关注在某种意义上又回到并进一步丰富了文化批判的立场。同样，我们看到，罗尔斯等人实现的政治哲学复兴，虽然依旧以正义、平等、自由、民主、法治、权利等宏观政治理念为主题，但是他们在现代历史条件下已经凸显了其中的文化内涵，因此，他们的政治哲学也同时作为价值哲学和道德哲学。

微观政治哲学同文化哲学视阈的融合是具有重要意义的事情，它使回归生活世界具有更为深刻的内涵和意义。真正的日常生活批判范式是要使我们的哲学社会科学研究真正回归到不同时代、不同历史条件下的具体的生活世界，回到日常生活世界的衣食住行、饮食男女、婚丧嫁娶、生老病死、礼尚往来的具体活动，回到生活世界内在的价值、意义、传统、习惯、知识储备、经验积累、规范体系，等等。然而，问题不仅如此，重要的是在日常生活的层面上批判地考察每一时代每一文化中的个体是如何展开自己的消费、交往、思考和生存，如何形成自我同一性，如何把这些文化背景带入公共的社会生活之中，还要考察生活世界内在的图式、知识储备、规范体系等是如何同社会公共生活和制度安排形成互动。在日常生活世界的微观层面上，我们既可以揭示不发达国家的日常生活的文化机理是如何阻滞宏观的现代政治、法治、经济体制的确立，也可以在发达国家的日常生活世界中找到抵御宏观政治权力和经济体系对生活世界的"殖民化"，以及对社会自由空间的理性控制的反抗力量。同时，正义、平等、自由、民主、法治、权利等宏观政治理念只有在日常生活的微观层面上转化为内在的文化机理，才不会变成一种抽象的口号和普遍化的宏大叙事。

论全球化时代哲学理念的更新

一般说来,每一时代各种哲学思潮中总是自觉或不自觉地包含着某种主导性的哲学理念。这是关于哲学自身的认识或体悟,其中包含着哲学家和人们关于哲学的定位、哲学的范式、哲学的视野、哲学的维度的理解。哲学的理念自觉或不自觉地规范和影响着每一时代哲学的存在方式和哲学家的致思方式,即哲学家"哲学着"的方式。由于哲学同人的存在的特殊的本质关联,在重大文明时代的更替中总是要发生哲学理念的嬗变。而哲学理念的每一次深刻的转变都是哲学的一次深刻的自我重新认识与重新定位。

不同时代哲学理念曾经发生过各种层面各种意义上的变化,如果要强制性地把这些变化纳入某一种固定的模式,肯定是独断和牵强的。但是,从比较大的历史尺度来看,我们可以认定,目前我们所置身于其中的全球化进程以其深刻的文化逻辑正在导引着人类哲学理念迄今为止最深刻的变化,这对于传统哲学来说,无异于一场深刻的哲学革命。

这里所说的"传统哲学"的含义比较宽泛,包括到黑格尔为止的大多数旧哲学,也包括与我们同时代的许多哲学研究。这些哲学研究虽然在观点和思想上有各种差异,但是,从哲学的定位上来说,它们均与马克思所分析的特定时代的分工状况密切相关。在马克思和恩格斯看来,人类初始并不具有独立形态的意识,那时候,人的意识是同语言和物质生产活动交织在一起的,尚没有职业思想家独立地构造体系化的神学、形而上学、道德、法律等意识形态。“分工只是从物质劳动和精神劳动分离的时候起才真正成为分工。从这时候起意识**才能**现实地想象:它是和现存实践的意识不同的某种东西;它不用想象某种现实的东西就能**现实地**想象某种东西。从这时候起,意识才能摆脱世界而去构造‘纯粹的’理论、神学、哲学、道德等等。”①

应当说,传统哲学的基本理念大多与这种深刻的社会分工状况直接相关,从总体上具有体系化、政治化、贵族化、独断化等特征。不仅哲学研究本身表现为超越一般社会生活的抽象的、思辨的理性活动,而且哲学理性的关注点或聚焦点也往往是现实的生活世界之外的经济基础和上层建筑。传统哲学理性主要表现为生活世界的一种外在的教化,是普通民众的“立言人”和“代言人”,而不是生活世界内在的文化启蒙;由于定位于社会结构的最顶端的抽象的和思辨的理性王国,哲学往往成为真理和理性的垄断者,它虽然也关心人的行为的善恶是非,但其着眼点不是人的生存的觉醒与展开,而往往是对人的行为和社会活动的理性统治与约束,在这种意义上,传统哲学偏重于体系和理性教条;传统哲学往往没有把历史理解为人的生存活动的展开与生成,而是视做非人本的、无主体的“神律”或“他律”的自然进程,由此构造了以绝对物质、绝对精神、绝对理性、绝对神性等为核心的“实体形而上学”。

从 19 世纪中叶起,随着马克思的实践哲学观念的确立,同时伴随着实证主义的“拒斥形而上学”和唯意志论非理性主义对黑格尔哲学的挑战,各种现代哲学流派以不同方式冲击着体系化、政治化、贵族化、独断化的传统哲学理念。在胡塞尔的现象学、维特根斯坦的日常语言学、舍勒的哲学人类学、柏格森的生命哲学、海德格尔和萨特的存在主义、卢卡奇的西方马克思主义中哲学开始突破传统哲学的阈限,自觉地向生活世界回归。而全球化时代为上述哲学趋向的进一步发展,为当代人从根本上扬弃传统哲学理念奠定了坚实的文化基础。

---

① 《马克思恩格斯选集》第 1 卷,人民出版社 1995 年版,第 82 页。

信息化与全球化不是人类社会的某种策略性变化，而是人类生存方式的深刻变革，它以多元、平等、对话、交往的文化逻辑，引起人类社会全方位的变革，而从人的生存的角度来看，其最深刻的变化是生存方式，即文化的变化，如经济与其他社会活动的知识含量和理性内涵的急剧增大；信息化、网络化、数字化生存导致交往范围的急剧扩大和交往主体的平等与自主选择；信息技术和大众传媒使一切文化领域和文化成果从创作到使用或消费空前普及，呈现出多元化、民主化和平民化趋势，并导致政治等公共管理活动的进一步非神秘化和公开化，导致哲学等精神活动领域的非神圣化和个性化。

全球化的这种文化逻辑直接导致了传统哲学理念的衰落，它使哲学开始回归于一种文化反思和文化批判活动，具有扬弃体系、反对话语霸权、崇尚平民化和平等化等特征。在某种意义上，哲学理念呈现出某种向古希腊哲学理念复归的特征。虽然哲学在希腊发端时就已经规定了自身的理性和思辨的本性，规定了哲学的形而上的定位。但是，作为闲暇阶层的爱智活动，哲学在古希腊更多地表现为文化批判层面上的对话、反思活动，表现为思想智慧的涌流，而较少具有后来传统哲学的体系化、抽象化、独断化和远离生活世界的特征。这从古希腊智者和哲人的“哲学”样式可以清楚地看出，如苏格拉底的辩术和对话方式，柏拉图的灵魂回忆和哲学学院（academy），亚里士多德的逍遥学派等。只是在后来的演进过程中，体系化、抽象化和教条化的话语霸权逐渐扼杀了哲学的这些原创精神。当然，全球化时代的哲学理念不可能是古希腊哲学理念的简单复归，准确地说，它是原初哲学理念的真正实现和开展。在全球化的背景下，哲学不再满足于“高处不胜寒”的思辨的理性“阴影王国”的定位，而是把目光专注于人在其中现实地交往与生存、现实地创造价值和意义的生活世界；哲学不再以外在的和超越性的理性实体的化身自居，而是向人的生存的本质性文化精神回归；哲学不再是少数独断的权威哲学家关于绝对真理的“独白”，而是丰富多彩、充满个性的哲学理性活动的“对话”；哲学不再热衷于颁布最终的体系和普遍适用的教条，而是回归到本真的哲学形态，即反思的、批判性的理性活动和文化精神。

全球化时代哲学理念正在经历的这种变革将是十分深刻的，它体现在哲学的定位、范式、形态、功能等各个方面。我们至少可以从以下几个主要方面粗略地展望一下全球化文化景观中哲学理念变革所涉及的根本性的和深刻的问题。

首先是哲学的形而上和形而下。在基本定位上,形而上似乎成了哲学的命运,这也是哲学区别于所有其他学科的本质规定性之一。全球化时代的哲学将依旧保持自己的形而上的层面,但在这里,以绝对物质、绝对精神、绝对理性、绝对神性等为核心的传统"实体形而上学"必然衰落,而代之以对人的生存的形而上的关切。哲学理性的关注中心从抽象的思辨王国回归生活世界。而生活世界是现实的人在其中生存、交往、创造价值和意义的世界,因此,回归生活世界就是回归人的生存方式,回归文化。哲学从根本上是每一时代主导性文化精神的外显,是人的生存意义的自我澄明,是一种批判的和自我批判的文化精神。在这种意义上,哲学应当定位于关于人的生存的形而上的反思和关于人的现实活动的文化批判的交会点。

其次是哲学的体系化与非体系化。在存在形态上,传统哲学的体系化特征非常明显,而在黑格尔的泛理性主义那里,这种体系化达到了登峰造极的地步。哲学思想的表述和阐发总是需要一定的理论逻辑和框架,需要一定的体系。但是,如果我们把哲学理论变成各种理论教条和理论原理的强制性逻辑结构和具有话语霸权的理论体系,则超越了一般的理论体系的范畴,出现体系化的问题。其最要害的问题是,哲学固有的创造本性和批判本性往往被强制性的理论原理和体系所消解。实际上,哲学从本性上讲是一个"动词",而不是一个"名词",其真正的价值在于关于人的文化存在的反思、批判和对话活动,而不在于具体的可以到处套用的理论教条和原理。体系化的弊端是把哲学从"动词"变成了"名词",从反思性的和创造性的文化批判活动变成现成哲学原理的套用。现代哲学在某种意义上是反体系化的,如实证主义"拒斥形而上学",把哲学理解为逻辑和语言分析活动;存在主义等人本主义哲学思潮把哲学作为人之生存意义的自我澄明和批判性的文化精神。在全球化的多元、平等、对话、交往的文化逻辑中,哲学更应当重显本色,从"名词"向"动词"回归。哲学主要地不是具体的理论体系和结论,而是现实的反思和批判活动,是哲学家理论反思和理论批判,是社会进程内在的批判的自我意识,是生活世界的文化模式和文化要素走向自觉的理性启蒙活动。

再次是哲学的独断性与开放性。传统哲学理念一般不具备开放的特征,而倾向于以独断的方式颁布业已被自己发现的绝对真理。传统哲学流派一般不愿意承认自己的理论和原理的有限性,而是赋予它们普遍适用和放之四海而皆准的性质。实际上,人的现实生活世界不仅是事实与真理的领域,更是一个价值与意义的世界。即使是真理,它也不是给定的和绝对的,而是历史的和生成的。至于价值和意义更是人的活动的创造性和超越性的内涵的生发和展开。因此,回归生活世界的哲学必然服从于全球化的多元、平等、对话、交往的文化逻辑,从独断与封闭走向开放,真正体现人的实践的超越本性和创造本性。哲学的力量不仅仅来自理性的逻辑,更来自人之生存的价值和文化内涵。这样一来,全球化时代的哲学必然是尊重个性的哲学,具有宽容和开放的情怀。哲学不再豪情万丈地向世人宣布绝对真理或构造完满的未来世界图景,而是通过文化精神的自觉活动使人的自我意识和个性得到更大的张扬,使生活世界更加丰富多彩。

复次是哲学的外在教化与内在启蒙。传统哲学习惯于以外在教化的方式对人的生存和社会活动施加影响,或是以民众的"立言人"和"代言人"的身份,或是以占主导地位的阶级意识和意识形态,对人们的精神世界进行教化或对人们的行为及社会活动进行规范。在全球化背景下,随着哲学从理论教条向文化批判和对话活动的回归,哲学的功能越来越体现在以内在启蒙的方式构成现代主体的重要的生存维度。具体说,从位置上,哲学不再高居于上层建筑领域之中,而是落脚于生活世界,作为自觉的文化精神和批判精神内化于人的各个存在领域;从范式上,哲学不再热衷于外在的理论教导,而是热心于生活世界内在的文化的自我启蒙和自我教化;换言之,哲学不再板着理性的冷峻的面孔去教训人,而是作为一种内化于教育和具体文化之中的主体的自我启蒙。

最后是哲学的贵族化与平民化。专门从事哲学研究在任何时代都只能是少数人的事情,在这种意义上,亚里士多德十分正确地将"闲暇"作为哲学思辨的必要条件。但是,由此并不能断言哲学与大多数人无关。在传统社会,哲学的确具有贵族化的倾向,少数具有"闲暇"和睿智的哲人面对着尚未启蒙与教化的民众。而在全球化时代和信息社会,随着哲学理性定位的下移,从思辨的理念王国向生活世界回归,从给定的理论教条向现实的文化批判活动的回归,随着文化的普及化和平民化,随着精神生产的非神圣化,哲学不再是少数精神贵族的特权,不再仅仅以理论体系和抽象的命题而存在,而是以自我启蒙和自我教化的方式,作为深刻的文化批判精神内化到现代主体的生存活动之中,使人的实践所具有的超越和批判本性得到自觉的张扬。哲学原本就是特定文化模式和文化精神的外显,它在全球化的背景下的平民化和非神圣化的趋势使自身真正成为个体生存和社会活动内在的活的灵魂和文化精神。

在这种意义上,马克思本人的学说从根本上超越了传统哲学的基本理念,它是以对人之生存的本质性的、批判的文化精神的自觉为根基的。马克思学说的内容和层次都十分丰富,他一生关注的焦点问题也不断变化。然而,无论是关于经济和政治的分析,还是关于哲学的思考,无论是关于暴力革命、政党策略、欧洲革命、东方社会特征的分析,还是关于现实经济运行机制的揭示,无论是关于唯物史观原理的阐释,还是关于从抽象到具体等方法论的探讨,在深层次上都服从于一个最根本的理论关切:推翻和扬弃“使人成为受屈辱、被奴役、被遗弃和被蔑视的东西的一切关系”,实现人的自由、全面发展和“自由人的联合体”。马克思把体现哲学本性的这种文化批判精神奠基在人的实践内在具有的不断超越、不断扬弃异化的批判本性之上。这正是马克思学说的巨大生命力的根源所在。因为如此,马克思为包括海德格尔、萨特、德里达等在内的许多当代思想家所敬重,而且,他的学说的价值决不会为我们的时代所穷尽。

篇目索引

▶“哲学的终结”与马克思主义哲学的实质,原载《求是学刊》1988 年第 1 期。

▶马克思主义哲学演化的内在机制研究,原载《哲学研究》2005 年第 8 期。

▶人之存在与哲学本体论范式——兼论马克思哲学的本体论意蕴,原载《江海学刊》2002 年第 4 期。

▶马克思思想:人之存在的文化精神,原载《中国社会科学》2001 年第 3 期。

▶论马克思批判意识的内在结构与基点,原载《牡丹江大学学报》1992 年第 1 期。

▶哲学问题与问题哲学,原载《中国社会科学》2006 年第 5 期。

▶哲学:在全球化时代重新定位,原载《河北学刊》2002 年第 3 期。

▶从总体上把握当代马克思主义的分化,原载《马列主义研究资料》1989 年第 3 辑。

▶论二十世纪马克思主义的基本格局,原载《龙沙论丛》1994 年第 1 期。

▶西方马克思主义的哲学范式转换及其启示,原载《江苏社会科学》2006 年第 2 期。

▶新马克思主义的文化批判理论及其启示,原载《中国社会科学》1997 年第 6 期。

▶论西方马克思主义的理论定位与批判指向,原载《广东社会科学》2003 年第 2 期。

▶异化理论、物化理论、技术理性批判——20 世纪文化批判理论的一种演进思路,原载《哲学研究》1997 年第 8 期。

- ▶"具体的总体"与辩证法——科西克的具体辩证法初探,原载《学海》1992 年第 1 期。
- ▶人的需要及其革命——布达佩斯学派"人类需要论"述评,原载《现代哲学》1990 年第 4 期。
- ▶论实践派的实践范畴,原发题目"南斯拉夫实践派的实践范畴",原载《马列主义研究资料》1989 年第 1 辑。
- ▶论实践派的异化观,原发题目"南斯拉夫实践派的异化观",原载《马列主义研究资料》1989 年第 2 辑。
- ▶论实践派的革命范畴,原发题目"革命范畴的哲学反思——南斯拉夫实践派革命观述评",原载《现代哲学》1992 年第 1 期。
- ▶人的存在与辩证法——论实践派的辩证法观,原载《现代哲学》1999 年第 1 期。
- ▶马克思主义分化与危机问题的新探索,原载《国外社会科学》1988 年第 1 期。
- ▶历史唯物主义、实践哲学和革命理想(译文),原载《马列主义研究资料》1989 年第 2 辑。
- ▶马克思主义多元化意味着什么(译文),原载《国外社会科学动态》1988 年第 11、12 期。
- ▶社会主义革命意味着什么(译文),原载《国外社会科学》1988 年第 1 期。
- ▶现代性的维度及其当代命运,原载《中国社会科学》2004 年第 4 期,有增补。
- ▶全球化的文化逻辑与中国的文化境遇,原载《社会科学辑刊》2002 年第 1 期。
- ▶走近罗蒂——关于分析哲学、后现代主义和文化哲学的对话,原发题目"走近罗蒂——与罗蒂先生关于分析哲学、后现代主义和文化哲学的对话",原载《求是学刊》2004 年第 5 期。
- ▶东方与西方:现代性与后现代性——中国语境下过程哲学和文化哲学的一次对话,原载《世界文化论坛》(*Culture Communication*, Montebello, CA90640,U. S. A. ISSN: 1540 - 2339),2004 年 5/6 月